研究生规划立项教材

中国特色社会主义
理论与实践专题研究

主　编　周　静
副主编　余　非

陕西师范大学出版总社

图书代号 JC17N1050

图书在版编目(CIP)数据

中国特色社会主义理论与实践专题研究/周静主编. —西安: 陕西师范大学出版总社有限公司, 2017.7(2019.8重印)
ISBN 978-7-5613-9419-9

Ⅰ.①中… Ⅱ.①周… Ⅲ.①中国特色社会主义—社会主义建设模式—理论研究 Ⅳ.①D616

中国版本图书馆 CIP 数据核字(2017)第 177076 号

中国特色社会主义理论与实践专题研究
ZHONGGUO TESE SHEHUI ZHUYI LILUN YU SHIJIAN ZHUANTI YANJIU
主 编 周 静

责任编辑 曾学民
责任校对 钟 明
封面设计 鼎新设计
出版发行 陕西师范大学出版总社
(西安市长安南路 199 号 邮编 710062)
网 址 http://www.snupg.com
经 销 新华书店
印 制 西安日报社印务中心
开 本 787mm×1092mm 1/16
印 张 17.5
字 数 460 千
版 次 2017 年 7 月第 1 版
印 次 2019 年 8 月第 2 次印刷
书 号 ISBN 978-7-5613-9419-9
定 价 39.00 元

读者购书、书店添货或发现印刷装订问题，请与本社联系。
电话:(029)85303622(传真) (029)85307826

前　言

中国特色社会主义理论在科学社会主义发展史上具有不可磨灭的价值，它是中国人民探索中国特色社会主义建设道路的指导思想，并提供了我们认识当代世界和中国各种矛盾的科学方法。如何认识社会主义发展的历史进程、如何认识社会主义改革实践过程对人们思想的影响、如何认识当今的国际环境和国际政治斗争带来的影响，是当前理论研究和思想政治工作面临的重大课题。这些课题的核心，是如何认识中国特色社会主义发展的历史进程。

2010年教育部公布了研究生思想政治理论课改革方案，开设中国特色社会主义理论与实践研究作为硕士研究生的必修课，另设两门选修课。在新课程改革方案实施过程中，不编写全国及省级统编教材，要求任课教师根据教学大纲和自己的研究专长自行设计专题进行教学。因此，为更好地满足专题教学和学生学习需要，编写该课程教材成为教学实际的迫切要求。

《中国特色社会主义理论与实践专题研究》教材主要是对硕士研究生进行认识中国特色社会主义理论的教育，使学生进一步掌握中国特色社会主义理论的主要成果，深入认识中国特色社会主义的本质和发展规律；帮助学生了解中国特色社会主义的发展历程，正确认识中国特色社会主义取得的辉煌成就和实践中存在的主要问题；帮助学生提高马克思主义的理论素养，拓宽视野，培养战略思维能力，坚定对中国特色社会主义的信念，增强对改革开放和现代化建设的信心。使他们能够正确认识21世纪中国特色社会主义理论与实践面临的新课题，明确中国青年知识分子的责任。

我们编写教材是依据教育部关于研究生中国特色社会主义理论与实践研究课程2015年修订版的教学大纲，也密切联系教学中学生关注的热点问题，以邓小平理论、“三个代表”思想和科学发展观为指导，贯彻十八大以来中央文件和习近平同志系列讲话精神，以改革开放以来中国特色社会主义发展史为主线，比较系统地阐述了中国特色社会主义发展的历史进程、理论成果，以及实践中亟待解决的突出现实问题。

本书主要特色如下：

1. 理论与实践相结合。既从纵向说明改革开放30多年来中国特色社会主义理论是如何丰富和发展起来的，又从横向认证中国特色社会主义的各个原理是怎样得到验证和不断增加新内容的。从理论与实践相结合的角度，在概述中国特色社会主义发展、曲折奋斗主要历程的基础上，力图对中国特色社会主义实践中遇到的新情况做出正确的解释，总结社会主义的经验和教训。全书总结过去，分析现在，展望未来；立足中国，反映外国，总揽世界。

2. 专题形式编写，重点突出。根据教育部关于该课展开专题教学的实际需要，教材中从总论、国情、政治、经济、文化、社会、生态文明、执政党建设和对外关系等多角度，介绍中国特色社会主义理论和实践中的重大问题。既深入研究中国特色社会主义理论，进一步挖掘主要理论成果的深刻内涵，体现研究生课程步步高的特点，又客观介绍当代中国特色社会主义实践中面临的问题与挑战的表现，分析其产生的根源，探寻有效的解决途径。便于读者开阔视野，分析鉴别，提高分析问题和解决问题的能力。

3. 书中许多内容新颖，而且注重了对相关知识的拓展和思维训练。教材反映党的十八大以来中国特色社会主义理论与实践新发展的内容，以帮助读者加深对科学社会主义在实践中不断丰富发展的理解，以及对目前现实问题的思考。知识链接和案例导入是本书亮点，各专题还附有思考题，这些内容有利于读者开阔眼界，深入思考。

4. 观点明确，论述深刻。用发展的中国特色社会主义理论分析实践问题，坚持理论与实践具体的历史的统一，在理论与实践相结合的基础上，研究和阐述中国特色社会主义发展中的一些基本问题和热点问题，分析有争议的难点问题，指出有待解决的前沿性问题供读者思考研究。

本教材编写分工如下：

西安科技大学周静教授任主编，编写专题一、专题二、专题五、专题九，并统稿。

西安科技大学余非副教授任副主编，编写专题三、专题四、专题六、专题七、专题八。

西安科技大学孙红湘教授负责专题三、专题四、专题六、专题七、专题八的审稿。

需要说明的是教材编写中所用参考文献已列在书后，知识链接和案例导入有明确出处的已注明资料来源，未注明出处的是作者根据相关资料编写出来的。

感谢西安科技大学研究生院对本书出版的大力支持和帮助。陕西师范大学出版总社曾学民等同志为本书出版付出了辛劳，在此也向他们表达我们深深的谢意。

希望专家学者或使用者如果发现本教材存在不妥之处请批评指正，我们将尽力修改完善。

编者

2017 年 3 月

目　录

专题一　总论

中国特色社会主义是中国共产党和中国人民长期奋斗、创造的根本成就，是当代中国的主题，引领我们完成当代中国的历史任务、实现中华民族伟大复兴的旗帜。我们必须深刻理解学习和研究中国特色社会主义理论和实践的重大意义，毫不动摇地坚持和发展中国特色社会主义，正确理解中国特色社会主义道路、制度和理论体系的内涵及其相互关系，正确认识中国特色社会主义的总依据、总布局和总任务，协调推进“四个全面”战略布局。

第一节　当代中国的主题和基本问题

中国特色社会主义是当代中国的主题，是中国发展进步的根本方向。这一主题是在不断推进马克思主义中国化，回答当代中国所面临的基本理论和实践问题中形成和展开的。

一、中国特色社会主义是当代中国的主题

“社会主义”（socialism）一词源于古拉丁文。马克思主义理论认为社会主义是指主张以某种形式和程度的生产资料公有制和计划控制，逐步实现对资本主义私有制和生产的无政府状态的否定，进而逐步实现对资本主义的辩证否定，促进人类解放不断实现的理论、运动和制度的统一体。相对于资本主义的以个体为中心、个人主义，国内外很多学者普遍认为“社会主义”更强调集体的、共同的和社会的利益和作用。

中国特色社会主义是以马克思主义为指导，在中国共产党领导下，以公有制为主体、多种所有制经济共同发展和社会主义市场经济为基础特征，与资本主义既相互竞争、相互对立，又相互渗透、相互借鉴，追求科学发展、社会和谐，进而实现人的自由全面发展，处于改革进程中的社会形态。

胡锦涛在中国共产党成立90周年的“七一”讲话中指出，党和人民经过90年的奋斗，开辟了中国特色社会主义道路，形成了中国特色社会主义理论体系，确立了中国特色社会主义制度，我们必须坚持和完善中国特色社会主义制度，必须高举中国特色社会主义的伟大旗帜。在中共十八大政治报告中，胡锦涛又指出：在改革开放30多年一以贯之的接力探索中，我们坚定不移高举中国特色社会主义伟大旗帜，既不走封闭僵化的老路、也不走改旗易帜的邪路。中国特色社会主义道路，中国特色社会主义理论体系，中国特

色社会主义制度,是党和人民90多年奋斗、创造、积累的根本成就,必须倍加珍惜、始终坚持、不断发展。这是对中国特色社会主义内涵的完整揭示。

中国特色社会主义道路,就是在中国共产党领导下,立足基本国情,以经济建设为中心,坚持四项基本原则,坚持改革开放,解放和发展社会生产力,建设社会主义市场经济、社会主义民主政治、社会主义先进文化、社会主义和谐社会、社会主义生态文明,促进人的全面发展,逐步实现全体人民共同富裕,建设富强民主文明和谐的社会主义现代化国家。

中国特色社会主义理论体系,就是包括邓小平理论、"三个代表"重要思想、科学发展观在内的科学理论体系,是对马克思列宁主义、毛泽东思想的坚持和发展。

中国特色社会主义制度,就是人民代表大会制度的根本政治制度,中国共产党领导的多党合作和政治协商制度、民族区域自治制度以及基层群众自治制度等基本政治制度,中国特色社会主义法律体系,公有制为主体、多种所有制经济共同发展的基本经济制度,以及建立在这些制度基础上的经济体制、政治体制、文化体制、社会体制等各项具体制度。

中国特色社会主义作为马克思主义与中国实际相结合的产物,在这个理论整体构架中,中国特色社会主义旗帜是方向,居于统领地位,中国特色社会主义道路是实现途径,中国特色社会主义理论体系是行动指南,中国特色社会主义制度是根本保障,即理想目标、发展道路、思想理论、制度设计,它们四者统一于中国特色社会主义的伟大实践。

在党的十八大报告中,胡锦涛指出:"高举中国特色社会主义伟大旗帜,以邓小平理论、"三个代表"重要思想、科学发展观为指导,解放思想,改革开放,凝聚力量,攻坚克难,坚定不移沿着中国特色社会主义道路前进,为全面建成小康社会而奋斗。"实践证明,高举中国特色社会主义的伟大旗帜,是历史的选择、也是时代的选择、人民的选择。

近代以来中华民族始终面临着两大历史任务:争取民族独立、人民解放;实现国家富强、人民富裕。是否完成两大历史任务直接关系到中华民族的伟大复兴。无数仁人志士奋起探索,然而太平天国运动、戊戌变法、义和团运动、辛亥革命相继失败,表明了不触动封建根基的自强运动和改良运动、旧式的农民战争、资产阶级革命派领导的革命、照搬西方资本主义的方案,都不能完成中华民族救亡图存的民族使命和反帝反封建的历史任务。必须寻找先进理论和领导中国变革的先进社会力量。

中国无产阶级登上历史舞台以后,在马克思主义指导下,中国共产党担当起领导完成两大历史任务的责任,紧紧依靠人民完成和推进了三件大事:第一件大事是完成了新民主主义革命,实现了民族独立、人民解放。中国人民经过北伐战争、土地革命战争、抗日战争、解放战争28年浴血奋战,打败日本侵略者、推翻国民党反动统治,建立了中华人民共和国。彻底结束了旧中国半殖民地半封建社会的历史,彻底结束了旧中国一盘散沙的局面,彻底废除了列强强加给中国的不平等条约和帝国主义在华的一切特权。中国人民从此站立起来了,从此开启了中华民族发展进步的历史新纪元。第二件大事是完成了社会主义革命,确立了社会主义基本制度。创造性地实现了由新民主主义向社会主义的转变,进入社会主义社会。建立起比较完整的工业体系和国民经济体系,积累了在一个生产力十分落后的东方大国进行社会主义建设的重要经验。第三件大事是进行了改革开放新的伟大革命,开创、坚持、发展了中国特色社会主义。中共十一届三中全会以来,总结我国社会主义建设经验,同时借鉴国际经验,实行改革开放,不断开拓创新,形成了社会主义初级阶段的基本理论、基本路线、基本纲领、基本经验,建立和完善社会主义市场经济体制,坚持全方位对外开放,推动我国社会主义现代化建设取得了举世瞩目的伟大成就。这三件大事从根本上改变了中国人民和中华民族的前途命运,不可逆转地结束了旧中国悲惨命运,开启了中华民族走向伟大复兴的历史进程。当代中国的历史任务,就是要在完成和推进的三件大事基础上,继续书写中华民族伟大复兴的辉煌篇章。实现全面小康,建成富强民主文明和谐的社会主义现代化国家,这一奋斗目标,是近代以来中华民族两大历史任务的继续和发展,是当代中国历史任务在现阶段的具体体现。近代以来 170 多年的历史有力证明:只有社会主义才能救中国,只有中国特色社会主义才能发展中国。中国特色社会主义是当代中国的主题。

中国特色社会主义是实现当代中国历史任务、引领中华民族开拓前进的伟大旗帜。中国特色社会主义,是凝聚全党全国各族人民团结奋斗的旗帜,是引领中国走向繁荣富强的旗帜。中国特色社会主义既坚持了科学社会主义的基本原则,又根据我国实际和时代特征赋予其鲜明的中国特色。

科学社会主义基本原则,包括认识和实践社会主义的方法论(科学性和实践性的统一,把社会主义置于现实基础之上)、社会主义本质规定(实现人的自由全面发展,人的发展与社会的发展相互作用、相互推动的长过程)、社会主义价值(以人为本的价值取向和共富、公正、自由、平等、民主、互助、和谐等价值理念)。

"中国特色"表现:"特色"在《汉语大词典》中解释为事物所表现的独特的色彩、风格等。中国特色社会主义,既是我国既定的道路,又是必须高举的伟大旗帜,也是我们始终坚持的科学理论体系和制度体系。因此,深入研究中国特色社会主义,把握其"特色",具有重要的理论意义和实践价值。那么,中国特色社会主义"特"在实践特色、民族特色、时代特色。实践特色是指中国特色社会主义在实践中产生,在实践中推进,在实践中发展;民族特色是指它立足中国国情,吸取我们民族优秀文化传统的丰富营养,具有我们中华民族的鲜明特征;而时代特色就是强调顺应时代潮流、体现时代要求,学习借鉴现代文明的一切有益成果,与世界发展和人类文明进步联系在一起,而且能够与时俱进。既坚持科学社会主义原则,又具有鲜明的中国特色,这说明中国特色社会主义能够成为引领我们中国发展进步的旗帜。

中国特色的社会主义具有两方面的含义:第一,它是社会主义的,而不是西方资本主义的;第二,这种社会主义是坚持"中国特色"的,而不是苏联模式的社会主义。建设中国特色的社会主义是一个长期的革除曾经深刻影响中国社会主义体制的苏联模式弊端的过程。具体来说,中国特色社会主义主要"特"在以下几个方面:

政治上,强调社会主义民主与依法治国。人民代表大会制度、共产党领导的多党合作制和民族区域自治制度以及基层民主制度最具中国特色。突出"党内民主是党的生命",党员是党组织的主体;"人民民主是社会主义的生命",人民是社会主义的主体,把

"以人为本"作为科学发展观的灵魂,把尊重和保护人权写进宪法。民主制度不断健全、民主形式更加丰富、民主渠道不断拓宽;通过发展基层民主,建立保证人民依法直接行使民主权利的体制。

经济上,突出以经济建设为中心,以改善民生为重点,把社会主义基本制度同发展市场经济相结合,实行社会主义市场经济体制。在所有制上实行以公有制为主的多种所有制经济共同发展;在分配上实行以按劳分配为主体的多种分配方式并存的分配制度;在资源配置上由市场机制发挥资源配置的基础性作用。提出坚持以人为本,树立全面协调可持续发展观,促进经济、社会和人的全面发展,强调按照统筹城乡发展、统筹区域发展、统筹经济社会发展、统筹人与自然和谐发展的科学发展观。

文化上,坚持以马克思主义主流意识形态前提下保证文化多样性发展的体制。这里的马克思主义是体现时代特色的中国化、大众化的马克思主义,即邓小平理论、"三个代表"重要思想和科学发展观等。改变了以往的一元主义、斗争哲学,更加体现出包容多样、和谐发展、和而不同的民族优秀传统文化理念。

对外关系上,和平与发展是当代世界的两大主题。政治上尊重各国的制度选择和意识形态,全面参与以联合国为中心的多边外交活动,积极推进新型的区域性合作;经济上通过参加世贸组织同世界经济接轨;军事上宣布永远不称霸,不当超级大国,极力维护世界的和平与稳定。

总之,在建设中国特色社会主义的征程中,随着生产力的不断发展,随着我国综合国力的不断增强,随着人民生活的不断提高,"中国特色"将越来越凸显,将越来越受到世人的关注和认可。

二、中国特色社会主义的基本问题

坚持和发展中国特色社会主义,必须正确认识和把握以下四个基本问题,即什么是马克思主义、怎样对待马克思主义;建设什么样的社会主义、怎样建设社会主义;建设什么样的党、怎样建设党;实现什么样的发展、怎样发展。因为中国特色社会主义的全部理论与实践是紧紧围绕这四个基本问题展开的。四个基本问题贯穿到整个中国特色社会主义事业的发展之中,而道路、理论体系和制度又是我们中国特色社会主义发展过程中的三个不同形态。

第一个基本问题是什么是马克思主义、怎样对待马克思主义。这是思想理论前提的问题。对马克思主义的信仰,是中国共产党人的政治灵魂。我们应从世界观和方法论、社会理想、政治立场、理论品质四个方面来概括马克思主义:辩证唯物主义与历史唯物主义是马克思主义最根本的世界观和方法论;实现物质财富极大丰富、人民精神境界极大提高、每个人自由而全面发展的共产主义社会,是马克思主义最崇高的社会理想;坚持人民群众是历史的创造者,致力于实现以劳动人民为主体的最广大人民的根本利益,这是马克思主义最鲜明的政治立场;坚持一切从实际出发,理论联系实际,实事求是,在实践中检验真理和发展真理,是马克思主义最重要的理论品质。坚持马克思主义,必须用科学的态度对待马克思主义,紧密结合中国实际和时代特征,不断推进理论创新,在实践中不断丰富和发展发展马克思主义。同时，要坚持解放思想、实事求是、与时俱进、求真务实，着眼于马克思主义理论的运用，用发展着的马克思主义指导新的实践。现阶段，要立足于“两个一百年”奋斗目标、实现中华民族伟大复兴的中国梦，系统掌握马克思主义理论，更加自觉地坚持和运用马克思主义的立场、观点和方法，努力提高解决我国改革发展基本问题的能力，不断推进马克思主义中国化。

第二个基本问题是建设什么样的社会主义、怎样建设社会主义。这是坚持和发展中国特色社会主义首先要回答的基本问题。因为生机勃勃的社会主义伟大事业是在实践中创造的，并且在实践中继续发展，我们要不断深化对这一问题的认识。改革开放以来，中国共产党在以往探索和实践的基础上，紧紧抓住这个基本问题进行深入探索，明确提出了我国处于并将长期处于社会主义初级阶段；社会主义本质是解放生产力、发展生产力，消灭剥削，消除两极分化，最终达到共同富裕；选择社会主义市场经济是中国特色社会主义理论和实践发展的必然结果；必须坚持以经济建设为中心，坚持四项基本原则、坚持改革开放；社会和谐是中国特色社会主义的本质属性，公平正义是中国特色社会主义的内在要求；中国共产党的领导是中国特色社会主义最本质的特征；促进人的全面发展是社会主义的根本要求，坚持经济社会发展与人的全面发展的统一等。这一系列新思想新观点，既坚持了科学社会主义基本原则，又根据时代条件和人民意愿发展了社会主义，比较系统地回答了中国这样一个人口众多、经济文化比较落后的国家在建立社会主义制度以后，怎样建设、巩固和发展社会主义这一关键问题，深化了对社会主义建设规律的认识。

第三个问题是建设什么样的党，怎样建设党。建设一个什么样的党，是中国共产党成立以来始终面临的一个重大问题，也是关系到坚持和发展中国特色社会主义领导核心的重大问题。对于今天的中国共产党来说，主要是两个大问题，一个是党自身的建设问题，一个是党领导的中国特色社会主义事业的发展问题。改革开放以来，中国共产党将推进中国特色社会主义的伟大事业和推进党的建设伟大工程紧密结合，准确把握党的历史方位的变化，坚持立党之本、巩固执政之基、壮大力量之源。坚持党的领导核心地位，紧紧围绕提高党的领导水平和执政能力与增强拒腐防变、抵御风险能力这两大历史性课题，提出牢牢把握加强党的执政能力建设、先进性和纯洁性建设这条主线，建设学习型、服务型、创新型马克思主义政党，坚持党要管党、全面从严治党，确保党在世界形势深刻变化的历史进程中始终走在时代前列，应对国内外各种风险和考验，在坚持和发展中国特色社会主义的历史进程中始终成为坚强领导核心。这一系列新思想新论断新要求，进一步丰富发展了马克思主义建党学说，深化了对共产党执政规律的认识。

第四个基本问题是实现什么样的发展、怎样发展。这是关系到坚持和发展中国特色社会主义方式、途径和目标任务的重大问题，也是当代中国讲得最多的一个问题。改革开放以来，中国共产党以马克思主义发展观为指导，在发展问题上提出了一系列重大论断，坚持发展为了人民、发展依靠人民、发展成果由人民共享的宗旨，依据当今时代主题、社会主义初级阶段基本国情和主要矛盾，确立了社会主义初级阶段的基本路线和基本纲领，提出解放和发展生产力、满足人民群众日益增长的物质文化需要是建设社会主义的

根本任务，发展才是硬道理，分“三步走”基本实现现代化的战略步骤；结合我国经济社会发展的阶段性特征，不断丰富发展的内涵，提出发展必须遵循社会规律和自然规律，发展重点从打基础向调结构转变，主动适应引领经济发展新常态，把推动发展的立足点转到提高质量和效益上来，促进城乡、区域、经济社会同步发展，促进人与自然和谐发展，统筹国内发展和对外开放等。这一系列新思想新要求解决了中国特色社会主义的发展目的、发展理念、发展方式、发展动力等问题，表明党对发展问题的认识达到了一个新高度，深化了对人类社会发展规律的认识。

中国特色社会主义全部实践都是围绕这些基本问题展开的，都是在探索和回答这些基本问题中形成的。

第二节　坚持和发展中国特色社会主义

坚持和发展中国特色社会主义，就是要把科学社会主义基本原理与当代中国实际相结合，坚持和发展中国特色社会主义道路、理论体系和制度，协调推进全面建成小康社会、全面深化改革、全面依法治国、全面从严治党的战略布局，实现中华民族伟大复兴的中国梦。

一、坚持和发展中国特色社会主义道路、理论体系和制度

经过90多年的奋斗、创造、积累，中国共产党领导全国各族人民开辟了中国特色社会主义道路，形成了中国特色社会主义理论体系，确立了中国特色社会主义制度。中国特色社会主义的道路、理论体系和制度，构成了中国特色社会主义的主要内容。

1. 中国特色社会主义道路的内涵、特色和影响

在无产阶级夺取政权，取得革命胜利以后，选择什么样的发展道路和如何建设社会主义问题，都没有固定的模式，是需要探索的重大课题。首先，以毛泽东为代表的中国共产党人进行了艰辛探索，但由于在中国这样落后的社会主义国家建设社会主义，人们对如何找到一条适合中国特殊情况的社会主义道路还缺乏系统性的认识，加上当时的国际环境比较复杂，使得这一探索未能成功。十一届三中全会后，我们党开始在科学轨道上探索中国特色社会主义建设道路。党的十二大开幕式上，邓小平第一次提出要“把马克思主义的普遍真理同中国发展的具体实际结合起来，走自己的道路，建设有中国特色的社会主义”这样一个重要命题，强调“走中国特色社会主义道路”是我们党从长期探索中得出的基本结论，从而指明了新时期我们党理论和实践探索的主题和方向。经过努力开拓，党的十三大以来，我们党对这条道路的性质、内涵、意义越来越明晰，胡锦涛在党的十七大报告和“七一”讲话中对这条道路都进行过阐释。

党的十八大明确阐述了中国特色社会主义道路的科学内涵：中国特色社会主义道路，就是在中国共产党领导下，立足本国国情，以经济建设为中心，坚持四项基本原则，坚持改革开放，解放和发展社会生产力，巩固和完善社会主义制度，建设社会主义市场经济、社会主义民主政治、社会主义先进文化、社会主义和谐社会，建设富强民主文明和谐

的社会主义现代化国家。这一表述明确了中国特色社会主义的领导力量、现实依据、基本路线、主要任务、总体布局和奋斗目标,指明了当代中国的前进方向。

在经济全球化日益深入发展的情况下,我们必须按照科学发展观的要求,进一步加强对国际国内两个大局的统筹,进一步坚持、丰富和发展"中国道路"即"中国特色社会主义道路"。中国特色社会主义道路由以下六个方面的主要内容组成:

第一,始终坚持中国共产党的领导、人民当家作主和依法治国有机统一的政治发展道路。坚持党的领导、人民当家作主和依法治国有机统一,是中国特色社会主义民主的最大优势和特点,也是中国道路成功的根本原因。只有始终坚持中国共产党的坚强领导,才能实现国家长治久安,才能够统筹兼顾各方利益,集中一切资源、力量和智慧用于国家建设,做到全国上下一盘棋,集中力量办大事、提高效率办成事。人民是我们的力量源泉和胜利之本,只有坚持人民当家作主,我们的事业才能够得到全国人民的衷心拥护,才能充分发挥人民群众以国家主人翁身份建设和管理国家的积极性、主动性、创造性。

依法治国是党领导人民治理国家的基本方略,只有坚持依法治国,才能保障广大人民群众在党的正确领导下,通过各种途径和形式管理国家和社会事务,确保国家各项工作都依法进行。这里需要指出的是,从一定意义上讲,坚持党的领导、人民当家作主和依法治国并不是并列关系,三者之中,核心是人民当家作主,人民当家作主是党的性质和宗旨所决定的,也是我们坚持党的领导与依法治国的根本目的和最终归宿,而坚持党的领导与依法治国则是要达到这一根本目的与最终归宿的"船和桥"。走中国特色社会主义政治发展道路,既是发展中国特色社会主义的必然要求,也是我们与其他国家相比较的巨大优势,任何时候都不能动摇。

第二,始终坚持以公有制为主体、多种所有制经济共同发展的基本经济制度,走让一部分人先富裕起来、逐步实现共同富裕的经济发展道路。国内外有的学者片面地认为中国是在走一条"社会主义 + 资本主义"的道路。他们没有认识到,坚持以公有制为主体、多种所有制经济共同发展的基本经济制度,追求人民群众的共同富裕,这正是中国发展道路同西方发展模式的本质区别。新中国成立特别是改革开放以来,我国逐步确立的以公有制为主体、多种所有制经济共同发展的基本经济制度,是符合国情、富有成效的。

这一基本经济制度,把社会主义的本质特征和初级阶段的现实要求有机统一起来,既有利于对整个社会生产和经济发展进行合理有效的调控,克服市场机制的自发性、盲目性和滞后性,又能充分调动社会各方面的积极性,形成一个多元市场主体公平竞争、充满活力的体制环境。我们只有坚持这一基本经济制度,才能形成按劳分配为主体、多种分配方式并存的分配关系,防止两极分化,促进社会公平正义,逐步实现共同富裕,使全体人民共享改革发展的成果。

第三,始终坚持以马克思主义为指导的社会主义核心价值体系,走与各国各民族相互学习借鉴,与不同社会制度在意识形态上求同存异的文化发展道路。历史和现实表明,核心价值体系是一个社会的灵魂与精神脊梁。如果没有这个最核心的东西,社会就会失去共同的思想基础,发展道路也会迷失正确方向。社会主义核心价值体系就是中国道路在意识形态方面的主体和灵魂。当前,中国同西方国家各种敌对势力在意识形态领

域的斗争,本质上是社会主义核心价值体系和资本主义价值体系的较量。

当今世界正处在大发展大变革大调整时期,世界范围内各种思想文化交流交融交锋;当今我国改革开放正在深化,国内社会思想意识日益多样多元多变。面对国内外复杂的局势,发展中国道路,必须大力建设社会主义核心价值体系,既大胆吸收借鉴世界一切优秀文化成果,又有效抵制腐朽思想文化的侵蚀,切实维护国家文化安全,不断巩固全党全国各族人民共同团结奋斗的思想基础。

第四,始终坚持解放思想,实事求是,与时俱进,科学发展,在各个领域走不断改革创新之路。很多国外学者认为,中国道路是一条不断学习、创新的道路,这也是中国道路的一个基本内涵。改革开放以来,坚持解放思想、实事求是,与时俱进、改革创新,是中国道路越走越宽广的一条重要经验。中国道路不是已然完成的、封闭的模式,而是还没有完全成熟,仍然处于不断探索、丰富、创新和完善的发展过程。

今天,我们总结和阐述中国道路,就是为了更好地学习借鉴其他国家的成功经验,发现并解决中国面临的各种潜在问题,实现未来更好的发展。发展没有止境。无论现在还是将来,可持续发展都是中国的第一要务。在前进的道路上,我们必须充分估计种种可以预料和难以预料的困难和风险,继续解放思想,坚持改革创新,努力探索,在实践中不断丰富和发展中国道路。

第五,始终坚持对外开放,并在开放中坚持独立自主,与世界各国在经济上平等互利,走积极参与经济全球化的开放之路。中国道路的一个重要内涵就是坚持对外开放,把握好国际国内两个大局,充分利用国际国内两个市场,主动参与经济全球化进程,同时始终坚持独立自主的原则。在参与经济全球化进程中,我们坚持独立自主、走适合国情的道路,不照抄照搬别国模式。这既保持自己的特色和自主性,又能学习借鉴各国先进经验;既吸收西方国家那些最合理、最符合中国经济发展水平的成分,又舍弃了那些不适用的、不合理的成分。

与中国形成鲜明对照的是,很多照搬西方模式的发展中国家并没有实现经济的发展和社会的稳定。正因为如此,中国道路才具有世界意义。中国道路的成功增强了发展中国家摆脱西方模式的束缚、寻找自己道路的信心。

第六,始终坚持维护国家主权和领土完整,政治上互不干涉内政并秉持公道、伸张正义,反对各种形式的霸权主义和强权政治,坚持和平发展,走建设持久和平、共同繁荣的和谐世界之路。中国和世界是紧密联系在一起的,中国的发展离不开世界,世界的繁荣稳定也离不开中国。中国道路之所以成功,就是因为对内坚持科学发展、和谐发展,对外坚持和平发展,推动建设和谐世界,这也正是中国道路的力量所在。

中国坚持走和平发展道路,比较好地处理了与其他国家的关系,没有走资本主义国家经济侵略的老路,也没有卷入任何大规模的国际冲突之中。中国既充分利用世界和平发展带来的机遇发展了自己,又以自身的发展更好地维护了世界和平,促进了共同发展。但是,我们也要看到,中国的发展客观上已经对世界格局产生了重大影响,这种影响不仅体现在经济层面,而且体现在地缘政治层面,以及文化和价值观层面。正因为如此,近年来一些敌对势力出于各种动机,不时宣扬“中国威胁论”“中国强硬论”“中国责任论”等论调。中国如果不坚持走和平发展的道路,不与世界各国共享发展成果,将来的发展势必会遇到很多阻力。

因此,我们必须高举和平、发展、合作的旗帜,坚定不移地走和平发展道路。但是,从一定意义上讲,和平发展是我们争取的最高战略目标。在尽最大力量争取和平发展的同时,我们必须遵照邓小平同志的指示,正确处理"韬光养晦"与"有所作为"的关系,始终坚定地维护国家主权和领土完整,并在政治上互不干涉内政的前提下,认真贯彻党的十七大关于"秉持公道、伸张正义"和"反对各种形式的霸权主义和强权政治"的精神,只有这样,才能有利于与世界各国人民携手努力,推动建设一个持久和平、共同繁荣的和谐世界。

中国特色社会主义道路的开辟具有重大意义,是中国共产党领导人民走出的一条创新之路,是人类文明史上的伟大创举,是中国对世界的历史性贡献。实践证明,在当今时代,马克思主义依然具有强大的生命力,社会主义制度具有巨大的优越性,中国特色社会主义道路是中国实现国家富强、人民富裕的唯一正确道路。可以说中国特色社会主义道路是实现社会主义现代化的必由之路;创造人民美好生活的必由之路。

在当代中国,坚持中国特色社会主义道路,就是真正坚持社会主义。

胡锦涛在党的十七大报告中指出,在当代中国真正坚持社会主义就是坚持走具有中国特色的社会主义道路。在"七一"讲话中再次强调中国特色社会主义道路,是让人民过上美好幸福生活和实现社会主义现代化的必由之路。在党的十八大报告中,胡锦涛指出:道路关乎党的命脉,关乎国家前途、民族命运、人民幸福。在中国这样一个经济文化十分落后的国家探索民族复兴道路,是极为艰巨的任务。九十多年来,我们党紧紧依靠人民,把马克思主义基本原理同中国实际和时代特征结合起来,独立自主走自己的路,历经千辛万苦,付出各种代价,取得革命建设改革伟大胜利,开创和发展了中国特色社会主义,从根本上改变了中国人民和中华民族的前途命运。可以说,中国特色社会主义道路是中国共产党立足中国的现实国情,总结社会主义建设的历史经验,历尽艰难而找到的唯一正确道路,是实现中华民族伟大复兴的必由之路。

2. 中国特色社会主义理论体系的定义、主要内容和指导意义

(1)中国特色社会主义理论体系的定义

中国共产党在探索和开辟中国特色社会主义道路的历史实践中,在坚持马克思主义基本原理真理性的前提下,基于中国特定的经济、政治发展及历史文化传统,根据社会主义发展实践的变化所出现的新特点、新问题,不断推进中国特色社会主义建设的理论创新和实践突破。

中国特色社会主义理论体系是马克思主义基本原理与当代中国改革开放和现代化建设实践相结合的产物,是对毛泽东思想的继承和发展,是被实践证明了的关于中国建设、巩固和发展社会主义的正确理论原则和经验总结,是包括邓小平理论、"三个代表"重要思想和科学发展观在内的科学理论体系,是马克思主义中国化的最新成果。

中国特色社会主义理论的历史起点是1978年党的十一届三中全会。中国特色社会主义理论体系的形成标志是1992年党的十四大对邓小平理论内容的概括。邓小平理论

是中国特色社会主义理论体系的奠基之作，围绕什么是和怎样建设中国特色社会主义，从理论上第一次比较系统地回答了中国这样的经济文化比较落后的国家在社会主义确立以后，如何建设、巩固和发展社会主义这一时代课题，进行了一系列开创性、原创性、原理性的理论创新。

“三个代表”重要思想在邓小平理论基础上，把理论创新的重点聚焦到我们党怎样才能领导和建设好中国特色社会主义这一根本问题上。“三个代表”重要思想的提出，解决了建设一个什么样的党和怎样建设党的问题，丰富和发展了中国特色社会主义理论体系，创新了党建理论。

科学发展观的提出，解决了实现什么样的发展和怎样发展的问题。进一步完善和创新了中国特色社会主义理论体系，实现了发展观和发展方式的变革。

中国特色社会主义的理论基石是社会主义初级阶段论。

中国特色社会主义的理论精髓，即党的思想路线：解放思想、实事求是、与时俱进、求真务实。

(2)中国特色社会主义理论体系的主要内容

中国特色社会主义理论体系的主要内容包括以下二十个方面：

第一，在建设中国特色社会主义的思想路线上，强调思想路线是个世界观和方法论的问题，是个政治问题，是关系到党和国家的前途和命运的问题。要坚持解放思想，实事求是，一切从实际出发，理论联系实际，在实践中检验真理和发展真理。解放思想就是使思想和实际相符合，使主观和客观相符合，就是实事求是；解放思想就是要在马克思主义指导下，打破习惯势力和主观偏见的束缚，研究新情况，解决新问题；只有解放思想，坚持实事求是，一切从实际出发，理论联系实际，我们的社会主义现代化建设才能顺利进行，我们党的马列主义、毛泽东思想的理论也才能发展。坚持党的思想路线，解放思想、实事求是、与时俱进，是我们党坚持先进性和增强创造力的决定性因素。坚持解放思想、实事求是、与时俱进，必须在思想上不断有新解放，理论上不断有新发展，实践上不断有新创造，在实践中不断丰富和发展马克思主义，用发展着的马克思主义指导新的实践。求真务实是辩证唯物主义和历史唯物主义一以贯之的科学精神，是我们党的思想路线的核心内容，也是党的优良传统和共产党人应该具备的政治品格。必须大力弘扬求真务实精神、大兴求真务实之风。解放思想是党的思想路线的本质要求，是我们应对前进道路上各种新情况新问题、不断开创事业新局面的一大法宝，是发展中国特色社会主义的一大法宝。

第二，在中国特色社会主义的本质属性问题上，排除了一系列错误观点，指出贫穷不是社会主义、发展太慢也不是社会主义，平均主义不是社会主义、两极分化也不是社会主义，僵化封闭不能发展社会主义、照搬外国也不能发展社会主义，没有民主就没有社会主义、没有法制也没有社会主义，不重视物质文明搞不好社会主义、不重视精神文明也搞不好社会主义。科学地揭示出“社会主义的本质，是解放生产力，发展生产力，消灭剥削，消除两极分化，最终达到共同富裕”。强调我们建设中国特色社会主义的各项事业，我们进行的一切工作，既要着眼于人民现实的物质文化生活需要，同时又要着眼于促进人民素质的提高,也就是要努力促进人的全面发展。这是马克思主义关于建设社会主义新社会的本质要求。强调“社会和谐是中国特色社会主义的本质属性”。

第三,在中国特色社会主义的发展道路问题上,强调我们的现代化建设必须从中国的实际出发,把马克思主义的普遍真理同我国的具体实际结合起来,走自己的道路,建设有中国特色的社会主义。明确提出了以“一个中心、两个基本点”为主要内容的基本路线,指明了中国特色社会主义的发展道路。中国特色社会主义道路,就是在中国共产党领导下,立足基本国情,以经济建设为中心,坚持四项基本原则,坚持改革开放,解放和发展社会生产力,巩固和完善社会主义制度,建设社会主义市场经济、社会主义民主政治、社会主义先进文化、社会主义和谐社会,建设富强民主文明和谐的社会主义现代化国家。

第四,在中国特色社会主义的发展阶段问题上,强调我国正处于并将长期处于社会主义初级阶段,这是我国最大的实际和最基本的国情。一切都要从这个实际出发,根据这个实际来制订规划。因此,必须搞清楚什么是初级阶段的社会主义,在初级阶段怎样建设社会主义。进入新世纪新阶段,我国发展所呈现出的一系列新的阶段性特征,是社会主义初级阶段基本国情在新世纪新阶段的具体表现。强调认清社会主义初级阶段基本国情,不是要妄自菲薄、自甘落后,也不是要脱离实际、急于求成,而是要坚持把它作为推进改革、谋划发展的根本依据。21 世纪前 20 年是全面建设小康社会的阶段。

第五,在中国特色社会主义的根本任务问题上,强调生产力是社会发展的最根本的决定性因素。现阶段我国社会的主要矛盾是人民日益增长的物质文化需要同落后的社会生产之间的矛盾,必须把发展生产力摆在首要位置。社会主义的根本任务是发展生产力。中国特色的社会主义是不断发展社会生产力的社会主义。发展是硬道理,发展是解决中国所有问题的关键。始终代表中国先进生产力的发展要求,大力促进先进生产力的发展,是我们党站在时代前列,保持先进性的根本体现和根本要求。必须始终紧紧抓住发展这个执政兴国的第一要务,把坚持党的先进性和发挥社会主义制度的优越性,落实到发展先进生产力、发展先进文化、实现最广大人民的根本利益上来,推动社会全面进步,促进人的全面发展。发展对于全面建设小康社会、加快推进社会主义现代化,具有决定性意义。以经济建设为中心是兴国之要。要牢牢扭住经济建设这个中心,坚持聚精会神搞建设、一心一意谋发展,不断解放和发展社会生产力,为发展中国特色社会主义打下坚实的基础。

第六,在中国特色社会主义的发展战略问题上,强调建设和发展中国特色社会主义必须从实际出发,确定正确的发展战略。明确提出了分“三步走”基本实现现代化的战略目标和战略步骤。强调要以重点带动全局,把农业、能源和交通、教育和科学作为战略重点;要抓住机遇,加快发展,争取隔几年使国民经济上一个新台阶;要允许和鼓励一部分地区、一部分人先富起来,以带动越来越多的地区和人们逐步达到共同富裕。在 21 世纪的前 20 年,要全面建成小康社会。要坚持实施以科学发展观为统领的一系列重大战略,包括全面协调可持续发展、构建社会主义和谐社会、建设社会主义新农村、建设创新型国家、推动区域协调发展、推动建设和谐世界等战略。中国特色社会主义建设坚持经济建设、政治建设、文化建设、社会建设、生态文明建设“五位一体”的总体布局;中国特色社会主义建设的目标是“建设富强民主文明和谐的现代化国家”。

第七，在中国特色社会主义的发展动力问题上，强调改革“是决定中国命运的一招”，不改革就没有出路，实行改革“表明我们已经开始找到了一条建设有中国特色的社会主义的路子”；“改革是中国的第二次革命”，其“性质同过去的革命一样，也是为了扫除发展社会生产力的障碍，使中国摆脱贫穷落后的状态”；“改革是全面的改革”，包括经济体制改革、政治体制改革和相应的其他各个领域的改革；“三个有利于”是判断改革成败得失的根本标准。改革是社会主义实现自我完善和发展的根本途径与动力。在社会主义社会的各个历史阶段，都需要根据经济社会发展的要求，适时地通过改革不断推进社会主义制度的自我完善和发展。要通过坚持不懈的努力，不断完善社会主义的生产关系和上层建筑，不断为生产力的解放和发展打开更加广阔的通途。要毫不动摇地坚持改革方向，提高改革决策的科学性，增强改革措施的协调性。要完善社会主义市场经济体制，推进各方面体制改革创新，加快重要领域和关键环节改革步伐，全面提高开放水平，着力构建充满活力、富有效率、更加开放、有利于科学发展的体制机制，为发展中国特色社会主义提供强大动力和体制保障。

第八，在中国特色社会主义的对外开放问题上，强调现在的世界是开放的世界，任何一个国家要发展，孤立起来，闭关自守是不可能的。对外开放是改革和建设必不可少的，应当吸收和利用世界各国包括资本主义发达国家所创造的一切先进文明成果来发展社会主义。对外开放是建设和发展中国特色社会主义的一项基本国策。要适应经济全球化趋势的发展和加入世贸组织的新形势，以更加积极的姿态走向世界。坚持对外开放的基本国策，把“引进来”和“走出去”更好结合起来，扩大开放领域，优化开放结构，提高开放质量，完善内外联动、互利共赢、安全高效的开放型经济体系，形成经济全球化条件下参与国际经济合作和竞争新优势。深化沿海开放，加快内地开放，提升沿边开放，实现对内对外开放相互促进。加快转变外贸增长方式，创新利用外资方式、对外投资和合作方式，努力使对外开放更好地促进国内改革发展。

第九，在中国特色社会主义的经济建设问题上，强调现代化建设要把经济建设当作中心。农业是国民经济的基础和根本，必须坚定不移地把农业放在经济工作的首位。科学技术是第一生产力，经济建设必须依靠科技和教育。社会主义也可以搞市场经济，社会主义和市场经济之间不存在根本矛盾，计划和市场都是经济手段，二者都得要。公有制为主体、多种所有制经济共同发展，是我国社会主义初级阶段的一项基本经济制度。抓住机遇，加快发展，集中力量把经济建设搞上去，是我们坚定不移的方针。实现未来经济发展目标，关键要在加快转变经济发展方式、完善社会主义市场经济体制方面取得重大进展。要大力推进经济结构战略性调整，更加注重提高自主创新能力、提高节能环保水平、提高经济整体素质和国际竞争力。要深化对社会主义市场经济规律的认识，从制度上更好发挥市场在资源配置中的基础性作用，形成有利于科学发展的宏观调控体系。为此，要提高自主创新能力，建设创新型国家；加快转变经济发展方式，推动产业结构优化升级；统筹城乡发展，推进社会主义新农村建设；加强能源资源节约和生态环境保护，增强可持续发展能力；推动区域协调发展，优化国土开发格局；完善基本经济制度，健全现代市场体系;深化财税、金融等体制改革,完善宏观调控体系;拓展对外开放广度和深度,提高开放型经济水平。总之,要坚持走科学发展之路,努力实现经济又好又快发展。

第十,在中国特色社会主义的政治建设问题上,强调"没有民主就没有社会主义,就没有社会主义的现代化"。人民民主是社会主义的生命。发展社会主义民主政治,建设社会主义政治文明,是社会主义现代化建设的重要目标,也是我们党始终不渝的奋斗目标。要正确认识和把握民主问题,把社会主义民主同资产阶级民主、个人主义民主严格地区别开来,把对人民的民主和对敌人的专政结合起来,把民主和集中、民主和法制、民主和纪律、民主和党的领导结合起来。积极推进政治体制改革,按照民主化和法制化紧密结合的要求,努力建设社会主义的民主政治。加强社会主义法制建设,"做到有法可依,有法必依,执法必严,违法必究"。要坚持中国特色社会主义政治发展道路,坚持党的领导、人民当家作主、依法治国有机统一,不断推进社会主义政治制度自我完善和发展。全面深化政治体制改革,必须坚持正确政治方向,以保证人民当家作主为根本,以增强党和国家活力、调动人民积极性为目标,扩大社会主义民主,建设社会主义法治国家,发展社会主义政治文明。为此,要扩大人民民主,保证人民当家作主;发展基层民主,保障人民享有更多更切实的民主权利;全面落实依法治国基本方略,加快建设社会主义法治国家;加快行政管理体制改革,建设服务型政府;完善制约和监督机制,保证人民赋予的权力始终用来为人民谋利益。

第十一,在中国特色社会主义的文化建设问题上,强调我们要建设的社会主义国家,不但要有高度的物质文明,而且要有高度的精神文明,两个文明都搞好,才是有中国特色的社会主义。社会主义精神文明建设的根本任务是适应社会主义现代化建设的需要,培育"四有"公民,提高整个中华民族的思想道德素质和科学文化素质。继承和发扬民族的优秀文化传统和党的优良传统,吸收和借鉴人类社会创造的一切文明成果,反对封建主义残余影响,抵制资本主义腐朽思想的侵蚀。尊重知识、尊重人才,培养一大批优秀的科学家、教育家、文学艺术家和其他各种专家,思想文化和教育战线上的同志都应当是人类灵魂工程师。牢牢把握先进文化的前进方向,坚持"以科学的理论武装人,以正确的舆论引导人,以高尚的精神塑造人,以优秀的作品鼓舞人"。要兴起社会主义文化建设新高潮,激发全民族文化创造活力,提高国家文化软实力,使人民基本文化权益得到更好保障,使社会文化生活更加丰富多彩,使人民精神风貌更加昂扬向上。建设社会主义核心价值体系,增强社会主义意识形态的吸引力和凝聚力;建设和谐文化,培育文明风尚;弘扬中华文化,建设中华民族共有精神家园;推进文化创新,增强文化发展活力。充分发挥人民在文化建设中的主体作用,调动广大文化工作者的积极性,让人民共享文化发展成果。

第十二,在中国特色社会主义的社会建设问题上,强调社会和谐是中国特色社会主义本质属性,构建社会主义和谐社会是建设中国特色社会主义的一项基本任务,同建设社会主义物质文明、政治文明、精神文明是有机统一的。要按照民主法治、公平正义、诚信友爱、充满活力、安定有序、人与自然和谐相处的总要求和共同建设、共同享有的原则,努力形成全体人民各尽其能、各得其所而又和谐相处的局面。构建社会主义和谐社会,必须坚持以邓小平理论和“三个代表”重要思想为指导、树立和落实科学发展观、坚持以人为本、尊重人民群众的创造精神、注重社会公平、正确处理改革发展稳定的关系。必须在经济发展的基础上，更加注重社会建设，着力保障和改善民生，推进社会体制改革，扩大公共服务，完善社会管理，促进社会公平正义，努力使全体人民学有所教、劳有所得、病有所医、老有所养、住有所居，推动建设和谐社会。要紧紧依靠人民，调动一切积极因素，努力形成社会和谐人人有责、和谐社会人人共享的生动局面。

第十三，在中国特色社会主义的国防和军队建设问题上，强调国防和军队建设在中国特色社会主义事业总体布局中占有重要地位，要求军队以现代化建设为中心，走有中国特色的精兵之路，不断增强国防实力，为国家改革开放和现代化建设提供坚强有力的安全保证；同时，服从和服务于国家经济建设的大局，自觉地在这个大局下行动，积极支持和参与国家经济建设。必须站在国家安全和发展战略全局的高度，统筹经济建设和国防建设，坚持国防建设与经济建设协调发展的方针，在经济发展的基础上推进国防和军队现代化建设，在全面建设小康社会进程中实现富国和强军的统一。必须坚持以毛泽东军事思想、邓小平新时期军队建设思想、江泽民国防和军队建设思想为指导，把科学发展观作为国防和军队建设的重要指导方针，贯彻新时期军事战略方针，加快中国特色军事变革，做好军事斗争准备，提高军队应对多种安全威胁、完成多样化军事任务的能力。军队革命化、现代化、正规化建设是统一的整体，必须全面加强、协调推进。要适应世界军事发展新趋势和我国发展新要求，推进军事理论、军事技术、军事组织、军事管理创新。

第十四，在“一国两制”和祖国和平统一问题上，创造性地提出了“一国两制”构想，强调在一个中国的前提下，国家的主体坚持社会主义制度，香港、澳门、台湾保持原有的资本主义制度长期不变，按照这个原则来推进祖国和平统一大业的完成。香港和澳门回归后，提出发展台海两岸关系、推进祖国和平统一进程的“八项主张”和重要意见。强调台湾问题事关祖国完全统一，事关国家核心利益，要遵循“和平统一、一国两制”的方针，坚持一个中国原则决不动摇，争取和平统一的努力决不放弃，贯彻寄希望于台湾人民的方针决不改变，反对“台独”分裂活动决不妥协，牢牢把握两岸关系和平发展的主题，真诚为两岸同胞谋福祉、为台海地区谋和平，维护国家主权和领土完整，维护中华民族根本利益。并郑重呼吁，在一个中国原则的基础上，协商正式结束两岸敌对状态，达成和平协议，构建两岸关系和平发展框架，开创两岸关系和平发展新局面。

第十五，在中国特色社会主义的政治保证问题上，强调要坚持社会主义道路、坚持人民民主专政、坚持中国共产党的领导、坚持马克思列宁主义毛泽东思想。这四项基本原则是立国之本，是我们党、我们国家生存发展的政治基石，是改革开放和现代化建设健康发展的根本保证。“如果动摇了这四项基本原则中的任何一项，那就动摇了整个社会主义事业，整个现代化建设事业。”坚持四项基本原则，“是我国根本区别于历史上的封建主义中国和资本主义国家的主要标志。离开了四项基本原则，中国就不成其为社会主义国家，就不能建设有中国特色社会主义”。坚持四项基本原则，必须旗帜鲜明地反对资产阶级自由化。要坚持把以经济建设为中心同四项基本原则、改革开放这两个基本点统一于发展中国特色社会主义的伟大实践，任何时候都决不能动摇。

第十六，在中国特色社会主义的外交和国际战略问题上，明确提出了和平与发展是当代世界的两大主题这一极为重要的科学论断，并据此确立了坚持独立自主的和平外交政策，坚持反对霸权主义、维护世界和平的外交和国际战略。强调中国特色的社会主义是主张和平的社会主义。维护我国的独立和主权，促进世界的和平与发展，是中国外交政策的基本目标。我们坚持在互相尊重主权和领土完整、互不侵犯、互不干涉内政、平等互利、和平共处等五项原则的基础上，同所有国家发展友好合作关系。在处理同各国共产党和其他政党的关系上，我们坚持独立自主、完全平等、互相尊重、互不干涉内部事务的四项原则。面对国际局势风云变幻，要冷静观察、稳住阵脚、沉着应付，埋头实干，做好我们自己的事。中国永远站在第三世界一边，中国永远不称霸，中国也永远不当头。我们主张各国人民携手努力，推动建设持久和平、共同繁荣的和谐世界。不管国际风云如何变幻，中国政府和人民都将高举和平、发展、合作旗帜，奉行独立自主的和平外交政策，维护国家主权、安全、发展利益，恪守维护世界和平、促进共同发展的外交政策宗旨。中国将始终不渝走和平发展道路。

第十七，在中国特色社会主义的依靠力量问题上，强调人民群众是我们党的力量源泉和胜利之本，建设中国特色社会主义，必须依靠工人、农民、知识分子。工人阶级是我们国家的领导阶级，是先进生产力和生产关系的代表，是建设和改革最基本的动力，是维护社会稳定的强大而集中的社会力量。广大农民是我国社会主义现代化建设和改革开放中人数最多的依靠力量。工农联盟要在社会主义现代化建设和深化改革的基础上进一步巩固和发展。我国知识分子作为中国工人阶级中掌握科学文化知识较多的主要从事脑力劳动的一部分，作为先进生产力的开拓者和教育科学文化工作的基本力量，在改革开放和现代化建设中承担着重大的历史责任。建设中国特色的社会主义，还必须依靠各民族人民的团结；必须依靠最广泛的爱国统一战线。党领导的人民军队是社会主义祖国的保卫者和建设社会主义的重要力量。改革开放以来出现的新的社会阶层中的广大人员，也是有中国特色社会主义事业的建设者。要坚持以人为本，尊重人民的主体地位，发挥人民首创精神和主人翁作用，使人民的积极性和创造力竞相迸发，依靠人民群众建设和发展中国特色社会主义。同时，要壮大爱国统一战线，团结一切可以团结的力量。

第十八，在中国特色社会主义的领导核心问题上，强调中国共产党是中国工人阶级的先锋队，同时是中国人民和中华民族的先锋队，是中国特色社会主义事业的领导核心。建设有中国特色的社会主义，关键在于坚持、加强和改善党的领导。坚持中国共产党的领导，就是要坚持党在建设中国特色社会主义事业中的领导核心地位，发挥总揽全局、协调各方的作用。坚持、加强和改善党的领导，必须坚持用时代发展的要求审视自己，以改革的精神加强和完善自己，坚持党的先进性，坚定地站在时代潮流的前头。归根结底，是要使我们党始终成为中国先进生产力的发展要求、中国先进文化前进的方向、中国最广大人民的根本利益的代表，始终走在时代前列、领导全国人民建设中国特色社会主义的马克思主义政党。

第十九，在中国特色社会主义的执政党建设问题上，强调“要聚精会神地抓党的建设”，切实解决好提高党的领导水平和执政水平、提高拒腐防变和抵御风险能力这两大历史性课题，全面推进党的建设新的伟大工程。强调党的先进性建设是马克思主义政党生存、发展、壮大的根本性建设，必须把党的执政能力建设和先进性建设作为主线，坚持党要管党、全面从严治党，贯彻为民、务实、清廉的要求，以坚定理想信念为重点加强思想建设，以造就高素质党员、干部队伍为重点加强组织建设，以保持党同人民群众的血肉联系为重点加强作风建设，以健全民主集中制为重点加强制度建设，以完善惩治和预防腐败体系为重点加强反腐倡廉建设，使党始终成为立党为公、执政为民，求真务实、改革创新，艰苦奋斗、清正廉洁，富有活力、团结和谐的马克思主义执政党。围绕这个目标，要深入学习贯彻中国特色社会主义理论体系，着力用马克思主义中国化最新成果武装全党；要继续加强党的执政能力建设，着力建设高素质领导班子；要积极推进党内民主建设，着力增强党的团结统一；要不断深化干部人事制度改革，着力造就高素质干部队伍和人才队伍；要全面巩固和发展先进性教育活动成果，着力加强基层党的建设；要巩固群众路线教育实践活动成果，切实改进党的作风，着力加强反腐倡廉建设。

第二十，在建设中国特色社会主义的根本目的问题上，强调建设和发展中国特色社会主义，是我国各族人民实现自己利益、创造美好生活的共同事业，是亿万人民群众广泛参与的创造性事业。建设中国特色社会主义全部工作的出发点和落脚点，就是全心全意为人民谋利益，不断实现好维护好发展好最广大人民的根本利益。我们党领导人民进行改革开放和现代化建设的根本目的，就是要通过发展社会生产力，努力满足人民群众日益增长的物质文化需要。因此，在整个改革开放和现代化建设的过程中，都要努力使工人、农民、知识分子和其他群众共同享受到经济社会发展的成果，使他们不断得到看得见的物质文化利益，从而使他们愈来愈深刻地认识到实行改革开放和实现社会主义现代化是祖国的富强之道，也是自己的富裕之道，也从而使他们更加自觉地为之共同奋斗。我们党领导人民进行改革开放和现代化建设的根本目的，就是要通过发展社会生产力，不断提高人民的物质文化生活水平，促进人的全面发展。要坚持以人为本，始终把实现好、维护好、发展好最广大人民的根本利益作为党和国家一切工作的出发点和落脚点，尊重人民主体地位，发挥人民首创精神，保障人民各项权益，走共同富裕道路，促进人的全面发展，做到发展为了人民、发展依靠人民、发展成果由人民共享。

总之，中国特色社会主义理论体系是一个内容丰富的开放的理论体系。这一科学理论体系在新的时代条件下系统回答了什么是社会主义、怎样建设社会主义，建设什么样的党、怎样建设党，实现什么样的发展、怎样发展等重大理论和实际问题，在建设中国特色社会主义的思想路线和中国特色社会主义的本质属性、发展道路、发展阶段、根本任务、发展战略、发展动力、对外开放、经济建设、政治建设、文化建设、社会建设、生态文明建设、国防和军队建设、政治保证、祖国统一、外交和国际战略、依靠力量、领导核心、执政党建设、根本目的等问题上，形成了一系列独创性的重大理论观点，系统回答了在中国这样一个十几亿人口的发展中大国如何摆脱贫困、加快实现现代化、巩固和发展社会主义的一系列重大问题。这个理论体系是贯通哲学、政治经济学、科学社会主义等学科，涵盖社会主义经济建设、政治建设、文化建设、社会建设、生态文明建设和党的建设以及国防和军队现代化建设、祖国统一、外交和国际战略等各个领域，涉及改革发展稳定、内政外交国防、治党治国治军等各个方面的内涵丰富、思想深刻、系统科学的理论体系。

(3)中国特色社会主义理论体系的指导意义

中国特色社会主义理论体系,凝结了几代中国共产党人带领人民不懈探索实践的智慧和心血。反映了当代世界和中国的变化对社会主义建设和发展的新要求,反映了我们党对共产党执政规律、社会主义建设规律、人类社会发展规律的新认识,是一个具有鲜明的时代性、前瞻性、实践性、系统性、稳定性和开放性特点的科学理论体系。

这个理论体系,既以其独创性地提出的一系列新的重大理论观点和重大战略思想,丰富和发展了马克思主义;也为中国特色社会主义事业的进一步发展指明了方向。全面、系统、深刻地理解和坚定不移地坚持这一理论体系,对于指导党和人民沿着中国特色社会主义道路夺取全面建成小康社会新胜利,谱写人民美好生活新篇章,实现中华民族的伟大复兴,具有重大而深远的历史意义。

坚持这一理论体系就是坚持马克思主义。

3. 中国特色社会主义制度

中国特色社会主义制度是中国共产党推进社会主义制度自我完善和发展,在经济、政治、文化、社会等各个领域形成的一整套相互衔接、相互联系的制度体系。其中包括全国人民代表大会制度这一根本政治制度,中国共产党领导的多党合作和政治协商制度、民族区域自治制度以及基层民主制度构成的基本政治制度,中国特色社会主义法律体系,公有制为主体、多种所有制经济共同发展的基本经济制度,以及建立在根本政治制度、基本政治制度、基本经济制度基础上的经济体制、政治体制、文化体制、社会体制等各项具体制度。

中国特色社会主义制度是当代中国发展进步的根本制度保障,集中体现了中国特色社会主义的特点和优势。

关于中国特色社会主义制度的优势,国际社会有很多积极评价。美国经济学家斯蒂芬·罗奇说:“在经济困难时期,中国的指挥和控制体系实际上比其他市场经济体系更有效。”法国《欧洲时报》认为“包括制度优势在内的中国特色已成为中国信心的有力支撑”。有国外学者评价中国抗击汶川地震灾害时说:“地震之后人们确实看到了中国体系的优越性,中国在短时间内动员巨大的力量投入,这是其他任何制度所不能比拟的。”日本《朝日新闻》认为,北京奥运会“使中国特有的体制模式越来越显现出巨大的优越性”。

中国特色社会主义制度之所以在实践中展现它的优势就在于它符合中国国情,顺应时代潮流,具有五个有利于:有利于保持党和国家的活力、调动广大人民群众和社会各方面的积极性、主动性、创造性;有利于解放和发展生产力、推动经济社会全面发展;有利于维护和促进公平正义、实现人民共同富裕;有利于集中力量办大事、有效应对前进道路上的各种风险;有利于维护民族团结、社会稳定、国家统一。

改革开放以来,中国共产党人重视推进中国特色社会主义制度在实践中不断完善和发展,强调在改革中坚持社会主义的正确方向,绝不搞多党轮流执政,不搞指导思想多元化,不搞“三权鼎立”和两院制,不搞联邦制,不搞私有化。坚持和完善中国特色社会主义的现有制度,大力推动体制机制等具体制度的改革,也要不断推动制度创新,及时制定一

些新制度，构建系统完备、科学规范、运行有效的制度体系，使社会主义制度的优越性得到进一步发挥。

4. 中国特色社会主义道路、理论体系和制度的关系

中国特色社会主义的道路、理论体系和制度是中国特色社会主义的主要内容，共同构成中国特色社会主义伟大旗帜的根本内涵。中国特色社会主义伟大旗帜是我们前进的方向。胡锦涛在党的十七大报告中庄严宣告：中国特色社会主义伟大旗帜，是当代中国发展进步的旗帜，是全党全国各族人民团结奋斗的旗帜。十七大高举起中国特色社会主义伟大旗帜，必将成为全党和全国各族人民的共同思想基础和精神支柱，使全党的思想高度统一，使全国各族人民都凝聚在这面旗帜之下，全党一致、万众一心，坚定不移地朝着中国特色社会主义道路继续前进。这就是团结奋斗的旗帜意义之所在。

党的十八大报告系统科学论述了中国特色社会主义道路、理论体系、制度三者之间的辩证统一关系，指出中国特色社会主义道路是实现途径，中国特色社会主义理论体系是行动指南，中国特色社会主义制度是根本保障。

(1)中国特色社会主义的道路是中国特色社会主义的实践基础和实现途径

在中国特色社会主义旗帜指引下，中国人民在中国共产党领导下，立足本国国情，坚持“一个中心，两个基本点”，解放和发展生产力，在此基础上巩固和完善社会主义制度，建设社会主义市场经济、社会主义民主政治、社会主义先进文化、社会主义和谐社会，为建设富强民主文明的社会主义现代化国家而奋斗。中国人民坚定不移地走中国特色社会主义道路，就是推进中国特色社会主义的实践过程，就是实现中国特色社会主义的实践基础。中国特色社会主义理论体系的形成发展，也是以中国特色社会主义道路的实践过程为理论源泉、发展依据和检验标准的；中国特色社会主义制度的形成和不断完善，同样要以中国特色社会主义道路发展的实践要求为基本依据和根本目标。

(2)中国特色社会主义理论体系是中国特色社会主义的指导思想和行动指南

中国特色社会主义道路是一条前人没有走过的道路，这条道路的开辟和接续需要科学的理论作为思想基础。中国特色社会主义理论体系以中国特色社会主义为理论主题，系统回答了在中国这样一个十几亿人口的发展中大国建设什么样的社会主义、怎样建设社会主义，建设什么样的党、怎样建设党，实现什么样的发展、怎样发展等一系列重大问题，深化了中国共产党人对共产党执政规律、社会主义建设规律、人类社会发展规律的认识，指明了社会主义道路的前进方向，是全面建设小康社会的根本指针，是全党全国各族人民共同团结奋斗的思想基础。为中国特色社会主义制度提供了科学的理论依据，是确保道路正确、制度科学的重要前提。

中国共产党正是以中国特色社会主义理论体系为指引，领导中国人民锐意进取，顽强拼搏，坚持改革开放，推动社会主义现代化建设取得了让全世界为之瞩目的伟大成就。

(3)中国特色社会主义制度是中国特色社会主义的制度体现和根本保障

制度具有根本性、全局性、稳定性和长期性的特征，对公民具有激励和约束功能，对社会发展起规范和保障作用。制度科学合理、日趋完善，才能保证道路光明、前途远大。因此，建设中国特色社会主义，要在科学理论指导下沿着正确的道路不断推进，最根本的

是落实到制度上,落实到一整套严密、完善的制度体系上。

中国特色社会主义制度,是中国共产党领导人民在中国革命、建设和改革的实践过程中逐步形成和确立的,是胜利成果和成功经验的凝结和固化,它来源于实践,同时又为中国特色社会主义建设实践提供根本的制度保障。中国特色社会主义事业之所以能长期保持蓬勃生机和发展活力,离不开制度的持续激励和保障作用,中国特色社会主义建设各个领域之所以能够有序运行、良性互动、稳步发展,有赖于中国特色社会主义制度所发挥的集成效应、系统效应和整体效应。事实证明,牢固坚持中国特色社会主义制度,是中国特色社会主义事业持续发展繁荣的重要保证。中国特色社会主义制度的创立、发展、坚持和完善,也是中国特色社会主义理论体系回答和解决的主要内容。

中国特色社会主义制度是特色鲜明、富有效率的,但还不是尽善尽美、成熟定型的。中国特色社会主义事业不断发展,中国特色社会主义制度也需要不断完善。党的十八大报告提出要把制度建设摆在突出位置,其中特别强调了“三个更加注重”:要更加注重改进党的领导方式和执政方式,保证党领导人民有效治理国家;更加注重健全民主制度、丰富民主形式,保证人民依法实行民主选举、民主决策、民主管理、民主监督;更加注重发挥法治在国家治理和社会管理中的重要作用,维护国家法制统一、尊严、权威,保证人民依法享有广泛权利和自由。可以相信,中国特色社会主义制度更加成熟更加定型,将为全面建成小康社会、实现中华民族伟大复兴提供更为有效的制度保障。

总之,中国特色社会主义道路、理论体系和制度三者紧密相连、相互贯通,统一于中国特色社会主义的伟大实践之中,并随着实践发展而不断发展和完善,是实践形态、理论形态、制度形态的三位一体。

中国特色社会主义道路、中国特色社会主义理论体系、中国特色社会主义制度,是党和人民 90 多年奋斗、创造、积累的根本成就,必须倍加珍惜、始终坚持、不断发展。高举中国特色社会主义伟大旗帜,最根本的就是要坚持和拓展中国特色社会主义道路;坚持和丰富中国特色社会主义理论体系;坚持和完善中国特色社会主义制度。

面向未来、面对挑战,我们要坚持中国特色社会主义道路自信、理论自信、制度自信、文化自信,坚持党的基本路线不动摇,不断把中国特色社会主义伟大事业推向前进。

二、实现中华民族伟大复兴的中国梦

我们的民族是伟大的民族。在五千多年的文明发展历程中,中华民族为人类文明进步做出了不可磨灭的贡献。近代以后,我们的民族历经磨难,中华民族到了最危险的时候。自那时以来,为了实现中华民族伟大复兴,无数仁人志士奋起抗争,但一次又一次地失败了。中国共产党成立后,团结带领人民前仆后继、顽强奋斗,把贫穷落后的旧中国变成日益走向繁荣富强的新中国,中华民族伟大复兴展现出前所未有的光明前景。当前,全党全国各族人民要接过历史的接力棒,继续为实现中华民族伟大复兴而努力奋斗,使中华民族更加坚强有力地自立于世界民族之林,为人类做出新的更大的贡献。

实现中华民族伟大复兴的中国梦,必须正确认识和把握建设中国特色社会主义的总依据、总布局和总任务。

党的十八大报告把社会主义初级阶段作为建设中国特色社会主义的“总依据”，强调“在任何情况下都要牢牢把握社会主义初级阶段这个最大国情，推进任何方面的改革发展都要牢牢立足社会主义初级阶段这个最大实际”。建设中国特色社会主义“总依据”的提出，进一步夯实了中国特色社会主义的实践基础，丰富了中国特色社会主义的理论内涵，对坚定不移坚持和发展中国特色社会主义具有深远的指导意义。

强调把社会主义初级阶段作为“总依据”，表明我们党对当代中国的发展任务和目标有着清晰的把握。处于社会主义初级阶段的当代中国，面对的最为首要和根本的任务依然是发展。尽管我国已取得了巨大的发展成就，但同社会主义的远大奋斗目标相比，同人民群众对美好生活的期盼相比，同发达国家的发展水平相比，还存在相当差距。可以说，当代中国发展的任务依然繁重，发展的空间仍旧广阔，“发展仍是解决我国所有问题的关键”。中国特色社会主义要靠发展来推进，中国现代化和中华民族伟大复兴要靠发展来实现，2020 年全面建成小康社会要靠发展来完成。而要完成发展的任务实现发展的目标，必须立足社会主义初级阶段这一基本国情。正如习近平总书记所指出：不仅在经济建设中要始终立足初级阶段，而且在政治、文化、社会、生态建设中也要始终牢记初级阶段；不仅在经济总量低时要立足初级阶段，而且在经济总量提高后仍然要牢记初级阶段；不仅在谋划长远发展时要立足初级阶段，而且在日常工作中也要牢记初级阶段。我们既不能妄自菲薄，也不能妄自尊大，而是要大力弘扬谦虚、谨慎、不骄、不躁的作风，顽强奋斗、艰苦奋斗、不懈奋斗，不动摇、不懈怠、不折腾，变压力为动力，化挑战为机遇，推动中国特色社会主义这项伟大事业破浪前行。

党在社会主义初级阶段的基本路线是党和国家的生命线，是根据总依据提出来的，其主要内容是坚持以经济建设为中心，坚持四项基本原则，坚持改革开放，即“一个中心、两个基本点”。始终坚持“一个中心、两个基本点”不动摇，才能扎扎实实地坚持和发展中国特色社会主义。

党的十八大的一个重大贡献，就是确立了经济建设、政治建设、文化建设、社会建设、生态文明建设“五位一体”的总布局，从而丰富了中国特色社会主义道路的内涵，使中国特色社会主义的理论和实践达到了新高度、进入了新境界，为全面建成小康社会构建了基本框架、规划了主要途径。

五大建设相辅相成、相互促进，共同构成中国特色社会主义事业的全局。其中，经济建设是中心，为其他建设奠定物质基础；政治建设是方向，为其他建设提供政治保证；文化建设是灵魂，为其他建设提供思想保障、精神动力和智力支持；社会建设是支撑，为其他建设创造和谐稳定的社会环境；生态文明建设是根基，为其他建设提供不可或缺的自然载体和环境条件，并渗透、贯穿于其他建设之中。

坚持和发展中国特色社会主义，牢牢把握总布局，始终坚持以经济建设为中心，在经济不断发展的基础上，协调推进政治、文化、社会、生态文明建设以及其他各方面建设，促进现代化建设各方面相协调，促进生产关系与生产力、上层建筑与经济基础相协调。

建设中国特色社会主义的总任务是实现社会主义现代化和中华民族的伟大复兴。党的庄严使命、改革开放的根本目的、我们国家的奋斗目标，都聚焦于这个总任务、归结于这个总任务。按照现代化建设“三步走”的战略部署,建设富强民主文明和谐的社会主义现代化国家,是党和国家在整个社会主义初级阶段的奋斗目标。实现中华民族伟大复兴,这是近代以来中华民族两大历史任务的继续和发展。这个梦想,凝聚了几代中国人的夙愿,体现了中华民族和中国人民的整体利益,是每一个中华儿女的共同期盼。党领导人民进行革命、建设和改革,就是要让中国人民富裕起来,国家强盛起来,振兴伟大的中华民族。

实现中国梦,必须走中国道路,弘扬中国精神,凝聚中国力量。道路关乎国家前途、民族命运和人民幸福。中国道路就是中国特色社会主义道路,就是把科学社会主义基本原理同当代中国实际相结合建设社会主义的道路。这条道路具有深厚的历史渊源和广泛的现实基础,是一条通往复兴梦想的康庄大道、人间正道。中国精神就是以爱国主义为核心的民族精神、以改革创新为核心的时代精神。这种精神是凝心聚力的兴国之魂、强国之魂。中国力量就是中国各民族人民大团结的力量。这种力量是克服各种困难、战胜各种风险挑战的决定性因素。中国梦是国家的梦、民族的梦,归根到底是人民的梦,必须紧紧依靠人民来实现,必须不断为人民造福。中国梦是和平、发展、合作、共赢的梦,是与世界各国人民追求和平发展的美好愿望相同的。实现中国梦,不仅造福于中国人民,而且也造福于世界人民。

三、协调推进“四个全面”战略布局

2014 年 12 月,习近平同志在江苏调研时第一次将全面建成小康社会、全面深化改革、全面依法治国和全面从严治党并提。2015 年 2 月,习近平总书记在省部级主要领导干部学习贯彻十八届四中全会精神全面推进依法治国专题研讨班开班式上,进一步把“四个全面”定位于党中央的战略布局。毫无疑问,“四个全面”战略布局,既是回应时代关切的基本方略,又是实现中华民族伟大复兴中国梦的关键。

1. 全面建成小康社会是实现中华民族伟大复兴中国梦的关键一步

小康不仅是中华民族自古追求的理想社会,也是中国共产党几十年来的奋斗目标。1979 年,邓小平同志规划中国经济社会发展蓝图时就提出了“小康社会”的战略构想;党的十六大报告在人民生活水平总体上达到小康的基础上明确提出了“全面建设小康社会”的基本标准;党的十八大根据中国特色社会主义“五位一体”的总体布局进一步谋划了“全面建成小康社会”的奋斗目标。毫无疑问,全面建成小康社会,核心在于“全面”。所谓“全面”,体现在两个方面:一方面,覆盖人群全面,即全面小康不仅是城市的小康,更重要的是农村的小康,“小康不小康,关键看老乡”,“没有农村的小康,特别是没有贫困地区的小康,就没有全面建成小康社会”;另一方面,涉及领域全面,即全面小康不仅要有经济的富裕,而且还要有政治的民主、文化的繁荣、社会的公正和生态的良好。由此可见,全面建成小康社会目标的达成是实现国家富强、民族振兴和人民幸福的关键步骤,对实现中华民族伟大复兴的中国梦具有重大战略意义。正如习近平同志所言:“中国已经进入全面建成小康社会的决定性阶段,实现这个目标是实现中华民族伟大复兴中国梦的关键一步。”只有全面建成小康社会,立足“五位一体”目标,才能为实现中华民族伟大复兴

的中国梦奠定坚实基础。

2. 全面深化改革是实现中华民族伟大复兴中国梦的关键一招

改革是社会发展进步的活力之源，是社会主义制度的自我革新。“没有改革开放，就没有中国的今天，也就没有中国的明天。”我国社会主义现代化建设所取得的举世瞩目的成就依靠的是改革开放，中国特色社会主义的未来发展仍然需要坚持改革开放。只有不断全面深化改革，才能进一步创新社会发展模式、完善社会制度体系、释放社会机制活力、协调社会利益关系、化解社会具体矛盾、助推社会文明进步。正因如此，2013 年 11 月中共十八届三中全会通过了《中共中央关于全面深化改革若干重大问题的决定》，在新的历史起点上为全面深化改革提供了总体规划和战略部署。就目标任务而言，全面深化改革就是要完善和发展中国特色社会主义制度，推进国家治理体系和治理能力现代化；就基本内容而言，全面深化改革就是要注重改革的整体性、协调性和系统性，深化经济体制、政治体制、文化体制、社会体制、生态文明体制和党的建设制度等各方面的改革。“改革开放是决定当代中国命运的关键一招，也是决定实现‘两个一百年’奋斗目标、实现中华民族伟大复兴的关键一招。”只有全面深化改革，推进国家治理体系和治理能力现代化，才能为实现中华民族伟大复兴的中国梦提供不竭动力。

3. 全面依法治国是实现中华民族伟大复兴中国梦的重要基石

法治是繁荣稳定的基石，是执政兴国的支撑。“依法治国，事关我们党执政兴国，事关人民幸福安康，事关党和国家长治久安。”“全面建成小康社会、实现中华民族伟大复兴的中国梦，全面深化改革、完善和发展中国特色社会主义制度，提高党的执政能力和执政水平，必须全面推进依法治国。”法治是调节社会利益关系的基本方式，是社会公平正义的集中体现。改革发展稳定、内政外交国防、治党治国治军，无不以法治为框架、用法治作支撑、由法治来贯穿。从简政放权不断深入，到民生事业逐渐完善；从大刀阔斧的经济改革，到全面从严治党，法治都提供了制度保障。法治作为全面建成小康社会的重要依托，作为全面深化改革、完善发展中国特色社会主义制度的重要保障，作为提高党的执政能力和执政水平的重要支撑，是我国近代以来不断探索复兴之路的最终抉择，也是实现社会主义现代化和中华民族伟大复兴的重要路径。全面依法治国，有利于推动经济的健康发展，促进社会的全面进步，保障国家的长治久安，维护社会的公平正义，是实现中华民族伟大复兴中国梦的关键一环。法律是治国之重器，良法是善治之前提。只有全面依法治国，努力推进中国特色社会主义法治建设，做到科学立法、严格执法、公正司法、全民守法，才能为实现中华民族伟大复兴的中国梦打造制度保障。

4. 全面从严治党是实现中华民族伟大复兴中国梦的根本保证

中国共产党与中华民族的前途命运，构成了当代中国最为关键的“命运共同体”。“党要管党，才能管好党；从严治党，才能治好党。”面对纷繁复杂的国际局势以及艰巨繁重的国内任务，党的建设主要面临执政、改革开放、市场经济、外部环境的“四大考验”，以及精神懈怠、能力不足、脱离群众、消极腐败的“四大危险”。基于此，2014 年 10 月，习近平同志在党的群众路线教育实践活动总结大会上强调：“历史使命越光荣，奋斗目标越宏伟,执政环境越复杂,我们就越要增强忧患意识,越要从严治党。”全面从严治党主要体现在:内容上,全面加强党的思想、组织、作风、反腐倡廉及制度建设等多领域;对象上,对各级党组织、全体党员包括各级领导干部都要从严;时间上,坚持长期化、常态化、制度化治理,贯穿党的建设以及中华民族伟大复兴的全过程。简而言之,协调推进“四个全面”,最根本的是坚持党的领导不动摇。党的领导是“四个全面”之魂,只有全面推进从严治党,始终保持中国共产党的先进性和纯洁性,才能实现全面建成小康社会的奋斗目标,才能坚定改革开放事业的正确方向,才能保证社会主义法治的顺利推进,才能为实现中华民族伟大复兴的中国梦锻造坚强核心。

总之,“四个全面”战略布局是中国共产党治国理政的重要战略思想,体现了以习近平同志为总书记的新一届领导集体对我国发展目标的美好展望,对当前现实问题的精确把握,对中国共产党执政经验的深刻反思。牢牢把握“四个全面”战略布局,坚定全面建成小康社会的重要目标,激发全面深化改革的强大动力,依托全面依法治国的可靠保障,发挥全面从严治党的根本保证,才能实现中华民族伟大复兴的中国梦。

第三节　中国特色社会主义的当代价值

中国特色社会主义取得了巨大的发展成就和丰富经验,其道路、理论和制度形态趋于成型,有世界性影响和价值。

一、对当代后发型国家实现现代化具有道路引领价值

中国特色社会主义发展道路,对当代后发型国家实现现代化具有巨大的道路引领价值。民族的复兴和人民美好生活的实现,关键在于道路的正确选择。实践已经充分证明,中国特色社会主义道路,是实现社会主义现代化的必由之路,是创造人民美好生活的必由之路。这条发展道路,不仅在中华民族走向伟大复兴中具有巨大的道路引领意义,而且对当代后发型国家如何走向现代化具有巨大的道路探索价值。

首先,中国特色社会主义道路,科学校准了一切从中国实际出发做好“结合”文章这个根本方向。中国特色社会主义道路将“解放思想”同“实事求是”有机融为一体,创造性地校准了必须一切从中国实际出发做好马克思主义基本原理同中国实际相结合文章这一根本方向。

其次,中国特色社会主义道路,科学确立了“中国式现代化”的主题和目标。“中国式现代化”,既是中国特色社会主义道路的主题,又是中国特色社会主义道路的目标。经过30 多年的不断探索与积淀,我们完全可以自豪地说,“中国式现代化”已初步成型。

再次,中国特色社会主义道路,科学建构了经济、政治、文化、社会和生态文明建设协调发展和全面推进的战略。中国特色社会主义道路,是关于中国社会全面变革和全面发展的道路,包括中国特色社会主义经济、政治、文化、社会和生态文明建设等方面的建设进程及其有机统一。中国特色社会主义经济、政治、文化、社会、生态文明等方面的建设

相互协调、整体推进,使中国特色社会主义道路越走越宽广。

总之,中国共产党领导开创的中国特色社会主义道路,集中体现了中国共产党人解放思想、实事求是、与时俱进的宝贵品格和不懈追求,既是中华民族走向伟大复兴的唯一正确的路径选择,又对后发型国家如何走向现代化具有深刻的道路启迪意义。在当代中国,坚持中国特色社会主义道路,就是真正坚持社会主义。

二、对焕发马克思主义生命力具有理论创新价值

中国特色社会主义理论体系,对焕发马克思主义生命力具有巨大的理论创新价值。包括邓小平理论、“三个代表”重要思想和科学发展观在内的中国特色社会主义理论体系,是中国共产党人在新的历史时期所获得的最重要的科学理论成果,是中国特色社会主义的科学理论形态。这一新理论形态,紧密结合社会主义新的实践,注重运用马克思主义基本原理研究社会主义面临的新情况、回答社会主义出现的新问题、探索社会主义发展的新规律,从而赋予马克思主义以新的生机与活力。

中国特色社会主义理论体系,立足当代中国改革开放的实践,创造性地回答了什么是社会主义、怎样建设社会主义,建设什么样的党、怎样建设党和实现什么样的发展、怎样发展等重大理论问题。

中国特色社会主义理论体系,既继承了毛泽东思想又超越了毛泽东思想,把马克思主义中国化推向了一个新的发展阶段。毛泽东思想为中国特色社会主义道路的开拓和理论体系的形成奠定了思想理论基础。中国特色社会主义理论体系,是在改革开放新时期明确形成并不断丰富完善的,把马克思主义中国化推向了一个新的发展阶段。

中国特色社会主义理论体系包含的三大阶段性理论成果,既贯穿着同一主题,又具有各自特殊的地位和价值。即围绕着中国特色社会主义这一主题,在改革开放的不同的发展阶段,形成了关于中国特色社会主义的三个理论形态。邓小平理论,是中国特色社会主义理论体系的基础性、架构性组成部分。“三个代表”重要思想,是中国特色社会主义理论体系的开创性组成部分。科学发展观等重大战略思想,是中国特色社会主义理论体系的重要组成部分,是对邓小平理论、“三个代表”重要思想的进一步坚持、丰富和发展。

三、对发挥社会制度的优越性和推动力具有制度建构价值

中国特色社会主义基本制度,对发挥社会制度的优越性和推动力具有巨大的制度建构价值。社会制度是社会发展的根本支撑。一种社会制度的优劣,直接决定着这一社会形态的盛衰,从而直接决定着广大社会成员的荣辱。中国特色社会主义制度在 30 多年的改革与发展中实现了逐步定型和自我完善,在剧烈的国际竞争和全球化大潮中显示了内在生命力和优越性,从而愈益成为引世界瞩目的充满生机与活力的先进社会制度。

第一,坚持科学社会主义基本原则与一切从中国实际出发的有机统一。科学社会主义基本原则有许多条,其中最重要的是两条：一是解放生产力、发展生产力；二是消除两

极分化,实现共同富裕。正是在这两个最基本的方面,中国特色社会主义制度深刻地实现了理论与实践相结合、原则与现实相统一。

第二,坚持人民当家作主的制度本质与创造“五大民主”制度特色的有机统一。中国特色社会主义制度的本质是人民当家作主,是通过与之相适应的“五大民主”制度来体现和实现的:一是以“选举民主”为主要标志的人民代表大会制度;二是以“协商民主”为主要标志的政治协商制度;三是以“直接民主”为主要标志的群众自治制度;四是以“党内民主”为主要标志的政党政治制度;五是以“经济民主”为主要标志的社会主义市场经济制度。

第三,坚持基本制度和基本要素的“不变性”与革除体制和制度弊端的“可变性”的有机统一。作为人类社会发展进程中的一种先进社会制度,社会主义是一种“不变”与“变”辩证统一的过程。不变,是指决定社会主义本质与性质的基本制度不能变、决定社会主义前进方向和发展前途的基本要素不能变,否则社会主义就失去了存在与发展的合理性,就有可能陷入困境甚至走向失败;“变”,是指在“基本制度”和“基本要素”不变的基础上,必须适应时代的新变化、实践的新发展和人民的新期待,不失时机地革除那些陈旧的体制和制度,改变那些落后的观念和做法,在变革之中求发展,在变革之中更好地坚持社会主义基本制度和基本要素。

我们坚信,在中国特色社会主义伟大旗帜指引下,中国特色社会主义理论体系必将越来越完善、中国特色社会主义发展道路必将越走越宽广、中国特色社会主义基本制度必将越变越巩固,引领和支撑着中国共产党和中华民族昂首阔步走向更加美好的未来。

第四节　中国特色社会主义发展的巨大成就和基本要求

中国特色社会主义是马克思主义基本原理同当代中国实际和时代特征相结合的产物,它来源于实践、扎根于实践,也必须随着实践的发展而不断丰富和拓展。在强调坚持的基础上,突出了发展中国特色社会主义。

一、中国特色社会主义的历史性成就

经过新中国成立后特别是改革开放以来的持续奋斗,中国特色社会主义的发展取得了举世瞩目的巨大成就,谱写了中国发展进步的辉煌篇章。从以下几方面看中国特色社会主义带来的历史性变化:

第一,从思想观念和精神状态上看,中国人民冲破了长期禁锢的思想障碍和陈旧观念,思想得到了前所未有的大解放,思想空前活跃,观念不断更新,文化相互交融。社会思想相互激荡,不同观点切磋争鸣,人们的自主意识、竞争意识、效率意识、平等意识、民主法治意识、改革创新意识大大增强,视野大大拓宽,激发出空前的积极性、主动性、创造性。

第二,从社会发展的成就和面貌上看,中国初步改变了社会经济比较落后的状况,成

为一个生机勃勃、走向繁荣的国家。目前中国已经是世界上第二大经济体,是全球最大的进出口国家,有最大的市场,是世界上具有极大发展潜力的国家。人民生活从贫困到温饱再到小康,物质生活水平不断提高。社会文明程度大幅度提升,民主政治建设不断取得新进展,民族精神和时代精神得到极大弘扬,民族凝聚力和向心力空前增强,全社会焕发出蓬勃向上的精神风貌。

第三,从执政党的领导和自身建设上看,中国共产党进一步实现了从领导革命的党到领导建设和改革的党的历史方位转变,党的指导思想一脉相承而又与时俱进,党的执政理念更加明确,党的执政方式更加科学、民主,党的执政能力不断增强、提高,党的执政基础更加坚实巩固,党的建设新的伟大工程在改革创新中不断推进。中国共产党成为坚定走在时代前列的党,成为中国特色社会主义事业的坚强领导核心。

第四,从社会主义的改革和发展上看,中国特色社会主义的开创、坚持和发展,使社会主义制度的优势得到进一步发挥。中国成功实现了从高度集中的计划经济体制到充满活力的社会主义市场经济体制、从封闭半封闭到全方位开放的伟大转折,建立起中国特色社会主义经济、政治、文化、社会等各方面的制度体制,为社会主义的巩固和发展奠定了坚实的制度基础。

第五,从中国特色社会主义的国际影响上看,中国特色社会主义在世界范围内引起了广泛关注。中国的巨大成功,使世界把目光转向中国,中国的经验和中国的道路受到越来越多的关注。一些西方学者感叹中国令人震惊的经济增长史无前例,认为中国以独特的方式在政治、经济、文化等各领域改变了世界。一些西方舆论认为中国的发展道路提供了一种新的启示,探索"中国成功之谜"非常有意义。许多外国政治家、学者从2008年中国政府和中国人民的一系列惊人表现中看到了中国特色社会主义的优越性,认为他凸显了中国的制度优势。在国际金融危机席卷全球和不断扩散蔓延的形势面前,中国以独有的竞争力、高效率和适应性吸引着世人的目光。国际社会展开的关于"中国模式""中国经验""中国道路"的讨论,充分说明中国特色社会主义在当今世界上的影响越来越大。

二、在新的历史起点上继续推进中国特色社会主义

进入新世纪,中国正站在一个新的历史起点上。如何把中国特色社会主义伟大事业继续全面推向前进?

中国特色社会主义发展中的基本要求,从总体上说要坚持党的基本路线。这是中国特色社会主义理论和实践的总纲;坚持解放思想、改革创新。这是中国特色社会主义最鲜明的特点,也是思想前提和发展动力;坚持以人为本、服务人民。这是中国特色社会主义的根本目的和力量之源;巩固发展全国各族人民的大团结是基本方针。

同时要注意解决以下几个问题:

1.正确认识中国特色社会主义事业的长期性、艰巨性、复杂性

中国特色社会主义事业是一项开创性的伟大事业,没有现成的经验可以遵循,也不

可避免地会遇到许多难以预料和想象的困难和风险，必然要经历一个长期、复杂的历史过程。

必须清醒认识社会主义建设的长期性、艰巨性、复杂性，永远保持谦虚、谨慎、不骄、不躁的作风，永远保持艰苦奋斗的作风，不为任何风险所惧，不被任何干扰所惑，坚定不移地沿着中国特色社会主义道路奋勇前进。

2. 正确认识和解决中国特色社会主义发展中的问题

中国特色社会主义是一个崭新的事业，在其发展中、前进中出现这些问题并不可怕，关键是要正确认识和着力解决好这些问题。人类社会的发展就是在不断解决矛盾和问题中前进的。

面对发展中存在的问题，我们必须坚持改革开放不动摇，坚定不移地依靠改革开放。只有改革开放，才能正确解决中国特色社会主义发展中的问题，也才能发展中国、发展中国特色社会主义。

3. 深入研究中国特色社会主义发展中的问题

建设中国特色社会主义是一个很长的历史过程。在这一过程中，各种可以预料和难以预料的问题都会出现，需要我们不断地进行探索和回答。

从理论上看，需要进一步探索和回答的重大课题包括：如何切实抓好发展这个党执政兴国的第一要务，如何进一步完善公有制为主体、多种所有制经济共同发展的基本经济制度，如何建设完善的社会主义市场经济体制，如何走新型工业化道路、统筹城乡经济社会发展，如何扩大就业和促进再就业，如何进一步深化收入分配制度改革、健全社会保障体系，如何在更大范围、更广领域和更高层次上参与国际经济技术合作和竞争，如何推动整个社会走上生产发展、生活富裕、生态良好的文明发展道路，如何更好地实现坚持党的领导、人民当家做主和依法治国的有机统一，如何在新的历史条件下不断巩固马克思主义在意识形态领域的指导地位，如何弘扬和培育民族精神，如何改革党的领导方式、执政方式，以加强党的执政能力建设为重点全面推进党的建设新的伟大工程，如何最广泛、最充分调动一切积极因素、为中华民族的伟大复兴增添新力量，等等。这就需要我们坚持解放思想、实事求是、与时俱进，从理论和实践的结合上不断研究新情况、解决新问题，发展新理论。

从社会实践上看，中国特色社会主义在发展中也面临着一些矛盾和问题。比如，物价过高和涨速过快的问题，分配不公的问题，房价高、就业难、看病难的问题，教育不公的问题，发展不平衡的问题，腐败现象蔓延的问题，道德滑坡的问题，等等，这些成为人们普遍关注的热点难点问题。必须正确认识这些问题，实事求是地、辩证地分析这些问题，并在改革开放和现代化建设实践中不断加以解决。

深入研究思考中国特色社会主义在发展过程中出现的问题，不断深化对中国特色社会主义发展规律的认识，是每一个关心国家前途命运的青年知识分子的责任。

第五节　中国特色社会主义的研究动态

党的十八大以来，习近平一系列重要讲话，都是围绕着推进中国特色社会主义展开的。主要论述坚持发展中国特色社会主义，实现中华民族伟大复兴的中国梦，坚持以人为本、人民至上，坚定理想信念，贯彻落实科学发展观，促进改革开放，推进依法治国方略，执行党的群众路线，加强和改进党的领导，加强党风廉政建设、加强意识形态建设，加强舆论引导，尊重历史文化，培育青年、鼓励实干兴邦，促进世界和平发展等。

十八大以来，关于中国特色社会主义的研究，有如下四个特点：

第一，把中国特色社会主义的理论逻辑与中华社会发展的历史逻辑结合起来；

第二，把中国梦与中国特色社会主义结合起来；

第三，把中国特色社会主义放在当代世界的总体格局中研究；

第四，把中国特色社会主义与中华优秀传统文化结合起来。

以往的研究，出现两个鲜明的特点：一是分学科、分人物、分理论形态的研究多于整体的研究。二是经验的论证多于理论阐释。分学科研究导致理论整体性的割裂；分人物的研究，出现不恰当的对比，导致人物之间的矛盾和对立；分形态的研究，突出了各个理论形态的完整性，但出现了理论发展的断裂。理论阐释不彻底，主题不明确，主要内容不清楚，逻辑结构不清晰，结果导致理论不自信。

党的十八大以来，中国特色社会主义理论研究出现新动态，理论阐释在加强。一是加强了中国特色社会主义道路、理论体系和制度“三位一体”的研究，对应于以往我们研究社会主义的运动(实践)、思潮和制度。二是加强了建设中国特色社会主义的总依据、总布局和总任务的研究。三是加强了中国特色社会主义的基本理论、基本路线、基本纲领、基本经验和基本要求等“五个基本”的研究。

目前，需要进一步研究的问题：

第一，关于中国特色社会主义的性质，研究回答中国特色社会主义是社会主义而不是其他主义。针对问题：有的人认为中国现阶段搞的不是社会主义，而是“资本社会主义”“国家资本主义”“新官僚资本主义”“中国特色资本主义”“中国共产党领导的资本主义”。我们说是社会主义而不是别的主义，是因为我们坚持了科学社会主义的基本原则，坚持了中国特色社会主义道路、理论体系和制度体系。

第二，关于中国特色社会主义道路，一是中国道路的形成和发展过程。二是中国特色社会主义道路的构成，即这条道路在实践中的具体体现。三是中国特色社会主义道路的特色(对照资本主义、苏联和东欧的社会主义、现在国外社会主义、新兴国家的发展道路)。四是如何坚持道路自信问题。

第三，关于中国特色社会主义理论体系，目前，从内容上看，党的文件只是从理论形态上将三大理论成果进行了整合，但中国特色社会主义究竟包含了哪些内容，并没有说清楚。如何从整体上对中国特色社会主义理论体系进行研究，突破以往三者的划分，弄清楚中国特色社会主义理论体系到底包含哪些内容,弄清楚中国特色社会主义理论体系所含内容的逻辑结构,弄清楚中国特色社会主义与科学社会主义的关系。

第四,关于中国特色社会主义制度体系,需要进一步研究的问题:一是中国特色社会主义制度的层次性问题。二是中国特色社会主义制度的主要构成和其他制度的准确表述。三是中国特色社会主义法律体系。四是制度优势的宏观判据(纵向比较维度和横向比较维度)。五是中国特色社会主义制度的特色和优势。

第五,关于中国特色社会主义文化自信,有待于进一步深化和拓展,主要有以下几点:马克思主义经典著作对文化自信的论述,文化自信与"中国梦"的关系,文化自信与中国精神的关系,文化的主体"人"与文化自信的关系,中国传统文化对西方的影响,文化自觉、文化自信、文化自强之间的关系,国外增强文化自信的经验等。

第六,关于全面深化改革的总目标:坚持和完善中国特色社会主义制度,实现国家治理体系和治理能力的现代化。一是要研究为何要确立全面深化改革的总目标。二是要研究完善社会主义制度和实现国家治理现代化的关系。三是要研究什么是国家治理体系和治理能力的现代化。四是要研究国家治理体系和治理能力的关系。

第六节　学习本课程的目的、意义和方法

一、学习本课程的目的和意义

学习本课程的目的是深化对中国特色社会主义理论与实践重大问题的认识,掌握中国特色社会主义理论体系的主要内容,提高运用这一理论分析和解决实际问题的能力和本领。

学习本课程的意义主要是帮助硕士研究生进一步掌握中国特色社会主义理论体系,提高马克思主义理论素养,正确分析中国特色社会主义实践中存在的现实问题,坚定中国特色社会主义信念。

二、学习本课程的方法

硕士研究生是青年中思想活跃、知识层次较高的群体,应该更加注重学习的理论性、研究性,更加注重在学习基本知识的基础上,不断增强独立研究和思考问题的能力,努力达成新认识、收获新体会。

本课程的学习方法主要是"三个结合":一是要同研读马克思主义经典著作结合起来。二是要同研究重大理论和实际问题结合起来。三是要同掌握人类所创造的丰富知识结合。

学习本课程的方法,我们强调三个结合,一是强调与学习原著相结合,应当结合教学大纲所列的二十八篇文献进行学习。二是强调与研究重大理论相结合,这些问题既有始终存在的基本问题,也有经常涌现出来的问题,我们学习这门课程要关注这些实际问题。

三是强调要同掌握人类所创造的丰富知识结合起来。学习这门课程并非与研究生所学专业知识相隔绝的,而是紧密相连的。

坚持理论联系实际,注重学以致用。联系实际,这个实际包括两个方面的含义,一是历史和现实的实际（客观实际）,了解中国特色社会主义理论体系的产生和发展过程,了解中国特色社会主义实践的演进和深化过程。二是联系学生的思想实际（主观实际）,用正确的思想理论武装头脑,改造世界观,树立远大目标,自觉地承担起振兴中华、推进社会主义事业的伟大使命。

本专题思考题、讨论题

1. 中国共产党成立以来,团结带领人民为实现中华民族伟大复兴,完成中国的两大历史任务,在中国这片古老的土地上书写了人类发展史上的壮丽史诗。请你谈谈对当代中国的历史任务的认识和理解。

2. 胡锦涛在庆祝中国共产党成立 90 周年大会上的讲话中强调:“经过 90 年的奋斗、创造、积累,党和人民必须倍加珍惜、长期坚持、不断发展的成就是:开辟了中国特色社会主义道路,形成了中国特色社会主义理论体系,确立了中国特色社会主义制度。”请从理论和实践的角度,谈谈你对坚持和发展中国特色社会主义的认识。

3. 面对中国的发展,国际社会开始关注和认可中国的制度优势。美国经济学家斯蒂芬・罗奇认为,在经济困难时期,中国的指挥和控制体系实际上比其他市场经济体系更有效。法国《欧洲时报》认为,包括“制度优势”在内的中国特色已成为中国信心的有力支撑。试分析,中国特色社会主义“特”在哪里？中国特色社会主义的制度优势“优”在何处？

专题二　当代中国的基本国情及陕西省省情

当代中国的基本国情是中国特色社会主义理论与实践的基础。在新的历史起点上，坚持和发展中国特色社会主义，实现中华民族伟大复兴的中国梦，必须加深对当代中国基本国情的理解。

第一节　当代中国的基本特点

当代中国的基本特点，主要体现在中国的基本国情和所处历史方位等方面。要清醒认识中国处于和长期处于社会主义初级阶段的基本国情，以及当前中国的阶段性特征和趋势性变化，作为我们制定政策、应对现实中的矛盾、问题和规划未来的依据。

一、中国正处于并将长期处于社会主义初级阶段

国情是指一个国家的历史文化传统、自然地理环境、社会经济发展状况以及国际关系等各个方面的总和，也指一个国家某个时期的基本情况。具体包括国土面积、地形、气候、经济实力、经济体制、生产力、对外关系、政党、政治体制、人口、家庭、价值取向、宗教信仰、国际环境和国际关系等。一个国家的国情，最主要的是指其在一定历史时期内的社会性质及其所处的社会发展阶段。

我国是世界上最大的发展中国家，正处于和长期处于社会主义初级阶段，对这一主要国情必须要有清醒的认识。强调这一问题的主要原因是在2010年中国的经济总量成为世界第二以后国内外的一些疑问：其一，中国的社会主义初级阶段是不是该结束了？我们都知道，我们讲社会主义初级阶段，是指新中国成立到21世纪中叶的一百年，邓小平有一个判断，就是到21世纪中叶，中国将基本实现现代化，届时中国将达到中等发达国家水平，人均GDP将达到4000美元。而2011年，中国的人均GDP已超过5000美元，2015年达到7990美元，2016年8113美元（IMF统计数据）。社会主义初级阶段是不是已经可以结束了？其二，从现阶段中国的实际情况看，经过30多年的改革开放，中国初步实现了发达国家上百年才能取得的成就，社会主义市场经济蓬勃发展，经济实力、综合国力上了新台阶，人民生活总体达到小康，国家各项事业取得巨大成就。2010年第二季度，

中国的经济总量已经超过日本成为世界第二,跻身于中等发达国家行列,国外被迫承认中国的崛起这一事实。这是不是意味着中国已经不是发展中国家,而已经成为经济强国。

准确把握我国国情的基本情况,才能回答这些疑问,为我们提供立论基础:

第一,从人口的数量和质量看,中国是人口大国,但并非人才强国。

中国目前人口总数已超过13亿,每年还在以年均700万左右的速度增长。中国文盲和半文盲人口占15岁及以上人口比例的10%以上,达到1.8亿人。

高等教育入学率在一定程度上反映一个国家高等教育水平。1978年,世界平均高等教育入学率为9.85%,我国高等教育入学率为0.71%,排名第97。到2009年,世界平均高等教育入学率为39.27%,我国高等教育入学率为24.53%,排名第57,基本赶上中等收入国家平均水平;到2011年我国高等教育入学率达27%,2015年我国高等教育毛入学率达40%,但与发达国家平均水平相比,相差悬殊。例如美国的大学教育早已进入普及化阶段,高等教育毛入学率也早已超过80% ,是世界上高等教育最发达的国家之一。

第二,从人均国内生产总值看,中国仍处在世界后列。

改革开放以来,我国经济增长远快于世界平均增长。根据世界银行公布的数据显示,1978年我国人均GDP为155美元,相当于世界平均的4.44%,发展中国家人均GDP的9.61%,发达国家人均GDP的1.68%。2010年为4392美元,世界人均GDP为10 671美元,发达地区达到38417美元,发展中国家人均GDP达到4810.56美元。

世界银行统计,1978年中国人均国内生产总值世界排名第175位,2010年,在世界排名第121位。2011年中国5432美元的人均国内生产总值排名89位。2015年中国人均国内生产总值7990美元,世界排名第76位。

第三,从人民生活水平看,中国人民生活仅在总体上达到小康。

按常住地分,2014年全国城镇居民人均可支配收入28 844元,农村居民人均可支配收入10 489元。全年农村居民人均纯收入为9892元。人民生活总体上达到小康。

经过改革开放30多年来的不懈努力,我们成功走出了一条中国特色扶贫开发道路。30余年累计减少6亿多农村贫困人口。2011年,中央决定将农民人均纯收入2300元(2010年不变价)作为新的国家扶贫标准。这个标准比2009年(1196元)提高了92%。经过此次大幅上调,中国国家扶贫标准线与世界银行的名义国际贫困标准线的距离为史上最近。按国家最新贫困标准计算,全国贫困人口数量和覆盖面也由2010年的2688万人扩大至1.28亿人,占农村总人口的13.4%,占全国总人口(除港澳台地区外)的近十分之一。2015年中国农村贫困人口为5575万人。

第四,从资源占有情况看,中国人口众多,人均资源占有量少,面临很大的资源环境压力。

中国自然资源先天脆弱:国土面积的65%是山地或丘陵,70%面积每年受季风影响,33%是干旱或荒漠地区。55%的国土面积不适宜人类生活和生产。中国所有的资源都在世界平均水平之下,没有一个达到世界平均水平。我国人均土地面积在世界上190多个国家中排110位以后,耕地面积排在126位以后,草地面积排在76位以后,森林面积排在107位以后。目前中国已经有664个市县的人均耕地在联合国确定的人均耕地0.8亩的警戒线以下。

第五,从城市化程度看,中国接近世界平均水平。

世界银行公布的数据显示,1978年我国人口城市化率为18.72%,世界人口城市化率平均水平为46.64%。2010年世界人口城市化率平均水平为57.93%,发达地区达到76.77%,比世界平均水平高出18.84个百分点;发展中国家城市化率平均水平与世界平均水平接近为56.29%;中国2010年人口城市化率平均水平为44.90%(一说47.5%;另一说:2010年中国居住城镇的人口接近6.66亿人,城镇化率达到49.68%),比世界平均水平低13.03个百分点,比发达国家平均水平低31.87个百分点。

中国国家统计局公布的数据显示,2016年末,中国大陆总人口13.8271亿人,城镇常住人口7.9298亿人,占总人口比重为57.35%。接近世界平均水平,但与发达国家相比还有较大差距。

第六,从工业化程度看,中国也低于世界平均水平。

经过新中国成立以来60余年的工业化进程,尤其是改革开放以来的30多年的快速工业化进程,中国工业化取得了巨大的成就,经济发展水平得到了极大的提升,中国已经整体步入工业化中期阶段。中国已从一个农业经济大国转变为工业经济大国。中国的工业化发展比较迅速,但是工业化水平与发达国家相比差距比较大,与发展中国家相比水平相当。我国工业化发展水平存在很多的问题,如我国的教育水平与发达国家相比严重落后,碳排放量远高于发达国家及世界平均水平,能源的消耗量也高于世界及发达国家等。

第三产业发展是衡量一个国家工业水平的重要标志。改革开放初期的1978年,世界三产占比为47.43%;而发达国家三产占比是54.78%,发展中国家的三产占比是44.46%,而中国三产占比是23.94%,低于世界平均水平23个百分点。到了2010年,世界三产占比上升为58.17%;发达国家三产占比为70.32%,发展中国家三产占比为56.25%,而中国2010年三产占比为43.14%,低于世界平均水平15.03个百分点,与发展中国家相比也低于其13.11个百分点。虽然在2013年中国第三产业占比首次超过第二产业, 2015年进一步提高到50.5%,但是中国的第三产业占比水平与发达国家及发展中国家相比都存在着一定的差距,第三产业的发展还有很大的发展空间,具有很大的发展潜力。

正是基于以上事实,2007年在党的十七大报告中,2009年在纪念党的十一届三中全会30周年时,胡锦涛同志强调了“两个没有变”:“我们必须清醒地看到,我国仍处于并将长期处于社会主义初级阶段的基本国情没有变,人民日益增长的物质文化需要同落后的社会生产之间的矛盾这一社会主要矛盾没有变”。

2010年第二季度,中国国内生产总值超过日本跃居世界第二位,成为举世瞩目的世界经济大国。一时间,国内外有人认为,中国已经不是一个发展中国家。2011年,胡锦涛同志在庆祝中国共产党成立90周年大会上的讲话中又加了一个“没有变”。胡锦涛强调:我们已经取得了举世瞩目的伟大成就,但我国仍处于并将长期处于社会主义初级阶段的基本国情没有变,人民日益增长的物质文化需要同落后的社会生产之间的矛盾这一社会主要矛盾没有变,我国是世界上最大的发展中国家的国际地位没有变。从明确“两个没有变”到“三个没有变”,表明我们党对我国的基本国情有了更加清醒的认识。

在纪念改革开放30周年时,胡锦涛还强调:“我国人口多、底子薄,发展很不平衡。我们在推进改革开放和社会主义现代化建设中所肩负任务的艰巨性和繁重性世所罕见,我们在改革发展稳定中所面临矛盾和问题的规模和复杂性世所罕见,我们在前进中所面对的困难和风险也世所罕见。”这“三个世所罕见”也是对国家现状的清醒定位和科学认识,是准确观察问题、做出正确决策的出发点和落脚点。

二、当前中国发展的阶段性特征和趋势性变化

社会主义初级阶段是一个相当长的历史发展阶段,在发展中必然经历若干具体的发展阶段,不同发展阶段会呈现出不同的特征,也会面对不同的发展机遇和挑战。邓小平告诉我们,社会主义初级阶段应该有一百年。现在看来,恐怕还会更长一些。发展中国特色社会主义,既要把握中国的基本国情,又要把握在发展过程的不同阶段、不同时期的阶段性特征。

党的十七大从八个方面对新世纪新阶段我国发展呈现出的阶段性特征,进行了概括:第一,经济实力显著增强,同时生产力水平总体还不高,自主创新能力还不强,长期形成的机构性矛盾和粗放型增长方式尚未根本改变;第二,社会主义市场经济体制初步建立,同时影响发展的体制机制障碍依然存在,改革攻坚面临深层次矛盾和问题;第三,人民生活总体上达到小康水平,同时收入分配差距拉大趋势还未根本扭转,城乡贫困人口和低收入人口还有相当数量,统筹兼顾各方面利益难度加大;第四,协调发展取得显著成绩,同时农业基础薄弱、农村发展滞后的局面尚未改变,缩小城乡、区域发展差距和促进经济社会协调发展任务艰巨;第五,社会主义民主政治不断发展、依法治国方略扎实贯彻,同时民主法制建设与扩大人民民主和经济社会发展的要求还不完全适应,政治体制改革需要继续深化;第六,社会主义文化更加繁荣,同时人民精神文化需求日趋旺盛,人们思想活动的独立性、选择性、多变性、差异性明显增强,对发展社会主义先进文化提出了更高要求;第七,社会活力显著增强,同时社会结构、社会组织形式、社会利益格局发生深刻变化,社会建设和管理面临诸多新课题;第八,对外开放日益扩大,同时面临的国际竞争日趋激烈,发达国家在经济科技上占优势的压力长期存在,可以预见和难以预见的风险增多,统筹国内发展和对外开放要求更高。

在新的发展起点上,中国经济发展在消费需求、投资需求、出口和国际收支、生产能

力和产业组织方式、生产要素相对优势、市场竞争特点、资源环境约束、经济风险积累和化解、资源配置模式和宏观调控方式等方面表现出趋势性变化,经济发展进入新常态。我国经济发展基本面长期趋好,正从高速增长转为中高速增长,从规模速度型粗放增长转向质量效率型集约增长,从要素投资驱动转向创新驱动阶段。

这些阶段性特征和趋势性变化,是社会主义初级阶段基本国情的具体表现,是中国发展过程中矛盾和问题的集中体现。深刻把握这些阶段性特征和趋势性变化,积极应对前进中的突出矛盾和问题,直接关系到中国经济社会的长远发展。

第二节 当代中国的历史方位和重要战略机遇期

当前,我国已进入全面建成小康社会的决胜期,改革进入攻坚阶段和深水区,与世界的联系空前加深,面临一系列新机遇新挑战。明确当代中国的历史方位,紧紧抓住和用好重要战略机遇期,具有十分重要的意义。

一、当代中国的历史方位

历史方位,是指一个国家、一个民族在历史发展进程中所处的位置。一个国家的进步,只有从历史发展的坐标上去认识,才能更加准确;一个社会的变革,只有从时代变化的对比中去把握,才能更加清晰。辨明当代中国的历史方位,对于深刻认识当代中国的基本特点具有重要意义。

当代中国最鲜明的特点是改革开放。改革开放极大地解放和发展了社会生产力,冲破了束缚生产力发展的体制障碍,推动了社会主义市场经济体制的初步建立;极大地调动了亿万人民的积极性,打开了我国经济、政治、文化、社会全面发展的崭新局面,形成了对外开放的全新格局,实现了新的历史性突破。今天,一个面向现代化、面向世界、面向未来的社会主义中国巍然屹立在世界东方。

当代中国正处于工业化、信息化、城镇化、市场化、国际化深入发展时期。改革开放以来,中国工业化快速推进,在整体上已经进入工业化中期阶段,成为名副其实的工业大国;信息化已进入中等水平的国家行列,信息化与工业化融合已初见成效;城镇化已进入加速时期,城镇化率逐步接近中等收入国家的平均水平;市场化水平不断提高,社会主义市场经济体制已初步建立,市场在资源配置中的基础性作用不断增强,市场体系初步形成;国际化发展日益深刻,国际地位和影响力不断提升,与世界融合更为紧密。在未来相当长的时期内,中国都将处于"五化"不断深入,并且相互影响、相互促进的历史进程中。

当代中国与世界的关系发生了历史性变化。新中国成立后特别是改革开放以来,中国从努力突破封锁到全方位对外开放,以崭新的面貌登上并屹立于世界舞台,成为促进世界和平、发展、合作的一支重要力量。当代中国与世界前所未有地紧密联系在一起,中国的发展离不开世界,世界的繁荣与稳定也离不开中国。

当代中国处于实现民族复兴中国梦的关键时期。全面建成小康社会、实现中国梦的宏伟愿景，表达了中华民族的共同理想，凝集了团结奋斗的宏大力量。中国共产党带领全国各族人民正在开展具有许多新的历史特点的伟大斗争，努力实现全面建成小康社会各项目标任务。

二、中国发展的重要战略机遇期

机遇是指有利于事物发展的时机、境遇和形势，具有客观性，不以人的意志为转移。机遇期是指机遇存在并能发挥作用的时期。战略机遇期，是指有利于战略实施的历史阶段及其背景、环境和条件，与一般的机遇期相比，它具有时间的长期性、空间的开阔性、影响的全局性等特点。

1. 战略机遇期的提出

2002 年 5 月 31 日，江泽民同志在中央党校发表重要讲话中指出："纵观全局，21 世纪头一二十年，对我国来说，是必须紧紧抓住并且可以大有作为的重要战略机遇期。"党的十六大提出了战略机遇期。

第一，从国际形势看，做出这一论断的主要依据是：其一，和平与发展仍然是当今时代的两大主题，这为中国经济和社会发展提供了良好的外部环境。其二，世界多极化的趋势为我们赢得了有利的国际环境。其三，经济全球化带来良好机遇。其四，世界新科技革命浪潮继续迅猛发展，为后发展国家追赶发达国家提供了新的机遇和动力。

第二，从国内看，提出这一问题的根据是：其一，中国进入全面建设小康社会的关键时期，这也是中国实现现代化三步走战略承上启下的关键时期。其二，中国进入矛盾凸显期，同时也进入黄金发展时期。其三，中国进入完善社会主义市场经济体制的关键时期。其四，中国进入全面开放的关键时期。其五，经过 20 多年的改革，我们已经具备了实现经济起飞的诸多有利条件。

2. 重提"战略机遇期"的依据

党的十六大提出战略机遇期以来，国际国内形势又发生了一系列新的变化，人们在怀疑，战略机遇期是否还存在呢？质疑战略机遇期消失的依据是：

第一，2008 年开始的全球金融危机影响到全球经济的发展，这次危机影响深远且至今没有结束，中国也深受金融危机之害，未来发展过程中充满着各种变数，如何走出危机还是未知数。

第二，国际上"中国威胁论""中国崩溃论""中国责任论"等舆论此起彼伏，中国周边的朝鲜半岛问题、南海问题、钓鱼岛问题接踵而至，境外敌对势力策应下发生的西藏、新疆事件也牵扯了我们许多精力。

第三，从 2009 年起，美国战略重心东移的速度加快。此外，中国同美国等大国在贸易、汇率等问题上摩擦不断。

第四，中国的人均 GDP 超过 3000 美元后，进入到所谓"中等发达陷阱"阶段，我们国内在经济社会发展中存在的一些问题包括收入差距扩大、社会建设滞后、群体性矛盾冲突不断等问题，也在海外不断被放大。

这一切给人们的印象是：中国的快速发展之路已经走到头，战略机遇期提前结束了。

针对上述情况，2010年，党的十七届五中全会通过的《中共中央关于制定国民经济和社会发展第十二个五年规划的建议》提出：

我国发展仍处于可以大有作为的重要战略机遇期。要增强机遇意识和忧患意识，科学把握发展规律，主动适应环境变化，有效化解各种矛盾，更加奋发有为地推进我国改革开放和社会主义现代化建设。

强调我国仍然处于战略机遇期，有如下理由：

第一，当前和今后一个时期的国际环境总体上有利于中国发展。从国际环境看，尽管国际金融危机给世界经济造成深度冲击，世界经济增长速度减缓，各种形式的保护主义抬头，气候变化、能源资源安全、公共卫生安全等全球性问题更加突出，国际和地区热点问题此起彼伏，但和平、发展、合作仍是时代潮流，世界多极化和经济全球化深入发展，国际力量对比继续朝着有利于世界和平与发展的方向演化，我国同各大国、周边国家、发展中国家等的关系持续平稳发展，各国加强对华经济技术合作的意愿进一步增强，我国国际影响力和国际地位明显提高，国际环境总体上有利于我国集中精力搞建设、谋发展。

第二，中国经济发展总体向好的基本面没有改变。从国内发展条件看，尽管我国发展中不平衡、不协调、不可持续问题依然突出，保障和改善民生工作压力较大，社会矛盾凸显，但我国正处于新型工业化、信息化、城镇化、农业现代化持续推进阶段，具有经济体量大、韧性好、潜力足、回旋余地大、政策工具多等鲜明特点。国内市场潜力巨大，劳动者整体素质大为提高，科技创新能力不断增强，转变经济发展方式和调整经济结构步伐加快，经济长期向好的发展趋势依然存在。全面深化改革使各方面体制机制不断完善，社会政治大局稳定，这些都为保持我国经济社会持续健康发展创造了有利条件，提供了广阔空间。

第三，中国特色社会主义道路、理论体系、制度更加成熟。经过长期努力，中国特色社会主义道路更加宽广，是实现我国社会主义现代化、创造人民美好生活的必由之路；社会主义初级阶段的基本理论、基本路线、基本纲领、基本经验、基本要求得到确立和发展，中国特色社会主义理论体系成为全党全国人民的行动指南；中国特色社会主义制度坚持把根本政治制度、基本政治制度、基本经济制度以及各方面体制机制等具体制度有机结合，为当代中国发展进步提供了根本制度保障。中国特色社会主义道路、理论体系、制度统一于中国特色社会主义伟大实践中，为发展中国特色社会主义奠定了坚实基础，成为应对各种风险挑战、推动当代中国发展进步的“定海神针”。

综合判断国际国内形势，应该十分明确地说，我们面临前所未有的机遇，也面对前所未有的挑战，但我国发展的重要战略机遇期存在的基本条件和我国发展机遇大于挑战的基本面，并没有因为国际国内形势新变化而发生根本变化。党的十八大报告关于我国仍处于可以大有作为的重要战略机遇期的重大判断是符合实际的、完全正确的，具有充分客观依据和重大战略意义。

需要说明的是：

第一，我们所面对的机遇期，不仅仅是哪个地区、哪个部门的，也不仅仅是哪个领域的，它是我们整个国家、整个中华民族的，具有全局性、长远性和决定性的意义。

第二，战略机遇期不仅仅对中国而言，其他国家也存在着战略机遇期。比如说美国、日本、俄罗斯。值得指出的是，“战略机遇期”是一个国际性的提法。这个机遇期可以反映十年、五十年，也可以反映上百年。世界各个大国都有其对战略机遇的估计。

第三，“我国发展仍处于可以大有作为的重要战略机遇期”，这是一个总判断。但还有另一个判断，即我们“既面临难得的历史机遇，也面对诸多可以预见的和难以预见的风险挑战”，这是一个清醒的判断。根据这两个判断，我们党提出了要增强机遇意识和忧患意识这两个意识。我们在这“两个判断”和“两个意识”上统一了思想，就能够在复杂多变的形势下，始终充满信心，始终保持清醒。

第三节　全面建成小康社会

全面建成小康社会，是统领当代中国经济社会发展全局的战略目标，是实现中华民族伟大复兴的中国梦的重要里程碑。当前，我国正处于全面建成小康社会的决定性阶段。深刻认识全面建成小康社会的重要性、紧迫性，深刻把握全面建成小康社会的新要求新机遇，切实把全面建成小康社会的各项决策部署落到实处，对于协调推进“四个全面”战略布局、实现中华民族伟大复兴的中国梦具有重大意义。

一、全面建成小康社会是实现中国梦的关键一步

小康是中华民族千百年来追求的社会理想。邓小平在设计我国改革开放和社会主义现代化建设蓝图时，使用了“小康”概念。党的十二大明确提出把“小康”作为主要奋斗目标和经济社会发展的阶段性标志。党的十三大根据“三步走”的战略构想，把“人民生活达到小康水平”上升为国家战略。世纪之交，我国实现了国内生产总值翻两番，人民生活总体上达到小康水平。党的十六大提出“全面建设小康社会”的奋斗目标，并在新世纪第一个十年中取得一系列新的历史性成就，经济总量从世界第六位跃升到第二位，为全面建成小康社会打下了坚实基础。党的十八大在十六大、十七大确立的全面建设小康社会目标的基础上，提出了全面建成小康社会的更高要求。党的十八大以来，习近平围绕全面建成小康社会，提出一系列新思想新论断新要求，科学回答了全面建成小康社会面临的诸多重大问题，把全面建成小康社会的图景更具体更生动地呈现在全国人民面前。从解决温饱到小康水平，从总体小康到全面小康，再到全面建成小康社会，这一系列奋斗目标的提出、发展和完善，表明了中国共产党对什么是小康社会、如何建成小康社会认识的深化，为实现民富国强的中国梦提供了清晰的路线图和明确的历史方位，反映了

中国特色社会主义道路在实践中的不断拓展，展示了中国特色社会主义事业全面发展的美好前景。

二、全面建成小康社会的目标任务

党的十八大报告根据我国经济社会发展实际和新的阶段性特征，在党的十六大、十七大确立的全面建设小康社会目标的基础上，提出了一些更具明确政策导向、更加针对发展难题、更好顺应人民意愿的新要求，以确保到2020年全面建成的小康社会，是发展改革成果真正惠及十几亿人口的小康社会，是经济、政治、文化、社会、生态文明全面发展的小康社会，是为实现社会主义现代化建设宏伟目标和中华民族伟大复兴奠定了坚实基础的小康社会。

根据中国特色社会主义五位一体总体布局，报告从以下五方面充实和完善了全面建成小康社会的目标。

一是经济持续健康发展。主要是六点要求：第一，转变经济发展方式取得重大进展；第二，在发展平衡性、协调性、可持续性明显增强的基础上实现两个“倍增”，即国内生产总值和城乡居民人均收入比2010年翻一番；第三，通过增强创新驱动发展新动力，使科技进步对经济增长的贡献率大幅上升，进入创新型国家行列；第四，通过构建现代产业发展新体系，促进工业化、信息化、城镇化、农业现代化同步发展，达到工业化基本实现，信息化水平大幅提升，城镇化质量明显提高，农业现代化和社会主义新农村建设取得显著成效；第五，通过继续实施区域总体发展战略，充分发挥各地区比较优势，区域协调发展机制基本形成；第六，通过培育开放型经济发展新优势，使对外开放水平进一步提高，国际竞争力明显增强。

二是人民民主不断扩大。当前和今后一个时期，推进政治体制改革、加强政治建设，总的就是要在党的领导下，发展更加广泛、更加充分、更加健全的人民民主，使民主制度更加完善、民主形式更加丰富，人民积极性、主动性、创造性进一步发挥；更加注重发挥法治在国家和社会治理中的重要作用，维护国家法治的统一、尊严、权威，实现依法治国基本方略全面落实，法治政府基本建成，司法公信力不断提高，人权得到切实尊重和保障。

三是文化软实力显著增强。主要是四点要求：第一，社会主义核心价值体系是兴国之魂，决定中国特色社会主义发展方向，必须使之深入人心；第二，全面提高公民道德素质是社会主义道德建设的基本任务，必须坚持依法治国和以德治国相结合，使公民文明素质和社会文明程度明显提高；第三，让人民享有健康丰富的精神文化生活，是全面建设小康社会的重要内容，必须实现文化产品更加丰富，公共文化服务体系基本建成，文化产业成为国民经济支柱性产业；第四，文化越来越成为国际竞争力的重要元素，要不断增强中华文化国际影响力，必须使中华文化走出去，迈出更大步伐。

四是人民生活水平全面提高。要做到：第一，总体实现基本公共服务均等化，这是人民生活水平全面、普遍提高的重要标志；第二，全民受教育程度和创新人才培育水平明显

提高，进入人才强国和人力资源强国行列，教育现代化基本实现，这是实现人的全面发展的基础；第三，就业更加充分，这是民生之本得到保障的具体体现；第四，收入分配差距缩小，中等收入群体持续扩大，扶贫对象大幅减少，这是发展改革成果惠及全体人民的重要体现；第五，社会保障全民覆盖，人人享有基本医疗卫生服务，住房保障体系基本形成，这是实现老有所养、住有所居、病有所医的必然要求；第六，社会和谐稳定，这是人民安居乐业的必要前提。

五是资源节约型、环境友好型社会建设取得重大进展。要在以下方面取得明显成效：一是优化国土开发格局，使主体功能区布局基本形成；二是全面促进资源节约，初步建成资源循环利用体系；三是加大生态环境保护力度，单位国内生产总值能源消耗和二氧化碳排放大幅下降，主要污染物排放总量明显减少；四是实施重大生态修复工程，实现森林覆盖率提高，生态系统稳定性增强，人居环境明显改善。

第四节　陕西省经济社会发展概况

一、陕西基本概况

陕西（Shaanxi），简称陕或秦，又称三秦，古称秦川，省会古都西安，是中国经纬度基准点大地原点和北京时间国家授时中心所在地。位于中国西北内陆腹地，横跨黄河和长江两大流域中部，地理坐标处于东经105°29′～111°15′，北纬31°42′～39°35′之间，自然区划上因秦岭-淮河一线而横跨北方与南方。总面积20.58万平方千米，全省常住人口3812.62万人（2016年末），下辖西安1个副省级市、宝鸡等9个地级市，有3个县级市、77个县。东邻山西、河南，西连宁夏、甘肃，南抵四川、重庆、湖北，北接内蒙古。居于连接中国东、中部地区和西北、西南的重要枢纽。

陕西是中华文明的重要发祥地之一，上古时为雍州、梁州所在，是炎帝故里及黄帝的葬地。西周初年，周成王以陕原为界，原西由召公管辖，后人遂称陕原以西为“陕西”。

陕西历史悠久，是中国古人类和中华民族文化重要的发祥地之一，早在110万年前，“蓝田猿人”就在灞河两岸生息繁衍；西安城东的半坡遗址，展示着六七千年前母系氏族社会的进步和文明，大约五千年前，华夏始祖炎帝、黄帝带领各自的部落，在陕西北部黄土高原一带开创了中华文明；后稷开启农耕文明，仓颉创造汉字，张骞发轫丝绸之路，司马迁独领传记史书之风骚……无不标志着陕西古代文明的灿烂与辉煌。

陕西曾经是中国历史上多个朝代政治、经济、文化的中心。先后有周、秦、汉、唐等13个王朝在此建都，历时长达1180年。另外还有刘玄、赤眉、黄巢、李自成4次农民起义在此建立政权。在近代中国革命史上陕西具有重要的位置。1935年，红军长征到达延安，中共中央和毛泽东主席在这里领导中国革命13个春秋，取得了抗日战争和解放战争的伟大胜利。

陕西拥有丰富的自然资源和深厚的历史文化底蕴，科教优势明显。

1. 地形地貌与气候特征

(1)地形地貌

陕西省位于中国西北地区东部的黄河中游,东隔黄河与山西相望,全省地域南北长、东西窄,南北长约870千米,东西宽约200~500千米。

陕西地势的总特点是南北高,中部低。同时,地势由西向东倾斜的特点也很明显。渭北北山(老龙山、嵯峨山、药王山、尧山等)和秦岭把陕西分为三大自然区域:北部是陕北高原,中部是关中平原,南部是秦巴山地。其中高原926万公顷,山地面积为741万公顷,平原面积391万公顷。主要山脉有秦岭、大巴山等。秦岭在陕西境内有许多闻名全国的峰岭,如华山、太白山、终南山、骊山。

(2)气候特征

陕西地处内陆中纬度地带,形成显著的大陆性季风气候。从北到南跨温带、暖温带和北亚热带三个气候带。降水集中于7—9月,多雷阵雨和暴雨,全省年平均气温11.6℃。全省年平均降水量653毫米,年蒸发量平均为1608毫米。

陕北以温带大陆性气候为主,兼具沙漠气候特征;关中平原是典型的温带季风气候,四季分明,温度适中;陕南在维度上仍属北方但是由于秦岭和汉中盆地的影响体现亚热带的气候风貌,降水明显,湿度较同纬度地区相对偏高,冬季温暖湿润,有小江南之称。

2. 主要河流和主要山脉

(1)主要河流

陕西主要河流有延河、渭河、北洛河、嘉陵江、汉江、丹江等。

陕西内流水系主要分布在定边、榆林、神木等县北部的风沙草滩区,占全省总面积的2.3%。外流水系约占全省面积的97.7%,以秦岭为界,分属于黄河、长江两大流域。全省流域面积在100平方千米以上的河流有583条,其中黄河水系385条,长江水系221条,内陆河4条。

河川年平均径流量420.2亿立方米,其中秦岭以北占26.5%,以南占73.5%。冬季是贫水期,夏秋为丰水期。全省水资源总量为442.1亿立方米,人均占有水量1300立方米,相当全国人均量的55.2%,是一个缺水的省份。

(2)主要山脉

陕西主要山脉有太白山、化龙山、首阳山、终南山、华山、白子山、巴山、子午岭。

3. 富饶的自然资源

(1)矿产资源较为丰富

陕西省目前已发现各类矿产138种,已查明矿产资源储量潜在总价值42万亿元,约占全国的三分之一,居全国之首,是我国的资源大省。探明储量居全国第1位的有锶、铼、水泥灰岩等9种,居2、3位的有汞、钼、天然气、煤等18种。

陕北和渭北:以优质煤、石油、天然气、水泥灰岩、黏土类及盐类矿产为主;关中:以金、钼、建材矿产和地下热水、矿泉水为主;陕南秦岭巴山地区:以黑色金属、有色金属、贵

金属及各类非金属矿产为主。

(2)生物资源丰富

全省宜林面积1171.44万公顷,占土地总面积的56.88%。其中林地836.3万公顷,森林覆盖率为24.1%,林木蓄积量3.21亿立方米。野生动物种类繁多,兽类动物约140种,约占全国陆栖哺乳动物总数的30%;鸟类360种,约占全国鸟类资源的30%;两栖爬行动物60多种,占全国13%;鱼类164种,占全国20%;其他珍贵动物27种,占全国20%。饲养动物有猪、马、牛、羊、驴、骡、骆驼、鸡、兔、鸭、鹅等,秦川牛、关中驴、佳米驴都是优良畜种,奶山羊数量居全国之首。农作物主要有小麦、玉米、水稻、棉花、大麦、高粱、麻类、薯类等。全省年开采量在5000千克以上的经济植物有3000多种,其中生漆资源和产量居全国第一位,核桃居第二位,桐油居第六位,木耳、茶叶、辣椒干、大蒜等畅销国内外。中草药近1000种,名贵药材有杜仲、黄连、天麻等;淀粉类及糖类植物225种,油脂植物305种,芳香植物340种。全省草地面积353.5公顷,其中人工草场23.9万公顷,为发展牧业提供了良好条件。

4. 旅游资源

(1)自然类

陕西省内主要旅游自然资源有华山、翠华山、嘉陵江、金丝峡、太平山、佛坪大熊猫、周至老县城、浐灞生态园、楼观台、凤县紫柏山、秦岭国家地质公园、黄土国家地质公园。

(2)历史类

悠久的历史,给陕西地上地下留下了极为丰富的历史文物和革命文物。全省已发现各类文物点35 750处,其中古遗址10 378处,古墓葬4011处,石窟寺544处,古建筑2577处,古石刻14 551处,全省有国家级重点文物保护单位37处,居全国第1位;省级重点文物保护单位372处,县级重点文物保护单位1740处。

著名景点有秦始皇陵、黄帝陵、法门寺、大雁塔、小雁塔、西安城墙、西安碑林、半坡遗址、蓝田猿人、大明宫、华清池、西安事变旧址。

5. 民俗特点

俗话说,“百里不同风,十里不同俗”。在陕西这块黄土地上,由于气候、经济、文化等多方面原因的影响,陕西人(关中人)在衣、食、住、行等方面,形成了一些独特的方式。外地人对此十分好奇,经过汇集称之为“陕西十大怪”(即“关中十大怪”):面条像腰带、锅盔像锅盖、辣子是道菜、泡馍大碗卖、碗盆难分开、帕帕头上戴、房子半边盖、姑娘不对外、不坐蹲起来、唱戏吼起来等。

6. 科技教育发展状况

陕西是中国重要科教高地之一,科教优势明显。全省普通高等学校数量为81所,军事院校7所,还有12所独立学院,16所成人高等学校,中等职业学校245所,拥有西安交通大学、西北工业大学、西北农林科技大学、西安电子科技大学、西北大学、长安大学、陕西师范大学等8所985或211大学。陕西省会西安是中国高等院校和科研院所聚集的城市之一,在校学生人数仅次于北京、上海,居中国第三位,是中国高校密度和受高等教育人数最多的城市,是中国三大教育、科研中心之一。陕西目前有64位两院院士,科研机构1000多个,科研人员110多万。

西安高新技术开发区是首批国家级高新区之一,1991年3月经国务院批准成立。经过二十多年的努力,已完成开发配套60平方公里,拥有企业18 000余家,形成了电子信息、生物医药、先进制造、现代服务业四大主导产业和通信、光伏与LED、电子元器件、电力设备与能源技术、汽车、生物制药、软件与服务外包、创新型服务业等八大产业集群,探索了一条在我国内陆地区发展高新技术产业的成功路子,并多次被科技部评为先进高新区,被国家确定为要建成世界一流高技术园区的六个国家级高新区之一,营业收入等主要经济指标位居全国高新区第三位。

近年来,西安高新区狠抓企业孵化、平台建设、人才扶持和产业培育,各项工作取得了大幅进展,主要经济指标持续保持30%以上的增长。2015年,西安高新区紧紧围绕建设国家自主创新示范区的战略目标,以全面深化改革为主线,深入实施创新驱动发展战略,在科技创新、产业发展、军民融合、招商引资等方面取得了新突破。2015年西安高新区实现营业收入1.27万亿元,位居全国146个高新区第三位;实现外贸进出口总额220亿美元,占到西安市的77.3%以上,占陕西省的71.8%;财政一般预算收入首次突破百亿元大关;实现生产总值753.58亿元,同比增长15.5%,占到西安市GDP的13%,为西安市经济保持8.2%的增速做出了重要贡献。高新区已经成为西安、陕西最大的经济增长点和我国转化科技成果、发展高新技术产业的重要基地。

西安高新区综合环境不断提升,国际化发展态势明显,已成功引进了三星、强生、应用材料、美光、西门子等世界500强和国际知名公司110多家,华为、中兴等国内知名企业300多家。2015年,高新区实际利用外资17.4亿美元,同比增长20%;实际利用内资506亿元,同比增长15%。

西安高新区大力推动科技创新,加快统筹科技资源,促进了本地科技资源优势向产业优势和经济优势的转化。

二、改革开放以来陕西经济社会发展情况

1.发展概况

改革开放以来,陕西经济长期快速稳定发展,1979—2013年年均增速达11%。2015年以来,省委、省政府以贯彻落实习近平总书记视察陕西时提出的"五个扎实"要求为统领,努力实施稳中有为、提质增效战略,审时度势,强力出台实施了一系列行之有效的"稳增长"政策措施,2016年全省经济运行呈现"总体平稳、稳中有进、稳中向好"的态势。全年生产总值19 165.39亿元,比上年增长7.6%。农业2004—2013年实现"十连丰"。2014年粮食总产量1197.80万吨,下降1.5%。2015年粮食总产量1226.8万吨,比上年增长2.4%。

面对市场需求减弱、宏观经济下行压力加大等严峻形势,陕西省及时跟踪市场趋势,在持续实施"促销稳产保市场"措施的基础上,适时采取财政补贴、建立合理电价区和收费减免等创新性政策,帮助企业渡过难关。近几年在煤炭等资源类产品价格大幅下跌,能源化工工业增幅回落的情况下,工业依然实现了平稳增长。2013年全年实现规模以上

工业增加值7258.56亿元,同比增长13.1%,增速居全国第五位。2015年全部工业增加值7634.19亿元,比上年增长6.9%。其中,规模以上工业增加值增长7.0%。2016年全部工业增加值7492.63亿元,比上年增长6.8%。

从三大需求看:投资增速高位运行,消费市场稳中趋好,对外贸易增速加快,经济增长的协调性逐步增强。

1978年至2012年投资年均增速20.8%。2013年,全省大力推进项目带动战略,坚持以增量调存量的投资原则,全年完成全社会固定资产投资15 934.20亿元,同比增长24.1%。2014年全社会固定资产投资18 709.69亿元,比上年增长17.4%。2015年全社会固定资产投资20 177.98亿元,比上年增长7.8%。2016年全社会固定资产投资20 825.25亿元,比上年增长12.1%。

消费市场稳中趋好。2013年实现社会消费品零售总额4938.54亿元,同比增长14%,领先全国平均水平,居全国各省第3位。2014年社会消费品零售总额5572.84亿元,比上年增长12.8%。2015年社会消费品零售总额6578.11亿元,比上年增长11.1%。2016全年社会消费品零售总额7302.57亿元,比上年增长11.0%。全年网上零售额1016.8亿元,比上年增长36.7%。其中实物商品零售额913.2亿元,增长46.2%。

对外贸易增速加快。陕西省进出口贸易快速增长,2013年全省进出口总额201.27亿美元,同比增长36%;其中,出口102.24亿美元,增长18.2%。2014年外贸进出口总值1683.53亿元人民币,比上年增长35.0%。其中,出口855.54亿元,增长34.9%;进口827.99亿元,增长35.0%。在进出口总值中,进料加工贸易935.81亿元,增长98.7%。2015年外贸进出口总值1895.66亿元人民币,比上年增长12.8%。其中,出口918.52亿元,增长7.4%;进口977.14亿元,增长18.4%。招商引资成效显著,全省以改善投资环境促进对外开放,着力打造丝绸之路经济带新起点,2013年,共引进内资4189亿元,实际利用外资36.78亿美元,分别增长20.6%和25.3%。2014年新批外商投资项目141个。合同外资58.55亿美元,比上年增长57.3%;实际利用外资41.76亿美元,增长13.5%。全年对外承包工程新签合同额11.69亿美元;完成营业额17.88亿美元,增长0.03%;对外劳务人员实际收入总额11 946万美元,增长35.9%。2015年新批外商投资项目112个。合同外资57.82亿美元,比上年下降1.2%;实际利用外资46.21亿美元,增长10.6%。

从经济结构看:服务业、新兴产业发展迅速,非公经济、民间投资比重提升,转型升级结构调整步伐加快。

服务业、战略性新兴产业发展迅速。2013年,全省服务业增加值5607.52亿元,占GDP比重为35%,较上年提高0.3个百分点;战略性新兴产业增加值占GDP比重约9.4%,较上年提高0.3个百分点。

文化产业发展后劲增强。2013年,文化产业投资同比增长50.5%,高于全省全社会固定资产投资增速26.4个百分点。文化产业完成增加值643.4亿元,增长27.4%,占GDP比重为4%,较上年提高0.5个百分点。

非公经济比重逐步提升。民营经济快速发展,2013年,新增中小微企业3万户,非公经济完成增加值约8376.22亿元,占GDP比重约52.2%,较上年提高1个百分点。2014年非公有制经济增加值9324.42亿元,占生产总值的52.7%,比上年提升0.5个百分点。

2015 年全省非公经济增加值 9695.62 亿元，比上年增长 10.1%，占 GDP 的比重为 53.4%。2016 年非公有制经济增加值 10 310.09 亿元，占生产总值的 53.8%，比上年提升 0.4 个百分点。

民间投资大幅增长。2015 年，全省完成民间投资占固定资产投资的比重为 45.7%，民间投资额 9066.37 亿元，是 2010 年的 2.8 倍。

节能环保成效显著。2013 年，全省单位 GDP 能耗下降 3.6%，比上年多下降 0.06 个百分点，超额完成全年 3.5% 的目标任务。主要污染物排放得到有效控制。

劳动就业人数平稳增加，2015 年城镇新增就业 44.37 万人，失业人员再就业 17.09 万人，困难人员实现再就业 7.16 万人，登记失业人员实有人数 22.35 万人，城镇登记失业率 3.36%。2016 年城镇新增就业 44.50 万人，失业人员再就业 17.60 万人，困难人员实现再就业 7.34 万人，登记失业人员实有人数 22.74 万人，城镇登记失业率 3.3%。

从发展效益看，全省财政收入实现平稳增长，其中地方财政收入 2060 亿元，较上年增长 12.1%，财政总收入达 3300 亿元；支出规模实现新跨越，财政总支出达 4376 亿元，为陕西省稳增长、调结构、促改革、惠民生、防风险做出了积极贡献。

城乡居民收入稳步增长。2016 年全年全省居民人均可支配收入 18 874 元，比上年增加 1479 元，名义增长 8.5%，扣除价格因素实际增长 7.1%。其中，全年城镇居民人均可支配收入 28 440 元，比上年增加 2020 元，名义增长 7.6%，扣除价格因素实际增长 6.3%。全年农村居民人均可支配收入 9396 元，比上年增加 707 元，名义增长 8.1%，扣除价格因素实际增长 6.9%。

从民生保障看：2015 年陕西省民生支出 3582 亿元，占财政支出的 81.9%。城镇化建设成效显著、保障房建设居全国前列，发展成果更多惠及百姓。城镇化建设成效显著，西咸新区建设步伐加快，重点县城、重点示范镇和文化旅游名镇顺利推进，大量农村居民进城落户，避灾扶贫移民搬迁工程深入实施，陕南 6 万户住房全面开工，陕北开工率达 90%。2015 年，全省城镇化率为 53.6%。

市场物价平稳、客货周转量逐季加快、金融运行稳健、用电量稳步回升，经济发展基本面趋好。

市场物价平稳。2015 年全年 CPI 上涨 1.4%。

全年货运量 16.41 亿吨，比上年增长 4.5%；货物周转量 3549.57 亿吨公里，增长 0.7%。客运量 7.70 亿人，增长 2.4%；旅客周转量 955.97 亿人公里，增长 1.6%。

金融运行稳健。2015 年末，全省金融机构（含外资）本外币各项存款余额 32 685.32 亿元，同比增长 13.7%，比年初增加 4082.63 亿元；各项贷款余额 22 096.84 亿元，同比增长 15.2%，比年初增加 2912.61 亿元。

2. 当前陕西省经济发展的新成效及面临的主要问题

2016 年以来，我省经济继续承受较大压力，我省主要宏观指标增速已经连续 7 年下行，主要宏观经济指标增速稳中略降，能源产业继续低迷，非能源产业冷热差异明显，主要行业投资增速回落甚至负增长使得投资整体下滑。目前处于“总体平稳，稳中略降”的状态。要紧紧围绕供给侧结构性改革，继续在施策方略和力度上更有作为。

(1)陕西经济发展的新突破新成效

发展中具有引领升级、支撑转型意义的突出表现:战略性新兴产业发展有新突破。中国最大的民用无人机产业基地落户西咸新区。国家民机科研试飞基地项目落户渭南。2016 年,阿里巴巴集团已与我省 19 县签约推动农村淘宝项目,建成村级服务站 380 个。苏宁易购已与平利县、白水县等 7 县合作线上销售各县特色农产品。"智慧陕西农业云平台"上线试运营。中小企业服务中心组建"电商导师团",全力打造全省电子商务一条龙服务平台。2016 年前 5 个月,战略性新兴产业中,节能环保产业、新能源产业投资分别增长 21.9%、106%。

新兴服务业发展亮点频现。物流业,全省快递企业对农村网络布局初见成效,快递网点已经覆盖我省 82%的乡镇地区,文化产业,文化产业投资增势依然强劲,增长 61.5%,其中新闻出版发行服务、广播电视电影服务、文化信息传输服务、文化休闲娱乐服务、文化产品生产的辅助生产等文化产业投资分别增长 38.5%、67.1%、410.5%、100.2%、102.6%。

对外贸易,西咸新区获批开放型经济新体制综合试点。榆林海关正式通关。西安交通大学与西安高新区管委会签署合作协议,共建丝路学院、西安大数据研究院。

去产能和去库存初显成效。出台《陕西省人民政府关于化解产能严重过剩矛盾的实施意见》和《陕西省人民政府关于房地产去库存优结构的若干意见》。部分地市或企业积极开展去产能后的职工安置工作。铜川市在矿业公司东坡煤矿举办"送岗位进矿区"专场招聘会和就业创业政策宣传活动,积极为矿区分流职工寻找工作岗位,妥善安置矿业公司富余人员。陕西煤化集团出台《关于建立富余人员分流安置长效机制的意见》后,旗下各煤矿都在积极的关闭煤矿以及转岗分流煤炭工人。

(2)主要问题

第二产业和工业继续扮演经济下行主角,消费、商贸、金融、农产品销售、农民工从业以及县域经济成为经济下滑持续性延伸面,产出效益及社会感受明显为经济不景气。

财政收支压力持续加大。企业经营困难加剧、消费品市场低迷,持续向财政收入传导,对财政收入增长形成制约。

一般性稳增长措施的政策效应正在递减,已经较难起到立竿见影的效果。2016 年以来国家和省上出台了一系列稳增长的政策措施,但这些稳增长措施的政策效应正在递减,总体效果上没有带动经济形成扭头向上的趋势。在去库存方面,随着房地产市场调整的不断加深,中央和各地地方政府先后出台了降低首付比例、取消限购等政策,释放改善性需求。但结果是导致了一线城市和部分二线城市房价的加速上涨而三四线城市房地产库存依旧较大,面对房价恢复性上涨,部分房地产公司出现了捂房不卖、惜售待涨现象,人为增加新的库存,影响去库存效果。在去杠杆方面,陕西整体债务率不高,但债务压力分布很不均衡,不同部门、不同企业去杠杆的主动性存在明显差异,有些企业消极应对。在去产能方面,去产能已经进入攻坚阶段,但由于各行业都不景气,企业转产、就业安置找不到新的突破方向,就业压力大直接影响了去产能政策的落实。在降成本方面,降成本政策遭到企业"拒绝",由于部分企业本身有困难,相关企业担心自己降成本后经营下不去,找不到自身降成本后上下游相关企业也降成本的平衡点,市场主体主动降成本的积极性都不高。

我省经济发展面临的外部环境依然复杂多变,经济增长仍将面临较大的下行压力。

预计全年经济增速在6.5%。

从陕西省内经济形势看,经济回升也将会异常艰难。从先行指标和宏观经济指标增长情况来看,工业生产者出厂价格PPI降幅收窄但仍没有转正,陕西制造业采购经理指数依然在枯荣线下方运行,工业用电量和公路货运量增速继续减缓,新增银行贷款增速连续3个月负增长,由于经济运行有其内在的规律,经济指标的增长存在一定的持续性和惯性,较长时期的增速回落会使2016年下半年和2017年初继续处于艰难期,需要围绕供给侧结构性改革,重点在加快补短板、加强有效供给等方面采取切实能够短期见效、长期有利的政策措施,以期全年生产总值能保持在7.5%左右。

(3)促进经济健康稳定增长的对策建议

促进陕西经济健康稳定增长应把握好以下几个方面:

第一,把稳增长作为当前落实"发展是第一要务"的核心内容。必须把稳增长作为当前推动"追赶超越"的主要任务、摆上突出位置,以稳增长的更好成效控制经济下滑的惯性,保证就业稳定、收入提高、民生改善。

第二,把补短板和增加有效供给作为供给侧结构性改革的重中之重。一是加强基础设施建设,增强发展支撑能力。二是积极培育工业发展新动能,塑造工业发展新优势。三是推动服务业提档升级。四是积极推进新型城镇化建设。五是大力实施创新驱动发展战略。主动顺应新一轮科技革命和产业变革,瞄准国家战略需求、消费升级方向和供给侧短板,在多领域部署创新链和产业链,如工业重点围绕企业智能制造、扩大先进产能、科技成果产业化、生产装备更新换代、推动绿色制造和公共服务平台建设领域开展技术改造,以此推动工业转型升级,把巨大的创新能力转化成创造新供给的强劲动力。贯彻落实我省《关于大力推进大众创业万众创新工作的实施意见》,支持园区、高校、科研院所等建设孵化创新平台,发展众创、众包、众扶、众筹等新模式,促进"创途在XIAN"、西安北航科技园众创空间、西安众创示范街区等发展,把西安高新区建设成为全国"双创"示范基地。

第三,切实增加有效供给。增加公共服务有效供给,全面提高群众生活质量。全面提高民用产品质量,更好满足居民消费需求。千方百计增加有效投资,激活市场运行。以有效的投资削减过剩产能,培育形成新兴增长点。

第四,切实抓好生产经营、机制构建、金融改革等其他重点工作。一是加强企业生产经营。尽快制定出台我省降成本实施方案,狠抓生产成本、人工成本、财务成本管控,切实降低不合理税费、制度性交易成本、社会保险费、电力价格、物流成本等方面成本,优化企业生产环境。实施企业帮扶行动,协助企业解决用工、用地、用水、用电等阻碍生产经营的困难和问题。实行主要工业产品超产超销售奖励。加快新增产能项目投产运营,扶持市场需求旺盛和适销对路企业多产多销,千方百计支持市场疲软企业稳产达产。二是努力构建现代市场机制。建设服务型政府,协同推进简政放权、放管结合、优化服务,进一步精简审批事项,提高审批效率,实施网上并联审批,公布各级政府部门权力清单和责任清单,加大资源交易平台整合力度,继续推进省直管县改革试点,进一步激发市场社会的创造活力。深化国企改革,落实好我省《关于加快省属国有企业股份制改革推进国有资产证券化的意见》,继续推进一批试点企业开展混合所有制经济试点,向社会再集中推出一批PPP示范项目。积极推进价格体制改革,制定出台推进价格机制改革的实施意见，抓好电力、医疗服务、公办高校等价格改革，全面落实居民生活用水、用气阶梯价格制度。三是全面提升金融服务实体经济质量和水平。努力去除阻碍经济发展的违规违法违背市场规律的“高杠杆”，落实好我省《加快发展多层次资本市场服务实体经济转型升级的实施意见》及相关政策措施，将更多资金向有效供给配置。优化融资结构，努力盘活货币信贷存量，用好增量，提高使用效率，重点向在产业结构调整和转型升级中有重大影响和示范引导作用的行业倾斜，向化解过剩产能、小微企业、“三农”、消费升级倾斜。降低社会融资成本，规范同业、信托、理财、委托贷款等业务，清理不必要的资金“通道”“过桥”环节，缩短融资链条，切实解决企业融资难、融资贵等问题。拓宽融资渠道，深入实施“双推双增”融资工程，引导企业利用中期票据、短期融资券、集合票据等债务工具融资。支持符合条件的企业上市融资，鼓励省内企业到“新三板”挂牌，大力推进金融体制改革，争取国家投贷联动试点，积极推进县域金融综合改革试点，引导推动“两权”抵押贷款试点。四是持续扩大对外开放。紧抓国家推进“一带一路”建设和开展国际产能合作的机遇，主动创造有利于国际产能合作的环境，积极推进我省优势企业走出去释放产能，全方位提升我省对外开放水平。以中亚、西亚等欠发达地区作为重点对象，瞄准其基础设施建设薄弱，资源开发、重化工发展和日用生活用品生产需求大，投资不足的情况，加大对外投资，推进能源化工、有色冶金等十个领域国际产能合作，积极培育和发展适销对路的丝路产业和产品，拓展“海外陕西”发展空间。推动陕韩产业合作园区、中俄丝绸之路创新园、中吉空港经济产业园、中意航空谷、中以创新示范园等建设，波音“绿飞机”完工中心落地，以重点项目建设带动形成巨大的投资消费需求，促进经济平稳回升。

本专题思考题、讨论题

1. 如何认识“三个没有变”“三个世所罕见”？
2. 如何认识目前我国发展重要战略机遇期内涵和条件的变化？如何把握机遇、应对挑战？
3. 陕西经济社会发展中可利用的自身优势有哪些？

专题三　中国特色社会主义经济建设

改革开放以来,中国经济高速发展,取得了举世公认的成就。1978—2016 年期间 GDP 年均增长高达 9.6%。2016 年 GDP 达到 74.41 万亿元,约合 10.73 万亿美元,相当于 1978 年的 203.8 倍;人均 GDP 5.36 万元,约合 7730 美元,从 1978 年世界排位 135 名跃至 2015 年的 76 名,进入中等偏上收入国家行列;2016 年全国财政收入 15.96 万亿元,相当于 1978 年的 140.9 倍,财政收入占国内生产总值的比重为 21.45%;我国货物进出口总额世界第一位,对外服务贸易总额世界第二位,外汇储备世界第一位。

中国经济的快速发展,离不开中国特色社会主义经济理论的正确指导。

第一节　中国特色社会主义经济理论和制度

中国特色社会主义经济是中国特色社会主义建设的基础,不断解放和发展生产力,是巩固社会主义制度,实现社会主义现代化和伟大中国梦的关键。

一、中国特色社会主义经济理论

中国特色社会主义经济理论是在新中国建立后、中国社会主义建设过程中开始萌芽,在改革开放和社会主义现代化的实践中形成和发展起来的。对这一经济建设的基本理论进行梳理,有助于我们对中国特色社会主义经济建设问题的总体把握。

1. 关于基本经济制度的理论

社会主义初级阶段基本经济制度是公有制为主体、多种所有制经济共同发展。坚持基本经济制度的根本在于要正确地认识公有制与多种所有制、特别是与私有制的关系,处理好公有制与发展市场经济、公有制与经济发展和公有制与经济效率的关系这三大问题。做到坚持公有制主体地位毫不动摇,同时毫不动摇地鼓励、支持、引导非公有制经济共同发展,在实践中不断完善这一基本经济制度。

2. 关于社会主义市场经济和经济体制改革的理论

走社会主义市场经济的发展道路,是中国特色社会主义的重要体现。把市场经济和社会主义基本制度进行有效的结合,是社会主义市场经济发展道路的核心问题。市场经济怎样才能和社会主义基本制度结合得更好,既发挥市场对资源配置的基础性作用,又

充分发挥社会主义制度的优越性,是我们要达到的目标模式。建立完善的社会主义市场经济体制是深化经济体制改革的基本内容,深化经济体制改革的关键是要处理好政府和市场的关系,尊重市场规律,充分发挥市场这一“无形之手”的作用,同时,要更好发挥政府这一“有形之手”的调节作用。

3. 关于经济发展的理论

我国经济发展的主线是加快转变经济发展方式,抓住这一主线对中国未来经济社会的科学发展至关重要。一要把加快转变经济发展方式作为我国经济社会领域的一场深刻变革,贯穿到经济社会发展的全过程和各领域。长期以来,转变经济发展方式的效果之所以不理想,主要问题不在于人们主观上不想转变,而在于转变的条件不充分,影响了经济发展方式转变的有效推进。要使转变经济发展方式取得实质性进展,关键要创造有利于转变经济发展方式的基本条件。因此,要使加快转变经济发展方式有实质性的进展,就要从宏观到微观、从市场到政府加大改革力度,使加快转变经济发展方式成为整个社会和每一个企业的自觉行为。

4. 关于经济全球化条件下对外开放理论

经济全球化和全球金融危机使整个世界的经济发展出现了许多新的变化。其中最突出的就是世界各国之间的经济联系越来越密切,中国的经济发展离不开世界,世界的发展也越来越广泛地影响中国的发展。中国的经济必须融入世界才能更好地为自身的发展创造条件。同时,中国的经济发展必须有效地防范世界经济发展出现的各种风险,才能顺利地实现自己的发展。面对经济全球化出现的新特点新变化,我们必须认识到新的形势对我们的改革开放提出的新挑战,我们的对外开放、对外贸易、参与国际金融的发展、资本的“引进来”和“走出去”、国际合作与竞争等各个方面都必须不断提高水平和能力,才能使我们更好地应对各种挑战,更好地提高外向型经济的发展水平。

5. 关于社会主义根本任务的理论

1992 年,邓小平南方讲话明确社会主义本质是:解放生产力,发展生产力,消灭剥削,消除两极分化,最终达到共同富裕。社会主义初级阶段的社会主要矛盾是人民日益增长的物质文化需要同落后的社会生产之间的矛盾,这一矛盾贯穿于社会主义初级阶段,决定了社会主义的根本任务是不断解放和发展社会生产力,坚持以经济建设为中心不动摇。

6. 关于分配制度的理论

我国社会主义初级阶段的收入分配制度是以按劳分配为主体、多种分配方式并存,是基本经济制度在分配领域的实现。按生产要素按贡献参与分配,是市场经济的客观要求,也是我国分配制度的重大变革。初次分配与再分配都有处理好效率与公平的关系,再分配要更注重公平。

7. 关于经济管理和宏观调控的理论

实现全面协调可持续发展的目标,必须加强对经济社会发展的宏观管理,协调经济发展与社会发展的关系,缩小城乡发展、地区发展的差距,处理好经济社会发展与自然生态的关系,使经济结构不断地优化升级,提高发展的整体效率。加强对经济和社会发展的宏观调控,有效防范各种经济风险,预防影响发展各种不稳定因素的出现,使政府在经济社会发展中发挥更好的调控和稳定作用。

二、中国特色社会主义经济制度和体制

经济制度是指一个国家在一定历史阶段占主要地位的生产关系的总和,经济体制是指在经济制度基础上经济运行的具体形式。从社会主义初级阶段的基本国情出发,探索和创建具有中国特色的社会主义经济制度和体制,这是我们能够不断解放和发展生产力的必要条件,也是进行中国特色社会主义经济建设的制度保障。

1. 社会主义初级阶段的基本经济制度

基本经济制度是指一国的生产资料所有制形式与结构,它是生产关系的核心内容,构成了一国的经济基础,决定了一国经济的基本性质和发展方向。以公有制为主体、多种所有制经济共同发展,是我国社会主义初级阶段的基本经济制度。

公有制经济在生产资料所有制结构中的主体地位,体现了我国经济的社会主义性质,符合社会化大生产的历史发展趋势。在现阶段,公有制经济包括国有经济和集体经济,以及混合所有制经济中的国有成分和集体成分。国有经济和混合所有制经济中的国有成分控制着国民经济命脉,对经济发展起主导作用。集体经济和混合所有制经济中的集体成分是公有制经济的重要组成部分,对实现共同富裕具有重要作用。

非公有制经济包括个体经济和私营经济等形式,它们是社会主义市场经济的重要组成部分,在社会主义初级阶段具有历史合理性。非公有制经济符合解放和发展多层次生产力的客观要求,它们在支撑增长、促进创新、扩大就业、增加税收等方面具有重要作用。

在处理公有制经济与非公有制经济关系时,要毫不动摇地巩固和发展公有制经济,毫不动摇地鼓励、支持和引导非公有制经济的发展,使二者在竞争中互相促进,从而实现共同发展。国家保护公有制经济和非公有制经济的产权和合法利益,保证各种所有制经济依法平等使用生产要素、公开公平公正参与市场竞争、同等受到法律保护,同时依法监管各种所有制经济。

我国的基本经济制度,立足于社会主义初级阶段的生产力水平,是中国特色社会主义制度的重要支柱,也是社会主义市场经济体制的根基。

2. 社会主义初级阶段的收入分配制度

收入分配制度是有关国民收入如何在不同经济主体和个人之间进行分配的制度总和,它是一国经济制度的重要组成内容。以按劳分配为主体、多种分配方式并存,是我国社会主义初级阶段的收入分配制度。

按劳分配为主体,符合公有制经济主体地位的客观要求,是保证我国经济社会主义方向的重要依托,是防止两极分化、最终实现共同富裕的重要保障。多种分配方式并存,允许劳动、资本、技术、管理等生产要素按贡献参与分配,符合多种所有制经济共同发展的客观要求,有利于调动各经济主体的积极性,从而推动经济发展和国民财富的增长。

坚持和完善社会主义初级阶段的分配制度,首先,要处理好国民收入初次分配中的效率和公平的关系,在提高劳动者收入的同时,依法保障合法的按要素分配收入。其次,

在国民收入再分配过程中要更加重视公平问题，要综合运用各种经济手段消除贫困、改善民生，缩小贫富差距，推动共同富裕的实现。

3. 社会主义市场经济体制

市场经济体制，是指以市场为配置资源基本手段的一种经济体制，其本质是以社会化大生产为基础的高度发达的商品交换关系。改革开放以来，通过不断探索，我国已逐步建立起社会主义市场经济体制。

社会主义市场经济体制是社会主义与市场经济的有机结合。一方面，多种所有制经济的并存为商品交换关系的存在提供了基础，这要求我们遵循价值规律，发挥市场在资源配置中的决定性作用。另一方面，市场经济体制的社会主义性质为协调重大经济比例关系提供了可能，有助于克服市场经济的自发性和盲目性，这要求我们更好地发挥政府的宏观调控和经济治理功能。

作为一种经济体制，社会主义市场经济在本质上是法治经济。无论是市场配置资源的决定性作用，还是政府的调控和治理功能，都必须以保护产权、维护契约、统一市场、平等交换、公平竞争、有效监管为基本导向，都必须符合社会主义法律制度的基本要求。

社会主义市场经济体制将市场和计划视为两种不同的经济手段，有利于发挥社会主义制度的优越性和市场经济的优势，最大限度地解放和发展生产力，最大限度地满足人民群众物质文化需要。

4. 走共同富裕道路

共同富裕是社会主义的本质规定。社会主义经济建设的成果应该更多更公平地惠及全体人民，使之朝着共同富裕的方向稳步前进。走共同富裕的道路，有利于扩大消费需求，协调积累与消费之间的关系，为经济可持续发展提供强大的内生动力。

中国特色社会主义经济制度和体制的确立，为最终实现共同富裕提供了制度保证。一方面，这种制度和体制适合社会主义初级阶段的生产力状况，能够调动经济主体的积极性并实现资源的合理配置，由此不断增加的国民财富为共同富裕的实现提供了物质基础。另一方面，这种制度和体制确立了公有制和按劳分配的主体地位，强调政府在消除贫困和缩小贫富分化等方面的积极作用，这为共同富裕的实现提供了实现机制。

近年来，收入分配差距扩大逐渐成为经济改革和社会发展过程中的重大问题，怎样更好地迈向共同富裕的道路，已成为当代中国经济建设的重大实践课题。只有实现共同富裕，才能实现实质性的公平正义，才能实现社会和谐，确保人民安居乐业、社会安定有序、国家长治久安，最终实现中华民族伟大复兴的中国梦。

第二节　中国特色社会主义经济建设实践概述

一、社会主义基本经济制度的确立

1. 国民经济的恢复

1949 年 10 月 1 日，中华人民共和国成立，在没收官僚资本，确立了社会主义性质的国营经济在国民经济中的领导地位，使人民政权拥有了重要的经济基础。同时，开展了稳定物价的斗争和统一全国财政经济的工作。国家和国营经济逐步掌握了市场的主导权；初步建立起集中统一的国家财政管理体制，以利于统一调度全国的财力、物力，集中力量办好大事。到1952年底，我国国民经济得到全面恢复和初步发展。

随着国民经济的恢复和初步发展，中国社会的经济成分也开始发生了重要变化。这集中地表现在公私比例的变化上。以工业为例，1949—1952年，国营经济从33.9%上升到50%，营私营经济从62.7%下降到42%。表明中国实际上已经开始向社会主义过渡。

2. 社会主义工业化和三大改造

1953年，中国共产党提出了过渡时期的总路线，其基本内容是：从中华人民共和国成立，到社会主义改造基本完成，这是一个过渡时期。党在这个过渡时期的总路线和总任务，是要在一个相当长的时期内，逐步实现国家的社会主义工业化，并逐步实现国家对农业、手工业和资本主义工商业的社会主义改造。这条总路线是照耀我们各项工作的灯塔，各项工作离开它，就要犯右倾或"左"倾的错误。实现社会主义工业化作为全党、全国人民面前的基本任务；同时，通过对农业、手工业和对资本主义工商业的三大改造来促进生产力的发展，以利于社会主义工业化的实现。

1953—1957年的"第一个五年计划"期间，在苏联的援助下，中国着重建设了一大批基础性的重点工程和工业项目，各项主要经济指标都发生了巨大变化，见表3-1，为国家的工业化和进一步进行社会主义建设奠定了初步的坚实基础。鞍山、包头、武汉三大钢铁基地的建设取得重大进展。到1956年，中国在工业建设上接连实现了多项具有历史意义的零的突破。如建设重点东北地区的第一座生产载重汽车的长春第一汽车制造厂建成投产，第一座制造飞机的沈阳飞机制造厂成功试制第一架喷气式飞机，第一座制造机床的沈阳机床厂建成投产，北京的第一座大批量生产电子管的北京电子管厂建成投产，武汉长江大桥、青藏、康藏、新藏公路先后建成通车，沟通了长江南北及西藏和内地的联系。这些经济成就，极大地加强和壮大了国营经济的领导力量，为向社会主义社会顺利过渡奠定了强大的物质基础。

表3-1 "一五"时期主要经济指标的变化

年份	国内生产总值	财政收入	粮食产量	钢产量	发电量	货运量
1952	679亿元	183.7亿元	1.639亿吨	135万吨	73亿度	3.516亿吨
1957	1068亿元	310.2亿元	1.951亿吨	535万吨	193亿度	8.037亿吨
增长(%)	57.29	68.86	19.04	296.3	164.38	128.58

数据来源：中华人民共和国国家统计局. 中国统计年鉴[M/OL]. 中华人民共和国国家统计局官网 http://www.stats.gov.cn

到1956年，随着社会主义改造的基本完成，社会主义经济在国民收入所占比重达92.9%（见表3-2），社会主义基本经济制度也建立起来了。这是中国进入社会主义社会的最主要的标志，这表明，中国已经完成了从新民主主义到社会主义的过渡，社会主义基本制度在中国得到的确立。

表 3-2　1952 年和 1956 年各种经济成分在国民收入中所占的比重(单位%)

年份	国营经济	合作社经济	公私合营经济	个体经济	资本主义经济
1952	19.1	1.5	0.7	71.8	6.9
1956	32.2	53.4	7.3	7.1	0

数据来源:中华人民共和国国家统计局.中国统计年鉴[M/OL].中华人民共和国国家统计局官网 http://www.stats.gov.cn

二、社会主义建设在探索中曲折发展时期

1957 年,我国开始全面建设社会主义,尽管经历了“大跃进”和“文化大革命”这样严重的曲折,这个时期中国经济的发展速度仍然是比较快的。1952—1978 年,工农业总产值平均年增长率为 8.2%,其中工业年均增长率为 11.4%。谷物和主要工业产品(如钢、煤、石油、电力、水泥、化肥、硫酸、化纤、棉布等)产量在世界上的排名明显提前。按照不变价格计算,1952 年国内生产总值为 679 亿元人民币,1976 年增加到 2943.7 亿元。人均国内生产总值从 1952 年的 119 元增加到 1976 年的 316 元,增长了 166.55%。1976 年,我国粮棉和主要工业产品的产量比建国初的 1949 年都有了大幅增长,见表 3-3 和表 3-4。

表 3-3　1949 年和 1976 年粮棉产量的变化

年份	粮食总产量	粮食亩产量	棉花总产量	棉花亩产量
1949	1.1318 亿吨	137 市斤	888.8 万担	22 市斤
1976	2.8631 亿吨	316 市斤	4110.9 万担	56 市斤
增长(倍)	1.53	1.31	3.63	1.55

数据来源:中华人民共和国国家统计局.中国统计年鉴[M/OL].中华人民共和国国家统计局官网 http://www.stats.gov.cn

表 3-4　1949 年和 1976 年主要工业品产量的变化

年份	钢产量	发电量	原煤	原油	汽车产量	货运量
1949	16 万吨	43 亿度	0.32 亿吨	12 万吨	0	1.610 亿吨
1976	2046 万吨	2031 亿度	4.83 亿吨	8716 万吨	13.52 万辆	20.176 亿吨
增长(倍)	126.88	46.23	14.09	725.33	——	11.53

数据来源:中华人民共和国国家统计局.中国统计年鉴[M/OL].中华人民共和国国家统计局官网 http://www.stats.gov.cn

这一时期基本建立了独立的、比较完整的工业体系和国民经济体系,从根本解决了工业化“从无到有”的问题,建成了一批门类比较齐全的基础工业项目,涉及冶金、汽车、机械、煤炭、石油、电力、通讯、化学、国防等领域,为国民经济的进一步发展打下了坚实的基础。交通运输状况得到大幅度改善,旧中国仅修筑铁路 2.18 万公里、公路 8.07 万公里;到 1976 年,中国铁路通车里程达到 4.63 万公里,公路达到 82.34 万公里,初步形成了全国的路网骨架。

这一时期进行了大规模的“三线”建设,极大地增强了国防力量,而且对改善工业布局和城市布局起了重要的促进作用。独立的、比较完整的工业体系和国民经济体系的建立,为中国的改革开放奠定了牢固的物质技术基础,而且也为中国同包括西方发达国家在内的世界各国在平等互利的原则下发展对外贸易和经济往来创建了前提。

三、改革开放以后

这一时期中国发生了历史上最为深刻的变革,社会主义市场经济体制改革,主要目的是实现两个根本性转变:一是经济体制从传统的计划经济体制向社会主义市场经济体制转变,二是经济增长方式从粗放型向集约型转变。中国特色社会主义经济在改革开放中重新焕发出勃勃生机。

1. 农村经济体制改革实践

【案例导入 3-1】

中国农民的发明创造:家庭联产承包责任制

1978 年末,中国正处在历史转折关头,“实践是检验真理唯一标准”的讨论打破了思想僵化,经济改革的冲动却还在坚冰冻土下缓缓涌动。

安徽省凤阳县梨园公社小岗生产队,是全公社乃至全县最穷的,这年夏收分麦子,每个劳动力才分到 3.5 公斤。干了一季的活,糊不了三天的嘴巴!全队 18 户,只有两户没讨过饭,一户是教师,一户是银行人员。这年秋天,严俊昌当了队长,为了保命,他偷偷地将土地包产到户。老人们为严俊昌等几个干部担心了,这样下去要犯事的。犯了事,坐了牢,孩子谁养?老婆谁养?老人们召集大伙开个会,立个誓,万一他们犯了事,让大伙管他们的老婆孩子。

“我们分田到户,每户户主签字盖章,如此后能干,每户保证完成每户的上交和公粮,不在(再)向国家伸手要钱要粮。如不成,我们干部作(坐)牢杀头也干(甘)心,大家社员也保证把我们的小孩养到十八岁。”下面是各家各户的姓名。“大家有没有意见?没有?揿手印!”这张揿满红手印的大包干秘密誓言就这样诞生了。它的诞生,标志着一种新的生产关系正悄悄降临。这个惊天动地的契约,现作为中国当代史的珍贵文物,收藏在国家博物馆,藏品号为 GB54563。

中国农民再次发挥了他们奇特的创造力,创造出多种多样的生产组织方式,有包干到组的,也有联产计酬的……最彻底的还是小岗村,包产到了户!

小岗村所在的县、地区和省领导以不同方式支持了“大包干”。但他们心里还是十分忐忑,万一老天不帮忙,田里的收成比过去少,大包干就可能被一棍子打死。

1979 年秋收,茶饭不香的凤阳县委书记陈庭元终于得到了期盼的统计数字,全县粮食产量比 1978 年增产 67%,油料比 1978 年增加 1.4 倍。小岗生产队获得大丰收,粮食总产 6 万多公斤,相当于 1955—1970 年 15 年的粮食产量总和,自 1956 年合作化以来第一次向国家交了 12 488 公斤公粮;小岗每间土坯屋里都堆满了粮食,人们兴奋地在粮食堆上打滚。每年都向国家打报告要救济粮的安徽省肥西县,这年却打报告要求扩建粮仓,他们有 1/4 的粮食没处存放。

1980年5月31日，邓小平同志一锤定音："'凤阳花鼓'中唱的那个凤阳县，绝大多数生产队搞了大包干，也是一年翻身，改变面貌。有的同志担心，这样搞会不会影响集体经济。我看这种担心是不必要的。"

小岗村18户农民的想法逐步转变成整个国家的希望，进而确认为中国农村经济体制改革的方向。在这场持久而激烈的互动中，中国农民面对苦难自我救赎的方式终于得到国家的尊重，而尊重农民的选择也正式成为国家在政策操作上的一项重要原则。1982年，中共中央发布具有历史意义的农村工作一号文件时，包产到户作为一种经济责任制的合法性终于得到了确认。1988年，中国的农民创造出连续八年增收的新局面。这一年，国家宣布提前两年实现国民生产总值翻番的目标。中国能有这样的成绩，农村经济的增长起了第一位的作用。

案例思考：

1. 试论述大包干对我国农村经济建设产生的作用。
2. 大包干反映了我国当时的经济体制存在哪些弊病？

十一届三中全会召开后，以所有权和经营权可以分离的"两权分离"理论为指导开展实践，作为中国农民两大发明之一的农村土地家庭联产承包责任制，经历了土地家庭联产承包责任制逐步确立、土地家庭承包经营制度发展巩固、土地承包关系的进一步稳定，农村土地流转机制的建立。农村粮食流通体制向市场化改革迈进，经历了一个由统到放、不断深化的过程。农村财政体制和税费体制改革经历了农村税费改革试点、推行、深化阶段，2006年全面取消农业税。一系列的改革使得粮食产量大幅度上升（见表3-5）。

表3-5　我国主要农产品产量　　（单位：万吨）

年份	粮食	棉花	油料
1978	30 476.5	216.7	521.8
1985	37 910.8	414.7	1578.4
1995	46 661.8	476.8	2250.3
2005	48 402.2	571.4	3077.1
2015	62 143.9	560.3	3537.0

资料来源：中华人民共和国国家统计局. 中国统计年鉴[M/OL]. 中华人民共和国国家统计局官网 http://www.stats.gov.cn

中国农民的第二大发明就是乡镇企业异军突起。农村改革后，乡镇企业大量发展，1987年，乡镇企业个数从1978年的152万个发展到1750万个，增加10倍还多；从业人数也从1978年的2826万人猛增到8815万人；产值达到4764亿元，占农村社会总产值的51.4%，第一次超过了农业总产值；乡镇工业产值就占到了全国工业总产值的1/4（到1997年，乡镇企业产值已经占到全国工业总产值的一半）。1997年乡镇企业税利总额达7153亿元。而乡镇企业中相当一部分是非集体资本，如1998年9月江苏省8万多家乡镇企业中集体资本率60%，非集体占40%。

2. 国有企业改革实践

国有企业改革大体上经历了放权让利、两权分离、建立现代企业制度、国有经济布局战略调整四个阶段。1978 年到 1984 年实行“放权让利”,主要是通过扩大企业经营自主权、实行利润留成、利润包干等措施,调动企业完成计划和增产增收的积极性。1985 年到 1993 年实行“两权分离”,即国家拥有生产资料所有权,企业享有其经营权,以便完成政府和企业职责分开与国有企业成为市场经济主体角色的转变。建立现代企业制度,是以“产权清晰、权责明确、政企分开、管理科学”为特征,1994 年到 1999 年国有企业股份制改造步伐加快,成为国有企业改革的方向。国有企业实行公司制,是建立现代企业制度的有益尝试,要对国有大中型企业实行规范的公司制改革。培育和发展多元化投资主体,推动政企分开和企业转换的经营机制。把国有企业改革同改组、改造、加强管理结合起来,“抓大放小”,对国有企业实行战略性改组。通过公司制改造,形成了一批以资本、技术为纽带跨地区、跨行业的大型企业控股集团公司;许多的小型全民所有制企业,通过改组、联合、兼并、租赁、承包经营和股份合作制、出售等形式进行了改革、改组。2003 年 3 月,国资委成立以来,共有 77 家中央企业进行了 41 次重组,企业户数从 196 家减少到 157 家。2005 年底,国家统计局统计的国家重点企业中的 2524 家国有及国有控股企业,已有 1331 家改制为多元股东的股份制企业,改制面为 52.7%。国有中小企业改制面已达 80% 以上。作为国有企业主干的中央企业,已有 19 家企业按照公司法转制,开展董事会试点。2006 年底,国有企业股权分置改革基本完成,801 家国有控股上市公司已有 785 家完成或启动股改程序,占 98%。根据鼓励兼并、规范破产、下岗分流、减员增效和再就业工作的原则,积极推进企业转轨改制,促进了企业优胜劣汰的竞争机制的产生,使国有经济战略布局逐步形成,使国有资本逐渐控制关系国计民生和国民经济命脉的重要行业和关键领域,国有资本进一步控制关系国民经济命脉和涉及国家安全的重要行业和关键领域,国有经济的控制力、影响力和竞争力进一步增强。

2016 年《财富》世界 500 强排行榜前 5 位中有 3 家中国公司,国家电网排名跃升至第 2 位,中石油和中石化紧随其后,分列第 3 和第 4。中国上榜公司数量继续增长,达到了 110 家,13 家中国内地公司首次上榜,前 50 强中有大陆企业 11 家,除平安保险集团股份有限公司外,10 家为国企(9 家中央企业和 1 家地方企业)。从行业上来看,中国的传统行业还是占绝大多数,大多分布在石油、金融、电力、钢铁、汽车等领域,而新经济以及创新型的服务业和制造业所占比重是明显不足,另外,我们的品牌技术和市场影响力都是需要在今后的发展中不断突破的攻坚环节。同时,积极推进各项配套改革,建立有效的国有资产管理、监督和营运机制,国家设立了专门的国有资产监督管理局,加强了对国有企业特别是大型、特大型国有企业的资产运营状况的监督管理,保证国有资产的保值增值,防止国有资产流失。

3. 财税体制改革实践

中国在由计划经济向市场经济转轨的过程中,财税体制经历了深刻的变革。财税部门作为为政府理财的主要部门,经历了由政府的公共财政与企业财务合一、组成统一的国家财政系统逐渐向公共财政方向的转变。从 1980 年起,中国的财政预算体制由单一制转向包干制，既给予地方政府增收节支的刺激，又维持中央政府的财政收入不再下降。1988 年开始实行的财政大包干。1994 年开始了财政预算的分税制和清理“预算外收入”的财税体制全面改革，1998 年以后公共财政体制改革，主要推行了部门预算、“收支两条线”管理、国库集中支付、政府采购制度等四项改革措施。这些改革涉及国营企业财务管理体制改革，预算管理体制改革，税制改革，国有资产管理体制改革，财政资金管理体制改革等。国营企业财务管理体制改革，通过改革国营企业财务管理体制，扩大企业财权，增强企业活力。预算管理体制改革，通过扩大地方财权，进一步调动地方理财的积极性。税收制度改革，由过去比较单一的税制，初步形成多税种、多层次、多环节征收的复合税制，形成了以分税制为核心的新的财政税收体制框架，确立了以增值税为主体的流转税体系，增强税收的调控作用。国有资产管理体制改革，按照政府的社会管理者职能与所有者职能分离的原则，设立了国家国有资产管理局，初步建立了国有资产管理体系。财政资金管理体制改革，对部分预算内基本建设投资试行贷款办法；改革事业费管理制度，全面实行行政、事业经费预算包干；试行事业单位企业化管理；设置文教卫生科学事业周转金；建立财政支农周转金；建立预算外资金管理制度；开辟利用外资和发行国债筹集财政资金的渠道。

2016 年 5 月，随着全面推开营改增试点工作的顺利实施，营业税彻底退出历史舞台；资源税从价计征改革全面推开，水资源税试点开征；《环境保护税法》获全国人大常委会审议通过，将于 2018 年 1 月 1 日起施行。基本建成了在世界范围内具有先导意义的现代增值税制度。

4. 金融体制改革实践

中国金融体制改革始于 1984 年，中共十四大确立了建立社会主义市场经济体制的方向以后，银行体系改革的首要任务是将中国人民银行组建成名副其实的中央银行，货币政策调控实现了由多级调控向一级调控转变；确立了以间接调控手段为主的金融调控体系，加强了中央银行对货币供应的调控能力和对金融机构的监管职能。在原有四大国家专业银行的基础上，1994 年先后组建了国家开发银行、进出口银行和农业发展银行三家政策性银行。组建了国有独资商业银行，新组建了非国有独资的股份制银行，以加强银行业之间的良性的竞争，成立了三家政策性银行，使政策性金融与商业性金融开始分离。允许外资银行进入。中央银行在对商业银行体系进行改革的同时，也对非银行金融机构进行了改革。外汇管理体制改革方面，经历了由统收统支的集中计划统一分配的外汇管理体制制度，到实行官方汇率和市场汇率并行的双轨制，外汇留成上缴的制度、银行结汇售汇制度和有管理的浮动汇率制的演变。金融监管体系方面，1993 年，中国人民银行将证券市场的监管职能分离出来，组建了专门从事证券监管事务的中国证券监督管理委员会（简称中国证监会）。1998 年中国人民银行把对保险业务、保险机构和保险市场的监管职能交由新组建的保险监督管理委员会（简称保监会）承担。2003 年，中国人民银行把对商业银行的业务监督职能交由新组建的银行业监督管理委员会（简称银监会）行使。银行、证券、保险三足鼎立的分业监管格局基本形成。国家计划管理从总体上的指令性计划向总体上的指导性计划转变，推行项目法人制、资本金制度和招投标制度，加强投资风险约束。

5. 对外开放与外贸政策体制的改革实践

自1978年实行对外开放，开放经历了由点到线再到面的过程，最终形成了全方位，多层次、宽领域的对外开放的格局（见表3–6）。

表3–6 中国20世纪80年代对外开放的逐步展开

时间	开放地区
1979年7月	深圳、珠海、汕头、厦门四个出口特区（经济特区）
1984年5月	开放上海、天津、广州、大连等14个沿海城市
1984年12月	兴办经济技术开发区
1985年2月	沿海经济开放区：长江三角洲、珠江三角洲、闽南厦漳泉三角洲
1988年3月	扩大沿海经济开放区到辽东半岛、山东半岛等，设立海南经济特区
1988年4月	海南经济特区

目前，中国与世界各国之间的经济联系日益加强，中国与世界上几乎所有的国家和地区建立了贸易往来，逐步成为国际经济贸易大国。在全球140多个国家开展直接投资和跨国经营业务。2015年我国进出口总额40 682亿美元，1978年只有206.4亿美元；2015年国家外汇储备33 304亿美元，1978年只有1.67亿美元；2015年，我国实际使用外资金额1262.7亿美元，1983年只有22.6亿美元。作为亚太经济合作组织和世贸组织成员，与区域性组织建立了不同层次的对话机制。

中国对外贸易政策的调整，由改革开放前的国家管制的封闭型保护贸易政策转向开放型保护贸易政策；由原有的计划经济下的汇率机制逐步转型为以市场供求为基础的、单一的、有管理的浮动汇率制。

我国外贸体制改革是围绕着建立符合社会主义市场经济体制和国际贸易规范的新体制的目标展开的。（1）努力形成以间接手段为主的外贸宏观调控体系。进一步加大外贸管理体制的改革力度，停止执行指令性计划，删去了一些主动配额和许可证管理进出口商品品种。使对外贸易法制化的步伐逐步加快，颁布实施了《中华人民共和国对外贸易法》《中华人民共和国反倾销和反补贴条例》。继续运用好经济调控手段，例如：汇率改革制度，继续调整关税，建立健全外贸企业自负盈亏机制，改革出口退税制度；制定有利于外贸出口发展的信贷政策。国家组建进出口银行，负责向资本货物出口企业发放信贷予以支持。（2）深化外贸经营体制改革。目前，全国凡符合《关于赋予私营生产企业和科研院所进出口经营权的暂行规定》的私营生产企业和科研院所可从事进出口贸易，并享有与国有企业和科研院所同等的待遇。扩大生产企业外贸经营权登记备案制范围，并通过试点逐步过渡到完全的登记备案制。（3）深化外贸协调服务机制改革。建立健全针对外贸经营活动的社会监督和服务体系，充分利用外贸学会的信息服务功能，为外贸企业提供方便条件；设立必要的法律、会计、审计事务所等中介服务机构，一方面使企业获得法律、会计、审计服务，另一方面使企业经营纳入到社会的监督之下。完善外经贸信息网络系统，特别是借助国际互联网的平台将广州交易会的相关信息输送到全世界，促进了

在外贸领域推广电脑网络化技术的步伐。(4)全面贯彻促进贸易发展的措施。我国政府十分注意发挥在境内外举办出口商品展览会的作用,并在比较发达的地区设立贸易中心和分拨中心,以便宣传中国的企业和名牌产品,促进市场多元化战略的实施。除中国出口商品交易会(广交会)外,还有华东、天津、大连、昆明等出口商品交易会,都已成为我国宣传和介绍中国的企业和名牌产品的重要媒介。

6. 价格改革的实践

价格改革从打破传统中央集中定价开始,1982 年和 1983 年先后放开了 160 种和 350 种小商品价格。我国明确提出社会主义市场体系应当包括生产要素市场后,大量商品和劳务价格应由市场调节,逐步健全以间接管理为主的宏观经济调节体系。1992 年放开了大部分商品价格,使国家管理价格的项目只有 4 种农产品、3 种轻纺织品和 56 种重工产品;在进口商品中,除粮食、化肥等 5 种商品外,都实行了代理作价。2001 年 11 月,中国正式加入 WTO 以后,大幅度减少了价格行政审批项目,将中央直接定价的商品和服务由 1992 年的 141 种(类)减少到 13 种(类),2003 年底,在社会商品零售总额、生产资料销售总额和农产品收购总额中,由市场形成价格的比重已经分别占到 95.6%、87.4% 和 96.5%。十八大之后,新一届政府进一步推进价格机制改革,发展改革委紧紧围绕提高供给体系质量和效率,认真落实《中共中央国务院关于推进价格机制改革的若干意见》(中发〔2015〕28 号)要求,加快推进价格改革,一是放开绝大多数药品、大多数专业服务、部分竞争性领域交通运输和邮政服务等 40 多项政府定价,中央、地方政府定价项目分别缩减 80%、55% 左右;二是在深圳率先启动输配电价改革试点,并将试点范围扩大到安徽等 18 个省级电网及华北区域电网;三是进一步完善成品油价格形成机制,设置价格调控下限,简化调价操作方式,并放开液化石油气出厂价格;四是实现非居民用存量气和增量气价格并轨,全面理顺非居民用气价格;五是总结 27 个省 80 个县试点经验,深入推进农业水价综合改革试点;六是稳步推进棉花和大豆目标价格改革试点,提早发布目标价格水平,有效地稳定了市场预期,有利于农民合理安排生产;七是按照与公路货运保持合理比价关系原则理顺国铁货运价格,建立运价上下浮动机制。为了促进结构调整,对电石、铁合金等高耗能行业实行差别电价,对燃煤电厂超低排放实行上网电价支持政策,利用燃煤机组上网电价降低空间,指导地方合理制定调整污水处理收费标准。为了降低企业成本。两次较大幅度降低电价,同时大幅降低油气价格,完善银行卡刷卡收费定价机制。同时优化价格环境。自 2016 年 1 月 1 日起施行的新修订的《中央定价目录》再次大幅缩减定价范围,定价种类由 13 种(类)减少到 7 种(类);具体定价项目由 100 项左右减少到 20 项。

7. 所有制改革实践

我国所有制改革是以农村为突破口的。20 世纪 70 年代末期开始的农村所有制改革是农民自发的改革,是自下而上的改革。1978 年十一届三中全会后中央提出了 25 项农业政策,其中强调:“可以在生产队统一核算分配的前提下,包工到作业组,联系产量计算劳动报酬,试行超产奖励。”但也指出“不许分田单干,不许包产到户”。然而有些贫困地区的农民为了生存,自发改革。改革实践是有说服力的。1980 年年终统计结果表明:生产队核算基本上是不增不减;实行“包产到组”的增产10%~20%,实行“包产到户”的增产30% ~50%。1981年农村所有制改革由劣势转为优势,成了汹涌澎湃的主流。包产到户由不许、不要,变成有条件允许,再变为全部放开,1983年包产到户达到95%。

1992年后,国有企业改革进入制度创新阶段,开始现代企业制度试点。中共十四大摆脱了姓“资”姓“社”的争论,把所有制理论创新迅速转化为向社会主义市场经济迈进的物质力量。十五大解除了人们多年关于“股份制”姓“公”还是姓“私”问题的顾虑,积极推进和规范国有企业股份制改造。国有大中型企业开始做大做强,全国规模以上的国有控股企业由1998年的6.5万户减少到2002年的4.3万户,但利润却从736亿上升到了2316亿,增长了2.5倍。国有小企业通过股份制、股份合作制等吸引外资和民营资本,实现了产权多元化。到2002年年底,全国的中小企业有14.8万户,比1995年少了14.5万户。

我国各种非公有制形式快速发展,到1996年,改革开放初期为零的非公有制工业总产值从无以有,已经占到全部工业总产值的15.48%,见表3-7。尤其是随着“非公经济36条”的颁布和逐步落实,2006年中国非公有制经济强劲增长,呈现出一些明显的特征,成为构建和谐社会的重要力量。

表3-7 各种经济成分工业总产值的相对比重

年份	国有工业		集体工业		非公有制工业	
	总量	比重	总量	比重	总量	比重
1978	3289	77.6	948	22.4	0	0
1985	6302	64.9	3117	32.1	179.8	1.85
1990	13 063	54.6	8522	35.6	1290	5.39
1995	31 220	34.0	33 623	36.6	11 821	12.86
1996	28 361	28.5	39 232	39.4	15 420	15.48

资料来源:刘世锦,杨建龙.我国所有制结构的变化、特点和发展趋势[J].管理世界,1998,10(04):29-36.

个体经济在1978年全国仅有14万个体户,1990年和1991年发展到1328万户和1417万户,从业人数分别为2093人和2258人,注册资金也达到397亿和488亿元。2006年个体户税收总额为1194.7亿元。

私营经济80年代初便已再现,到1988年修宪,明确了“私营经济是社会主义公有制经济的补充”,这一年达到20万家私营企业,雇用的工人总计2480万人;1989年开始在国家统计上单列了“私营经济”项目,当时私营企业有9.1万户,投资者21万人,雇工人数241万,注册资本84亿元。到2006年底,城镇中全部民营经济的固定投资总额达到4.8万亿元,比2005年增长37.7%,高于全国增长率13.2个百分点,占全国城镇固定资产投资总额的比重由2005年的46.7%提高到51.6%。非公有制经济的利润和税收快速增长。据国家统计局统计,到2006年11月,规模以上私营工业利润总额为2521亿元;占全国规模工业利润的比重为15.2%。据国家税务总局统计,2006年私营企业税收总额3495.2亿元;占全国企业税收总额的比重为9.28%。

1978年改革开放以来制定并颁布了一系列的法律和法规，为外资经济在中国的发展奠定了基础，外资企业从无到有，1979—1991年实际利用外商直接投资近800亿美元。2001年12月11日我国正式加入WTO后，我国对外开放的程度进一步提高，利用外资有了前所未有的发展。2002年，我国引进外资超过美国，一度成为世界上引进外资最多的国家。2002—2013年实际利用外商直接投资9000多亿美元。2015年全国吸收外资规模再创新高，全国设立外商投资企业26 575家，同比增长11.8%；实际使用外资金额7813.5亿元人民币（折合美元为1262.7亿），同比增长6.4%（未含银行、证券、保险领域数据）。

第三节　中国特色社会主义经济建设的成就与问题

一、经济发展取得的巨大成就

改革开放以来，中国经济发展取得了令世人瞩目的伟大成就，国民经济保持持续快速健康发展，现代化建设事业稳步推进，综合国力和国际竞争力显著提高，人民生活总体上达到小康水平。

1. 开创了中国奇迹

（1）中国经济实现快速增长，超越历史上的美国和日本奇迹

中国1978—2016年期间GDP平均增长高达9.6%，打破了此前的“美国奇迹”和“日本奇迹”。美国奇迹是1870—1913年期间GDP平均增长率达到3.9%，1913年GDP相当于1870年的5.26倍。二战后的“日本奇迹”是1950—1973年日本GDP平均增长率高达9.3%，1973年GDP相当于1950年的7.7倍。

从同期国际比较看，1978—2008年的30年期间，中国在世界可计算的166个国家中增长最快，增长率为9.8%，比排名第二的新加坡高3个百分点，比排名第五的韩国高3.5个百分点，比排名第七的印度高4个百分点。

（2）消除贫困取得举世公认的巨大成就

减少饥饿，消除贫困，是人类的共同使命，也是世界许多国家与地区所面临的共同难题。我国是拥有13亿人口的大国，中国政府一直下大力气致力于解决这一难题。改革开放后，经过30多年的不懈努力，使7亿多人口成功脱贫，成为世界减贫人口最多和率先完成2000年联合国规定的减贫任务的国家。2016年12月27日中国社会科学院和国务院扶贫办联合发布了《中国扶贫开发报告2016》，报告指出，按照2011年购买力平价1天1.9美元的贫困标准，1981—2012年全球贫困人口减少了11亿，中国贫困人口减少了7.9亿，占到全球减少全部贫困人口的71.82%。近年来我国的贫困人口数量仍以每年超过1000万人在递减，2013年减少1650万人，2014年减少1232万人，2015年减少1442万人，2016年减少1240万人。为联合国实现千年发展目标做出了巨大的贡献。由于中国的贡献，全球人类发展指数提前2年多达到了2014年的水平。

2. 综合国力大大提高

改革开放 30 多年,我国的综合国力大大提升。

(1)中国的 GDP 快速增长,稳居世界第二大经济体

1978—2014 年人均 GDP 平均增长 8.6%,世界排名也大幅提升(见表 3-8)。2016 年国家统计局数据,中国 GDP 突破 74 万亿元。

表 3-8 中国 GDP、人均 GDP 及其世界排名

年度	GDP 亿 RMB	GDP 亿 $	GDP 世界排名	人均 GDP $	人均 GDP 世界排名
1978	3650.2	2683	15	205①	134
1990	18 744.3	3902	11	341	124
2000	99 776.3	11 984	7	946	115
2001	110 270.4	13 248	6	1038	113
2002	121 002.0	14 538	5	1132	112
2003	136 564.6	16 409	6	1270	110
2004	160 714.4	19 316	6	1486	110
2005	185 895.8	22 576	5	1726	112
2006	217 656.6	27 134	4	2064	111
2007	268 019.4	34 956	3	2645	108
2008	316 751.7	45 218	3	3404	105
2009	345 629.2	49 905	3	3740	100
2010	408 903.0	59 312	2	4283	95
2011	484 123.5	73 215	2	5417	90
2012	534 120.0	73 011	2	6076	87
2013	588 018.8	82 294.9	2	6767	86
2014	636 138.7	103 601	2	7485	84
2015	676 708.0	103 856.6	2	7990	76

资料来源:中华人民共和国国家统计局. 中国统计年鉴[M/OL]. 中华人民共和国国家统计局官网 http://www.stats.gov.cn;IMF 数据库(①1980 年数据)

(2)我国对外贸易获得了飞速的发展,使得国家外汇储备迅速增加

改革开放后,我国对外贸易发展迅速,进出口总额不断扩大,见表 3-9,自 2013 年以来连续 4 年位居世界第一。2016 年底,我国进出口总额 35 072 亿美元,其中出口额 19 951亿美元,进口额 15 043 亿美元,贸易顺差 4908 亿美元。

表 3-9 改革开放后我国对外贸易状况 (单位:亿美元)

年份	进出口总额	出口额	进口额	贸易顺差
1978	206.4	97.5	108.9	-11.4
1980	381.4	181.2	200.2	-19.0
1985	696.0	273.5	422.5	-149.0
1990	1154.4	620.9	533.5	87.4

表 3-9 续表

年份	进出口总额	出口额	进口额	贸易顺差
1995	2808.6	1487.8	1320.8	167.0
2000	4742.9	2492.0	2250.9	241.1
2001	5096.5	2661.0	2435.5	225.5
2002	6207.7	3256.0	2951.7	304.3
2003	8509.9	4382.3	4127.6	254.7
2004	11 545.5	5933.3	5612.3	320.9
2005	14 219.1	7619.5	6599.5	1020.0
2006	17 604.4	9689.8	7914.6	1775.2
2007	21 765.7	12 204.6	9561.2	2643.4
2008	25 632.6	14 306.9	11 325.7	2981.2
2009	22 075.4	12 016.1	10 059.2	1956.9
2010	29 740.0	15 777.5	13 962.4	1815.1
2011	36 418.6	18 983.8	17 434.8	1549.0
2012	38 672.2	20 487.1	18 184.1	2303.1
2013	41 589.9	22 090.0	19 499.9	2590.1
2014	43 015.3	23 422.9	19 592.3	3830.6
2015	39 500	22 700.0	16 800.0	5900.0

资料来源:中华人民共和国国家统计局.中国统计年鉴[M/OL].中华人民共和国国家统计局官网 http://www.stats.gov.cn

1978 年改革开放后,我国外汇储备跳跃式增长,见表 3-10。2016 年我国外汇储备超越日本位居世界第一,近年外汇储备占世界外储总量的约 1/3。2016 年底,我国外汇储备为 3.01 万亿美元。

表 3-10 我国主要年份外汇储备水平 (单位:亿美元)

年份	外汇储备	年份	外汇储备
1950	1.57	2005	8189
1958	0.70	2006	10 663
1973	-0.81	2007	15 300
1979	8.4	2008	19 460
1981	27.08	2009	23 992
1990	110.93	2010	28 473
1998	1449.59	2011	31 811
2000	1656.00	2012	33 116
2001	2122.00	2013	38 213
2002	2864.00	2014	38 430
2003	4033.00	2015	33 300
2004	6099 .32		

资料来源:中华人民共和国国家统计局.中国统计年鉴[M/OL].中华人民共和国国家统计局官网 http://www.stats.gov.cn

(3)我国制造业的综合竞争力大大提高

【案例导入 3-2】

在世界拥有一席之地的中国装备制造业

中国拥有25种世界顶级装备,这是中国制造业的骄傲。他们分别是世界最大集装箱船“中海环球”号;名副其实世界第一的八万吨模压机;能改变大自然的天鲸号是自航的绞吸式挖泥船;世界首台也是目前国际上最大型、最复杂的机床——十一米七轴六联动螺旋桨加工机床;能着陆马里亚纳海沟的万米级无人潜水器;中国南车 CIT500 型高铁试验时速 605 公里破世界高铁最快纪录;号称“超级天眼”的目前世界上建成的口径最大、最具威力的超大型射电望远镜(FAST)工程;世界唯一的中国“人造太阳”——全超导托卡马克 EAST 核聚变实验装置;托举美英最先进战舰用的重型龙门吊车——振华港机;2400 米世界最深地下实验室;2024 年后世界唯一的载人空间站;全球首座安全性更高的第四代高温气冷堆核电站;全球首创星地激光通信——空间高速信息传输;世界单机容量最大的水轮发电机组;性价比高,可靠性好的铁路大直径盾构机;由 4 台多连杆压力机组成的汽车全部冲压生产线;数控重型曲轴铣车复合加工机床;世界上最大采矿自卸汽车;世界上加工直径最大的 16 米特大型滚齿加工设备;集新技术、新材料、新工艺于一身的 QC280 燃气轮机;世界最大轮式起重机——徐工集团的 1200 吨全路面起重机;世界最长臂架泵车——中联重科的 101.18 米水泥泵车;世界最大的海上作业浮式起重机——振华重工的 8000 吨浮式起重机;世界最大的轮斗式挖掘机——太原重工的 WK-75 型矿用挖掘机;全球最大吨位的履带式起重机。

案例思考:

你是如何认识我国制造业的发展的?

经过几十年的快速发展,我国制造业规模跃居世界第一位,建立起门类齐全、独立完整的制造体系,成为支撑我国经济社会发展的重要基石和促进世界经济发展的重要力量。载人航天、载人深潜、大型飞机、北斗卫星导航系统、“神威·太湖之光”等超级计算机、高铁装备、百万千瓦级发电装备、万米深海石油钻探设备、量子通信卫星、FAST 射电望远镜等一批重大技术装备取得突破,形成了若干具有国际竞争力的优势产业和骨干企业,我国已具备了建设工业强国的基础和条件。美国《财富》杂志公布的世界 500 强中,中国上榜公司数量持续增长,由 2007 年的 30 家(包含港台 7 家企业)增加到 2016 年的 110 家(包含港台 13 家企业)。

3. 人民生活明显改善

改革开放后,我国人民生活水平明显提高,各项指标显著提升。居民消费水平指数如果以 1978 年为 100,1990 年为 227.5,2000 年为 493.1,2014 年为 1576.6。城乡居民人均消费支出中,衣食方面支出比例明显下降,通信、娱乐等方面的支出明显增加(见表 3-11),其他反映人们生活水平改善的指标见表 3-12。

表 3-11　城乡居民人均消费支出比重　(单位%)

年份	城镇居民人均消费支出					农村居民人均消费支出				
	食品	衣着	居住	交通通信	文教娱乐	食品	衣着	居住	交通通信	文教娱乐
1990	54.2	13.4	4.8	3.2	8.8	58.8	7.8	17.3	1.4	5.4
2000	39.2	10.0	10.0	7.9	12.6	49.1	5.8	15.5	5.6	11.2
2014	30.0	8.1	22.5	13.8	10.7	33.6	6.1	21.0	12.1	10.3
2015	29.7	8.0	22.1	13.5	11.1	33.0	6.0	20.9	12.6	10.5

资料来源:中华人民共和国国家统计局.中国统计年鉴 2016[M/OL].中华人民共和国国家统计局官网 http://www.stats.gov.cn

表 3-12　生活水平主要指标状况

年份	1978	1990	2000	2014	2015
每万人口执业(助理)医师数(人)	10.8	15.6	16.8	21.2	22.0
用水普及率(%)	—	48.0	63.9	97.6	98.1
燃气普及率(%)	—	19.1	45.4	94.6	95.3
人均公园绿地面积(平方米)	—	1.8	3.7	13.1	13.3
电话普及率(部/百人)	0.4	1.1	19.1	112.3	109.3

资料来源:中华人民共和国国家统计局.中国统计年鉴 2016[M/OL].中华人民共和国国家统计局官网 http://www.stats.gov.cn

二、中国经济发展中的问题

改革开放后,虽然中国取得了令世人瞩目的重要成就,但是经济的快速增长也积累了不少矛盾和问题,如经济结构不合理,经济与社会、生态环境发展不协调。表现为产业结构不合理,投资消费关系不协调,产业行业发展不协调,城乡区域发展不平衡,经济增长方式粗放,自主创新能力低下,对外开放水平不高,收入差距拉大,就业压力大,社会保障水平低,教育发展不均衡,教育资源分配不合理,经济与资源、人口、环境的矛盾突出等等。

【知识链接 3-1】

经济结构

经济结构是一个由许多系统构成的多层次,多因素的复合体。系统中各个要素之间互相关联、互相结合,有着数量对比关系。经济结构既也包含它的要素特性及其结合形式,也包含它的比例关系。经济结构可以从多方面来考察,从拉动经济增长的动力来考察,主要体现为投资、消费、出口贡献的比重;从一定社会生产关系的总和来考察,主要体现为生产资料所有制的不同经济成分的比重和构成;从国民经济各部门来考察,主要体现为第一、二、三产业的构成及其农业、轻工业、重工业的构成等产业结构;从社会再生产各个方面的组成和构造来考察,主要体现为分配结构、交换结构、消费结构、技术结构、劳动力结构等;从所包含的范围来考察,则体现为国民经济总体结构、部门结构、地区结构、企业结构等;从不同角度进行专门研究的需要来考察,又体现为经济组织结构、投资结构、产品结构、人员结构、就业结构、能源结构、材料结构,等等。

1. 产业结构不合理

(1)三次产业结构仍不完全合理

改革开放近40年,虽然我国三次产业结构不断优化,农业现代化加快,工业结构加速升级,服务业发展迅猛,现代产业结构初步形成,但是三次产业结构的不协调问题仍然非常突出。

从国际上看,我国第一、二产业所占比重仍然过高,第三产业所占比重仍然过低,而且第一产业基础薄弱,第二产业素质不高,第三产业发展滞后。第一产业的生产经营方式依然以家庭为主,组织化程度低,生产规模小;农业基础设施和技术装备落后,劳动生产率低,农产品质量不高;难以为二、三产业发展提供充足和高质量的原材料供应。第二产业大而不强,自主创新能力不强,创新体系不完善,关键核心技术和高端装备对外依存度高;国际竞争力不强,产品档次不高,缺乏世界知名品牌;信息化水平较低,与工业化融合深度不够;高端装备制造业和生产性服务业发展滞后;工业的先进技术和设备没有充分、有效地渗透到农业深加工环节,农业初级产品与深加工产品比例不协调;部分行业产能过剩问题突出,产业集中度偏低,中小企业发展活力不足。2014年第三产业增加值占GDP比重不足50%,远低于发达国家70%~80%的水平;服务业尤其是生产性服务业整体发展滞后,比如对一、二产业发展具有明显拉动作用的现代物流运输、售后服务、金融保险、产品和技术研发、软件和信息服务等等高端服务业发展明显滞后,制约了国内消费市场的扩大和出口产品附加值的提高,影响了产业结构的优化升级。

【知识链接3-2】

三次产业比重

相关研究显示,1952—1978年,第一产业占GDP的比重从50.5%下降到28.1%,第二产业的比重由20.9%迅速增加到48.2%,第三产业则由28.6%降为23.7%。1978—2009年,第一产业在GDP中的比重由28.1%降低为10.6%,第二产业在GDP中的比重由48.2%变为46.8%,第三产业在GDP的比重由23.7%迅速提升到42.6%。2015年,我国三次产业贡献率分别为4.6%、41.6%和53.7%。

(2)实体经济与虚拟经济发展不协调

近十几年,由于制造业利润下滑而房地产价格的迅速上扬,许多制造企业和大量民间资本转而聚集投资于房地产业、资本市场等领域,不大愿意再投资于农业、工业、交通通信业、商业服务业等实体经济,从表3-13中可见城镇房地产投资占全社会固定资产投资的比重呈明显上升趋势,造成泡沫经济,构成了虚拟经济对实体经济发展空间的挤压,严重冲击了实体经济的发展。

表 3-13　城镇房地产投资占全社会固定资产投资的比重

年份	全社会固定资产投资（亿元）	城镇房地产投资（亿元）	城镇房地产投资占全社会固定资产投资的比重(%)
1995	20 019.3	3149	15.73
2000	32 917.7	4984.1	15.14
2005	88 773.6	15 909.2	17.92
2010	278 121.9	48 259.4	17.35
2011	311 485.1	61 796.9	19.84
2012	374 694.7	71 803.8	19.16
2013	446 294.1	86 013.4	19.27
2014	512 020.7	95 035.6	18.56
2015	561 999.8	95 978.8	17.08

资料来源：中华人民共和国国家统计局. 中国统计年鉴 2016[M/OL]. 中华人民共和国国家统计局官网 http://www.stats.gov.cn

【知识链接 3-3】

实体经济

实体经济是指物质的、精神的产品和服务的生产、流通等经济活动，这种经济活动需要借助大量的实物。实体经济的物质价格系统是由成本和技术支撑的。实体经济包括农业、工业、交通通信业、商业服务业、建筑业等物质生产和服务部门，也包括教育、文化、知识、信息、艺术、体育等精神产品的生产和服务部门。实体经济始终是人类社会赖以生存和发展的基础。

虚拟经济

“虚拟经济”是相对实体经济而言的，一般认为虚拟经济是从具有信用关系的虚拟资本衍生出来的，是资本独立化运动的经济，即资本以脱离实物经济的价值形态独立运动，虚拟经济的资产价格系统是以资本化定价方式为基础的。金融业是最典型的虚拟经济。但由于在现代的房地产投资与融资实务中，“收益资本化法”（根据房地产产生的现金流量进行估价）仍是决定房地产投资的最主要的估价方式，所以，房地产是除金融资产以外的另一种虚拟资产。人们通常认为虚拟经济包括金融业和房地产业。

2. 投资结构不协调

总的讲，当前我国经济发展方式中存在的突出问题是投资过度及投资结构不合理。

我国投资率长期偏高，消费率长期偏低。2007 年我国投资率为 43.3%，国际金融危机爆发后，2009 年我国加大了投资力度，投资率高达 49% 左右。2009 年以后我国最终消费率为 48%。与世界平均水平相比，我国投资率偏高大约 20 个百分点，消费率大约偏低近 20 个百分点。十八大后，虽然中央政府没有再出台大规模的投资刺激计划，但是，为了改变经济持续低迷的现状,许多地方政府动足了脑筋,纷纷推出了大规模经济刺激计划。有数据称,2013 年我国地方规划的投资超过十万亿元。

投资结构不合理也是尤其重要的问题。我国投资结构长期存在“三多三少”问题,即政府主导的“铁公基”投资偏多,民营资本参与和主导的关键产业投资偏少;传统行业投资偏多,新型产业、教育、医疗投资偏少;依赖银行贷款手段完成的投资偏多,依靠直接融资手段完成的投资偏少。

大规模不合理投资引发了许多问题。

(1)重复建设、过剩产能,加大了产业结构调整难度

2006 年 3 月,国务院发布《关于加快推进产能过剩行业结构调整的通知》中,钢铁、电解铝、电石、铁合金、焦炭、汽车、水泥、煤炭、电力、纺织等 10 个行业就被列入产能过剩或潜在产能过剩行业。2009 年我国的追加投资主要用于铁路、公路和基本建设上。这些投资使原本我国已经过剩产能的钢铁、水泥等产业起死回生,更加膨胀。2012 年底,钢铁、电解铝、水泥、平板玻璃、船舶行业产能利用率分别仅为 72%、71.9%、73.7%、73.1% 和 75%,明显低于国际通常水平。

2013 年,发改委、工信部会同有关部门继续研究化解产能过剩总体方案,重点还是解决钢铁、水泥、电解铝、平板玻璃和造船五大行业的产能过剩问题。事实上,这一时期我国产业结构调整、淘汰落后产能的工作进展不大,甚至是越淘汰越过剩。根据相关行业协会的数据,钢铁产能从 2003 年近 3 亿吨扩张到 2012 年的超过 10 亿吨。根据国家发改委和工信部公布的数据,2006 年到 2012 年,8 年累计减少的粗钢产能为 7600 万吨,但这期间,国内累计新增的粗钢产量产能达到 4.4 亿吨。河北省的钢铁产能化解年年都在说,但年年都在涨。水泥问题同样严重,2006 年淘汰落后产能中,涉及 1433 家企业,其中水泥企业就占到 527 家。虽然在此期间国家三令五申用行政审批严控水泥行业的产能扩张,但是 2009 年后水泥产能仍然大幅提升 8 亿吨。截至 2012 年底,国内新型干法水泥生产线 1637 条,水泥产能达 29 亿吨,总产能利用率不足 75%。

本来我国经济发展中产业结构的突出问题就是以中低端制造业为主体,结构雷同,布局失当,企业生产技术水平低,现代服务业偏弱。我们产业结构的调整目的应该是实现产业结构的合理化和高级化。然而,这些年的投资不仅没有改变解决这一问题,而且使得产业结构调整更是雪上加霜。

【知识链接 3-4】

产业结构调整包括产业结构合理化和高级化两个方面。

产业结构合理化是指各产业之间相互协调,有较强的产业结构转换能力和良好的适应性,能适应市场需求变化,并带来最佳效益的产业结构,具体表现为产业之间的数量比例关系、经济技术联系和相互作用关系趋向协调平衡的过程。

产业结构高级化,又称为产业结构升级,是指产业结构系统从较低级形式向较高级形式的转化过程。产业结构的高级化一般遵循产业结构演变规律,由低级到高级演进。

（2）投资效率持续下降

各种数据表明，我国投资结构长期存在“三多三少”问题直接导致社会资金运用效率大幅度降低，导致货币信贷资金推动经济增长的边际效率持续下降。例如，2013 年前 5 个月我国船舶行业 80 家重点监测企业的主营业务收入下降了 22.4%，为 841 亿元。为了促进船舶工业持续健康发展，2013 年 8 月，国务院印发了《船舶工业加快结构调整促进转型升级实施方案（2013—2015 年）》。

钢铁行业的利润下滑也十分惊人，从最为直观的吨钢利润来看，高峰期能达到 1000 元左右，2012 年 8 月，吨钢利润只有 1.68 元，到 2013 年 8 月，吨钢利润一度只有 0.43 元，两吨加起来赚的钱不够买一根冰棍。根据中钢协发布的数据，86 家会员钢企 2013 年上半年合计盈利 22.97 亿元，实现利税 397.9 亿元，平均销售利润仅为 0.13%，在 39 个工业行业中最低；86 家企业中有 35 家上半年亏损，亏损面为 40.7%，其中 6 月份单月亏损额为 6.99 亿元。

【案例导入 3-3】

我国钢铁产业现状

《2016—2021 年中国钢铁行业发展前景与投资战略规划分析报告》显示，当前钢铁行业困境依旧由产能过剩引起。数据显示，2015 年的我国钢铁产能近 12 亿，而同年国内钢材市场需求量仅为 7 亿吨，产能利用率不足 67%，预计 2016 年国内钢材消费量将进一步下跌至 6.48 亿吨，产能利用率也将进一步下滑。

严重的产能过剩直接将整个钢铁行业推进了亏损的深渊。2016 年 1 月 29 日，中钢协发布数据称，2015 年，会员钢铁企业实现销售收入 2.89 万亿元，同比下降 19.05%；实现利润总额为亏损 645.34 亿元，上年为盈利 225.89 亿元，亏损面为 50.5%，亏损企业产量占会员企业钢产量的 46.91%，从表 3-14 中可以看到 2015 年亏损额最大的前 8 家上市钢铁公司。

表 3-14　2015 年上市钢铁公司亏损额　　（单位：亿元）

公司	武钢	酒钢	重钢	马钢	鞍钢	太钢	包钢	本钢
亏损额	75.15	73.64	59.87	48.04	45.93	37.11	33.06	32.94

截至 2016 年 8 月 30 日，中信钢铁板块的 55 家上市钢铁企业上半年业绩数据全部出炉。数据显示，在钢材价格持续下行的背景下，上市钢企的业绩进一步恶化，其中 26 家归属于母公司股东的净利润（简称“净利润”）为负值，合计亏损额高达 106.91 亿元；55 家企业中 42 家净利润同比下滑，占比高达 76.36%。据中国证券报记者统计，55 家上市钢企合计实现营业收入 5602.26 亿元，实现净利润合计为 -46.23 亿元，而扣除非经常性损益后的净利润（简称“扣非净利润”）仅为 -61.38 亿元，其中马钢股份、酒钢宏兴、重庆钢铁的净亏损分别为 22.28 亿元、15.34 亿元、12.36 亿元，攀钢钒钛、柳钢股份、八一钢铁、韶钢松山的净亏损额也都超过 5 亿元。

从 2016 年开始，中央决心用 5 年时间再压减粗钢产能 1 亿～1.5 亿吨，行业兼并重组取得实质性进展；同时，要推动钢铁企业与上下游企业组成联盟，促进整个产业链的优化调整,进而实现对产能过剩的有效化解。与此同时,还要利用各种国际合作平台和渠道,加快国际产能合作,加速优质产能走出去。

2016 年 3 月 1 日起山东临沂地区钢厂关停,近 6 万人下岗。临沂江鑫钢铁有限公司、临沂三德特钢有限公司、临沂宇光钢铁有限公司、山东元生铸冶有限公司、沂南壶井特钢有限公司、临沂亿达钢铁有限公司、山东山威集团有限公司等临沂地区的钢厂基本停产。2016 年 6 月 24 日,上市公司宝钢股份和武钢股份同时发布重大资产重组信息宣布即日起停牌,后宣布双方进行战略重组,至 10 月完成重组,12 月份宝武集团正式启航。

2016 年下半年,钢铁行业整体回暖。据中钢协统计数据显示,2016 年 11 月份 99 家大中型钢铁企业实现销售收入 2648.93 亿元,利润总额 44.22 亿元;2016 年 1 月份至 11 月份累计实现利润总额 331.46 亿元,2015 年同期为亏损 529.06 亿元。2016 年钢铁行业上市公司业绩预告概览:八成钢企业绩预盈,钢铁行业实现整体扭亏。从业绩情况来看,32 家已经公布了 2016 年年度业绩预告(或业绩快报)的 SW 钢铁上市公司中,有 28 家预盈,占全体上市公司的 80.00%,共有 4 家预亏,占全体上市公司的 11.43%。从业绩变动方向来看,共有 17 家预告扭亏为盈,占全体上市公司的 48.57%,共有 8 家预告盈利增加,占全体上市公司的 22.86%,共有 3 家预告盈利收窄,占全体上市公司的8.57%,共有 2 家预告由盈转亏,占全体上市公司的 5.71%,共有 2 家预告亏幅收窄,占全体上市公司的 5.71%。

案例思考:

结合案例,谈谈你对中国产业结构调整的思路。

2014 年 7 月,《财富》杂志列出了 500 强企业中亏损最多的 50 家企业,有中国企业 16 家。其中,中铁物资一家企业的亏损额就接近 12.6 亿美元;紧随其后的中国铝业亏损额 11.4 亿美元,鞍钢集团亏损 10.3 亿美元。煤炭企业中,河南能源化工亏损 3.721 亿美元,同煤集团亏损 2.672 亿美元,冀中能源亏损 2.548 亿美元。山东钢铁近年净利也呈下滑趋势,2010 年净利是 8465 万元,2011 年净利是 5282 万元,2012 年亏损 38.4 亿元,虽然 2013 年略有盈利 1.58 亿元,但 2014 年又亏损 13.98 亿,被曝管理层降薪50%,人员分流万人。2014 年,铝价走势直线下行,中国铝业巨亏 173 亿元。

(3)财政赤字剧增,赤字率不断上升

财政赤字是一国政府的财政支出大于财政收入而形成的差额。赤字率是指财政赤字占 GDP 的比重,是衡量财政风险的一个重要指标。按照国际上通行标准,赤字率 3%一般设为国际安全线。

公开信息显示,2014 年的中国财政赤字率仅为 2.12%,2015 年的财政赤字率提高到 2.39%,但仍远低于国际警戒水平 3%。按照 3%的红线,目前较低的财政赤字率已经为下一步扩大财政支出提供了空间。2016 年财政赤字 2.18 万亿元,赤字率 2.93%,已基本达到国际警戒线,应加强财政支出的监管,提高效率(见表 3-15)。

表 3-15 中国政府历年赤字率(2009—2016 年) (单位:万亿元)

年份	2009	2010	2011	2012	2013	2014	2015	2016
赤字	0.74	1.00	0.85	0.80	1.2	1.35	1.62	2.18
GDP	34.01	40.15	47.31	53.41	58.81	63.61	67.67	74.4
赤字率(%)	2.18	2.49	1.80	1.50	2.04	2.12	2.39	2.93

(4)建设用地急剧增长

2009 年在中央安排的 4 万亿投资中,1.8 万亿用于修建铁路、公路、机场和桥梁等,2009 年建设占用耕地高达 350 万亩以上,2015 年批准建设用地 39.48 万公顷,约合 592.2 万亩。对守住 18 亿亩耕地形成非常严峻的挑战。

(5)贪污腐败问题严重

截至 2016 年 12 月 30 日,一年落马的副部级以上官员为 36 人,开庭审理了 41 人,宣判 36 人,为近三年之最。十八大以来,公开的副部级以上落马官员为 124 人,其中 56 人已获刑,17 人被行政降级、撤职,2 人病逝,结案比例为 61%,63%已进入司法程序。中央反腐正进入高频、高效节奏。交通、房地产、矿产资源、工程建设、发改委系统等成腐败的“重灾区”。

(6)房地产泡沫

这些年,限购政策虽然一定程度上使得我国的房价得到了初步控制,但有不少地方政府却因为要保增长,还是放松购房政策,这无疑再度刺激房价的上涨。实际上,中国已经领跑全球住房空置率。2013 年我国城镇住宅市场空置率已达到 22.4%。而美国 2011 年住宅空置率只有 2.5%。

3.经济增长方式粗放

改革开放近 40 年,我国经济实现了 9.6% 的快速增长,但经济增长方式相对粗放。主要是依靠资金、劳动力和自然资源等生产要素的数量投入实现的。一些产业的盲目投资和低水平重复建设,虽实现了产量的增长,但却以消耗大量资源能源为代价,不但不利于产业结构的调整优化,而且也无益于国民经济的持续健康稳定发展。高消耗换来的高增长,必然是高排放、高污染和低效率,具有明显的“三高一低”特点。

(1)能耗高

按汇率计算的单位产值能耗,中国是世界上最高的国家之一,仅次于俄罗斯和东欧国家。2000 年,中国每百万美元 GDP 能耗为日本的 9.7 倍,世界平均值的 3.4 倍。我国目前的能源效率约为 33%,比世界先进水平低 10 个百分点左右。

(2)污染大

我国在经济快速增长时,对环境污染重视不足,高能耗带来高污染。工业排放的废水、废气、废渣严重污染环境,直接危害到人们的身体健康。全球十大环境污染最严重的城市中,中国占 8 个;雾霾污染十分严重,不仅雾霾天气出现的频率越来越高。2013 年我国雾霾污染波及到 100 多个大中型城市,全国的平均雾霾天数明显远超过历史水平,而且近些年沙尘暴肆虐。我国七大江河水系,有 54% 的断面受到不同程度的污染,76% 的河流受到污染。我国废弃物排放水平大大高于发达国家,每增加单位 GDP 的废水排放量比发达国家高4倍,单位工业产值产生的固体废弃物比发达国家高10多倍。我国工业和生活废水排放总量中化学需氧量、二氧化硫、二氧化碳年排放量均居世界前位。

(3)效率效益差

2013年我国能源消耗总量为37.6亿吨标煤,占世界总能耗的22%,实现的GDP占世界12.3%。中国每创造1美元GDP所消耗的能源是西方7个发达国家平均的5.9倍,是美国的4.3倍、德国和法国的7.7倍、日本的11.5倍。我国第二产业劳动生产率是美国的1/30、日本的1/18、法国的1/16、德国的1/12和韩国的1/7。资源产出效率大大低于国际先进水平,每吨标准煤的产出效率相当于美国的28.6%,欧盟的16.8%,日本的10.3%。

4. 自主创新能力不高

自主创新狭义上是指自主技术创新,它是相对于技术引进、模仿而言的一种创造活动,是通过拥有自主知识产权的独特或核心技术实现新产品价值的过程。自主技术创新有原始创新、集成创新和在引进消化基础上的再创新(即二次创新)三种类型。广义的自主创新包括技术创新、管理创新和制度创新等。自主创新能力就是拥有自主创新的能力。与创新型国家相比,我国企业自主创新能力仍显薄弱,自主品牌缺失现象严重,自主知识产权与主要工业化国家相比还存在很大差距。

(1)企业研发经费投入不足

据资料统计,世界500强用于研究与开发(R & D)的费用占全球R & D费用的65%以上,平均每个企业的技术开发费用占其销售额的10%~20%。而我国大中型工业企业的技术开发费用占产品销售收入的比重只有1.4%左右。另外,国外企业每年的研发投入占年销售总额5%~10%,在我国,据部分统计,很多企业每年的研发投入只占年销售收入的不到1%,有些企业甚至根本没有研发投入。

2015年8月,中国企业联合会、中国企业家协会课题组发布的2015中国大企业发展趋势报告显示:94家上榜2015世界500强的中国企业中,尽管有74家申报了研发投入,研发强度为1.24,与上年相比增长了0.07%;全年研发投入占企业净利润的36.74%,比上年提升了2.02%。但与世界500强企业的平均研发强度3%至5%相比,我国大企业对创新投入显然不足。另外,与不重视创新投入相仿,我国企业参与技术创新成果转化的动力也显不足。中国的科技成果转化率仅为10%左右,远低于发达国家40%的水平;专利技术交易率只有5%,真正实现产业化则不足5%。数据显示,2015中国企业500强中,研发强度超过3%的有63家,超过5%的有13家企业;超过10%的有3家公司,分别为:华为公司(14.17%)、中国航天科工(11.55%)、中兴通讯(11.06%)。这些企业在电信设备制造、航天科技、军工、家电制造、云计算、智能汽车等领域保持着领先地位,是我国创新型大企业的代表。

(2)高科技人才不足

科技人才的匮乏与流失是影响企业技术创新能力的重要因素。2012年11月,麦肯锡全球研究所的研究显示,到2020年,全球高科技企业将面临约4000万的技术人才缺口,位于中国的高科技企业所受打击将尤为沉重。

麦肯锡认为,到2020年时,中国技术人才短缺将达到约2200万人。造成中国技术人才缺口较大的原因在于,中国经济增长速度过快,以至于虽然中国高等院校培养出了大量具有高等教育学历的毕业生,但这些年轻人的生产力仍然无法满足经济扩张的需要。中国面临的另一大困境来自于自身人口结构的变化,老年人口比例快速上升。受此影响,20多岁可能拥有较高教育水平的新增劳动力人数,在未来几年中国人口中所占比重可能相对较小。

(3)技术消化吸收能力弱,自主创新能力不足

我国企业重视引进,轻视消化吸收再创新。据有关研究,引进同等的技术设备,我国用于消化吸收再创新的费用只及日韩的1.5%,大体上日本、韩国技术引进花1元,消化吸收经费要花10元。而我国技术引进花1元,消化吸收经费只花0.15元。

2015年8月,中国企业联合会、中国企业家协会课题组发布的2015中国大企业发展趋势报告显示:尽管中国企业500强的专利拥有数量在持续增长,但自主创新能力仍然不足。从企业专利情况看,2015中国企业500强中有387家企业提供了专利数据,合计拥有专利53.1万件,比上年500强增加12.6%;其中发明专利14.3万件,在各类专利中占比27%,比上年增加14.2%。尽管增速已经有了明显下降,但仍处于较高水平。报告介绍,在汤森路透"2014年全球百强创新机构"榜单中,美国有35家,日本有39家,法国有7家,瑞士有5家,德国和韩国各有4家,中国台湾有2家,但中国内地只有华为1家企业上榜。报告指出,我国大量企业以引进技术、组装生产为主,技术对外依存度高达50%以上,出口产品附加值和技术含量不高。

此外,我国经济发展中还存在着经济增长与社会发展、资源环境发展不平衡等问题,这些问题我们在后面的专题中会详细论述。

第四节　中国经济的发展方向

面对经济快速发展存在的问题,我们应采取可行性措施,促使我国经济健康可持续发展。

一、全面深化经济体制改革

经济体制改革是我国改革的中心内容,是全面深化改革的重点。当前经济体制改革主要包括完善公有制的实现形式、进一步理顺政府与市场关系、建立合理有序的国民收入分配制度等方面,增强经济发展的驱动力。

1.坚持和完善基本经济制度,积极发展混合所有制经济

改革开放以来,我国的基本经济制度在探索中不断发展,公有制经济和非公有制经济的发展增强了我国经济社会发展的活力,但随之产生的矛盾也在累积和深化。只有通过有效的体制改革和创新来化解矛盾,才能真正坚持和完善基本经济制度。

国有经济是公有制经济的核心与骨干,坚持和完善基本经济制度首先要求发展和壮大国有经济。在企业层面,要进一步深化国有企业的制度改革,加快建立协调运转、有效

制衡的公司法人治理结构,增强国有企业的活力。在国资监管与运营层面,要实现从“管企业”到“管资本”的转变,改革国资授权经营体制,推动国资运营服务于国家的多重战略目标。非公有制经济的健康发展,是坚持和完善基本经济制度的重要内容。要坚持权利平等、机会平等、规则平等,废除对非公有制经济各种形式的不合理规定,消除限制非公有制经济的各种隐性壁垒,鼓励有条件的私营企业建立现代企业制度。

公有制经济和非公有制经济都是社会主义市场经济的重要组成部分,坚持和完善基本经济制度还要求这两类经济能够相互促进、相互协调、共同发展。混合所有制经济在企业内部实现了国有资本、集体资本和非公有资本的交叉持股和相互融合,这是基本经济制度在企业微观层面的重要实现形式,有利于不同所有制经济实现共同发展。一方面,这种混合所有制经济有利于国有资本放大功能、保值增值、提高竞争力,是新形势下坚持公有制主体地位,增强国有经济活力、控制力、影响力的有效途径和必然选择。另一方面,这种混合所有制经济有利于不同所有制资本优势互补,有利于以资本融合推动产业整合与升级,从而增强我国经济的整体竞争力。

2. 使市场在资源配置中起决定性作用和更好发挥政府作用

全面深化经济体制改革,核心问题是要处理好政府和市场的关系。一方面,要发挥市场在资源配置中的决定性作用,这是市场经济规律的客观要求,也是中国社会主义市场经济实践的经验总结。另一方面,政府不是市场的对立物,而是市场经济稳定运行和健康发展的必要条件,更好地发挥政府的作用是社会主义市场经济优越于资本主义市场经济的一个重要方面。

发挥市场在资源配置中的决定性作用,有赖于以下几方面的经济体制改革:

一是建立公平开放透明的市场规则,如统一的市场准入制度、便利的工商注册制度、统一的市场监管体系、健全的社会征信体系、完善的市场化退出机制等。

二是完善主要由市场决定价格的机制,如取消政府对价格机制的不合理干预,推进水、石油、天然气、电力、交通、电信等领域的价格改革,改善公用事业、公益服务等领域的政府定价机制,完善农产品价格形成机制等。

三是建立城乡统一的建设用地市场,如农村集体经营性建设用地与国有土地同市同权同价,完善被征地农民的权益保障机制,完善国有土地的使用机制,完善土地增值收益的分配机制等。

四是完善金融市场体系和机制,如保险经济补偿机制、人民币汇率市场化形成机制、利率市场化机制、跨境资本和金融交易兑换体系与机制、外债和资本流动管理体系等。

政府的职责和作用主要是保持宏观经济稳定,加强和优化公共服务,保障公平竞争,加强市场监管,维护市场秩序,推动可持续发展,促进共同富裕,弥补市场失灵。更好地发挥政府的作用,需要在经济体制改革上做好“减法”和“加法”。做“减法”,就是要进一步简政放权,用政府权力的“减法”,换取市场活力的“乘法”。要深化行政审批制度改革,最大限度减少中央政府对微观事务的管理,对市场机制能有效调节的经济活动要一律取消审批,对保留的行政审批事项要规范管理、提高效率,对面向基层的经济社会事项要下放至地方和基层进行管理。做“加法”,就是要完善政府的宏观调控和经济治理机

制。要加强各类经济政策手段的协调配合，增强宏观调控的战略性、前瞻性、针对性和协同性；要建立参与国际宏观经济政策协调的机制，推动国际经济治理结构的完善；加快建立国家统一的经济核算制度，建立全国和地方资产负债表及房产、信用等基础数据的统一平台；改革唯 GDP 增长的政绩评价机制，完善政府的市场监管和公共服务职能。

创新和完善宏观调控方式必须加快转变政府职能，推动政府职能从管理向服务转变。第一，限制政府对企业经营决策的干预，减少行政审批事项，规范行政审批行为、改进行政审批工作；改善和加强政府管理，加紧梳理政府职权和修改法律法规，建立权力和责任清单制度，创新监管机制和监管方式。第二，建立公平竞争保障机制，完善公平开放透明的市场规则，优化企业发展环境，完善促进企业健康发展的政策和制度，实行统一的市场准入制度，打破地域分割和行业垄断，加快形成统一开放、竞争有序的市场体系，促进要素资源有序流动。第三，提高企业效益。各级政府要继续激发企业家精神，依法保护企业财产权和创新收益。清理和规范涉企行政事业性收费，减轻企业负担。开展降低实体经济企业成本行动，优化运营模式，增强盈利能力。

3. 推动收入分配体制改革，建立合理有序的收入分配格局

随着社会主义市场经济的发展，不同阶层、不同地区间的个人收入出现较大差距。根据国家统计局的计算，2014 年全国居民收入基尼系数为 0.469，高于 0.4 的贫富差距警戒线。因此，推动收入分配体制改革，建立合理有序的收入分配格局，是全面深化经济体制改革的重要内容之一。

在国民收入的初次分配环节，要完善按劳分配和按要素分配的实施机制。一方面，要着重保护劳动所得，努力实现劳动报酬增长和劳动生产率提高同步，提高劳动报酬在初次分配中的比重；要健全工资决定和正常增长机制，完善最低工资和工资支付保障制度，完善企业工资集体协商制度。另一方面，要健全资本、知识、技术、管理等由要素市场决定的报酬机制，优化上市公司投资者回报机制，保护投资者尤其是中小投资者合法权益，多渠道增加居民财产性收入。

在国民收入的再分配环节，要综合运用税收、社会保障、转移支付等手段，规范收入分配秩序，完善收入分配的调控体制机制和政策体系。为此，应加快建立个人收入和财产信息系统，保护合法收入，调节过高收入，清理规范隐性收入，取缔非法收入，增加低收入者收入，扩大中等收入者比重，努力缩小城乡、区域、行业收入分配差距，逐步形成橄榄型分配格局。

4. 充分发挥制度创新的引领作用，构建发展新体制

创新是民族进步之魂。创新既包括技术创新，也包括制度创新，这是提高一国社会生产力和综合国力的战略支撑。构建发展新体制，是一项系统工程。必须加快形成有利于创新发展的市场环境、产权制度、投融资体制、人才培养引进使用机制等等。

（1）完善现代企业制度和国有资产管理体制

第一，完善产权清晰、权责明确、政企分开、管理科学的现代企业制度，稳妥推动国有企业发展混合所有制经济，鼓励国有资本与非国有资本以多种方式相互参股，实现股权多元化。第二，完善各类国有资产管理体制，以管理资本为主加强国有资产监管，防止国

有资产流失。完善企业内部监督体系,建立健全高效协同的外部监督机制,强化出资人监督,加强和改进外派监事会制度,加强纪检监察监督和巡视工作,健全国有资本审计监督体系和制度,实行企业国有资产审计监督全覆盖。

(2)深化财税体制改革,建立健全现代财政制度

财政是国家治理的基础和重要支柱,财税体制在治国安邦中始终发挥着基础性、制度性、保障性作用。1994 年以来形成的财税体制,对实现政府财力增强和经济快速发展的双赢目标发挥了重要作用。但随着形势的变化,现行的财税体制已经不完全适应合理划分中央和地方事权、完善国家治理的客观要求,不完全适应转变经济发展方式、促进经济社会持续健康发展的现实需要,我国经济社会发展中的一些突出矛盾和问题也与财税体制不健全有关。因此,财税体制改革成为全面深化经济体制改革的重点内容之一。

财税体制改革关乎国家治理体系和治理能力现代化,是立足全局、着眼长远的制度创新。本轮财税体制改革的目标,是建立统一完整、法治规范、公开透明、运行高效,有利于优化资源配置、维护市场统一、促进社会公平、实现国家长治久安的可持续的现代财政制度。

为了实现这一目标,需要重点推进以下改革:第一,建立税种科学、结构优化、法律健全、规范公平、征管高效的税收制度。逐步提高直接税比重,加快建立综合与分类相结合的个人所得税制;推进增值税改革,适当简化税率;完善消费税制度,进一步发挥消费税对高耗能、高污染产品和部分高档消费品的调节作用;加快资源税改革,扩大资源税从价计征范围,推动环境保护费改税;加快房地产税立法并适时推进改革。第二,建立事权和支出责任相适应的制度。进一步理顺中央和地方收入划分;合理划分各级政府间事权和支出责任。第三,建立规范、透明的预算制度。改进预算管理和控制,完善政府预算体系;完善一般性转移支付增长机制;建立规范的地方政府举债融资体制;健全优先使用创新、绿色产品的政府采购政策。

(3)加快金融体制改革,提高金融服务实体经济效率

第一,在金融机构方面,健全各类分工合理、相互补充的金融机构体系;构建多层次、广覆盖、有差异的银行机构体系;发展普惠金融。第二,在金融市场方面,积极培育公开透明、健康发展的资本市场;开发符合创新需求的金融服务;规范发展互联网金融;加快建立巨灾保险制度。第三,在利率汇率市场化改革方面,扩大金融机构负债产品市场化定价机制;完善人民币汇率市场化形成机制。第四,在金融宏观审慎管理方面,加强统筹协调,改革并完善金融监管框架,健全监管规则,加强对金融机构的监管,实现金融风险监管全覆盖。

(4)加快形成有利于创新发展的人才培养引进使用机制

第一,推动人才结构战略性调整,突出“高精尖缺”导向,实施重大人才工程,着力发现、培养、集聚战略科学家、科技领军人才、企业家人才、高技能人才队伍。第二,实施更加开放的创新人才引进政策,加大急需紧缺人才的引进力度。第三,完善人才评价激励机制和服务保障体系。

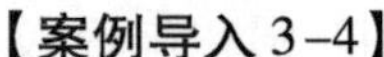

【案例导入 3-4】

常州经验

改革开放以来,以珠江三角洲、长江三角洲为代表的我国东南沿海地区依靠承接国际劳动密集型和资源密集型加工制造业转移,实现了经济快速发展。在工业化起步阶段,这种承接无疑是一种合理选择。但却由于资源禀赋、劳动力素质等限制因素,中国制造牢牢地被嵌入低端环节。如今,这种产业结构利润率不高,物质资源消耗大、对生态环境影响大等问题日益显现。产业结构转型升级成为转变经济发展方式的必然要求。新一届政府上任,开始进一步地深化市场经济体制改革,促进产业机构的转型与升级,中国制造业转型中国"智"造,向制造业中上游进军。中国"智"造的关键是技术升级与科技人员聚集,这对于周边大城市环绕、富庶城市星罗棋布的常州并不容易。

常州务实,没有一步到位让顶级人才驻扎在常州,而是借助外力,让常州成为财富创造之地、成为人生理想实践场所,最终使常州变成科技人才绕不过的地方。常州有科教城,是国内科研院所、高校科研力量与全市9万家民营企业实现"无缝对接"的平台。5平方公里的城内,汇集全球1.6万名高科技精英,平均每天新增2.7件专利;每天新增一个产学研合作项目,入驻创新型科技企业1000多家。常州特别注重外脑引入。"中国以色列常州创新园"揭牌,成为中国与以色列第一个创新合作实验区。哈尔滨工业大学、深圳市创新投资集团有限公司等来到常州,投资参股的高新技术企业,从事工业机器人、自动化生产线、能源装备、家用智能机器人等产品的研发生产销售。创新节点如章鱼般伸出触角,公司新近设立了3000万元的天使基金,成为初创期机器人企业的培育者。与一些地区轻视劳动力结构不同,常州开始重视劳动力培训与归属感。训练有素的经过专业技术培训的劳动力,是中国"智"造不可缺失的一环。

中国制造转型是个艰苦卓绝的工程、是宏图与细节缺一不可的改革。常州实验成为产业成功升级所必不可少的要素。

案例思考:

在技术升级和科技人员聚集方面,常州的经验有何启示?

二、转变发展理念,实施创新驱动战略

1.提升发展理念

贯彻"以民为本"的全面、协调、可持续的科学发展观,必须抛弃"片面发展、封闭狭隘、因循守旧和安于现状"等传统理念,树立"创新、协调、绿色、开放、共享"的新发展理念。这五大发展理念,是实现科学发展观的战略抉择,是全面建成小康社会的行动指南,是马克思主义中国化的最新理论成果。

(1)创新是引领发展的第一动力

【案例导入 3-5】

组合创新驱动战略突破全球价值链低端锁定

万向集团是一家以乡镇企业为主体的企业集团,是国家 120 家试点企业集团和 520 家重点企业之一。万向主业为汽车零部件业,从贴牌经营起步,几十年来它成功地完成了两个转变:从打别人的品牌,到创出自己的品牌,再到组合品牌优势;从国际营销,到国际生产,再到国际资源整合。完成这种转变,依赖于它的组合创新能力。

万向自成立以来的很长时间内,一直从事低附加值的汽车零部件生产,在与跨国公司进行合作的过程中,万向一直是为通用、福特、UAI 等企业提供低价值的零部件产品。然而万向的领导集体认为企业必须适应经济全球化,必须争取全球高端市场。1994 年,万向在美国成立了万向美国公司,作为争取全球高端市场的桥头堡。2000 年万向收购了美国舍勒公司,2001 年又收购了美国的 UAI 公司。在与 UAI 公司合作中,万向实现了全球高端市场的突破。但万向并没有满足的意识,还在寻找并争取更高价值的经营项目,目前已把电动汽车的研制、集成电路等高科技产品的开发作为下一阶段的高端市场突破的机会。

1994 年,万向美国公司在美国芝加哥西北部工业区内正式成立,全权负责万向集团的国际业务。随后,万向美国公司先后在美国、英国、德国、加拿大、巴西、墨西哥和委内瑞拉等国家,设立了 20 多家海外公司,建立了涵盖 50 多个国家和地区的国际营销网络。万向集团国际市场势力的形成主要以下游"渠道控制"为突破。通过收购海外公司,利用海外公司良好的销售网络,万向快速扩展了海外市场,使其在参与全球价值链分工中,获得了动态适应性和时机上的先占性。如 2000 年万向收购美国舍勒公司,通过利用舍勒公司原有的销售渠道,万向加大了对美国和欧洲地区产品的出口。2001 年万向收购美国 UAI 公司,而 UAI 公司的"UAI"品牌在美国美誉度较高,万向充分利用该无形资产的价值,快速和低成本地扩展美国市场;同时,使用该品牌也迅速拓展了对其他国家和地区的市场。万向的产品现已成为世界汽车业巨头美国通用汽车公司的配套产品,万向还直接或间接地成了福特、克莱斯勒和大众等国际大主机厂商的零部件配套商。万向已成功地在海外建立了自己的国际市场地位,建立了强大的国际市场势力,实现了企业创新和市场势力的良性互动。

案例思考:

你认为万向集团突破全球价值链低端锁定的成功实践体现了其怎样的组合创新驱动战略?

创新是综合层面的创新,它已超越科技层面,进入到涵盖理论创新、制度创新、文化创新等综合层面的创新。由科技的"单轮驱动"到理论、制度、科技、文化的"多轮驱动",创新的范围愈加广阔。理论创新属于"脑动力"创新,是社会发展和变革的先导,也是各类创新活动的思想灵魂和方法来源。制度创新属于"原动力"创新,是持续创新的保障,

能够激发各类创新主体活力，也是引领经济社会发展的关键，核心是国家治理创新，推进国家治理体系和治理能力现代化，形成有利于创新发展的体制机制。科技创新属于“主动力”创新，决定我国赶超世界先进科技水平的能力和实力，是国家竞争力的核心，是全面创新的重中之重。文化创新本质上是“软实力”创新，培植民族永葆生命力和凝聚力的基础，为各类创新活动提供不竭的精神动力。

创新作为引领发展的第一动力，决定发展的速度、规模、结构、质量和效益。只有走创新发展之路，实现可持续发展，才能从根本上解决我国发展不平衡、不协调、不可持续问题；才能从根本上解决我国发展动力不足、发展方式粗放、产业层次偏低问题，实现传统产业改造升级，培育发展产生新的业态和新兴产业，优化经济结构，提高发展质量和效益，持续增加要素有效供给并形成高效组合；才能破解经济社会发展瓶颈、解决当前需求无限性与资源环境约束趋紧等急迫问题，推动我国经济社会持续健康发展。

(2)协调是经济社会持续健康发展的内在要求

协调就是要立足长远、谋划全局，弥补短板和薄弱环节，解决发展不平衡问题，并从中拓宽发展空间、寻求发展后劲，实现全方位的均衡发展。要正确处理发展中的重大关系，重点促进城乡区域协调发展，促进经济社会协调发展，促进新型工业化、信息化、城镇化、农业现代化同步发展，促进物质文明与精神文明的协调发展，促进经济建设和国防建设的协调发展。坚持发展和安全兼顾、富国和强军统一，加强思想道德建设和社会诚信建设，增强国家意识、法治意识、社会责任意识，倡导科学精神，弘扬中华传统美德。在增强国家硬实力的同时注重提升国家软实力，不断增强发展整体性。

(3)绿色是实现中华民族永续发展的必要条件

绿色就是要坚持节约资源和保护环境的基本国策，坚持可持续发展，坚定走生产发展、生活富裕、生态良好的文明发展道路，牢固树立尊重自然、顺应自然、保护自然的生态文明理念，坚信保护生态环境就是保护生产力、改善生态环境就是发展生产力，在生态环境保护上算大账、算长远账、算整体账、算综合账，正确处理好经济发展同生态环境保护的关系，决不以牺牲环境为代价去换取一时的经济增长。更加自觉地推动绿色发展、循环发展、低碳发展，加快建设资源节约型、环境友好型社会，形成人与自然和谐发展的现代化建设新格局。

(4)开放是世界共同繁荣发展的应然选择

开放就是必须顺应我国经济深度融入世界经济的趋势，奉行互利共赢的开放战略，既引进来，又走出去，发展更高层次的开放型经济，积极参与全球经济治理和公共产品供给，提高我国在全球经济治理中的制度性话语权，形成广泛的利益共同体，实行更加积极主动的开放战略，坚定不移提高开放型经济水平，坚定不移引进外资和外来技术，坚定不移地构建完善的开放型经济新体制，实现对外开放的提质增效，建立以合作共赢为核心的新型国际关系。

(5)共享是全面建成小康社会的必然结果

共享是改革发展成果是否被人民享受的最终判断标准，也是“民本思想”的体现。共享要求坚持发展为了人民、发展依靠人民、发展成果由人民共享，做出更有效的制度安排,使全体人民在共建共享发展中有更多获得感,让老百姓享有更好的教育、更稳定的工作、更满意的收入、更可靠的社会保障、更高水平的医疗卫生服务、更舒适的居住条件、更优美的环境,解决社会公平正义问题,追求以民富优先,增强发展动力,增进人民团结,实现进一步的发展。共享还包含让周边即世界其他国家的人民分享中国改革发展伟大成就,通过"一带一路"等发展战略,带动其他国家的发展。

2. 充分发挥创新的引领发展作用

践行五大发展理念,关键取决于实践能力。要把新发展理念转化为各级领导干部引领发展的思维方式,转化为科学的工作方法,全面融入工作考核、责任考核、干部考核中,体现到政策制定、工作安排、任务落实上。用新发展理念引导各级领导干部牢牢抓住经济建设这个中心,着力打造法治环境,科学务实地干,聚精会神地干,放手放胆地干。真正从思想上把对五大发展理念的自觉自信植根于灵魂深处,做到知行合一。

落实五大发展理念,要坚持以改革创新为引领,使改革创新真正成为引领地方全面振兴的第一动力。

当今世界,人类进入了"互联网+"时代。新一代信息技术与制造业深度融合,正在引发新一轮影响深远的产业变革,形成新的生产方式、产业形态、商业模式和经济增长点。各国都在加大科技创新力度,推动3D打印、云计算、移动互联网、大数据、人工智能、生物工程、新能源、新材料等领域群体性技术广泛渗透,取得新突破。基于信息物理系统的智能装备、智能工厂等智能制造正在引领制造方式变革;网络众包、协同设计、大规模个性化定制、精准供应链管理、全生命周期管理、电子商务等正在重塑产业价值链体系;可穿戴智能产品、智能家电、智能汽车等智能终端产品不断拓展制造业新领域。这些技术的新突破和重大颠覆性创新,会重塑制造业竞争新优势,加速推进新一轮全球贸易投资新格局,甚至对国际经济、政治、外交、军事、安全等将产生深刻影响,改变国家之间力量对比,成为重塑世界政治、经济结构和竞争格局的关键。因此,发达国家纷纷实施"再工业化"战略,积极强化创新部署,如美国再工业化战略、德国工业4.0战略和2020高科技战略、日本的新成长战略等应运而生。创新已经成为大国竞争的新赛场,谁主导创新,谁就能主导赛场规则和比赛进程。与此同时,一些发展中国家也在加快谋划和布局,积极参与全球产业再分工,承接产业及资本转移,拓展国际市场空间。我国经济正处于增长速度换挡期、结构调整阵痛期、前期刺激政策消化期"三期叠加",是新旧动能转化的关键期。我国制造业面临发达国家和其他发展中国家"双向挤压"的严峻挑战,只有加快产业转型升级、创新发展、着眼建设制造强国,抢占制造业新一轮竞争制高点,才可能迎来重大机遇,有效破解产能严重过剩、资源环境约束等制约经济社会发展的系列难题,跟上世界发展大势,牢牢把握发展的主动权,在激烈国际竞争中赢得战略主动。

【知识链接3-5】

工业1.0、2.0、3.0、4.0

工业1.0是机械设备制造时代,就是通过水力和蒸汽机实现工厂机械化。是机械生产代替手工劳动,经济社会从以农业、手工业为基础转型到以工业、机械制造带动经济发

展的模式。工业2.0是电气化与自动化时代，是在劳动分工基础上采用电力驱动的流水线上大规模生产产品的时代。即通过零部件生产与产品装配的成功分离的产品批量生产的高效模式。工业3.0是电子信息化时代，它在升级工业2.0的基础上，广泛应用电子与信息技术，使制造过程自动化控制程度再进一步大幅度提高。生产效率、良品率、分工合作、机械设备寿命都得到了前所未有的提高。在此阶段，工厂大量采用由PC、PLC、单片机等真正电子、信息技术自动化控制的机械设备进行生产，机器能够逐步替代人类“体力劳动”和部分“脑力劳动”的作业。工业4.0是实体物理世界与虚拟网络世界融合的时代。以智能制造为主导的时代，产品全生命周期、全制造流程数字化以及基于信息通信技术的模块集成，将形成一种高度灵活、个性化、数字化的产品与服务新生产模式。

3. 实施创新驱动发展战略

科技是国家强盛之基，创新是民族进步之魂。科技实力决定着世界政治经济力量对比的变化，也决定着各国各民族的前途命运，科技创新是提高一国社会生产力和综合国力的战略支撑。实施创新驱动发展战略，一方面顺应了新一轮科技革命和产业变革在全球范围内蓬勃兴起的历史大潮，另一方面也是在粗放型经济增长方式难以为继形势下的必然选择，是我们适应和引领经济新常态的重要突破口。

作为国家的重大战略，创新驱动发展战略能提高我国自主创新能力、劳动者素质以及管理创新的能力，从而使中国经济拥有以科技进步和创新为基础的新型竞争优势。实施这一战略要坚定不移地走中国特色自主创新道路，坚持自主创新、重点跨越、支撑发展、引领未来的方针，加快创新型国家建设步伐。

实施创新驱动发展战略，必须破除体制机制障碍，最大限度解放和激发科技所蕴藏的巨大潜能，努力将“大众创业、万众创新”打造为我国经济发展的双引擎之一。要坚持需求导向和产业化方向，坚持企业在创新中的主体地位，发挥市场在资源配置中的决定性作用和社会主义制度优势，增强科技进步对经济增长的贡献度，形成新的增长动力源泉，推动经济持续健康发展。

实施创新驱动发展战略，一是把握创新的正确方向。要跟踪全球科技发展方向，力争缩小关键领域差距，形成比较优势；要坚持问题导向，从国情出发确定创新的主攻方向和突破口；要超前规划并加大投入，着力攻克一批关键核心技术，以完成赶超甚至引领。二是强化激励，大力集聚创新人才。创新驱动实质上是人才驱动，要吸引和培育一支规模宏大、富有创新精神、敢于承担风险的创新型人才队伍，择天下英才而用之。三是建立健全创新激励体制机制。要精心设计和大力推进改革，将机构、人才、资金等组合成推进科技创新发展的强大合力；要围绕使企业成为创新主体、加快推进产学研深度融合来谋划和推进，同时继续深化科研院所改革和政府科技管理体制改革。四是扩大开放，全方位加强国际合作。要坚持引进来和走出去相结合，积极融入全球创新网络，全面提高我国科技创新的国际合作水平。

科技创新在各项创新活动中居主导地位，发挥核心作用，它既是提高社会生产力和综合国力的战略支撑，又是管理创新、市场创新、品牌创新、组织创新、商业模式创新的基础。科技创新进度决定其他创新推进的广度、深度和实现程度，可以引领其他创新。充分发挥科技创新在全面创新中的引领作用，第一，必须加强基础研究，注重原始创新。充分发挥高等院校、科研院所和企业在创新驱动中的作用，重视颠覆性技术创新，站在世界科技革命最前沿，抢占制高点，实施一批国家重大科技项目，在重大创新领域组建一批国家实验室。第二，必须依靠创新思维，健全科技创新体制。包括健全技术创新市场导向机制；引导构建产业技术创新联盟，推动跨领域跨行业协同创新；健全科技成果转化机制；改革人才培养、评价和激励机制。第三，依靠创新汇聚融合高端要素，培育我国经济发展新动力。在云计算，物联网、大数据、人工智能发展的今天，传统的土地、劳动、资本等生产要素在经济增长中作用不断下降，而技术、信息、制度、人才为代表的创新要素作用不断提升。培育经济发展新动力，必须高度重视聚集高新技术、高端装备、高级人才和高水平服务等，依靠创新汇聚融合高端要素，实施网络强国战略，实施国家大数据战略，发展以技术、品牌、质量为核心的新产品、新产业和新市场。特别要做好创新转化为产业活动的“加法”，推动新技术、新产业、新业态、新机制融合发展，无中生有、有中生新，释放新需求，创造新供给，发现和培育新增长点。培育我国经济发展新动力，培育发展高端产业，构建我国经济发展新优势。第四，依靠创新培育发展高端产业，构建我国经济发展新优势。创新要在更具竞争力的产业上形成优势，构建结构合理、先进管用、开放兼容、自主可控、具有国际竞争力的现代产业技术体系，以技术的群体性突破支撑引领新兴产业集群发展，提升产业的科技含量和附加值，推动跨领域、跨行业的协同创新，突破一批重点领域的关键技术，发展新一代信息网络技术，加快落实“互联网+”行动，促进制造业数字化网络化智能化，围绕“中国制造2025”，发展智能绿色制造技术，推动制造业向价值链高端攀升。围绕国家能源战略，发展安全清洁高效的现代能源技术，推进能源供给与消费革命。围绕国家粮食安全战略，发展生态绿色高效安全的现代农业技术，促进农业提质增效和可持续发展，等等。第五，依靠创新打造形成创新高地，拓展我国经济发展新空间。创新是区域发展的重要基石和有力支撑，必须聚焦国家区域发展战略，配置创新要素，加快构建区域创新增长极。要推进京津冀协同创新共同体建设，促进长江经济带创新发展，推动区域一体化协同发展；瞄准“一带一路”建设等，统筹国内外创新资源，建设面向沿线国家的科技创新基地，加强国际创新产能合作。要加快推进北京、上海打造具有全球影响力的科技创新中心，以国家自主创新示范区、国家高新区和全面创新改革试验区等为重要载体，建设若干具有强大带动力的创新型城市和区域创新中心，形成若干高水平、有特色优势的产业聚集区，逐步提高我国经济发展的整体水平。第六，依靠创新形成产业战略支点，构建产业新体系。产业是强国之基、兴国之本。必须深入实施创新驱动发展战略，把创新摆在产业发展的核心位置，把增强技术实力作为构建产业新体系的战略支点。通过构建科技含量高、资源消耗低、环境污染少的产业结构和生产方式，走生态文明的产业发展道路；通过信息化和工业化深度融合，打造产业竞争新优势；通过调结构、促升级，实现产业发展的中心任务。大力推进农业现代化，加快发展现代服务业，加快推动制造业智能化、绿色化、服务化，培育壮大战略性新兴产业，推动传统产业向中高端跃升，持续优化产业组织结构和空间布局，走提质增效的产业发展新路。

4. 全方位推进开放创新，提高对外开放水平

经济全球化是当今世界发展的客观趋势，我国的一项基本国策就是对外开放。经济全球化，对于中国经济发展既是机遇也是挑战。因此，作为世界上最大的发展中国家和社会主义国家，我们必须科学研判新形势，抓住新机遇，应对新挑战，全面提升开放型经济水平，依托经济全球化实现社会主义市场经济的新发展。

(1)全面提升开放型经济水平的主要内容

经过30多年的改革开放，我国经济已经出现了市场、资源能源、投资"三头"对外深度融合的新局面。只有坚持对外开放，深度融入世界经济，才能实现可持续发展。在新的历史起点上推进对外开放，必须坚持互利共赢的开放战略，扩大开放领域，优化开放结构，提高开放质量，完善内外联动、互利共赢、安全高效的开放型经济体系。

一是继续推进对外贸易增长。扩大对外贸易，有利于提升国内的产业结构，推进经济的现代化。必须加快转变外贸增长方式，优化对外贸易结构，从主要由出口为主转向进口和出口并重，实现对外贸易的基本平衡，创造新的比较优势和竞争优势，增强对外贸易的核心竞争力，实现中国经济与世界经济的互接互补。

二是完善对外开放战略布局，推进双向开放。加快"走出去"战略，支持企业面向全球布局创新网络，鼓励建立海外研发中心，按照国际规则并购、合资、参股国外创新型企业和研发机构，提高海外知识产权运营能力。深化"引进来"战略，形成对外开放新体制，完善法治化、国际化、便利化的营商环境，健全服务贸易促进体系，鼓励外商和内资投资于战略性新兴产业、高新技术产业、现代服务业，支持外资机构在中国设立技术研发机构，实现自我发展与引资、引技、引智相结合，全面参与全球经济合作和竞争。

三是探索多层次的国际经济合作新方式。要坚持双边、多边、区域次区域开放合作，扩大同各国各地区利益汇合点，以周边为基础加快实施自由贸易区战略，最终建立面向全球的高标准自由贸易区网络。要建立国际开发性金融机构，加快同周边国家和区域基础设施互联互通建设，推动形成全方位开放新格局。

(2)推动"一带一路"建设

"一带一路"是经济全球化新形势下深化对外开放的构想，它包括"丝绸之路经济带"和"21世纪海上丝绸之路"。"一带一路"建设顺应了地区和全球合作潮流，契合中国和沿线国家的经济发展需要，符合有关各方的共同利益，对于提升中国的开放型经济水平具有重要意义。

"一带一路"建设秉持共商、共建、共享的原则。共商，就是集思广益，兼顾相关各方的利益和关切，体现各方的智慧和创意。共建，就是各施所长、各尽所能，把各方优势和潜能充分发挥出来，持之以恒加以推进。共享，就是让建设成果更多更公平地惠及"一带一路"沿线的各国人民，打造更紧密的利益共同体和命运共同体。

构建陆上经济合作走廊和海上经济合作走廊，从而实现沿线国家的互联互通，这是"一带一路"建设的重点。推动"一带一路"沿线国家的基础设施建设，是实现互联互通的物质基础。我国在基础设施建设领域具备国际竞争优势，"一带一路"为国内相关龙头企业"走出去"提供了历史新契机，这些企业的国际化经营水平也将随之得到提升。为了打破互联互通的融资瓶颈，由中国主导成立了丝路基金、亚洲基础设施投资银行等金融机构。借助于这些金融机构的资本运作，我国与沿线国家将以互联互通为起点在更广泛的领域展开经济合作，我国的开放型经济水平将进一步提升，国内经济结构调整和经济发展方式转变也将获得更有利的外部条件。

总之，践行五大理念，依赖于创新驱动发展战略，推动全面创新。要统筹科技体制改革和经济社会领域改革，统筹推进科技、管理、品牌、组织、商业模式创新，统筹推进引进来走出去合作创新，实现科技创新、制度创新、开放创新的有机统一和协同发展。就是要以全球视野谋划和推动自主创新，加快转变经济发展方式，推动经济社会生态的协调发展发展。

三、主动适应和引领经济发展新常态

我国经济发展进入新常态，是党的十八大以来以习近平同志为核心的党中央做出的重大战略判断，推进供给侧结构性改革是我国经济发展进入新常态的必然选择。认识新常态，适应新常态，引领新常态，是当前和今后一个时期我国经济发展的大逻辑，对于推动经济持续健康发展，协调推进"四个全面"战略布局，具有重大而深远的意义。

1. 中国经济发展进入新常态

科学认识当前形势，准确研判未来走势，必须历史地、辩证地认识我国经济发展的阶段性特征，准确把握经济发展新常态。

经济发展新常态主要有几个特点：一是从高速增长转为中高速增长。二是经济结构不断优化升级，第三产业、消费需求逐步成为主体，城乡区域差距逐步缩小，居民收入占比上升，发展成果惠及更广大民众。三是从要素驱动、投资驱动转向创新驱动。中国经济发展呈现出一系列趋势性变化。从消费需求看，过去的模仿型排浪式消费基本结束，个性化、多样化消费渐成主流；从投资需求看，传统产业投资相对饱和，而基础设施互联互通和一些新技术、新产品、新业态、新商业模式的投资机会大量涌现；从出口和国际收支看，制造业的低成本比较优势发生转化，但出口竞争优势依然存在，高水平引进来和大规模走出去正在同步发生；从生产能力和产业组织方式看，传统产业供给能力过剩，产业结构升级和生产相对集中将成为一般趋势，新兴产业、服务业、小微企业作用更加凸显；从生产要素相对优势看，要素的规模驱动力减弱，经济增长将更多依靠人力资本质量和技术进步；从市场竞争特点看，过去主要是数量扩张和价格竞争，现在正逐步转向以质量型和差异化为主的竞争；从资源环境约束看，环境承载能力已经达到或接近上限，必须向绿色低碳循环发展新方式转变；从经济风险积累和化解看，以高杠杆和泡沫化为主要特征的隐性风险逐步显露，必须建立健全化解各类风险的体制机制；从资源配置模式和宏观调控方式看，全面刺激政策的边际效果明显递减，要通过发挥市场机制作用探索未来产业发展方向，科学进行宏观调控。这些趋势性变化表明，我国经济发展出现了重大的变化，进入了新常态。

我国经济发展新常态是一个有着确定愿景、随实践不断发展变化的过程。目前的状态只是新常态的一个起始点，它正引领我国经济进入一种综合动态优化过程。正确理解

和把握经济发展新常态,我们要清醒地认识到,新常态开拓了通往新繁荣的康庄大道,创造了新的战略机遇,提供了新飞跃的要素、条件、方法和环境。但机遇要变成现实,还有待以壮士断腕的决心积极推进各个领域的改革,切实完成转方式、调结构的历史任务。我国经济发展面临许多新矛盾新问题,但更要看到,我国经济仍然大有发展的总体形势没有改变,完全有条件、有可能做到调速不减势、量增质更优,实现经济增长保持中高速、产业迈向中高端。

2. 经济新常态下加快转变发展方式的主攻方向

中国经济发展已经步入了新常态。所谓经济新常态就是经济结构的对称态,是在经济结构对称态基础上的经济可持续发展。经济新常态注重调结构、稳增长,用增长促发展,用发展促增长,是把GDP增长放在发展模式中去定位。可见,经济新常态下,战略性结构调整是加快转变经济发展方式的主攻方向。而调整经济结构是实现经济发展方式转变的战略重点,是提升国民经济整体素质、赢得国际经济竞争主动权的战略重点和根本途径。因为解决社会矛盾和生态环境问题的症结都指向了经济结构的调整。

(1)实现投资主导型向消费主导型经济增长模式的转变

扩大消费一方面要提高收入和改善预期,另一方面扎实推进供给侧改革,适应不同层次消费者的需求。

第一,提高居民收入水平。要多渠道增加城乡居民工资性、经营性、财产性、转移性收入,普遍提高城乡居民收入水平与生活质量。要合理调节收入分配格局。着力提高低收入者收入,扩大中等收入者比重,合理调节过高收入,打击非法收入,努力缩小城乡、区域、行业收入差距。

第二,扩大社会保障范围,提高社会保障水平。要建立科学的社会保障体系,合理确定保障标准和方式,增加财政的社会保障投入,多渠道筹措社会保障基金。要继续推进社会保险扩面覆盖工作,将城乡各类符合条件的群体纳入相应的社会保险范围,提高城镇职工基本养老保险、城乡居民社会养老保险、城镇基本医疗保险参保率和新农合参保率,全面落实社会保险政策待遇,完善失业、工伤、生育保险制度。要推进社会养老服务体系建设,加大城乡住房保障力度。要完善社会救助帮扶政策促增收,建立及时高效的社会救助体系,确保困难群众、特殊群体基本生活水平不断提升,提高困难群体的救助标准,建立社会救助与物价联动机制。

第三,积极推进供给侧结构性改革。供给侧结构性改革是在我国由计划经济向市场经济转轨过程中,市场机制不能充分发挥作用的前提下,不得不由政府强迫企业的生产经营活动从供给角度做出重大调整以适应社会需求的改革措施。其实质就是要使企业根据百姓或企业的不同需求层次组织生产,尤其要根据中高层次消费者对产品的更优功能、更亮品牌、更安全、更放心的消费需求组织企业生产,加快培育形成新的增长动力,改善我国以低层次产业结构为主的供给结构,实现持续的、更高水平的发展,以满足人民的需要。目前我们在去产能上正在加大调整力度,大力推进供给侧结构性改革,主动调节供求关系,计划用5年时间再压减粗钢产能1亿至1.5亿吨,用3到5年时间再退出煤炭产能5亿吨左右、减量重组5亿吨左右。

(2)实现投资结构调整,提升投资的有效性和针对性

对内要改变过去投资结构“三多三少”的局面,适当减少政府主导的“铁公基”投资,增加民营资本参与和主导的关键产业投资;减少对传统行业投资,增加对高新产业、教育、医疗投资;适度减少依赖银行贷款进行的投资,增加依靠直接融资手段完成的投资。消除导致社会资金运用效率大幅度降低、导致货币信贷资金推动经济增长的边际效率持续下降的内在因素。对外要进一步扩大对外直接投资,为国内产业转型升级腾出资源和发展空间,化解产能过剩问题。

(3)实现经济增长动力的转变,以“提质增效”为中心

【案例导入3-6】

智能工厂在路上

在机械、汽车、航空、船舶、轻工、家用电器和电子信息等离散制造领域,不少企业重视发展其智能制造。例如,广州数控通过利用工业以太网将单元级的传感器、工业机器人、数控机床,以及各类机械设备与车间级的柔性生产线总控制台相连,利用以太网将总控台与企业管理级的各类服务器相连,再通过互联网将企业管理系统与产业链上下游企业相连,打通了产品全生命周期各环节的数据通道,实现了生产过程的远程数据采集分析和故障监测诊断。

再如,三一重工的总装车间,有混凝土机械、路面机械、港口机械等多条装配线,通过在生产车间建立“部件工作中心岛”,即单元化生产,将每一类部件从生产到下线所有工艺集中在一个区域内,犹如在一个独立的“岛屿”内完成全部生产。这种组织方式,打破了传统流程化生产线呈直线布置的弊端,在保证结构件制造工艺不改变、生产人员不增加的情况下,实现了减少占地面积、提高生产效率、降低运行成本的目的。目前,三一重工已建成车间智能监控网络和刀具管理系统、公共制造资源定位与物料跟踪管理系统、计划、物流、质量管控系统、生产控制中心(PCC)中央控制系统等智能系统,还与其他单位共同研发了智能上下料机械手、基于DNC系统的车间设备智能监控网络、智能化立体仓库与AGV运输软硬件系统、基于RFID设备及无线传感网络的物料和资源跟踪定位系统、高级计划排程系统(APS)、制造执行系统(MES)、物流执行系统(LES)、在线质量检测系统(SPC)、生产控制中心管理决策系统等关键核心智能装置,实现了对制造资源跟踪、生产过程监控,计划、物流、质量集成化管控下的均衡化混流生产。

案例思考:

1. 这些企业努力推进生产设备(生产线)智能化,拓展基于产品智能化的增值服务,推进车间级与企业级系统集成,推进生产与服务的集成,将给企业带来哪些核心竞争力?

2. 我国产业结构的调整和升级会有何意义?

加快经济增长动力主要依靠物质资源消耗向主要依靠科技进步、劳动者素质提高、管理创新的转变。“提质增效”是转变经济增长方式的中心任务,这里的“质”不仅仅是指质量合格,更是指切合需求的高品质,高品质注重功能先进、环保、安全。这里的“效”

既指高生产效率,也指高经济效益和高社会效益。所以它更多依赖中国装备、依托中国品牌,实现由中国制造向中国“智”造的转变,由中国速度向中国质量的转变,由中国产品向中国品牌的转变,推动产品供给向优质环保转变,生产过程向节约高效转变,生活方式向绿色低碳转变。

(4)协调利益关系,切实保障改善民生

利益关系是指围绕着物质利益的占有所发生的人与人之间的经济关系,其核心是物质利益。由于物质利益关系不能得到合理协调,引发社会矛盾是目前十分突出的社会问题。解决人与人各种矛盾冲突的关键是政府和企业更多地考虑和关注民生,保障改善民生。所谓民生,就是人民的基本生存和生活状态,以及人民的基本发展机会、基本发展能力和基本权益保护的状况等,具体涉及劳动就业、社会福利、义务教育、基本住房、最低生活保障、社会救助、环境保护等方面的内容。共享理念正是从这点出发提出的。

这要求政府工作人员必须牢记全心全意为人民服务的宗旨,一切为了人民,要深入了解民情、民意,努力为民排忧解难,始终把便民、利民、惠民、改善民生和维护人民的根本利益作为一切工作的出发点和落脚点,让人民更多地分享改革开放的成果。政府既要加大财政对教育、医疗、文化、社会保障、群众体育等有关民生的社会事业的投入,更要关注投入资金使用的覆盖面和合理性。要健全社会保障制度,提高民众的生活水平和质量。要积极推进产业结构调整,加快发展以现代服务业为重点的第三产业,更好地解决就业问题,增加和平衡城乡居民收入。要深化收入分配制度改革,通过调整税收政策,缩小贫富差距,特别是要加大对困难群众的精准帮扶力度,计划在2020年前实现现行标准下5700多万农村贫困人口全部脱贫,贫困县全部摘帽,促进社会公平。要更公平、公开、公正地解决百姓的住房问题,抑制地价房价的过度上扬,坚决实行政务公开,全国信息联网,打击腐败行为,为百姓监督提供更好的平台。

领导干部在处理利益矛盾问题引发的群体性事件时,应深入调查、慰问劝说为主,要用谈判、妥协、讨价还价的方式来解决,不能动不动就强硬驱散和逮捕拘留。征地强拆、环境维权、官民冲突等公共利益受损因素或族群冲突、社会纠纷等个人利益受损因素引发的矛盾属于人民内部矛盾,而不是敌我矛盾。防止将一般的社会矛盾与威胁稳定的政治社会危机混为一谈,政府必须能够容纳冲突并能够用好的制度化方式解决冲突。正确处理人民内部矛盾要着眼于最大限度增加和谐因素、最大限度减少不和谐因素,创造良好社会环境。注重从源头上减少矛盾,注重维护群众权益,注重做好群众工作,注重加强和创新社会管理。

3. 转变发展方式,调整经济结构

转变经济发展方式、调整经济结构,是适应和引领经济发展新常态的关键,也是实现有质量、高效益、可持续发展的根本途径。

转变经济发展方式,除了涵盖转变经济增长方式的全部内容外,还包括了发展理念的变革、模式的转型、路径的创新,是一种综合性、系统性、战略性的转变,贯穿于经济发展全过程和各领域。在新常态阶段,经济发展方式转变的核心,是实现由主要依靠增加物质资源消耗向主要依靠科技进步、劳动者素质提高、管理创新的转变。经济发展方式的转变有利于质量和效益、就业和收入、环境保护和资源节约的协调推进，由此实现的经济增长建立在结构优化、质量提高、效益改善的基础上，是实实在在没有水分的增长。

调整经济结构是转变经济发展方式的战略重点。经济结构的调整主要包括调整生产与消费的关系，第一、第二和第三产业的关系，区域的竞争互补关系等。在调整经济结构的过程中，要坚定不移地继续发展壮大实体经济，实行更加有利于实体经济发展的政策措施，促进产业结构向中高端转换。为此，需要加快推动以下三个转变：一是强化生产的需求导向，促进经济增长由主要依靠投资、出口拉动向依靠消费、投资、出口协调拉动转变；二是积极发展第一、第三产业，促进经济增长由主要依靠第二产业带动向依靠第一、第二、第三产业协同带动转变；三是推动战略性新兴产业、先进制造业的健康发展，以信息化促进我国经济从工业化向新型工业化转变。

4. 强化经济金融风险防控

2008 年国际金融危机表明，过度负债和过度投机所引发的虚拟经济泡沫，是加剧资本主义内生性矛盾的重要因素。随着我国金融市场的发育成长，过度负债和过度投机的风险也在增大，由此引发的实体经济和虚拟经济间的失衡成为影响社会主义市场经济稳定与发展的重大因素。伴随着经济增速的下降，以高杠杆和泡沫化为主要特征的各类风险逐步显性化，但风险总体可控。

从实体经济部门看，风险主要来自于经济增速下降和产业结构调整所引起的结构性衰退，尤其是传统产业部门的衰退风险更为明显，这也加剧了失业风险的程度。从虚拟经济部门看，风险包括内源性和外源性两方面。过度债务负担和过度金融投机是当前主要的内源性风险，前者表现为企业和地方政府的过高负债率，后者表现为房地产和股市泡沫的膨胀。美元霸权和国际游资冲击是当前主要的外源性风险，它们往往结合起来引发汇率市场的剧烈波动。

以有效的经济治理和宏观调控来防控经济金融风险，是适应和引领新常态的重要内容。必须看到，中国仍是世界上最具经济活力的国家，实体经济的良好发展前景从根本上决定了这些风险处于可控范围。逐步化解这些风险，必须建立健全各类风险防控的体制机制，标本兼治、对症下药。一是处理好增长和转变的关系，在保证中高速经济增长的前提下有步骤地推动产业结构调整，避免经济过度失速可能造成的失业及社会问题。二是改革和完善金融市场制度，强化金融市场服务于实体经济发展的功能，抑制金融投机和虚拟经济泡沫。三是建立和规范债务管理及风险预警机制，特别要控制和化解地方政府性债务风险。四是改革和完善外汇管理制度，增进国际和区域金融合作机制，降低跨境金融风险的冲击力。

四、推动城乡发展一体化

城乡二元经济发展的不平衡和不协调，是我国经济社会发展中存在的突出矛盾，是全面建成小康社会、加快推进社会主义现代化必须解决的重大问题。只有推动城乡发展一体化，才能破解二元经济结构，从根本上解决“三农”问题。

1. 坚持中国特色农业现代化道路

坚持中国特色农业现代化道路是推动城乡一体化发展的基础。改革开放以来,我国农业和农村发展取得了举世瞩目的成就,但城乡发展还存在较大差距,其重要原因在于农业生产比较落后,还存在技术含量低、经营方式落后、市场竞争力弱、资源短缺而且过度开发等突出问题。实现城乡一体化发展,必须加快推进农业现代化,走生产技术先进、经营规模适度、市场竞争力强、生态环境可持续的中国特色农业现代化道路。

加快推进中国特色农业现代化,必须转变农业发展方式,即从传统的追求产量和依赖资源消耗的粗放经营方式,逐步转变为数量质量效益并重、注重提高竞争力、注重农业科技创新、注重可持续的集约发展方式。要不断增强粮食生产能力,深入推进农业结构调整,提升农产品质量和食品安全水平,强化农业科技创新驱动作用,创新农产品流通方式,加强农业生态治理,提高统筹利用国际国内两个市场两种资源的能力。

农民收入水平和农村环境状况在很大程度上影响了农业生产的潜力,推动农民增收和新农村建设有利于农业的现代化发展。要着力提高农民收入,优先保证农业农村投入,提高农业补贴政策效能,完善农产品价格形成机制,强化农业社会化服务,推进农村一二三产业融合发展,拓宽农村外部增收渠道,大力推进农村扶贫开发。要扎实推进新农村建设,加大农村基础设施建设力度,提升农村公共服务水平,全面推进农村人居环境整治,引导和鼓励社会资本投向农村建设。

2. 推进以人为核心的新型城镇化

有序推进中国特色的城镇化,使之与农业现代化发展相协调,是解决"三农"问题、推进城乡一体化发展的重要途径。中国特色的城镇化是以人为本、以人为核心的城镇化,这包含三重含义:一是城镇化的目的是提高城镇人口的素质和生活质量,其主要任务是推动在城镇常住的农业转移人口有序实现市民化,推进城乡基本公共服务均等化。二是城镇化的布局要依据资源环境承载能力合理规划,要把城市群作为主体形态,促进大中小城市和小城镇合理分工、功能互补、协同发展。三是城镇化的建设要兼顾效率、生态和文化的关系,在提高城镇建设用地利用效率、提高城镇建设水平的同时,使城镇化发展符合生态环保的要求,符合文化传承的要求。

城镇化是一个自然历史进程,要遵循规律,因势利导,积极稳妥地加以推进。要努力提高农民工融入城镇的素质和能力,根据城市间专业化分工协作和中小城市产业承接能力,因地制宜、分类有序地推进农业转移人口的市民化。要提高城镇建设用地利用效率,守住耕地红线,划定生态红线,稳步推进土地制度改革。要建立多元可持续的资金保障机制,综合利用税收、债券融资、政策性金融等手段为城镇化进程提供资金支持。要优化城镇化的宏观布局和微观空间治理,综合考虑安全、生态和文化等要求,提高城镇的空间规划和建设水平。

3. 加快完善城乡发展一体化的体制机制

城乡二元结构是制约城乡发展一体化的主要障碍。只有健全体制机制,形成以工促农、以城带乡、工农互惠、城乡一体的新型工农城乡关系,让广大农民平等参与现代化进程、共同分享现代化成果,才能逐步缩小城乡差距,促进城乡共同繁荣。为此,需要从以下几个方面加快推进城乡体制机制的改革：

（1）加快构建新型农业经营体系

要坚持家庭经营在农业中的基础性地位，鼓励土地承包经营权在公开市场上向专业大户、家庭农场、农民合作社、农业企业流转，鼓励农村发展合作经济，鼓励和引导工商资本到农村发展适合企业化经营的现代种养业，允许农民以土地承包经营权入股发展农业产业化经营等。

（2）赋予农民更多财产权利

要依法维护农民土地承包经营权，保障农民集体经济组织成员权利，保障农户宅基地用益物权，慎重稳妥推进农民住房财产权抵押、担保、转让试点。

（3）推进城乡要素平等交换和公共资源均衡配置

要保障农民工同工同酬，保障农民公平分享土地增值收益；完善农业保险制度；鼓励社会资本投向农村建设，允许企业和社会组织在农村兴办各类事业；统筹城乡基础设施建设和社区建设，推进城乡基本公共服务均等化。

（4）完善城镇化健康发展体制机制

建立透明规范的城市建设投融资机制，建立和完善跨区域城市发展协调机制，加快户籍制度改革，稳步推进城镇基本公共服务常住人口全覆盖，把进城落户农民完全纳入城镇住房和社会保障体系，在农村参加的养老保险和医疗保险规范接入城镇社保体系，建立财政转移支付同农业转移人口市民化挂钩机制。

本专题思考题、讨论题

1. 如何理解社会主义市场经济体制的内涵及其历史演变？

2. 为什么说调整经济结构、转变发展方式是适应和引领经济新常态的关键？

3. 为什么中国特色的农业现代化是实现城乡发展一体化的基础？

4. 如何理解“一带一路”建设对提升中国开放型经济水平的意义？

5. 从经济全球化的发展趋势看，实现中国经济的快速发展为什么必须进一步提高中国开放型经济水平？

6. 怎样认识我国经济建设中面临的主要问题？

专题四　中国特色社会主义政治建设

政治是人类历史发展到一定阶段出现的社会现象,是建立在一定经济基础之上的上层建筑的核心部分,是以一定的阶级关系为基本内容,围绕国家政权而展开的各种社会活动和社会关系的总和。主要包括政治法律制度、以国家政权机构为主体的各类政治组织形态和设施以及政治意识形态等。中国共产党把马克思主义政治观运用于中国特色社会主义政治实践,形成和发展中国特色社会主义政治理论,建立和完善中国特色社会主义政治制度,全面深化政治体制改革、全面依法治国,坚定不移走中国特色社会主义政治发展道路。

第一节　中国特色社会主义政治理论和制度

一、中国特色社会主义政治理论

发展社会主义民主政治,建设社会主义政治文明,是中国特色社会主义伟大事业的有机组成部分。改革开放以来,中国共产党坚持从中国国情出发,不断深化对发展中国特色社会主义政治的认识,坚定不移地把社会主义民主政治建设推向前进,形成了具有中国特色社会主义政治理论。主要包括以下方面:

1. 关于国家政权性质的理论

中华人民共和国是工人阶级领导的、以工农联盟为基础的人民民主专政的社会主义国家。国家的一切权力属于人民,人民代表大会制度是中国的根本政权组织形式。民主集中制是国家机构的组织活动原则。中国的国家结构形式是单一制。中国实行民族区域自治来解决民族问题,对香港、澳门实行“一国两制”和特别行政区制度。

2. 关于政治发展道路的理论

坚持党的领导、人民当家做主和依法治国的有机统一,走中国特色社会主义政治发展道路。发展社会主义民主政治,需要借鉴人类政治文明的有益成果,但绝不能照搬西方政治制度模式,绝不能放弃社会主义政治制度。要从发展中国特色社会主义的全局出发,积极推进社会主义民主政治建设,使中国特色社会主义政治发展道路越走越宽广。

3. 关于人民民主的理论

民主作为一种国家形态，属于上层建筑，是由社会的经济基础决定的，并最终服务于经济基础。中国的民主是人民民主，其实质是人民当家作主。选举民主和协商民主是中国特色社会主义民主的两种形式。人民民主是社会主义的生命，没有民主就没有社会主义，就没有社会主义现代化。人民代表大会制度、中国共产党领导的多党合作和政治协商制度、民族区域自治制度和基层群众自治制度等，是中国民主制度的基本架构，集中体现了中国社会主义民主政治的特点和优势。

4. 关于社会主义法治的理论

社会主义民主和社会主义法治是不可分割的统一整体，民主是法治的基础和前提，法治是民主的体现和保障，是治国理政的基本方式。必须坚持依法治国、建设社会主义法治国家。依法治国是社会主义民主政治的基本要求，是党领导人民治理国家的基本方略。宪法和法律是党的主张和人民意志相统一的体现，任何组织和个人都不允许有超越宪法和法律的特权。必须坚持有法可依、有法必依、执法必严、违法必究，坚持法律面前人人平等。

5. 关于政治体制改革的理论

政治体制改革是社会主义政治制度的自我完善，是发展社会主义民主政治的必然要求。要适应经济基础深刻变化和人民民主意识不断增强的客观要求，坚持正确的政治方向，积极稳妥地推进政治体制改革。着重加强制度建设，实现社会主义民主政治的制度化、规范化和程序化。

6. 关于新时期爱国统一战线的理论

统一战线是凝聚各方面力量，促进政党关系、民族关系、宗教关系、阶层关系、海内外同胞关系的和谐，夺取中国特色社会主义新胜利的重要法宝。做好新形势下统战工作，必须正确处理一致性和多样性关系，不断巩固共同思想政治基础，同时要充分发扬民主、尊重包容差异，尽可能通过耐心、细致的工作找到最大公约数。党外知识分子工作，是统一战线的基础性、战略性工作。高度重视和做好新经济组织、新社会组织中的知识分子、留学人员及新媒体中的代表人士的工作。

7. 关于尊重和保障人权的理论

尊重和保障人权是发展社会主义民主政治、建设社会主义政治文明的内在要求。人权是具体的、相对的，不是抽象的、绝对的。实现人权的根本途径是经济发展和社会进步。中国始终高度重视人权问题，尊重国际社会人权的普遍性原则同时根据中国国情，切实保障人民的生存权和发展权，依法保障公民的政治权利，不断提高人民享有政治、经济、文化、社会权利的水平。

8. 关于国防和军队建设的理论

建设与我国国际地位相称、与国家安全和发展利益相适应的巩固的国防和强大的军队，是我国现代化建设的战略任务。建设一支听党指挥、能打胜仗、作风优良的人民军队，是党在新形势下的强军目标。要铸牢听党指挥这个强军之魂，扭住能打仗、打胜仗这个强军之要，夯实依法治军、从严治军这个强军之基。坚持把从思想上政治上建设和掌

握军队摆在突出位置,坚持战斗力这个唯一的根本的标准。贯彻总体国家安全观,创新发展军事战略,有效履行军队使命,实行新形势下积极防御军事战略方针,构建中国特色现代军事力量体系,增强全民防范观念,提高国防动员和后备力量建设质量。坚持走军民融合式发展道路,巩固和发展军政军民团结。中国奉行防御性的国防政策,加强国防建设的目的是维护国家主权、安全、领土完整,保障国家和平发展。

二、中国特色社会主义政治制度

政治制度是指在特定的社会中,统治阶级通过组织政权以实现其政治统治的原则和规则的总和。它包括国家政权的组织形式、国家结构形式、政党制度、选举制度等。中国特色社会主义的政治制度是建立在当代中国的经济基础之上的,其本质是实现最广大人民群众的根本利益,保障人民当家做主,保持国家长期稳定和发展。它既体现了人类政治文明发展的优秀成果,又具有鲜明的中国特色和独特优势。关于中国特色社会主义政治制度的内容,可以概括如下:

1. 人民民主专政的国体

国体即国家的阶级属性,主要指社会各阶级在国家中的地位,还有国家赖以建立的社会经济基础。《中华人民共和国宪法》规定,中华人民共和国是工人阶级领导的以工农联盟为基础的人民民主专政的社会主义国家。

人民民主专政,是中国共产党把马克思主义无产阶级专政学说同中国具体实际相结合的伟大创造,是新型民主和新型专政的结合。新型民主,即社会主义民主或人民民主,是指全体人民是国家的主人,拥有管理国家、管理社会各项事业的权利。新型专政,是指全体人民对极少数敌对分子实行专政。人民民主专政依靠人民的积极主动参与,依靠发扬人民民主来实现。坚持人民民主专政,就是坚持人民当家作主,这是人民群众政治利益的集中体现,也是实现人民群众经济、文化利益的根本保证。

(1)人民民主专政的历史特点

人民民主专政理论是无产阶级专政理论在中国具体历史条件下的产物。中国半封建、半殖民地的社会性质,决定了中国革命的发展进程和所建立的革命政权必然具有自己的特点,具体说来主要有:

第一,从革命的道路来看,由于近代中国是一个经济文化落后的半殖民地、半封建的国家,毛泽东同志创造性地运用马克思主义,开创了一条以农村包围城市,武装夺取政权的具有中国特色的革命道路。这样的革命道路决定了中国革命不可能只依赖于无产阶级一个阶级,而必须在无产阶级领导下,广泛团结广大农民阶级和其他革命阶级。

第二,从革命队伍的阶级构成来看,在中国革命过程中,无产阶级是领导阶级,但农民却是革命的主力军,中国的民族资产阶级是一个具有两面性的阶级,一方面,它受帝国主义、封建主义和官僚资本主义的压迫和束缚,与之有矛盾,具有一定的革命性;另一方面,由于它在经济上和政治上的软弱,同帝国主义、封建主义有千丝万缕的联系。因此缺乏彻底的反帝、反封建的勇气,具有妥协性。民族资产阶级也是中国革命队伍中的一部分。中国革命和革命所建立的政权具有自己的鲜明特点。中国的无产阶级在夺取政权和建立政权过程中存在着两个联盟,即不仅存在着工人阶级同农民阶级的联盟,而且还存在着工人阶级同民族资产阶级的联盟。中国的革命经验,集中到一点,就是工人阶级(经过共产党)领导的以工农联盟为基础的人民民主专政。

由此可见,人民民主专政理论是中国共产党在领导中国革命过程中,将马克思主义关于无产阶级专政的理论同中国国情相结合,对无产阶级专政理论的丰富和发展,是无产阶级专政理论在中国具体历史条件下的产物。

(2) 人民民主专政的现实特色

人民民主专政是适合中国国情和革命传统的一种形式,具有鲜明的中国特色:

第一,从政权组成的阶级结构来看,在新民主主义革命时期和社会主义过渡的时期,参加国家政权的不仅有工人、农民和城市小资产阶级,在一定历史时期中还有民族资产阶级。进入社会主义以后,包括知识分子在内的工人阶级、占人口大多数的农民阶级、一切拥护社会主义和拥护祖国统一的爱国者,都属于人民的范畴,在最广大的人民内部实行民主,只对极少数人实行专政。

第二,从党派之间的关系看,实行共产党领导的多党合作与政治协商。这种新型的政党关系是国际共产主义运动史上一个成功的创造,也是我国政治制度中的一个特点和优点。

第三,从概念表述上看,人民民主专政的提法更全面、更明确地表达了人民民主和人民专政这两个相互联系的方面。邓小平指出,人民民主专政"实质上也就是无产阶级专政,但是人民民主专政的提法更适合于我们的国情"。

2. 人民代表大会制度的政体

政体是国家政权的组织形式,即国家政治体系运作的形式。政体是与国体相适应的。由于历史条件和阶级力量对比等具体情况的不同,国体相同的国家,可能采取不同的政体,但都体现同一特定阶级的专政。

(1) 人民代表大会制度是中国的根本政治制度

人民代表大会制度是中国的根本政治制度,是人民当家作主的政权组织形式。民主集中制是人民代表大会的组织原则。人民行使权力的机关是全国人民代表大会和地方各级人民代表大会,它们都由民主选举产生,对人民负责,受人民监督;国家行政机关、审判机关、检察机关都由人民代表大会产生,对它负责,受它监督。人民代表大会制度是符合中国国情、体现中国社会主义国家性质、保证中国人民当家作主的根本政治制度。它植根于人民群众,具有强大的生命力。中国各族人民通过这一根本政治制度牢牢地把国家和民族的前途命运掌握在自己手里。

【知识链接 4-1】

西方的"三权分立"

"三权分立"(checks and balances)亦称三权分治,是西方资本主义国家的基本政治制度的建制原则。其核心是立法权、行政权和司法权相互独立、互相制衡。三权分立具体到做法上,即为行政、司法、立法三大权力分属三个地位相等的不同政府机构,由三者互相制衡。是当前世界上资本主义民主国家广泛采用的一种民主政治思想。“三权分立”作为政治制度确立起来是资产阶级革命的产物。

“三权分立”的理论渊源:三权分立制度最早源于古希腊亚里士多德提出的政体三要素论(议事、行政、审判)。形成于17—18世纪西欧资产阶级革命时期英国资产阶级政治思想家洛克和法国资产阶级启蒙学者孟德斯鸠提出的分权学说。这一学说基于这样一个理论前提,即绝对的权力导致绝对的腐败,所以,国家权力应该分立,互相制衡。资产阶级的思想家们希望据此建立一个民主、法治的国家。其后,美国的潘恩、杰斐逊、汉密尔顿等人进一步发展和完善了这一理论。英法资产阶级革命和美国独立战争以后,三权分立成为资产阶级建立国家制度的根本原则。在当代,尽管西方国家的政治制度发生了很大变化,但三权分立仍然是它的一个根本特点。

“三权分立”的实践历程:在封建社会末期,新生的资产阶级顺应客观形势的变化,主张设议会以限制王权,设法院以维护自由(自由买卖)、公平(等价交换)、人权(财产权)。按照分权的理论原则将国家权力划分为既相互独立又相互制约的三个部分:立法、行政、司法,并建立相应的国家机关,分别行使这三个方面权力。三权之间,既相互分立,各有自己的职权范围,又相互制约,任何一方的权力都受到其他方的限制。“三权分立”一般是通过资产阶级的两党制或多党制来实现的,有的是通过长期执政的一个政党内部的不同派系来实现的。这些政党和派系分别代表了资产阶级内部不同的利益集团。

“三权分立”这种制度相对于封建专制统治与个人独裁是一种进步,是同资本主义经济和政治特征相适应的精巧设计。它有利于调整资产阶级内部各党派、各利益集团之间的利益矛盾,有助于维护资产阶级的民主制度和保持资本主义社会的稳定。资产阶级内部存在着大量的政治派别和利益集团,他们通过分权制约的方式来协调内部不同利益冲突。所以“三权分立”的实质是阶级分权和资产阶级内部不同利益集团之间的分权,是实行资产阶级专政、维护资本统治的有力工具。“三权分立”在法律上和实践中的表现就是分权和制衡。

(2) 我国人民代表大会制度和“三权分立”制度的本质区别

我国人民代表大会制度和“三权分立”制度虽然都是政权组织形式,作为国家政体,这两种制度有着本质区别。一是人民代表大会与西方议会有着根本区别,人民代表大会没有议会党团,也不以界别开展活动。二是人大和“一府两院”的关系与西方国家的国家机关有本质不同,人民代表大会统一行使权力,“一府两院”由人大产生,对人大负责,受人大监督。三是人大代表与西方议员有本质区别。全国人大代表来自各地区、各民族、各方面,具有广泛代表性,不像西方议员是某党某派的代表。

【案例导入4-1】

美利坚合众国宪法中的“三权分立”和“制约与平衡”原则

1787年的《美利坚合众国宪法》由序言和7条正文组成,至今有26条修正案。

宪法第1条共10款,规定立法权。联邦立法权属于由参议院和众议院组成的合众国国会。参议院由各州选派议员2人组成，任期6年，每2年更换其中的1/3；众议院由各州按人口比例选举产生，每2年选举一次。除立法权外，国会还有宣战权、提出及批准宪法修正案的权力，以及对总统进行弹劾的权力等。

宪法第2条共4款，规定行政权。联邦行政权属于合众国总统。总统是政府首脑，又是国家元首和武装部队的总司令，由选举产生，任期4年。总统拥有指挥和监督联邦全部行政的大权，有官吏任免权、发布行政命令权、外交权、军事权、事实上的提案权以及赦免权等。

宪法第3条共3款，规定司法权。联邦司法权属于最高法院及国会随时制定与设立的初级法院。联邦法院法官由总统经参议院同意任命，如无失职行为，得终身任职。法院审理案件时不受总统和国会的干涉。最高法院审理重要的民事、刑事案件，审理联邦下级法院以及与联邦利益有关的各州法院的上诉案件。同时，最高法院还掌握司法审查权。

根据宪法规定：国会有权立法，但总统对国会的立法享有批准权或否决权，联邦最高法院亦可利用司法审查权宣布其违宪而使之失效。总统有行政权，但总统任命部长、最高法院法官和缔结条约，必须经参议院2/3议员的同意；总统虽可否决国会通过的法案，但国会两院如各经2/3议员再次通过，即可推翻总统的否决，当然生效；总统如有违法失职行为，国会则可进行弹劾。联邦最高法院以及依国会立法所建立的各级联邦法院有司法权，司法独立，但联邦法院的法官须经总统任命，国会批准；国会还可以弹劾联邦最高法院的法官。宪法所规定的政权组织形式，典型地体现了三权分立、相互制衡的组织原则。

中国近代史上的“三权分立”

1911年辛亥革命胜利后，孙中山就经根据“三权分立”原则，起草通过了《中华民国临时约法》。但是，辛亥革命的成果很快被袁世凯窃取。袁世凯上台后废除了临时约法，搞了一个所谓新的约法，实质上是实行封建军阀的独裁制。此后又有“曹锟宪法”和国民党政府的训政时期约法、“中华民国法”等，但这些都没有给中国人民带来真正的民主和自由。历史证明，在中国照搬西方政治体制的模式是一条走不通的路。新中国成立后，人民代表大会制度被确定为我国的根本政治制度。历史和实践得出这样的结论：人民代表大会制度是马克思主义国家学说和我国政治实践相结合的伟大创造，是近代以来中国政治发展的必然结果，是中国共产党带领各族人民长期奋斗的重要成果。

陈水扁家族腐败案

民进党2000年上台后，从“反商”走向政商结合，使得经济萧条、政治腐败、民怨沸腾。从陈水扁之妻与陈水扁手下人马涉嫌内线交易，到高捷、高铁弊案的政商勾串，再到党籍“立法委员”开医院吃健保，腐败无孔不入，几乎到了头顶生疮、脚底流脓的地步。贪腐毒瘤已经深入到台湾当局的脏腑，已经揭露的弊案表明，民进党当局在非常广泛的领域内，进行集团式的、大规模的、系统的官商勾结、利益输送、贪赃自肥。有报道说，仅高捷弊案就涉及利益输送超过150亿元新台币。

台湾高等法院2009年6月11日进行二审宣判，就陈水扁家族涉及的公务机要费、台

开案、南港展览馆、龙潭购地及洗钱案等六大弊案，陈水扁从一审无期徒刑被改判为20年有期徒刑，罚金1.7亿新台币，其妻吴淑珍也被改判为20年有期徒刑，罚金2亿新台币。陈水扁儿子陈致中被判1年零2个月，其妻黄睿靓缓刑4年，罚1千万新台币。

案例思考：

为什么说人民代表大会制度是近代以来中国政治发展的必然结果？

3. 中国共产党领导的多党合作和政治协商制度

(1)中国共产党领导的多党合作和政治协商制度是中国特色社会主义的政党制度，也是中国的一项基本政治制度

中国共产产党的领导是这一制度的前提和基础，多党合作是这一制度的核心内容，政治协商是中国民主政治的重要形式。宪法和法律是各政党活动的基本准则。

中国人民政治协商会议是中国共产党领导的多党合作和政治协商机构，是中国人民爱国统一战线组织。各民主党派通过中国人民政治协商会议参政议政，行使民主权利。

这一制度的政治优势在于：既能实现广泛的民主参与，集中各民主党派、各人民团体和各界人士的智慧，促进执政党和各级政府决策的科学化、民主化，又能实现集中统一，统筹兼顾各方面的利益要求。

【知识链接4-2】

中国的民主党派

中国民主党派包括中国国民党革命委员会、中国民主同盟、中国民主建国会、中国农工民主党、中国民主促进会、中国致公党、九三学社和台湾民主自治同盟。

这8个爱国民主党派是在抗日反蒋斗争中逐步形成和发展起来的，同中国共产党有长期合作的历史，先后响应中国共产党1948年5月1日提出的召开新政治协商会议的号召，1949年参加了中国人民政治协商会议。中华人民共和国成立后，中国共产党同各民主党派坚持和完善共产党领导的多党合作和政治协商制度，为社会主义建设事业服务。

中国人民政治协商会议

中国人民政治协商会议是中国共产党领导下，由中国共产党、8个民主党派、无党派民主人士、人民团体、各少数民族和各界的代表，台湾同胞、港澳同胞和归国侨胞的代表，以及特别邀请的人士组成，具有广泛的社会基础。

1948年4月30日，中共中央发布纪念“五一”国际劳动节的口号，提出召开新的政治协商会议，成立民主联合政府的号召，各民主党派、各人民团体、无党派民主人士及国外华侨积极响应，参加筹备新政治协商会议。

1949年6月15日，新政治协商会议筹备会在北平开幕。9月17日，新政治协商会议筹备会第二次全体会议正式决定将新政治协商会议定名为“中国人民政治协商会议”。

1949年9月21日，中国人民政治协商会议第一届全体会议在北平隆重举行，代行全国人民代表大会职权。会议通过了《中国人民政治协商会议共同纲领》等文件，还通过了

关于国旗、国歌、国都、纪年等项决议，选举了中国人民政治协商会议第一届全国委员会的委员。

1954 年 9 月，全国人民代表大会第一次会议在北京召开后，人民政协作为中国共产党领导的人民民主统一战线的组织形式而继续存在。

（2）中国共产党领导的多党合作和政治协商制度具有显著特征

中国共产党领导的多党合作和政治协商制度是同我国国体相适应的政党制度。这一政党制度的显著特征是：共产党领导、多党派合作，共产党执政、多党派参政。由此形成的政党制度形态和政党关系构造，不仅是历史形成的，更是国家利益和人民意愿的体现。

【案例导入 4-2】

西方多党制不可克服的弱点

西方多党制在实际运行中暴露出很多弊端，不能盲目照搬。这种政党制度有一些难以克服的弱点。其一是具有短期行为，过多地考虑局部利益。西方国家的政党都是代表各个利益集团的政治工具，所关心的是各自所代表集团的利益，强调竞争，强调选票，执政党从自己的政党利益出发，只做对自己政党选举有利的事，这样就必然缺乏政策的连贯性和长期性。由于议员由地方选举产生，候选人基于选票的考虑，更加重视地方的利益和局部利益。其二是多党竞选要耗费大量的金钱，政治深受利益集团的操纵和控制。据统计，美国大选的花费在 2000 年高达 30 亿美元，2004 年又接近 40 亿美元，2008 年更是高达 53 亿美元。显然，没有大资本集团的资金支持，各党派不可能进行权力角逐，政治家的行为不可避免地要受利益集团的影响和控制。其三是容易激化社会矛盾，导致社会动荡。为了拼选举，各政党相互攻击对方，引起拥护各自政党的民众对立，其结果是人为地扩大和深化了社会分歧，并导致政局不稳，影响经济发展。其四是党派间的竞争导致社会改革困难重重。任何一种变革都会导致利益的调整，从短期来讲，肯定会有得利较多的一方，也会有失去利益比较多或者得利较少的一方，这种变革自然会引起后者的反对，而这种反对的力量必然会被反对党所利用，从而加大了变革的难度。一些政党通过选举上台，轮流执政，表面上看非常热闹，非常民主，实质上无论谁在台上，实行的政策大同小异，都不会改变资产阶级专政的实质。近年来，西方民众选举热情淡漠，投票率连年下降，就是因人们逐渐看到了这种“民主游戏”的实质。最后，西方多党制被移植到一些发展中国家后带来了灾难性后果。西方多党制是资产阶级在反对封建专制的斗争中逐渐形成并不断完善的，是与各国的经济社会状况和文化传统相适应，尽管有许多弊端，但由于一些发达国家在经济上有一定实力，法制也比较健全，人们便逐渐适应了这样的制度，因而其弊端也就在大众的容忍范围之内了。这样具有明显缺陷的制度，虽然在西方一些发达国家能够运行，但在一些民主制度不够健全、大众民主意识比较欠缺、缺乏实行民主的文化传统和习惯的发展中国家就很难行得通。这也是美国等西方发达国家在发展中国家推行西方多党制度屡受挫的重要原因之一。冷战结束后，非洲许多部落众多

的国家在西方压力和影响下，宣布实行多党制，结果导致政党林立、竞争激烈，社会矛盾激化，经济停滞、政治动荡，国家陷入了长期纷乱之中。一些原社会主义国家的历史教训证明，放弃党的领导，社会主义社会的性质就会改变，人民当家做主的地位就会改变。事实告诉我们，不能盲目照搬别国的政党制度，否则就会给国家和民族带来灾难性后果。总之，各个国家的国情不同，民主的发展道路和由此所形成的民主模式自然也应该是多样化的，这也是人类文明发展多样性的具体体现。中国必须要坚持中国共产党领导的多党合作和政治协商制度，而不能照搬西方的多党制。

中国近代历史发展中多党制的失败

中华民族的近代历史在"中国社会向何处去"的道路上探索前行。爱国志士仁人向西方寻找救国救民真理的努力一次次失败，证明了"照搬西方资本主义的其他种种方案，都不能完成中华民族救亡图存的民族使命和反帝反封建的历史任务"。

辛亥革命后资产阶级革命党人曾试图将西方多党制移植到中国来，没有成功。1912年，中华民国成立，1912年8月25日，同盟会联合数个小型政党组成国民党。1913年初，国民党在代理理事长宋教仁领导下，于全国选举中在参议院与众议院皆获得最多席次成为国会最大党。同年3月20日，宋教仁欲循欧洲"内阁制"惯例，以党首身份北上组阁之际于上海火车站被暗杀。后孙中山等人发动"二次革命"与"护法运动"，被袁世凯武力镇压。1913年11月袁世凯下令解散国民党，最终走上专制独裁道路。

抗日战争胜利后，国共重庆谈判和政治协商会议的召开，以民盟为代表的一些民主人士也希望中国能搞多党制，走"中间道路"，现实还是破灭了他们的幻想。1946年6月，蒋介石悍然发动内战，11月12日召开了由国民党一手包办的"国民大会"，青年党、民主社会党追随了国民党。次年3月，国民党当局限期令中共驻南京、上海、重庆三地代表及工作人员全部撤退。至此，国共关系彻底破裂。5月，国民党公布伪造的《中共地下斗争路线纲领》，公然诬蔑民主同盟、民主促进会、三民主义同志联合会等"受中共之命，而准备甘为中共之新的暴乱工具"。10月，国民党当局宣布民盟"为非法团体"，明令对该组织及其成员的一切活动"严加取缔"。这就"使在蒋介石统治下进行任何和平运动、合法运动、改良运动的最后幻想归于破灭"。

案例思考：

为什么说"半殖民地半封建社会的中国国情决定了选择中国社会主义政党制度的历史必然性"？

4. 民族区域自治制度

(1)民族区域自治制度是中国的一项基本政治制度

中国有56个民族，以汉族为主体民族，其他55个民族为少数民族。民族区域自治是指在国家的统一领导下，以少数民族聚居区为基础，建立相应的民族自治地方，设立民族自治机关，行使宪法和法律规定的自治权的制度。

民族区域自治是中国共产党运用马克思主义民族理论解决我国民族问题的一大创造，是解决我国民族问题的基本政策，体现了国家尊重和保障少数民族自主管理本民族内部事务的权利，体现了民族平等、民族团结、各民族共同繁荣发展的原则，体现了民族因素与区域因素、政治因素与经济因素、历史因素与现实因素的统一。

【知识链接 4–3】

民族区域自治简况

1947 年 5 月，我国成立了第一个省级的民族自治区——内蒙古自治区。新中国成立前夕，中国人民政治协商会议北京召开，有多个少数民族代表（正式代表十人、候补代表二人）出席会议，正式确定我国实行民族区域自治制度。会议通过的《中国人民政治协商会议共同纲领》第五十一条明文规定："各少数民族聚居的地区，应实行民族的区域自治，按照民族聚居的人口多少和区域大小，分别建立各种民族自治机关。凡各民族杂居的地方及民族自治区内，各民族在当地政权机关中均应有相当名额的代表"。

新中国成立后，我国又先后建立了 4 个省级自治区：新疆维吾尔自治区（1955 年 10 月 1 日）；广西壮族自治区（1958 年 3 月 15 日）；宁夏回族自治区（1958 年 10 月 25 日）和西藏自治区（1965 年 9 月 9 日）。实行民族区域自治的民族达到 44 个。1954 年，中华人民共和国一届人大一次会议制定并通过的《中华人民共和国宪法》将民族区域自治制度写入宪法，成为我国的基本政治制度之一。

（2）民族区域自治制度的优越性

我国民族区域自治制度的显著特点是民族区域自治和集中统一领导的正确结合，显示出了巨大的优越性。

第一，有助于把国家的集中统一和少数民族自治结合起来。它妥善地解决了国家统一和民族自治的关系，既维护了国家主权、统一，又保障了少数民族管理本民族地区事务的自主权利。

第二，有助于把国家方针政策和少数民族地区具体特点结合起来。在执行国家的方针政策过程中，结合民族地区特点，做到因民族制宜、因地区制宜，从而有利于民族自治地方经济和社会各项事业的发展。

第三，有助于把国家富强和民族繁荣结合起来。在进行社会主义现代化建设的过程中，政府要对少数民族地区经济发展给予扶持和帮助，从而把民族地区丰富资源和先进技术结合起来，把人力和物力结合起来，在民族共同富裕的同时，国家也强盛起来。

第四，有助于把各族人民热爱祖国的感情和热爱本民族的感情结合起来。各民族维护祖国主权和统一，保卫边疆，既是热爱祖国又是热爱民族的表现，既维护了国家的最高利益，又维护了民族自身的利益。

5. 基层群众自治制度

基层群众自治制度是中国的一项基本政治制度，是依照宪法和法律的规定，由居民（村民）选举的成员组成居民（村民）委员会，实行自我管理、自我教育、自我服务、自我监督的制度。基层群众自治是人民依法直接行使民主权利的制度保障，是人民当家做主最有效、最广泛的途径。

基层群众自治制度的特点和优势：实现了高层民主与基层民主、间接民主与直接民主的结合；实现了基层群众的主体作用与国家的主导作用相结合；实现了适应经济社会发展与促进社会经济发展的统一；实现了民主的创新性与渐进性的统一。

【案例导入 4-3】

基层民主的启发

在贵州省锦屏县平秋镇圭叶村，一个公章一切为五，五人分持，村干部要用公款报销什么账目，必须几个村民代表共同同意，合印盖章，方能兑现。从媒体报道的图片上看，装在切掉一半的一次性塑料水杯中的“五合章”，质朴而庄重，盖出大印，却朱红清晰，堂堂正正。就如同印章背后的这个农民自创的民主理财制度，看去简单明了，却实在、管用。

小小的“五瓣公章”，给人以启发。

民主不是高不可攀的，而是与我们每一个人的切身利益都息息相关的“日常必用品”。沿海发达地区需要民主，穷乡僻壤如贵州贫困村，同样需要民主，而且能够实现民主。发达地区投资几亿的项目是否上马，需要民主决策；这里十几块的酒钱该不该入账，也需要民主定夺。发达地区可以在规范的理论指导下，自觉推进民主进程；落后地区同样可以在现有条件下，合理实现民主治理。

正如十七大报告所言，“人民依法直接行使民主权利，管理基层公共事务和公益事业，实行自我管理、自我服务、自我教育、自我监督，对干部实行民主监督，是人民当家做主最有效、最广泛的途径，必须作为发展社会主义民主政治的基础性工程重点推进。”

“人民民主是社会主义的生命”。只要我们有追求公平正义的真诚之心，民主就是题中必有之义，就是完全能够逐步实现的目标。

“五瓣公章”还告诉我们，民主不需要华丽的外表、昂贵的形式。一个质朴的“五瓣公章”，就可以推进一个村庄的民主理财进程。可有的地方，财务制度有厚厚的一大摞精装本，却还是管不住领导的“一张嘴”。我们追求的民主，是拿来用的，不是拿来看的，更不是装点门面的。实现民主，需要通过一定的形式、付出一定的成本来实现，但形式是可以千变万化的，有些成本也是可以大大降低的。

现在，一些地方的基层选举，排场很大，程序繁复，耗费了大量人力物力，但选民的参与感和主人翁的感觉却很低。相反，当年我党领导的解放区基层选举，甚至连选票都没有印，候选人背对选民一字排开，大家想选谁，就往谁身后的碗中扔颗豆子。低成本、零排放（用过的豆子还可以煮了吃），却让群众有了当家做主的喜悦，有了“解放区的天是明亮的天”的感觉。

案例思考：

“五瓣公章”这种民主实践形式有何借鉴意义？

第二节 中国特色社会主义政治实践概况

一、中国特色社会主义政治发展道路

中国特色社会主义政治发展道路，就是高举人民民主旗帜，从中国国情出发，坚持党的领导、人民当家做主、依法治国有机统一，以保证人民当家做主为根本，以增强党和国家活力、调动人民积极性为目标，扩大社会主义民主，加快建设社会主义法治国家，发展社会主义政治文明。实践证明，中国特色社会主义民主政治具有强大生命力，中国特色社会主义政治发展道路是符合中国国情、保证人民当家做主的正确道路。

1. 中国共产党始终高扬人民民主这面光辉旗帜，为实现人民民主而奋斗

(1)新民主主义革命时期的民主探索

中国共产党自成立之日起，就以争取和实现人民当家做主为己任，并为此进行了艰苦卓绝的斗争。中共二大制定了反帝反封建的民主革命纲领，明确提出要建立“真正的民主共和国”和劳农专政的政治目标。土地革命战争时期，中国共产党在根据地建立了工农民主政权。1931 年 11 月，在江西瑞金召开的第一次全国工农兵代表大会，成立了中华苏维埃共和国中央工农民主政府，《中华苏维埃共和国宪法大纲》规定：中华苏维埃政权所建立的是工人和农民的民主专政国家，在苏维埃政权下，所有工人农民红军士兵及一切劳苦民众都有权选举代表参加政权的管理，从而开创了人民民主政治制度的历史。

1937 年 5 月，毛泽东在延安中共全国代表会议上做了题为《中国共产党在抗日时期的任务》的报告，论述了民主政治在抗日战争中的重要性，指出，争取民主是目前发展阶段中革命任务的中心一环。“看不清民主任务的重要性，降低对于争取民主的努力，我们将不能达到真正的坚实的抗日民族统一战线的建立。”毛泽东提出，中国必须进行两个方面的民主改革，一是将政治制度上国民党一党派一阶级反动独裁政体，改变为各党各阶级的民主政体；二是实现人民的言论、集会、结社自由。1937 年 5 月，周恩来著文提出，召集国民大会实施宪政的先决条件是开放党禁，保障人民言论、出版、集会、结社、居住、信仰的完全自由，从而保障人民及各政党及团体真能获得选举之自由及提案和宣传讨论之自由。没有这些条件，所谓宪政是无法实现的。

抗日战争时期，中国共产党的新民主主义民主政治思想得到进一步发展，并进行了具体的民主政治的实践。1941 年 5 月，中国共产党公布了《陕甘宁边区施政纲领》。这一具有各抗日根据地“宪法”性质的施政纲领明确规定：切实保障抗日人民的人权、政权、财权及言论、出版、集会、结社、信仰、迁徙等自由权。同时，各抗日根据地也大都根据边区施政纲领制定并公布了保护人权条例；对于侵犯人权的行为，各抗日根据地严格依法加以处理。抗日根据地的民主政权在组成上采取“三三制”原则，即共产党员、非党左派进步人士和中间分子各占 1/3。在“三三制”政权中，保证民主党派、民主人士发挥参政议政作用，使他们的意志和愿望得到充分的反映和表达，人民群众有广泛的民主自由权利。毛泽东在《新民主主义论》一文中明确提出：“现在所要建立的中华民主共和国，只能是在

无产阶级领导下的一切反帝反封建的人们联合专政的民主共和国，这就是新民主主义的共和国。”它是一种向无产阶级专政国家的过渡形式。政体采取人民代表大会制，由各级人民代表大会选举政府，这个政府实行民主集中制，即在民主基础上的集中，在集中指导下的民主。人们所熟知的毛泽东在延安对黄炎培提出的历史周期律问题的回答，更是鲜明地体现了共产党人的民主观。

抗日战争胜利后，中国共产党从人民需要休养生息、重建家园的迫切愿望出发，主张团结一切爱国民主力量，争取建设一个独立、自由、民主、统一的新中国。通过重庆谈判、政治协商会议等一系列斗争，中国共产党努力为争取和平民主而斗争。1946 年 4 月，陕甘宁边区第三届参议会第一次会议通过了《陕甘宁边区宪法原则》，规定人民按照普遍、直接、平等、无记名投票原则选举各级代表，各级代表会议选举政府人员；还规定解放区人民享有政治、经济、文化等各项自由民主权利，并且规定了实现这些权利的各种保障条件以及男女平等、民族平等等原则。解放区的天之所以是“明朗的天”，主要是因为这里正在升起灿烂辉煌的民主的太阳；共产党之所以能得到广大老大老百姓的真心拥护，一个重要原因是它“实行了民主好处多”。

（2）新中国成立后的民主实践

1949 年中华人民共和国成立，起临时宪法作用的《中国人民政治协商会议共同纲领》明确规定，中华人民共和国的国家政权属于人民；人民行使国家政权的机关为各级人民代表大会和各级人民政府；国家最高政权机关为全国人民代表大会。中国共产党领导人民建立了人民当家做主的家政权，实现了几千年来中国政治由封建专制向人民民主的伟大跨越，中国人民的政治地位发生了根本变化，中国人从此站立起来了。从 1953 年下半年开始，根据选举法在全国范围内开展了我国历史上第一次真正是由劳动人民参加的最广泛的民主。1954 年召开的第一届全国人民代表大会通过的《中华人民共和国宪法》，确定了我国的国体和政体，为实现人民民主提供了根本保障。

1956 年，随着社会主义改造的完成，我国确立了社会主义基本制度，为当代中国一切发展进步奠定了根本政治前提和制度基础，开辟了社会主义民主的新纪元。在社会主义制度下，人民民主不仅要实现全体人民的政治民主，还要实现人民群众的经济权利和社会权利。工人阶级和劳动群众只有在生产活动和社会生活中实现了自己的权利，其民主权利才有坚实的基础。毛泽东在 1959 年年底至 1960 年年初读苏联《政治经济学教科书》谈话中，着重强调了人民群众要直接参与国家、企业和社会事务的管理，拥有经济、文化和社会等各方面的权利。他还指出，我们的目标，是想造成一个又有集中又有民主，又有纪律又有自由，又有统一意志又有个人心情舒畅、生动活泼，那样一种政治局面，以利于社会主义革命和社会主义建设。邓小平也强调指出，社会主义民主要逐步实现“党和国家政治生活的民主化、经济管理的民主化、整个社会生活的民主化”。当然，我国的社会主义民主建设也出现过失误，特别是“文化大革命”期间，社会主义民主法制遭到严重破坏，人民民主名存实亡，带来深刻教训。

中共十一届三中全会以来，中国共产党把建设民主政治的任务提到战略高度，确定为我国社会主义现代化建设的重要目标。1979 年，邓小平在党的理论工作务虚会上，提出了"没有民主就没有社会主义,就没有社会主义现代化"的著名论断。这一科学论断是中国共产党关于社会主义民主建设思想的新发展,是人民民主思想的新突破。只有加强民主政治建设,才能使社会主义现代化建设获得重要的政治保证,才能推动社会主义现代化的全面发展。社会主义愈发展,民主也愈发展。

改革开放以来,中国共产党提出的一系列国内政策。最重大的有两条:一条是政治上发展民主,一条是经济上进行改革,同时相应地进行社会其他领域的改革。任何国家的民主,都离不开本国的历史文化传统、经济发展状况和社会制度。我们的民主,不是抽象的民主,而是具体的民主;不是照搬资本主义国家的民主,而是适合自己国情的具有中国特色的社会主义民主。邓小平强调指出:"一定要把社会主义民主同资产阶级民主、个人主义民主严格地区别开来,一定要把对人民的民主和对敌人的专攻结合起来,把民主和集中、民主和法制、民主和纪律、民主和党的领导结合起来。"

(3)人民民主的特点和优势

中国共产党领导人民进行革命、建设和改革的目的是要实现大多数人的民主。人民当家做主是中国社会主义的本质。人民民主是社会主义的生命,实现和发展人民民主是中国特色社会主义政治发展的根本目标。

人民民主具有鲜明的特色和优势。第一,人民民主是广泛的民主。人民当家作主是中国社会主义民主的本质,社会主义制度从根本上保证了中国的民主不受资本的操纵,不是少数人的民主,是最广大人民的民主。在中国,享有民主权利的人民范围包括一切不被法律剥夺政治权利的人。第二,人民民主是民主和专政相统一的民主。人民民主专政,一方面要求实行最广泛的民主,尊重和保障人权,保证国家权力掌握在人民手中,为人民服务;另一方面要求对破坏社会主义制度、危害国家安全和公共安全、侵犯公民人身权利和民主权利、贪污贿赂和渎职等各种犯罪行为,依法使用专政手段予以制裁,以保障最广大人民的根本利益,保证人民民主的有效实行。第三,人民民主是以民主集中制为根本组织原则和活动方式的民主。民主集中制是中国国家政权的根本组织原则和领导原则。实行民主集中制,就是要求充分发扬民主,集体议事,使人民的意愿和要求得到充分表达和反映,在此基础上集中正确意见、进行集体决策,使人民的意愿和要求得以落实和满足。第四,人民民主是全面民主。人民民主不仅要求实现政治上的民主权利,而且要求实现人民在经济、文化和社会生活方面的民主权利。在中国共产党的领导下,中国政治生活中的民主化、经济管理中的民主化和社会生活中的民主化逐步得到落实,人民依法享有各种政治权利和基本自由,人民对国家事务的民主参与、民主决策、民主管理和民主监督更加广泛,人民享有的各项社会权利得到越来越有效的保障,从而使人民民主权利逐步落实到经济、政治、文化和社会生活等各个领域。

2. 坚持党的领导、人民当家作主、依法治国有机统一

发展中国特色社会主义民主政治,关键是要坚定不移地坚持中国共产党的领导、人民当家作主和依法治国的有机统一。这体现了社会主义国家政权的性质和中国民主的性质,是坚持中国特色社会主义政治发展道路的根本要求。

中国共产党的领导是实现社会主义民主的根本保证。中国共产党是一个全心全意

为人民服务的政党，实现人民民主从根本上体现了中国共产党立党为公、执政为民的宗旨。在中国这样一个人口众多、经济文化比较落后、发展很不平衡的大国，人民利益具有广泛性和多样性，实现人民利益具有空前的复杂性、艰巨性，这就要求有一个能够代表广大人民利益、集中反映和有效体现人民意愿的政治核心。只有坚持中国共产党的领导，才能坚持中国民主发展的社会主义方向，使民主与集中相统一、民主与科学相统一，使社会发展既满足人民的愿望和要求，又合乎客观规律，人民当家作主和依法治国才能有可靠的保证。

人民当家作主是社会主义民主政治的本质和核心。人民群众是历史的创造者，是革命和建设事业取得胜利的力量源泉，人民当家作主是社会主义的本质特征和内在要求。人民当家作主保证了国家各项事业发展符合人民的利益和意愿，离开人民当家作主，不受人民监督，党的领导和依法治国就会脱离正确方向，就会变质。中国共产党只有领导人民创造各种有效的当家作主的民主形式，坚持依法治国，才能充分实现人民当家作主的权利，才能巩固党的执政地位。共产党执政的实质，就是领导、支持和保证人民当家作主。

依法治国是社会主义民主的有效途径和可靠保障。社会主义民主离不开社会主义法治。依法治国，就是广大人民群众在中国共产党的领导下，依照宪法和法律规定，通过各种途径和形式管理国家事务、管理经济文化事业、管理社会事务，保证国家各项工作都依法进行，加快建设社会主义法治国家。坚持依法治国，完善社会主义法治，就是使国家各项工作逐步走上法制化的轨道，实现国家政治生活、经济生活、社会生活的法制化和规范化，逐步实现社会主义民主的制度化、法律化。为此，坚持依法治国首先必须要加强社会主义法制建设。社会主义法制的统一，是维护国家统一、民族团结、社会稳定，建立统一的现代市场体系的基础。必须加强社会主义法制建设，维护宪法作为国家根本法的权威地位，严格依照法定权限、遵循法定程序开展立法工作，保障社会主义法制的统一。其次，坚持依法治国必须要建立和完善中国特色社会主义法律体系。再次，坚持依法治国必须要弘扬社会主义法治理念。社会主义法治理念主要内涵包括依法治国、执法为民、公平正义、服务大局、党的领导。既要加强立法工作，不断地健全和完善法制，又要加强普法教育，不断地提高干部和群众遵守法律、依法办事的素质和自觉性；既要增强人们的民主意识和权利意识，也要增强法治意识和义务意识。

二、坚持中国特色社会主义政治制度

坚持和完善中国特色社会主义政治制度，是走中国特色社会主义政治发展道路，发展社会主义民主政治的基本途径。

政治制度是指在特定的社会中，统治阶级通过组织政权以实现其政治统治的原则和规则的总和。它包括国家政权的组织形式、国家结构形式、政党制度、选举制度等。中国特色社会主义的政治制度既体现了人类政治文明发展的优秀成果，又具有鲜明的中国特色和独特优势，其本质是实现最广大人民群众的根本利益，保障人民当家作主，保持国家长期稳定和发展。习近平总书记指出："中国实行工人阶级领导的、以工农联盟为基础的人民民主专政的国体，实行人民代表大会制度的政体，实行中国共产党领导的多党合作和政治协商制度，实行民族区域自治制度，实行基层群众自治制度，具有鲜明的中国特色。这样一套制度安排，能够有效保证人民享有更加广泛、更加充实的权利和自由，保证人民广泛参加国家治理和社会治理；能够有效调节国家政治关系，发展充满活力的政党关系、民族关系、宗教关系、阶层关系、海内外同胞关系，增强民族凝聚力，形成安定团结的政治局面；能够集中力量办大事，有效促进社会生产力解放和发展，促进现代化建设各项事业，促进人民生活质量和水平不断提高；能够有效维护国家独立自主，有力维护国家主权、安全、发展利益，维护中国人民和中华民族的福祉。”这一论断表明，包括人民民主专政的国体在内的一整套制度体系，在我国政治、经济、文化、社会、外交等各个领域发挥着根本性作用，是我们实现国家富强、民族振兴、人民幸福最为紧要的制度保障。

1. 坚持人民民主专政的国体

人民民主专政是我国不可动摇的国体，是社会主义中国立国的根本所在，是中国人民在我们党的领导下流血牺牲、艰苦奋斗所收获的伟大的治国成果，也是被实践证明的符合中国国情、具有中国特色、充满生机活力的制度安排。

人民民主专政是中国特色的无产阶级专政。这是中国人民在中国共产党领导下，根据中国具体国情，对新中国国家本质及其形式的唯一正确的政治选择。旧中国是半殖民地半封建性质的国家。中国共产党在中国要取得社会主义的胜利，就要打碎旧中国的国家机器，建立一个新型的国家机器，而要做到这一点，必须把革命的实际行动分作两步：第一步进行新民主主义革命，第二步进行社会主义革命。通过革命战争，打碎旧中国的国家机器，建立新的国家机器，这个新型的国家机器就是人民民主专政。中国社会的性质决定中国新民主主义革命的敌人是封建主义、官僚资本主义和帝国主义，领导阶级是工人阶级，革命的主要同盟是农民阶级，其他同盟还有城市小资产阶级和民族资产阶级，只有结成最广泛的统一战线，集中全民族的力量，才能战胜压在中国人民头上的“三座大山”。中国新民主主义革命的胜利，历史地导致不仅仅只是无产阶级的专政，而是以无产阶级为领导的、以工农联盟为基础的，包括城市小资产阶级和民族资产阶级的最广泛联盟的人民民主专政。人民民主专政的实质还是无产阶级专政，但它不是单一的无产阶级的专政，而是以工人阶级为领导的、以工农联盟为基础的，包括最广泛同盟者的对少数敌人的专政。

在新的历史时期，必须更好地坚持和发挥它应有的政治基石作用。邓小平指出：“依靠无产阶级专政保卫社会主义制度，这是马克思主义的一个基本观点。”以党的十一届三中全会为标志，我国社会主义实践进入了凯歌行进的改革阶段，这个过程也是建立依靠人民民主专政保障人民奋斗成果的发展历程。中国的社会主义初级阶段要经历近百年的时间。在这个阶段，已经上升为国家统治地位的工人阶级，由于自身的力量“在一个相当长时期内肯定弱于资本主义，不靠专政就抵制不住资本主义的进攻”。在这个阶段，实现中华民族伟大复兴的中国梦，必然要求坚持、完善和巩固人民民主专政，这是我们党扎实推进社会主义市场经济建设，积极回应广大人民群众的历史新期待，更好地完成执政使命的政治前提。

2. 坚持人民代表大会制度

人民代表大会制度是中国的根本政治制度,是支撑中国国家治理体系和治理能力的根本政治制度,是人民当家作主的政权组织形式。建设中国特色社会主义民主政治,最重要的是坚持和完善人民代表大会制度,切实加强国家权力机关建设,以利于人民群众参与对国家事务的管理。人民代表大会制度是符合中国国情、体现中国社会主义国家性质、保证中国人民当家作主的根本政治制度。它植根于人民群众,具有强大的生命力。中国各族人民通过这一根本政治制度牢牢地把国家和民族的前途命运掌握在自己手里。

新中国成立后,随着新民主主义革命在全国范围的胜利,由政治协商会议和地方各界人民代表会议代行人民代表大会职权的过渡时期即将结束,建立各级人民代表大会的时机逐步成熟。1952 年 11 月,中共中央做出决定,立即着手准备召开全国人民代表大会,制定宪法。1953 年 1 月,毛泽东主持中央人民政府委员会第 20 次会议,一致通过了《关于召开全国人民代表大会及地方各级人民代表大会的决议》。从 1953 年开始,在各界人民代表会议的基础上,乡、县、省(市)逐级召开了由人民普选产生的地方各级人民代表大会,选举产生了地方各级国家机关。1954 年 9 月 15 日,第一届全国人民代表大会第一次会议在北京隆重举行,会议通过了我国历史上第一部社会主义类型的宪法,进一步肯定确认了人民代表大会制度。至此,人民代表大会制度在新中国的大地上从中央到地方系统地建立起来了。

1954 年人大制度正式确立以后,各级人大按照宪法和组织法的规定,积极行使自己的职权,在国家建设和发展方面发挥了重要作用。1978 年底,党中央召开十一届三中全会,决定把全党全国工作的重点转移到社会主义现代化建设上来,同时提出了发展社会主义民主、健全社会主义法制的任务。此后,地方各级人大工作得到了比较快的恢复和发展。1982 年,五届全国人大五次会议通过了新的宪法,标志着我国人民代表大会制度全面恢复,人大工作进入了一个蓬勃发展的新阶段。

进入改革开放以来的 30 多年,我国人大制度不断丰富和完善,基本形成了系统的规范程序,特别是在制度建设上取得了多方面的成就。

我国人民代表大会制度从正式确立至今,经历了 60 年的风雨历程。从其思想的产生和制度的探索发展历史中,我们可以得出以下结论:第一,人民代表大会制度具有历史性,它是历史发展的必然结果,其之所以能够历经风雨顽强生长,就在于它完全符合中国的实际,符合广大人民群众的愿望。第二,人民代表大会制度具有人民性,它不仅赋予了人民神圣的选举权,还赋予了人民广泛的参与权和监督权,不仅为人民开辟了表达意愿和诉求的宽广渠道,而且为人民提供了管理国家事务的广阔舞台,有效保证了人民当家作主的权利。第三,人民代表大会制度具有科学性,它是中国共产党人把马克思恩格斯国家学说与中国具体实际相结合的伟大创造,是对马克思列宁主义国家学说的继承和发展。第四,人民代表大会制度是毛泽东思想的重要组成部分,毛泽东作为我党第一代领导核心,他的有关论述为我国人民代表大会制度的确立奠定了基础,确立了我国人民代表大会制度发展的方向。

3. 坚持中国共产党领导的多党合作和政治协商制度

中国共产党领导的多党合作和政治协商制度是中国特色社会主义的政党制度，也是中国的一项基本政治制度。坚持这一政党制度，就是要坚持共产党领导、多党派合作，共产党执政、多党派参政，把中国共产党领导和多党派合作有机联系起来。发挥这一形式的作用，关键是要保证其围绕团结和民主两大主题履行职能，发挥政治协商、民主监督和参政议政的作用。这一中国共产党领导的多党合作和政治协商制度，既能实现广泛的民主参与，集中各民主党派、各人民团体和各界人士的智慧，促进执政党和各级政府决策的科学化、民主化，又能实现集中统一，统筹兼顾各方面的利益要求。

1949 年 9 月 21 日至 30 日，中国人民政治协商会议在北平召开。除中国共产党和新民主主义青年团外，还有中国国民党革命委员会、中国民主同盟、中国民主促进会、中国致公党、中国农工民主党、中国人民救国会、中国国民党民主促进会、三民主义同志联合会、民主建国会、九三学社、台湾民主自治同盟等 11 个党派以及无党派人士。在出席新政协的 662 位代表中，共产党员约占 44%，工农和各界的无党派代表约占 26%，各民主党派的成员约占 30%，新中国联合政府成立时表现出了高度的民主性。新中国成立后，1949 年 11 月，国民党民主派第二次代表会议在北京召开，决定将中国国民党革命委员会、中国国民党民主促进会、三民主义同志联合会和国民党其他爱国分子进一步统一为中国国民党革命委员会(民联和民促宣告结束)。同年 12 月，中国人民救国会宣布解散。面对建国初期新的形势与任务，在中国共产党的领导和帮助下，民主党派积极投身反帝爱国和争取祖国统一的伟大斗争，踊跃参加国家的各项民主改革和建设实践，为巩固人民民主政权，恢复和发展国民经济，实现过渡时期总任务，发挥了应有的作用。1956 年 9 月，中共八大正式提出共产党和民主党派“长期共存、互相监督”的“八字方针”，极大地鼓舞了民主党派。在中共八大路线的指导下，民主党派根据业已变化了的阶级状况，提出了为社会主义服务的政治路线，从而顺利完成了由新民主主义向社会主义的历史性转变。

自 1957 年反右斗争扩大化以来，中国共产党对民主党派性质的认识一直受到极左思想的影响，长期把民主党派视为资产阶级政党，民主党派难以在国家的政治生活中发挥作用。

1979 年 6 月 25 日，在全国政协五届二次会议上，邓小平指出：“我国民主党派在民主革命中有过光荣的历史，在社会主义改造中也做出了重要的贡献。这些都是中国人民所不会忘记的。现在它们都已经成为各自所联系的一部分社会主义劳动者和一部分拥护社会主义的爱国者的政治联盟，都是在中国共产党领导下为社会主义服务的政治力量。”这个讲话，肯定了民主党派为社会主义服务的进步性，纠正了长期以来对民主党派的错误认识，摘掉了戴在民主党派头上长达二十年之久的“资产阶级政党”的帽子，极大地调动了各民主党派为社会主义现代化建设服务的积极性，而且打开了多党合作的新局面，为中国共产党与各民主党派在新时期的继续团结与合作奠定了思想政治基础。1982 年 9 月，中共十二大政治报告提出了“长期共存、互相监督、肝胆相照、荣辱与共”多党合作十六字方针，标志着在新的历史时期，我国多党合作已经进入到一个彼此信任、真诚合作的新阶段，各民主党派从此焕发出新的生机和活力，民主党派的自身建设得到加强，在国家政治生活中的地位不断提高。以农工民主党为例，1979 年恢复组织活动时，仅有党员 6078 人，目前，农工党在 30 个省、自治区、直辖市建立了组织，党员总数 14.4 万人。

4. 坚持民族区域自治制度

民族区域自治制度是中国的一项基本政治制度。民族区域自治制度，使中国少数民族依法自主地管理本民族事务，民主地参与国家和社会事务的管理，保证了中国各民族不论大小都享有平等的经济、政治、社会和文化权利，共同维护国家统一和民族团结，建设相互支持、相互帮助、共同团结奋斗、共同繁荣发展的和谐民族关系。

据 2010 年第六次人口普查统计，大陆 31 个省、自治区、直辖市和现役军人的人口中，汉族人口为 1 225 932 641 人，占 91.51%；各少数民族人口为 113 792 211 人，占 8.49%。同 2000 年第五次全国人口普查相比，汉族人口增加 66 537 177 人，增长 5.74%；各少数民族人口增加 7 362 627 人，增长 6.92%。由此，我国建立了 155 个民族自治地方，其中包括 5 个自治区、30 个自治州、120 个自治县（自治旗）。11 个因人口较少且聚居区域较小而没有实行区域自治的少数民族中，有 9 个建有民族乡。民族自治地方面积占国土总面积的 64%，实行区域自治的少数民族达到 44 个，自治地方的少数民族人口占全国少数民族人口的 71%。此外，还建立了 1500 个民族乡，作为民族区域自治的补充形式。实行民族区域自治制度以来，我国少数民族地区经济文化迅速发展，从 1983 年的六届全国人民代表大会开始，55 个少数民族都有全国人大代表席位，见表 4-1。

表 4-1　历届全国人民代表大会中少数民族代表人数统计表

届次	年	代表总数	少数民族代表人数	占总数%	有代表的少数民族个数
一届	1954	1226	178	14.52	30
二届	1959	1226	179	14.60	30
三届	1964	3040	372	12.24	53
四届	1975	2885	270	9.36	54
五届	1978	3497	381	10.90	54
六届	1983	2978	405	13.60	55
七届	1988	2978	445	14.94	55
八届	1993	2978	439	14.74	55
九届	1998	2979	428	14.36	55
十届	2003	2985	415	13.91	55
十一届	2008	2987	411	13.76	55
十二届	2013	2987	409	13.69	55

资料来源：中华人民共和国国家统计局. 中国统计年鉴[M/OL]. 中华人民共和国国家统计局官网 http://www.states.gov.cn

5. 坚持基层群众自治制度

基层群众自治制度是中国的一项基本政治制度。坚持这一重要制度，关键是要健全基层自治组织和民主管理制度，完善公开办事制度，保证人民群众依法直接行使民主权利，管理基层公共事务和公益事业，对干部实行民主监督。实施这一制度，扩大基层民主，实行基层群众自治，有助于激发广大人民群众当家作主的积极性、创造性和责任感。

(1)城市居民委员会的发展历程

城市居民委员会这一重要的群众性自治组织在中华人民共和国成立之初就在一些大城市中产生了。新中国成立之初，在一些城市中出现了由群众自己组织起来的防护队、防盗队和居民组等名称不一的群众性自治组织。1950 年 3 月，天津市根据居民居住状况建立了居民委员会。同时期，在湖北省武汉市的部分街道也开始建立了居民代表委员会和居民小组。但是，此时居民委员会的特点是，各地的规模不太一样，职能也不统一。为了克服此类不正常的现象，1953 年 6 月 8 日，彭真同志给毛泽东等中央领导同志专门写了一个报告，即《关于城市街道办事处、居民委员会组织和经费问题的报告》。报告指出，城市街道居民委员会这一组织是需要建立的。它的性质应当是群众性自治组织，而不是基层政权组织。此后，各城市都陆续建立了居民委员会组织，名称也逐渐趋向统一，其性质都属于基层群众性自治组织。

1954 年 12 月召开的第一届全国人大常委会第四次会议制定并颁布了《城市居民委员会组织条例》，第一次用法律的形式肯定了居民委员会的性质、地位和作用。这个条例的贯彻和实施，有力地推动了城市居民委员会组织的建设和发展。到 1956 年底，城市居民委员会不但在全国各个城市普遍建立起来，而且得到了进一步巩固和发展。

从 1958 年至 1966 年，城市居民委员会的发展遭受挫折。城市居民委员会(包括其下设的工作委员会)的名称被随意地改变，工作任务和工作职责不清楚和不规范，工作缺少条理和章法，使城市居民委员会的组织建设遭受到了极大的干扰和破坏，并留下严重的后遗症。

在“文化大革命”中，城市居民委员会的组织建设遭到了破坏。在这一时期，全国各城市中的居民委员会不是被解散，就是被改为“革命居民委员会”。其主要任务也就是大搞阶级斗争，实行“群众专政”，从根本上背离了居民委员会实行群众自治的原则，严重地损害了城市居民的利益。

粉碎“四人帮”、特别是党的十一届三中全会以来，我国城市居民委员会的组织建设得到了全面的恢复和发展。1980 年 1 月，全国人大常委会重新公布了《居民委员会组织条例》等文件。1982 年，宪法明确规定了居民委员会的性质、任务和作用。1989 年 12 月 26 日，全国人大常委会第十一次会议通过了《城市居民委员会组织法》。这标志着我国城市居民委员会的组织建设进入了一个新的全面发展的时期。

(2)村民委员会的发展

党的十一届三中全会后，在实行联产承包责任制的过程中，广西壮族自治区罗城县和宜山县的一些村，自发地把农民组织起来，创立了村民委员会这一组织形式。

1982 年，全国人大常委会把村民委员会和居民委员会一起写进了宪法，并对村民委

员会的性质、任务和组织原则都做了具体规定,这是我国制宪史上的一个创举。宪法颁布以后,全国普遍开展了由生产大队改建村民委员会的活动。1998 年 11 月 4 日,九届全国人大常委会五次会议通过《村民委员会组织法》,此后,我国农村基层群众自治组织呈现出强大的生命力,在实践中不断发展壮大。

第三节　中国政治建设的成就及存在的主要问题

一、中国政治建设的成就

自 20 世纪 70 年代末实行改革开放政策以来,中国在深化经济体制改革的同时,坚定地推进政治体制改革,中国的民主制度不断健全,民主形式日益丰富。

1. 人民代表大会制度的不断完善

从选举制度看,目前我国人大的选举实行的是直接选举和间接选举相结合的方法,即县、乡级实行直接选举,而县级以上各级人大代表实行间接选举,并一律实行差额选举和无记名投票。2010 年,全国人大修改选举法,实行城乡按相同人口比例选举人大代表,全面实现选举权的平等。在 2011 年到 2012 年全国县乡两级人大换届选举中,参加县级人大代表换届选举登记的选民达 9.81 亿多人,参加投票选民占登记选民的 90.24%;参加乡级人大代表换届选举登记的选民达 7.23 亿多人,参加投票选民占登记选民的 90.55%。

从立法制度看,1982 年宪法规定,全国人大及其常委会共同行使国家立法权,改变了之前全国人民代表大会唯一行使国家立法权的体制,2000 年通过的立法法进一步完善了我国的立法制度。近年来,中国的立法民主不断向前推进。几乎每一件法案的起草都采取专家座谈会、论证会等形式,听取专家的意见。有的法案还由立法机构直接委托社会研究部门起草。对于调整重要社会关系的立法项目,地方人大常委会还经常召开听证会,让不同利害关系方发表意见。中国立法法对立法听证会做出了规定。1982 年以来,全国人大及其常委会在制定包括宪法修正案、婚姻法修改草案、合同法草案、物权法草案在内的 10 多项关系到人民切身利益的重要法律案过程中,都把草案向全民公布征求意见。

从代表制度看,1992 年 4 月,七届全国人大五次会议通过了代表法,对全国人大和地方人大代表的性质地位权利义务工作方式等都做了具体规定。2013 年,十二届全国人大代表中来自一线的工人、农民代表 401 名,占代表总数的 13.42%,比十一届提高了 5.18 个百分点,其中农民工代表数量大幅增加;专业技术人员代表 610 名,占代表总数的 20.42%,提高了 1.2 个百分点;党政领导干部代表 1042 名,占代表总数的 34.88%,降低了 6.93 个百分点。

从监督制度看,2006 年监督法的制定出台,为各级人大常委会行使监督职权提供了法律保障,成为人大监督制度建设的一个里程碑。此外,各级人大代表大会有关工作制度、会期制度、发言制度、表决制度等一系列制度也不断规范化,促进了人民代表大会制度的有效运转。

2. 中国共产党领导的多党合作和政治协商制度进一步发展

中国的政党制度既不同于西方国家的两党或多党竞争制，也有别于一些国家实行的一党制，而是中国共产党领导的多党合作和政治协商制度：中国共产党执政、多党派参政。这一政党制度是中国共产党与各民主党派在中国革命、建设和改革的长期实践中确立和发展起来的，既能避免一党执政缺乏监督的弊端，又可避免多党纷争、互相倾轧造成的政治混乱和社会不安定团结。

中国人民政治协商会议是中国共产党领导的多党合作和政治协商的重要机构，涵盖了包括中国共产党在内的9个党派、8个人民团体、56个民族、5大宗教、34个界别，共有各级政协组织3000多个，各级政协委员60多万名。2015年全国政协共举办41项重要协商活动、107项视察调研活动，形成了以全体会议为龙头、专题议政性常委会议和专题协商会为重点、双周协商座谈会为常态的协商议政格局。2015年全国政协十二届三次会议上，有1948名政协委员提交提案，占委员总数的87.5%；提案总计5857件，立案4984件，占总数的85.1%。全国政协十二届一次会议以来，提案办复率达99.5%以上。

中共十六大以来，中共各级党委不断加大民主党派、无党派人士在人大、政协、政府及司法机关中担任领导职务的力度。截至2012年4月，全国有30个省（区、市）政府配备了非中共党员副省长（副主席、副市长），14个副省级城市配备了非中共党员副市长15名，近90%的市县两级政府配备了非中共党员副职。近些年来，民革、民盟、民建、民进、农工民主党、九三学社等六个规模较大的民主党派的主席，一般都是全国人大常委会副委员长；而致公党、台盟、全国工商联主席加上前述六大民主党派的第一副主席，则通常会出任全国政协副主席。此外，国务院部委和直属机构也会有实职安排。

【案例导入4-4】

民主党派的发展

九三学社是中共十八大后首个召开换届大会的民主党派，全国人大常委会副委员长韩启德再次当选。相关资料显示，目前九三学社社员总数超过13万人，其中具有高级职称的占58.96%，5人担任省部级干部，158人担任厅局级干部，728人担任县处级干部。2010年和2011年分别获得国家最高科学技术奖的师昌绪、谢家麟两位院士就是九三学社社员。

致公党以归侨、侨眷中的中上层人士和其他有海外关系的代表性人士组成，此次连任致公党主席的万钢2007年出任全国政协副主席、科技部部长，并成为自1972年傅作义辞去国家水电部部长职务后，新中国35年来首位非中国共产党党员的正部级官员。在执掌卫生部5年后，2012年9月陈竺低调加入农工党，10月增选为农工党中央副主席。此次换届，陈竺接替桑国卫，成为新一届农工党主席。农工党成员以医药卫生界高中级知识分子为主，桑国卫亦来自医药卫生系统。陈竺5年以前以无党派人士身份出任卫生部长，是改革开放29年来首位出任国务院组成部门正职的无党派人士，继万钢被任命为科技部部长后第二位担任政府部长的非中共人士。农工党现有1899名党员当选为各级人大代表，1万余名党员担任各级政协委员，699名党员在政府和司法机关担任处级以上

领导职务。

民革中央副主席、最高人民法院副院长万鄂湘也先是担任了常务副主席(正部长级),后在民革十二大上当选为主席。而目前民革党员中在政府、司法部门任厅局级以上实职的有60人,担任中共中央和国家部委的各类特邀(约)员26人。

全国政协常委兼副秘书长张宝文此次当选为民盟主席,接替了上一届的蒋树声,他之前接受采访时说民盟至2012年11月底有23万余人。民盟此次5位新当选的副主席中,有两位中国科学院院士田刚、王光谦。民盟盟员担任政府和司法部门县处级以上职务的共有861人,担任大学校(院)长的共有165人。陈昌智和严隽琪一样,均是连任了民建和民进的中央主席。民主党派中人数最少的台盟比上届增加了一个副主席,林文漪再次当选主席,她用"俯首甘为孺子牛,力薄更需奋力耕"这句话向媒体表达了时刻自省、自励的心声。

案例思考:

民主党派应如何进一步发挥其作用?

3. 加强了民族区域自治

世界上的多民族国家在处理民族问题方面有不同的制度模式,中国采用的是民族区域自治。中国155个民族自治地方的人民代表大会常务委员会中都有实行区域自治的民族的公民担任主任或副主任,自治区主席、自治州州长、自治县县长则全部由实行区域自治的民族的公民担任。目前,全国少数民族干部总数达290多万人,占干部总数的7.4%;55个少数民族都有本民族的全国人大代表和全国政协委员;155个民族自治地方的人大常委会中均有实行区域自治的民族的公民担任主任或副主任;民族自治地方政府的主席、州长、县长或旗长均由实行区域自治的民族的公民担任。在国家和发达地区的大力帮助和支援下,1994—2003年,中国民族自治地方国内生产总值年均增速为9.87%,高于全国平均水平近1个百分点。1994年民族自治地方人均国内生产总值相当于全国人均的63.5%,2003年上升至66.3%。

截至2016年7月底,共制定和修改现行有效的自治条例和单行条例967件,进一步夯实了少数民族发展权实现的法律基础。全国5个自治区、30个自治州、120个自治县(旗)的行政首长全部由实行区域自治的少数民族公民担任。民族自治地方的各级党委、人大、政府、政协领导班子及其职能部门都配有一定数量的少数民族干部,少数民族干部比例普遍接近或超过少数民族人口占当地总人口的比例。截至2015年年底,少数民族公务员已达76.5万人,比1978年增长了近3倍。在全国公务员队伍中,少数民族占10.7%,其中县处级以上的少数民族公务员占同级公务员总数的8.3%。

4. 基层群众自治形式日益丰富

随着中国的发展和进步,全国各地城乡基层民主不断扩大,公民有序的政治参与渠道增多,民主的实现形式日益丰富。

在农村地区,58.1万个村委会98%以上实行直接选举并制订村规民约和村民自治章程,村民平均参选率超过95%,6亿农民参加选举。在城市地区,全国已有社区居民委员会10万个，社区居委会干部51.2万名，志愿者540万名。通过直接选举、网络化管理平台、志愿服务、听证会、协调会、评议会、社区联络员、社区网络论坛、民情信息站等多种途径，大大拓宽了居民民主参与的空间，提高了居民的自治能力和水平，形成了中国特色的基层群众自治制度。在企事业单位，职工代表大会制度广泛推行。全国已建立工会的企事业单位单独建立厂务公开制度的有464.3万家。全国基层工会组织总数275.3万个，工会会员总数达2.8亿人，其中进城务工人员会员总数1.09亿人。截至2016年6月，全国在民政部门正式登记的社会组织共有67万个，其中社会团体32.9万个，基金会5028个，民办非企业单位33.6万个。这些社会组织的服务与影响范围涉及教育、科技、文化、卫生、体育、社区、环保、公益、慈善、农村经济等社会生活的各个领域。

5. 政治体制改革的成就巨大

改革开放30多年来，中国的政治体制改革取得了重大成就。

（1）民主政治的制度化水平大大提高

选举制度、政治协商、民主监督、参政议政等制度逐步发展和完善，农村村民委员会、城镇居民委员会、企业职工代表大会等民主制度逐步发展，人民直接监督、人民代表大会监督、舆论监督等制度和机制更加健全。

（2）社会主义法治更加完善

中国用30多年的时间完成了西方一些国家用几百年才建成法律体系的任务，基本形成了中国特色社会主义法律体系。截至2016年9月，全国人大及其常委会共制定宪法和现行有效法律252部。截至2016年7月，有立法权的地方人大及其常委会共制定现行有效的地方性法规9915件。

（3）行政管理体制与机构改革成效明显

中国分别在1982年、1988年、1993年、1998年、2003年、2008年、2013年进行了7次大的机构改革，政府职能转变迈出重要步伐，社会管理和公共服务得到加强，政府组织机构逐步优化，科学民主决策水平不断提高，初步形成了中国特色的行政管理体制。

（4）干部人事制度改革成果丰硕

废除了事实上存在的领导干部职务终身制，全面推行职务任期制和领导干部退休制，建立了国家公务员制度，建立了比较完备的干部选拔任用和监督管理机制。

（5）人权得到更加全面、真实和充分的尊重和保障

以宪法为依据，制定了一系列保障人权的法律，建立了较为完备的保障人权的法律制度，人民的生存权和发展权，公民权利和政治权利，经济、社会、文化权利，妇女、老年人、未成年人等特殊群体和残疾人等弱势群体的合法权利，少数民族权利等均得到更好的保障。

二、中国政治建设存在的主要问题

新中国成立后，中国民主政治建设取得了巨大成就，但仍有许多需要克服和解决的问题。这主要表现在：

1. 民主制度还不够健全

中国民主政治建设存在着重实质民主、轻程序民主的问题，注重民主的内容，忽视民主的实现形式，使人民群众行使权利难度增加。社会主义初级阶段的经济文化发展水平较低，人民政治参与能力严重不足；人民在市场经济条件下当家作主管理国家和社会事务、管理经济和文化事业的权利在某些方面还没有得到充分实现。全社会的民主观念和法律意识有待进一步提高；公民有序的政治参与尚需扩大。

【案例导入 4-5】

辽宁人大贿选案

辽宁拉票贿选案是新中国成立以来查处的第一起发生在省级层面、严重违反党纪国法、严重违反政治纪律和政治规矩、严重违反组织纪律和换届纪律、严重破坏党内选举制度和人大选举制度的重大案件。2016 年 9 月 13 日下午闭幕的十二届全国人大常委会第二十三次会议，表决通过了关于辽宁省人大选举产生的部分十二届全国人大代表当选无效的报告，确定 45 名全国人大代表因拉票贿选当选无效。

2016 年 9 月 17 日，辽宁省人大十二届七次会议筹备组发出公告：日前，沈阳等 14 个市人大常委会和有关选举单位决定接受涉及贿选案的丁坤等 452 人，辞去辽宁省第十二届人民代表大会代表职务，另有李峰代表职务被罢免，此前因涉嫌严重违纪被立案调查的吴野松辞去代表职务。以上 454 名省人大代表资格终止。目前辽宁省十二届人大实有代表 147 人。

2017 年 1 月 21 日，辽宁省第十二届人大第八次会议 21 日选举马宝贵等 40 人为第十二届全国人民代表大会代表。

2017 年 3 月 28 日至 30 日，沈阳、鞍山、抚顺 15 个基层法院分别对辽宁 41 名涉拉票贿选人员做出一审宣判。审理法院综合考虑各案被告人的犯罪事实、犯罪情节以及悔罪表现等因素，对营口港务集团有限公司原董事长高宝玉等 41 名被告人分别以破坏选举罪、贪污罪、受贿罪、行贿罪判处有期徒刑等刑罚。

案例思考：

习近平总书记强调："党内决不能搞封建依附那一套，决不能搞小山头、小圈子、小团伙那一套，决不能搞门客、门宦、门附那一套，搞这种东西总有一天会出事！"我们应该如何防范"民主失序"？

2. 制约监督机制尚待提高

对权力运行进行制约和监督的有效机制有待进一步完善，权力监督机构不健全，新闻舆论监督缺乏可操作性，民间组织监督力量薄弱。有法不依、执法不严、违法不究的现象依然存在；机构臃肿庞大、官僚主义作风、特权和腐败现象在一些部门和地方滋生和蔓延。

【案例导入 4-6】

权力寻租——郑筱萸受贿案

1998 年 3 月，伴随机构改革，原国家医药管理局、卫生部药政司等合并组成副部级机构——国家药品监督管理局，原医药管理局局长郑筱萸出任首任局长。

国家设立这一新机构的初衷，是按国外成功经验将药品收归一个行政部门统一监管，更好地保证 13 亿民众的用药安全。不幸的是，新机构首任“掌门”郑筱萸却以权谋私、收受巨额贿赂高达 649 万元。2001 年到 2003 年，擅自降低审批药品标准，其后被揭发部分药厂虚报药品资料，其中六种是假药。2006 年齐齐哈尔第二制药有限公司亮菌甲素注射液事件，以及安徽华源生物药业有限公司“欣弗”注射液事件，导致十人死亡，多名病人出现肾功能衰竭。致使国家和人民利益遭受重大损失。

2007 年 5 月 29 日，北京市第一中级人民法院对此案做出一审判决：被告人郑筱萸犯受贿罪，判处死刑，剥夺政治权利终身，并处没收个人全部财产；犯玩忽职守罪，判处有期徒刑七年，决定执行死刑，剥夺政治权利终身，并处没收个人全部财产。郑筱萸不服，上诉到北京市高级法院。2007 年 6 月 22 日，北京市高级法院裁定：驳回上诉，维持原判。经最高人民法院核准，2007 年 7 月 10 日，郑筱萸被执行死刑。

案例思考：

郑筱萸受贿案有何教训？应如何制约权力？

第四节 中国政治建设的有效途径

一、坚持和发展人民民主

发展社会主义民主政治的关键，就是要发展更加广泛、更加充分、更加健全的人民民主，完善社会主义法治，保障人民权益，最大限度地发挥人民的积极性、主动性、创造性。

1. 健全民主制度，丰富民主形式

发展社会主义民主，必须从我国国情出发，充分考虑我国的社会历史背景、经济发展状况、文化发展水平等重要因素，在发展中国特色社会主义的进程中不断加以推动。

【案例导入 4-7】

以民主管理载体，深化“阳光村务”

杭州市余杭区各镇乡以民主管理载体，深化“阳光村务”，坚持“四个统一”制作：即村务公开栏统一面积标准 3 平方米以上；意见箱统一制作悬挂；“村务公开，民主管理”8 个工艺字统一制作上栏；村务台账统一发放到村。

村务公开，坚持标准，规范操作，注重实效，取信于民。一是规范公开内容。各镇乡按照余杭区规定的公开内容，结合本地实际，针对群众关心的“热点”问题，把着力点放在财务公开上，让群众知实情，见实底；二是规范公开程序。公开内容真实可靠、防止弄虚

作假和随意性，以保证村务公开的质量，各村普遍建立以支部书记负总责的工作班子和分管纪检的支部委员为组长的监督小组。健全村民代表会议制度，并在公开栏旁设置监督箱。村务公开由工作班子组织实施，监督小组负责对公开内容的审核和村务公开工作监督。监督箱由监督小组2人一起负责开启。三是规范公开形式。村务公开的形式，主要是选择在群众集聚和活动较多的地方设置公开栏，有的村还将公开的内容，打印后发到各村民家里。公开栏多数村采用铝合金橱窗，有的采用木橱窗，少数比较简陋；四是普遍健全有关制度。如《村级财务管理制度》《镇乡村集体资产管理使用规定》《村民建房管理制度》《计划生育管理制度》《集体企业转制、承包经营管理制度》《村务工作制度》《村干部任期目标考核制度》和《村务公开和民主管理制度》等。

基层民主的不断健全，也促进了本地经济发展。21世纪初，杭州市余杭区经济多次位列全国经济百强县和浙江省十强县。

案例思考：

村务公开如何促进和谐农村的发展？

(1)健全民主制度

加强民主制度建设是发展社会主义民主的重要路径。要推进社会主义民主政治制度化、规范化、程序化，进一步把社会主义政治制度的优越性发挥出来，为党和国家兴旺发达、长治久安提供政治和法律制度保障。

(2) 丰富民主形式

人民民主不仅体现在国家的政治制度上，而且是通过各种各样的民主形式体现出来的。要探索多种实现人民民主的形式和扩大公民有序参与政治的方式，从各个层次、各个领域扩大公民有序政治参与，保证人民依法实行民主选举、民主决策、民主管理、民主监督。

(3) 拓宽民主渠道

要通过民主选举、信息公开、社会公示、听证制度、协商对话、舆论监督等途径保障人民的民主权利，使广大人民群众依照宪法和法律规定，积极参与管理国家事务。

(4) 保障人民的知情权、参与权、表达权、监督权

发展民主就是要尊重人民基本权利。保障人民群众各方面的民主权利，是人民民主在社会政治生活中的具体体现，是保证人民赋予政府的权力始终用来为人民谋利益的前提。

(5) 以党内民主带动人民民主

党内民主是增强中国共产党的创新活力、巩固党的团结统一的重要保证。党内民主不仅关系到党的领导水平与执政能力，而且关系到人民民主的实践和发展。要通过加强党内民主制度建设，使党内民主意识普遍增强、党内民主制度不断健全、党的创新活力充分发挥，同时推动和发展人民民主。

2. 健全社会主义协商民主制度

协商民主是在中国共产党领导下，人民内部各方面围绕改革发展稳定重大问题和涉

及群众切身利益的实际问题,在决策之前和决策实施之中开展广泛协商,努力形成共识的重要民主形式。社会主义协商民主是中国社会主义民主政治的特有形式和独特优势,是中国共产党的群众路线在政治领域的重要体现。它源自中华民族长期形成的天下为公、兼容并蓄、求同存异等优秀政治文化,源自近代以后中国政治发展的现实进程,源自中国共产党领导人民进行革命、建设、改革的长期实践,源自新中国成立后各党派、各团体、各民族、各阶层、各界人士在政治制度上共同实现的伟大创造,源自改革开放以来中国在政治体制上的不断创新,具有深厚的文化基础、理论基础、实践基础、制度基础。

社会主义协商民主具有鲜明的特点和独特的优势,以人民利益根本一致为最大政治基础,以团结尊重和谐为出发点和落脚点,以制度化、规范化和程序化为重要保证。既坚持了中国共产党的领导,又发挥了各方面的积极作用;既坚持了人民主体地位,又贯彻了民主集中制的领导制度和组织原则;既坚持了人民民主的原则,又贯彻了团结和谐的要求。中国社会主义协商民主丰富了民主的形式、拓展了民主的渠道、加深了民主的内涵,是对人类政治文明发展的新贡献。

【案例导入 4–8】

革命老区"致富路"通车

近日,梅州市西阳镇明山村板盖坑处处欢声笑语、锣鼓喧天。民进梅州市委会主委侯通传率队前往参加嶂下村至板盖坑公路建成通车剪彩仪式。

板盖坑是革命老区,位于明山嶂(海拔 1278 米)的山腰,海拔约 850 米,山势陡峭,少有平地。早在 1924 年就有革命烈士在此开展革命活动,1927 年 7 月,梅县第一个苏维埃政权就诞生于此,村里为革命做出了重大贡献。在实施道路硬底化之前,当地村民出行、外人来访只能依靠徒步或借助摩托车,脱贫奔康的梦想受制于落后的交通状况,经济发展极为缓慢。当地品质优良的雪莲果、蒜头、西红柿等农产品很难运出去,村民收入有限,修通公路成为村民世世代代的梦想。

2014 年民进梅州市委会在赴板盖坑开展扶贫助学活动期间,了解到这一情况后展开了专题调研,在当年梅州市政协会上提交了《关于修筑明山村嶂下至板盖坑水泥路,开发红色革命传统教育与休闲观光旅游新线路的建议》,转梅江区委区政府办理,得到重视,被列为梅江区书记区长重点督办提案。2014 年起,市、区交通部门累计投入 600 多万元,对嶂下村至板盖坑 5.65 公里长的道路进行硬底化改造,并对道路护坡、水沟、安全防护栏、绿化进行全面完善。以前由于交通不便,板盖坑的村民纷纷往山外迁移,常住人口最少时仅有 10 多人。

现在交通条件改善了,不少外迁的村民有了返村定居、发展生产的想法。板盖坑革命老区的群众对这条"致富路"的建成满心欢喜,对民进市委会这一提案助推精准扶贫的成效表示由衷的感谢。

案例思考:

社会主义民主协商形式怎样实现多样化?

中国民主政治的丰富性和当代社会的差异性,决定了我国社会主义协商民主形式和类型的多样性,主要有以下几种形式:

(1) 政党协商

发挥中国特色社会主义政党制度优势,坚持长期共存、互相监督、肝胆相照、荣辱与共,加强中国共产党同民主党派的政治协商,搞好合作共事,巩固和发展和谐政党关系。

(2) 人大协商

人民代表大会制度是保证人民当家做主的根本政治制度。各级人大要依法行使职权,同时在重大决策之前根据需要进行充分协商,更好汇聚民智、听取民意,支持和保证人民通过人民代表大会行使国家权力。

(3) 政府协商

围绕有效推进科学民主依法决策加强政府协商,增强决策透明度和公众参与度,解决好人民最关心最直接最现实的利益问题,推进政府职能转变,提高政府治理能力和水平。

(4) 政协协商

充分发挥人民政协作为协商民主重要渠道和专门协商机构的作用,坚持团结和民主两大主题,推进政治协商、民主监督、参政议政制度建设,不断提高人民政协协商民主制度化、规范化、程序化水平。

(5) 人民团体协商

围绕做好新形势下党的群众工作开展协商,更好组织和代表所联系群众参与公共事务,有效反映群众意愿和利益诉求,发挥人民团体作为党和政府联系人民群众的桥梁和纽带作用。

(6) 基层协商

涉及人民群众利益的大量决策和工作,主要发生在基层。要按照协商于民、协商为民的要求,建立健全基层协商民主建设协调联动机制,稳步开展基层协商,更好解决人民群众的实际困难和问题,及时化解矛盾纠纷,促进社会和谐稳定。

同时还要探索开展社会组织协商。坚持党的领导和政府依法管理,健全与相关社会组织联系的工作机制和沟通渠道,引导社会组织有序开展协商,更好为社会服务。

二、全面依法治国

依法治国,是坚持和发展中国特色社会主义的本质要求和重要保障,是实现国家治理体系和治理能力现代化的必然要求,事关党执政兴国,事关人民幸福安康,事关党和国家长治久安。全面依法治国,总目标是建设中国特色社会主义法治体系,建设社会主义法治国家。

1. 中国特色社会主义法治道路和体系

中国特色社会主义法治道路,本质上是中国特色社会主义道路在法治领域的具体体现。每个国家的法治道路,都是与各自历史文化传统、社会条件等因素密切相关的。中国是一个有着五千年历史的文明古国,又是发展中的社会主义大国,具有独特的法治传统、独特的国情、独特的现实问题,这就决定了我们的法治道路必定要走自己的路。中国特色社会主义法治道路,是社会主义法治建设成就和经验的集中体现,是建设社会主义法治国家的唯一正确道路。

中国特色社会主义法治道路的核心要义是,坚持党的领导,坚持中国特色社会主义制度,贯彻中国特色社会主义法治理论。

坚持党的领导是社会主义法治的根本要求。中国共产党的领导是中国特色社会主义最本质的特征,是社会主义法治最根本的保证。党的领导和社会主义法治是一致的,社会主义法治必须坚持党的领导,党的领导必须依靠社会主义法治。坚持人民主体地位、保证人民当家作主、维护人民合法权益,既体现中国共产党的根本宗旨,也是社会主义法治建设的根本目的;党领导人民实现现代化,包括实现国家治理体系和治理能力现代化,而法治建设也是实现国家治理体系和治理能力现代化的重要内容。所以党的领导和依法治国是根本一致、内在统一的。

中国特色社会主义制度是全面依法治国的根本制度保障。法律制度与政治制度紧密相连,有什么样的政治制度,就必须实行与之相适应的法律制度。中国特色社会主义制度是我国社会主义法治的根本制度基础。只有适应巩固和发展中国特色社会主义制度的要求,法治才能发挥应有作用,才能走稳走好法治道路。

中国特色社会主义法治理论是全面依法治国的行动指南。中国特色社会主义法治理论,科学回答了中国要不要搞法治、搞什么样的法治、怎样搞法治等一系列基本问题,是中国特色社会主义法治体系的理论指导和学理支撑,是指引我国法治建设始终沿着正确方向前进的指南针和导航仪。

党的领导、中国特色社会主义制度和中国特色社会主义法治理论,三者紧密联系,构成一个有机整体,指明了全面依法治国的领导力量、制度基础和理论指导。这三个方面的核心要义,规定和确保了中国特色社会主义法治体系的制度属性和前进方向,这也是中国特色社会主义法治道路与其他国家法治道路的本质区别。

全面依法治国涉及很多方面,在实际工作中必须有一个总揽全局、牵引各个方面的总抓手,这个总抓手就是建设中国特色社会主义法治体系。这个体系具体包括“五大体系”:完备的法律规范体系、高效的法治实施体系、严密的法治监督体系、有力的法治保障体系和完善的党内法规体系。这五大体系体现在立法、执法、司法、守法以及从严治党等各个层面、各个环节中,是中国特色社会主义法治体系的有力支撑。

2. 科学立法、严格执法、公正司法、全民守法

全面依法治国是国家治理领域一场广泛而深刻的革命,必须从目前法治工作基本格局出发,加强宪法实施,扎实有序推进科学立法、严格执法、公正司法、全民守法等重点任务。

宪法是党和人民意志的集中体现，是通过科学民主程序形成的根本法。坚持依法治国首先要坚持依宪治国，坚持依法执政首先要坚持依宪执政。党的十八届四中全会决定，完善全国人大及其常委会宪法监督制度，健全宪法解释程序机制；加强备案审查制度和能力建设，依法撤销和纠正违宪违法的规范性文件；将每年的12月4日定为国家宪法日；在全社会普遍开展宪法教育，弘扬宪法精神；建立宪法宣誓制度等。这些措施有利于彰显宪法权威，增强全社会的宪法观念和意识。

推进科学立法，关键是完善立法体制，深入推进科学立法、民主立法，抓住提高立法质量这个关键。要优化立法职权配置，发挥人大及其常委会在立法工作中的主导作用，健全立法起草、论证、协调、审议机制，完善法律草案表决程序，增强法律法规的及时性、系统性、针对性、有效性，提高法律法规的可执行性、可操作性。要明确立法权力边界，从体制机制和工作程序上有效防止部门利益和地方保护主义法律化。要加强重点领域立法，及时反映党和国家事业发展要求、人民群众关切期待，对涉及全面深化改革、推动经济发展、完善社会治理、保障人民生活、维护国家安全的法律抓紧制定、及时修改。

法律的生命力在于实施，法律的权威也在于实施。推进严格执法，重点是解决执法不规范、不严格、不透明、不文明以及不作为、乱作为等突出问题。要以建设法治政府为目标，建立行政机关内部重大决策合法性审查机制，积极推行政府法律顾问制度，推进机构、职能、权限、程序、责任法定化，推进各级政府事权规范化、法律化。要全面推进政务公开，强化对行政权力的制约和监督，建立权责统一、权威高效的依法行政体制。要严格执法资质、完善执法程序、建立健全行政裁量权基准制度，确保法律公正、有效实施。

【案例导入4-9】

司法改革蹄疾步稳

2016年，全国法院新纠正重大冤假错案11件17人。2013年至2016年，各级法院依法宣告3718名被告人无罪，依法保障无罪者不受追究。共受理国家赔偿案件16 889件，赔偿金额为69 905.18万元。2016年12月2日，最高人民法院第二巡回法庭对原审被告人聂树斌故意杀人、强奸妇女再审案公开宣判，宣告撤销原审判决，改判聂树斌无罪，这起历时22年的重大疑难复杂案件终得以纠正。2013至2016年，各级法院通过审判监督程序纠正了聂树斌案、呼格吉勒图案、张氏叔侄案等34起重大刑事冤假错案。

近年来，最高人民法院会同中央有关部门，制定发布了关于推进以审判为中心的刑事诉讼制度改革的指导意见，坚决贯彻罪刑法定、疑罪从无、证据裁判等诉讼原则，推动确立审判在刑事诉讼中的中心地位和决定性作用，大力推进庭审实质化，从源头上防范刑讯逼供、非法取证等违法行为，确保裁判经得起法律检验。人民法院坚持以“审判为中心”，并不排斥对于被告人认罪认罚的轻微刑事案件适度减少司法资源投入，适当简化审判程序。2016年，根据全国人大常委会授权，北京等18个城市正式开展刑事案件认罪认罚从宽试点，有效防止了轻微刑事案件被告人超期羁押和“关多久、判多久”的现象。

案例思考：

如何进一步推进司法公正？

司法是维护社会公平正义的最后一道防线。公平公正是法治的生命线，也是司法的灵魂。司法公正对社会公正具有重要引领作用，司法不公对社会公正具有致命性的破坏作用。推进公正司法，要以优化司法职权配置为重点，健全司法权力分工负责、相互配合、相互制约的制度安排。要坚持以公开促公正、树公信，构建开放、动态、透明、便民的阳光司法机制，杜绝暗箱操作，坚决遏制司法腐败。

法律权威源自人民的内心拥护和真诚信仰。人民权益要靠法律保障，法律权威要靠人民维护。要坚持把全民普法和守法作为依法治国的长期基础性工作，采取有力措施加强法制宣传教育。要坚持法治教育从娃娃抓起，把法治教育纳入国民教育体系和精神文明创建内容，由易到难、循序渐进，不断增强青少年的规则意识。要健全公民和组织守法信用记录，完善守法诚信褒奖机制和违法失信行为惩戒机制，形成守法光荣、违法可耻的社会氛围，使尊法守法成为全体人民的共同追求和自觉行动。

在全面依法治国的进程中，一定要坚持依法治国、依法执政，依法行政共同推进，坚持法治国家、法治政府、法治社会一体建设，促进国家治理体系和治理能力现代化。

三、积极稳妥推进政治体制改革

政治体制改革是中国社会主义改革的重要组成部分。不断推进政治体制改革，是中国共产党总结历史经验做出的重要决策，是立足中国特色社会主义全局做出的重大部署。

1. 中国政治体制改革的重要性和必要性

政治体制是一个国家政治制度得以运行和发挥功能的体制安排，涉及政治制度运行的组织体系、功能结构、工作机制和程序安排。中国的政治体制改革，是中国政治制度的自我完善和发展，是政治发展的推动力量，是发展中国特色社会主义民主政治的必然要求。

我国的政治体制与中国特色社会主义政治制度总体上是相适应的。同时，也应当清醒地看到，同我国经济社会发展的新形势相比，我国政治体制还存在一些不适应、不符合的问题，民主政治具体制度方面还存在不完善、不健全的地方，在保障人民民主权利、发挥人民创造精神方面还存在不足。只有积极稳妥推进政治体制改革，才能增强党和国家的活力，发挥社会主义政治制度的特点和优势，才能更好地扩大人民民主，充分调动人民群众的积极性和创造性，才能切实维护国家统一、民族团结和社会稳定，促进经济发展和社会全面进步。

政治体制改革是全面深化改革的重要内容和必然要求。任何国家的政治制度的确立、运行和巩固都是一个发展变化的过程，都有赖于不断改革和完善政治体制。经济与社会的发展必然对政治制度的功能和运行提出新的、更高的要求，政治制度必须不断适应这些要求而进行改革和完善。推进国家治理现代化，就是要使包括政治体制在内的各

方面制度更加科学、更加完善。政治体制改革绝对不是要根本改变中国特色社会主义政治制度，而是要通过优化运行机制和实际功能，健全和完善国家政治制度，增强其组织国家、治理社会、推动发展的能力。

2. 中国政治体制改革的主要任务

中国政治体制改革始终贯穿于政治发展的历史进程中，是同经济体制、文化体制和社会体制以及其他方面的体制改革相辅相成、相互促进、不断深化的。

【案例导入 4-10】

"牛栏关猫"理论

"牛栏关猫"，源自于国内反腐学者对"制度缺位"的论述，后来被国家多位领导人引用而成为网络热词。牛栏是关牛的，间隙颇大，用来关猫势必不行。要想"关猫"，必筑猫舍。当然，无论是牛还是猫，只要想出来做害，就必须要关住。

在广西、云贵一带，至今依然将牛散养在山上，只有要出栏或耕种的时候才从山上撵回来，集中管理。而在农家生活过的人都知道，猫天然是关不住的，如果天冷它会蜷缩于火塘边、柴堆中，天热时则待在屋檐下、瓦堆旁，到了晚上一般都不见踪影，履职去捉老鼠了。现在人们多见识的在舍中养牛、在家中养猫，都是人们改变了它们的天性，以适应自己的生活方式罢了。

回想起牛和猫的传统生活方式，发现一个规律：无论牛散放在山野何处，只要听到主人的吆喝，它总会自动现身；无论猫藏匿于房中的哪个角落，它都会呆在家的周围，而不会走远、走丢。这是什么原因呢？它们的心中有一个中心，它们的活动范围有一个边界。这个中心和边界让它们自觉为自由活动画了一个圈。想到这里，拿"牛栏关猫"来说事儿，十分汗颜。

如何才能关住猫呢？必须筑好"猫舍"。把它用在党员干部管理工作上，有三个方面是可行的：一是加强学习教育，自觉筑牢思想防线。我们来自人民，我们是人民的公仆，我们的职责是为人民服务。人民是"中心"，党纪党规、宪法法律是"边界"，对"边界"要敬而远之。二是健全机制制度，修实扎牢"篱笆"。通过扎实开展群众路线教育实践活动、推进"三严三实"专题教育等工作，找准漏洞、修补漏洞、防范漏洞，保证大猫、小猫都钻不出去。三是注重典型引导。通过弘扬焦裕禄、谷文昌等先进人物的精神，把思想凝聚在正能量周围，自觉做忠诚、干净、担当的好干部。同时，把一些反面典型祭出来，让"猫们"明白规矩以外的东西碰不得、碰是要付出代价的。

案例思考：

"牛栏关猫"对我们政治体制改革有何启示？

中国政治体制改革虽然取得了重大成就，但今后改革的任务依然艰巨，今后一个时期的主要任务有以下几个方面：

（1）支持和保证人民通过人民代表大会行使国家权力

推动人民代表大会制度与时俱进，健全立法起草、论证、协调、审议机制，健全“一府两院”由人大产生、对人大负责、受人大监督制度，健全人大讨论、决定重大事项制度，完善代表联系群众制度，充分发挥人民代表大会制度的根本政治制度作用。

（2）健全社会主义协商民主制度

要推进协商民主广泛多层制度化发展，在党的领导下，以经济社会发展重大问题和涉及群众切身利益的实际问题为内容，在全社会开展广泛协商，坚持协商于决策之前和决策实施之中。

（3）完善基层民主制度

要健全基层选举、议事、公开、述职、问责等机制，促进群众在城乡社区治理、基层公共事务和公益事业中依法自我管理、自我服务、自我教育、自我监督。

（4）深化行政体制改革

要深入推进政企分开、政资分开、政事分开，建设职能科学、结构优化、廉洁高效、人民满意的服务型政府。转变政府职能是深化行政体制改革的核心。政府职能转变是对政府提出的更高要求，创造良好发展环境、提供优质公共服务、维护社会公平正义，是转变政府职能的总方向。

（5）建立健全权力运行制约和监督体系

要建立决策科学、执行坚决、监督有力的权力运行体系，扎紧制度笼子，严防“牛栏关猫”，使权力运行守边界、有约束、受监督。

（6）巩固和发展最广泛的爱国统一战线

坚持长期共存、互相监督、肝胆相照、荣辱与共的方针，加强同民主党派和无党派人士团结合作。全面正确贯彻落实党的民族政策，坚持和完善民族区域自治制度，巩固和发展平等团结、互助和谐的社会主义民族关系，促进各民族和睦相处、和衷共济、和谐发展。全面贯彻党的宗教信仰自由政策，依法管理宗教事务，坚持独立自主自办原则，积极引导宗教与社会主义社会相适应，引导宗教努力为促进经济发展、社会和谐、文化繁荣、民族团结、祖国统一服务。鼓励和引导新的社会阶层人士为中国特色社会主义事业做出更大贡献。支持海外侨胞、归侨侨眷关心和参与祖国现代化建设与和平统一大业。

本专题思考题、讨论题

1. 结合我国民主政治的发展历程，谈谈你对人民当家作主是社会主义民主政治的本质和核心的理解。

2. 结合中国共产党领导的多党合作和政治协商制度发展的历史进程，谈谈你对健全社会主义协商民主制度意义的认识。

3. 如何认识全面依法治国？

4. 为什么说中国既没有搞“三权鼎立”的政治基础，也没有搞“三权鼎立”的经济基础？

专题五　中国特色社会主义文化建设

文化是民族的血脉，是人民的精神家园。在我国五千多年文明发展历程中，各族人民紧密团结、自强不息，共同创造出源远流长、博大精深的中华文化，为中华民族发展壮大提供了强大精神力量，为人类文明进步做出了不可磨灭的重大贡献。

中国共产党从成立之日起，就既是中华优秀传统文化的忠实传承者和弘扬者，又是中国先进文化的积极倡导者和发展者。改革开放特别是党的十六大以来，我们党始终把文化建设放在党和国家全局工作重要战略地位，坚持物质文明和精神文明两手抓，实行依法治国和以德治国相结合，促进文化事业和文化产业共同发展，推动文化建设不断取得新成就，走出了中国特色社会主义文化发展道路。我国文化事业的改革发展，显著提高了全民族思想道德素质和科学文化素质、促进了人的全面发展，显著增强了国家文化软实力，为坚持和发展中国特色社会主义提供了强大精神力量。

第一节　中国特色社会主义文化理论和制度

中国共产党高度重视文化建设的重要作用，提出和发展了中国特色社会主义文化理论，建立和完善了中国特色社会主义文化制度，不断推动社会主义文化的繁荣和发展。

一、中国特色社会主义文化理论

中国特色社会主义文化理论是马克思主义文化理论与中国具体实际相结合的产物，体现了对中国特色社会主义文化建设规律性的认识，是中国特色社会主义理论体系的重要组成部分，是建设中国特色社会主义文化的根本指导思想。其主要内容包括：

1. 关于建设社会主义先进文化的理论

(1)社会主义先进文化的内涵和特点

社会主义先进文化是马克思主义政党思想精神上的旗帜，推进社会主义先进文化建设是推动社会主义文化大发展大繁荣的根本要求和重要内容。

社会主义先进文化是以马克思主义为指导，以培育有理想、有道德、有文化、有纪律的社会主义公民为目标，面向现代化、面向世界、面向未来的，民族的科学的大众的文化。社会主义先进文化植根于中华优秀传统文化，形成和发展于我们党团结带领全国各族人民进行革命、建设和改革的伟大实践，代表时代进步潮流和历史发展要求，在多样化的文化观念和社会思潮中居于主导地位。

社会主义先进文化具有以下主要特点：

现实性与理想性的有机统一。社会主义先进文化是在我国革命、建设和改革的伟大实践中形成的，服从服务于亿万中国人民创造幸福美好生活的现实需要。如果脱离这一实践基础与现实需要，社会主义先进文化就会成为无源之水、无本之木，就失去了价值和意义。同时，社会主义先进文化以共产主义远大理想为精神支撑，以实现人的全面发展为基本价值取向，具有理想性。

科学性与人文性的有机统一。社会主义先进文化建立在马克思主义基本原理基础之上，符合中国先进生产力发展的要求，体现了人类文化发展趋势，具有科学性。推进社会主义先进文化建设，需要坚持以马克思主义为指导，自觉把握和运用文化建设的客观规律。同时，社会主义先进文化以实现好、维护好、发展好最广大人民的根本文化权益为基本价值追求和评判标准，坚持文化发展为了人民、文化发展依靠人民、文化发展成果由人民共享，具有鲜明的人文性。

民族性与开放性的有机统一。一方面，社会主义先进文化与我国的历史文化传统、经济发展状况、社会制度、发展道路等高度契合，具有鲜明的民族性和中国风格、中国气派，为广大中国人民所认同和接受。另一方面，社会主义先进文化注重吸收借鉴人类文明进步成果，具有开放性和包容性。

(2)深刻认识社会主义先进文化建设的重要意义

社会主义先进文化是我国经济社会发展的强大精神支撑和民族凝聚力、向心力的重要源泉。作为一种价值理念，它塑造人们的思维方式和行为规范，在全社会形成共同的道德基础；作为一种理想信念，它指明人们为之奋斗的理想和目标；作为一种精神纽带，它统一人们思想、维系民族团结、维护国家稳定。社会主义先进文化建设的重要意义，主要体现在以下几个方面。

第一，社会主义先进文化建设是社会主义文化强国建设的先导工程。推动社会主义文化大发展大繁荣、建设社会主义文化强国，对夺取全面建设小康社会新胜利、开创中国特色社会主义事业新局面、实现中华民族伟大复兴具有重大而深远的意义。建设社会主义文化强国，必须始终坚持社会主义先进文化前进方向，大力推进社会主义先进文化建设，着力推动社会主义先进文化更加深入人心，不断开创全民族文化创造活力持续迸发、社会文化生活更加丰富多彩、人民基本文化权益得到更好保障、人民思想道德素质和科学文化素质全面提高的新局面，推动社会主义物质文明和精神文明全面发展。

第二，社会主义先进文化建设是推动科学发展、促进社会和谐的重要保障。先进文化能为经济发展和社会进步提供强大的精神动力和智力支持。当前，我国已进入全面建设小康社会的关键时期和深化改革开放、加快转变经济发展方式的攻坚时期。一方面，经济社会发展面临新的形势和挑战，发展中不平衡、不协调、不可持续问题突出，加快转变经济发展方式、实现科学发展任务艰巨，这在客观上要求以与之相匹配的先进文化引领风尚、教育人民，在全社会形成共同的理想信念、价值标准、道德规范，形成团结一心、

奋发向上、攻坚克难的社会氛围；另一方面，社会结构、社会关系、社会利益格局正在经历巨大而深刻的调整，社会意识和价值取向日益多元多样多变，各种思想观念相互碰撞，先进文化与落后文化、进步思想与腐朽观念、真理与谬误并存，这在客观上要求以先进文化来协调复杂的社会关系、引领多样化的社会思潮，不断巩固全党全国各族人民共同团结奋斗的思想道德基础。因此，社会主义先进文化建设是推动科学发展、促进社会和谐的重要保障。

第三，社会主义先进文化建设是维护国家文化安全、增强国家文化软实力和中华文化国际影响力的战略选择。当今世界正处在大发展大变革大调整时期，世界多极化、经济全球化深入发展，科学技术日新月异，各种思想文化交流交融交锋更加频繁，文化在综合国力竞争中的地位和作用更加凸显。同时，发达国家在经济、科技等方面仍占优势，西方敌对势力对我实施"西化""分化"的战略图谋没有改变，意识形态领域的斗争更加复杂。在这种情况下，只有大力推进社会主义先进文化建设，使全体人民形成坚定的文化自觉和文化自信，自觉抵御外部腐朽思想文化的侵蚀，才能不断提升我国的文化软实力，有效维护国家文化安全；才能不断增强中华文化在世界上的吸引力、感召力、亲和力，为我国实现和平发展创造良好的国际环境，并为人类文明进步做出更大贡献。

(3)积极探索推进社会主义先进文化建设的有效途径

首先，以建设社会主义核心价值体系为根本任务。党的十七届六中全会指出，社会主义核心价值体系是兴国之魂，是社会主义先进文化的精髓，决定着中国特色社会主义发展方向。社会主义核心价值体系作为社会主义先进文化的精髓，决定着社会主义先进文化的基本立场、根本性质和发展方向。推进社会主义先进文化建设，必须把建设社会主义核心价值体系作为根本任务，把社会主义核心价值体系融入国民教育、精神文明建设和党的建设全过程，贯穿改革开放和社会主义现代化建设各领域，体现到精神文化产品创作生产传播各方面，坚持用社会主义核心价值体系引领社会思潮，使社会主义核心价值体系成为每个社会成员的行为准则。

其次，以人的全面发展为根本目的。我们党的一切奋斗和工作都是为了造福人民。推进社会主义先进文化建设，必须以满足人民日益增长的精神文化需求为出发点和落脚点，以各种文化活动、文化产品、文化作品为载体，借助文化的渗透力和感染力，使人们获得精神上的充实感、崇高感和自豪感，提升人的精神境界，促进人的全面发展；坚持贴近实际、贴近生活、贴近群众，感受时代脉搏，体察人心民意，积极创作人民群众喜闻乐见、积极健康的精神文化作品，丰富人们的精神生活，满足人民群众多层次的文化需求，在潜移默化中提高人们的思想道德素质和科学文化素质，提升全社会的文明程度；坚持发展为了人民、发展依靠人民、发展成果由人民共享，尊重人民群众在文化建设中的主体地位，调动全体社会成员参与文化建设和文化活动的积极性、主动性和创造性，切实保障人民群众的文化权益。

再次，以改革创新为动力。文化引领时代风气之先，是最需要创新的领域。推进社会主义先进文化建设，必须以改革创新为动力，坚持解放思想、实事求是、与时俱进，努力破除一切不利于文化繁荣发展的思想观念和体制机制，深化文化体制改革，积极探索有利于文化发展的管理体制和运行机制，进一步解放和发展文化生产力；始终把社会效益放在首位，坚持经济效益与社会效益相统一，大力发展文化事业和文化产业，推动文化产业成为国民经济支柱性产业；尊重文化自身的发展规律，根据不断变化发展的实际情况，不断创新文化的内容、形式和传播载体。

最后，以优秀人才队伍为支撑。人才是最宝贵的资源，是社会主义先进文化建设的支撑。推进社会主义先进文化建设，必须着力培养造就宏大的文化人才队伍，在全社会进一步形成尊重知识、尊重人才、尊重创造的氛围，健全和完善使优秀人才脱颖而出和发挥才能的人才培养开发、选拔任用、激励保障机制；为文化人才创造宽松、自由的研究和工作环境，尽可能解决他们在工作和生活中遇到的问题，为优秀人才成长提供良好的条件；保护知识产权、制订鼓励创新的机制，充分调动文化工作者的积极性、主动性和创造性，推动多出精品力作、多出文化大家名家。

2. 关于建设社会主义核心价值体系的理论

社会主义核心价值体系是兴国之魂，是社会主义先进文化的精髓，决定着中国特色社会主义发展方向。必须强化教育引导，增进社会共识，创新方式方法，健全制度保障，把社会主义核心价值体系融入国民教育、精神文明建设和党的建设全过程，贯穿改革开放和社会主义现代化建设各领域，体现到精神文化产品创作生产传播各方面，坚持用社会主义核心价值体系引领社会思潮，在全党全社会形成统一指导思想、共同理想信念、强大精神力量、基本道德规范。

(1)坚持马克思主义指导地位

马克思主义深刻揭示了人类社会发展规律，坚定维护和发展最广大人民根本利益，是指引人民推动社会进步、创造美好生活的科学理论。要毫不动摇地坚持马克思主义基本原理，紧密结合中国实际、时代特征、人民愿望，用发展着的马克思主义指导新的实践。坚持不懈用中国特色社会主义理论体系武装全党、教育人民，推动学习实践科学发展观向深度和广度拓展，引导党员、干部深入学习贯彻党的基本理论、基本路线、基本纲领、基本经验，学习马克思主义经典著作，系统掌握马克思主义立场、观点、方法。科学分析世情、国情、党情新变化，深入研究解决改革开放和社会主义现代化建设新课题，不断深化对共产党执政规律、社会主义建设规律、人类社会发展规律的认识，不断把党带领人民创造的成功经验上升为理论，不断赋予当代中国马克思主义鲜明的实践特色、民族特色、时代特色。坚持以领导班子和领导干部为重点，以提高思想政治素养为根本，以建设学习型党组织为抓手，大力推进马克思主义学习型政党建设。深入推进马克思主义理论研究和建设工程，实施中国特色社会主义理论体系普及计划，加强重点学科体系和教材体系建设，推动中国特色社会主义理论体系进教材、进课堂、进头脑，加强和改进学校思想政治教育。

(2)坚定中国特色社会主义共同理想

中国特色社会主义是当代中国发展进步的根本方向，集中体现了最广大人民根本利益和共同愿望。要深入开展理想信念教育，引导干部群众深刻认识中国共产党领导地位的确定和中国特色社会主义制度建立的历史必然性，深刻认识中国特色社会主义制度的

优越性，深刻认识中国特色社会主义道路既是实现社会主义现代化和中华民族伟大复兴的必由之路，也是创造人民美好生活的必由之路，自觉把个人理想融入中国特色社会主义共同理想之中，最大限度把广大人民团结和凝聚在中国特色社会主义伟大旗帜之下。紧密结合中国特色社会主义成功实践，联系干部群众思想实际，针对社会热点难点问题，从理论和实践结合上做出有说服力的回答，引导干部群众在重大思想理论问题上划清是非界限、澄清模糊认识，有力抵制各种错误和腐朽思想影响。深入开展形势政策教育、国情教育、革命传统教育、改革开放教育、国防教育，组织学习中国近现代史特别是党领导人民进行革命、建设、改革的历史，坚定广大干部群众对中国特色社会主义的信心和信念。

(3)弘扬以爱国主义为核心的民族精神和以改革创新为核心的时代精神

爱国主义是中华民族最深厚的思想传统，最能感召中华儿女团结奋斗；改革创新是当代中国最鲜明的时代特征，最能激励中华儿女锐意进取。要广泛开展民族精神教育，大力弘扬爱国主义、集体主义、社会主义思想，增强民族自尊心、自信心、自豪感，激励人民把爱国热情化作振兴中华的实际行动，以热爱祖国和贡献自己全部力量建设祖国为最大光荣、以损害祖国利益和尊严为最大耻辱。广泛开展时代精神教育，引导干部群众始终保持与时俱进、开拓创新的精神状态，永不自满、永不僵化、永不停滞，以思想不断解放推动事业持续发展。大力弘扬一切有利于国家富强、民族振兴、人民幸福、社会和谐的思想和精神，大力发扬艰苦奋斗、劳动光荣、勤俭节约的优良传统。加强民族团结进步教育，增进对伟大祖国和中华民族的认同，促进各民族共同团结奋斗、共同繁荣发展。加强爱国主义教育基地建设，用好红色旅游资源，使之成为弘扬培育民族精神和时代精神的重要课堂。

(4)树立和践行社会主义荣辱观

社会主义荣辱观体现了社会主义道德的根本要求。要深入开展社会主义荣辱观宣传教育，弘扬中华传统美德，推进公民道德建设工程，加强社会公德、职业道德、家庭美德、个人品德教育，评选表彰道德模范，学习宣传先进典型，引导人民增强道德判断力和道德荣誉感，自觉履行法定义务、社会责任、家庭责任，在全社会形成知荣辱、讲正气、作奉献、促和谐的良好风尚。深化群众性精神文明创建活动，广泛开展志愿服务，拓展各类道德实践活动，倡导爱国、敬业、诚信、友善等道德规范，形成男女平等、尊老爱幼、扶贫济困、扶弱助残、礼让宽容的人际关系。全面加强学校德育体系建设，构建学校、家庭、社会紧密协作的教育网络，动员社会各方面共同做好青少年思想道德教育工作。深入开展学雷锋活动，采取措施推动学习活动常态化。深化政风、行风建设，开展道德领域突出问题专项教育和治理，坚决反对拜金主义、享乐主义、极端个人主义，坚决纠正以权谋私、造假欺诈、见利忘义、损人利己的歪风邪气。把诚信建设摆在突出位置，大力推进政务诚信、商务诚信、社会诚信和司法公信建设，抓紧建立健全覆盖全社会的征信系统，加大对失信行为惩戒力度，在全社会广泛形成守信光荣、失信可耻的氛围。加强法制宣传教育，弘扬社会主义法治精神，树立社会主义法治理念，提高全民法律素质，推动人人学法尊法守法用法，维护法律权威和社会公平正义。加强人文关怀和心理疏导，培育自尊自信、理性平和、积极向上的社会心态。弘扬科学精神，普及科学知识，倡导移风易俗、抵制封建迷信。深入开展反腐倡廉教育，推进廉政文化建设。

社会主义核心价值体系包括四个方面的基本内容，即马克思主义指导思想、中国特色社会主义共同理想、以爱国主义为核心的民族精神和以改革创新为核心的时代精神、社会主义荣辱观。

马克思主义指导思想，是社会主义核心价值体系的灵魂。我们是社会主义国家，马克思主义是我们立党立国的根本指导思想，是社会主义意识形态的旗帜。它为我们提供了科学的世界观和方法论，决定着社会主义核心价值体系的性质和方向。

中国特色社会主义共同理想，是社会主义核心价值体系的主题。这一共同理想，就是在中国共产党的领导下，走中国特色社会主义道路，实现中华民族的伟大复兴。

理想是灯塔，是风帆，引领着社会进步。中国特色社会主义共同理想，是当代中国发展进步的旗帜，是动员、激励全国各族人民团结奋斗的旗帜。它反映了我国最广大人民的根本利益、共同愿望和普遍追求，既实在具体又鼓舞人心，它把国家的发展、民族的振兴与个人的幸福紧密联系在一起，把各个阶层、各个群体的共同愿望有机结合在一起，具有强大的感召力、亲和力、凝聚力。不论哪个社会阶层、哪个利益群体的人们，都能认同和接受这个共同理想，并愿意为之共同奋斗。

民族精神和时代精神，是社会主义核心价值体系的精髓。它是一个民族赖以生存和发展的精神支撑。在五千年历史演进中，中华民族形成了以爱国主义为核心的团结统一、爱好和平、勤劳勇敢、自强不息的伟大民族精神；在改革开放新时期，中华民族形成了勇于改革、敢于创新的时代精神。二者相辅相成、相互交融，已深深熔铸在中华民族的生命力、创造力和凝聚力之中，共同构成中华民族自立自强的精神品格，成为推动中华民族伟大复兴的精神动力。

社会主义荣辱观，是社会主义核心价值体系的基础。一个社会是否和谐，一个国家能否实现长治久安，很大程度上取决于全体社会成员的思想道德素质。只有分清荣辱，明辨善恶，一个人才能形成正确的价值判断，一个社会才能形成良好的道德风尚。在我们这样一个有 13 亿多人口、56 个民族的发展中大国，实现事业发展、社会和谐的目标和追求，既需要巩固马克思主义在意识形态领域的指导地位，需要树立正确的理想信念，需要倡导伟大的民族精神和时代精神，也需要确立起人人皆知、普遍奉行的价值准则和行为规范。树立以“八荣八耻”为主要内容的社会主义荣辱观，使社会成员都能知荣弃耻，褒荣贬耻，扬荣抑耻，社会主义核心价值体系才能有所依托、有所体现。

社会主义核心价值体系结构严谨，定位明确，层次清晰，是完整的、系统的，它坚持了社会主义又有中国特色，总结了成功经验又有新的提升概括，反映了现实的迫切需要又是能够通过努力实现的，可以最大限度地促进和形成全社会的共识。

在建设社会主义核心价值体系的基础上，党的十八大提出了培育和践行社会主义核心价值观：

在国家层面：倡导富强、民主、文明、和谐；

在社会层面：倡导自由、平等、公正、法治；

在个人层面:倡导爱国、敬业、诚信、友善

【案例导入5-1】

苏联意识形态多元化的恶果

苏联在相当长的时期内,坚持了马克思列宁主义在意识形态领域的一元化指导地位。但从赫鲁晓夫时期开始,放松和放弃了马克思列宁主义在意识形态领域的指导地位。戈尔巴乔夫时期公然主张在意识形态领域搞自由主义的多元化,各种错误思潮在意识形态领域呈现出来,使得党和国家失去了科学理论的指导和正确的舆论支撑。

20世纪50年代中期,苏联出现了哲学"人道化"的倾向,用抽象人道主义取代马克思主义哲学。20世纪80年代,抽象人道主义成为官方支持的哲学主流。这种思潮通过各种渠道,潜移默化地影响着人们的思想,推动着苏联经济基础和上层建筑的变化。

戈尔巴乔夫等用民主社会主义作为改革的指导思想,倡导实行所谓"民主化""多元化",造成了各种错误思想和反动思潮的泛滥,搞乱了人们的思想;导致苏联革命和建设成就遭否定,使人们对社会主义事业失去信心,结果只能是导致社会主义苏联的覆灭。

案例思考:

意识形态多元化的危害是什么?

3.关于社会主义文化建设根本目的的理论

中国特色社会主义文化,是以先进的世界观和方法论为指导的先进的思想文化。文化建设的根本任务和目标,是要创造出先进的、健康的社会主义崭新文化,繁荣社会主义的文化事业,不断满足人民群众的精神文化需求,是要形成有利于建设中国特色社会主义事业、有利于改革开放的价值观念、精神风貌、舆论氛围、文化条件和社会环境,振奋起全国各族人民献身于社会主义现代化建设需要的一代又一代的有理想、有道德、有文化、有纪律的新人,提高整个中华民族的思想道德素质和科学文化素质。

4.关于促进社会主义文化发展的理论

第一,强调推动社会主义文化大发展大繁荣的重要性紧迫性。

当今世界正处在大发展大变革大调整时期,世界多极化、经济全球化深入发展,科学技术日新月异,各种思想文化交流交融交锋更加频繁,文化在综合国力竞争中的地位和作用更加凸显,维护国家文化安全任务更加艰巨,增强国家文化软实力、中华文化国际影响力要求更加紧迫。当代中国进入了全面建设小康社会的关键时期和深化改革开放、加快转变经济发展方式的攻坚时期,文化越来越成为民族凝聚力和创造力的重要源泉、越来越成为综合国力竞争的重要因素、越来越成为经济社会发展的重要支撑,丰富精神文化生活越来越成为我国人民的热切愿望。我国仍处于并将长期处于社会主义初级阶段,人民日益增长的物质文化需要同落后的社会生产之间的矛盾仍然是社会主要矛盾。全面建成惠及十几亿人口的更高水平的小康社会,既要让人民过上殷实富足的物质生活,又要让人民享有健康丰富的文化生活。我们必须抓住和用好我国发展的重要战略机遇期,在坚持以经济建设为中心的同时,自觉把文化繁荣发展作为坚持发展是硬道理、发展是党执政兴国第一要务的重要内容,作为深入贯彻落实科学发展观的一个基本要求,进一步推动文化建设与经济建设、政治建设、社会建设以及生态文明建设协调发展,更好满足人民精神需求、丰富人民精神世界、增强人民精神力量,为继续解放思想、坚持改革开放、推动科学发展、促进社会和谐提供坚强思想保证、强大精神动力、有力舆论支持、良好文化条件。

我国文化领域正在发生广泛而深刻的变革,推动文化大发展大繁荣既具备许多有利条件,也面临一系列新情况新问题。我国文化发展同经济社会发展和人民日益增长的精神文化需求还不完全适应,突出矛盾和问题主要是:一些地方和单位对文化建设重要性、必要性、紧迫性认识不够,文化在推动全民族文明素质提高中的作用亟待加强;一些领域道德失范、诚信缺失,一些社会成员人生观、价值观扭曲,用社会主义核心价值体系引领社会思潮更为紧迫,巩固全党全国各族人民团结奋斗的共同思想道德基础任务繁重;舆论引导能力需要提高,网络建设和管理亟待加强和改进;有影响的精品力作还不够多,文化产品创作生产引导力度需要加大;公共文化服务体系不健全,城乡、区域文化发展不平衡;文化产业规模不大、结构不合理,束缚文化生产力发展的体制机制问题尚未根本解决;文化走出去较为薄弱,中华文化国际影响力需要进一步增强;文化人才队伍建设急需加强。推进文化改革发展,必须抓紧解决这些矛盾和问题。

必须深刻认识到,社会主义先进文化是马克思主义政党思想精神上的旗帜,文化建设是中国特色社会主义事业总体布局的重要组成部分。没有文化的积极引领,没有人民精神世界的极大丰富,没有全民族精神力量的充分发挥,一个国家、一个民族不可能屹立于世界民族之林。物质贫乏不是社会主义,精神空虚也不是社会主义。没有社会主义文化繁荣发展,就没有社会主义现代化。在新的历史起点上深化文化体制改革、推动社会主义文化大发展大繁荣,关系实现全面建设小康社会奋斗目标,关系坚持和发展中国特色社会主义,关系实现中华民族伟大复兴。我们要准确把握我国经济社会发展新要求,准确把握当今时代文化发展新趋势,准确把握各族人民精神文化生活新期待,增强责任感和紧迫感,解放思想,转变观念,抓住机遇,乘势而上,在全面建设小康社会进程中、在科学发展道路上奋力开创社会主义文化建设新局面。

第二,坚持中国特色社会主义文化发展道路,努力建设社会主义文化强国。

坚持中国特色社会主义文化发展道路,深化文化体制改革,推动社会主义文化大发展大繁荣,必须全面贯彻党的十七大精神,高举中国特色社会主义伟大旗帜,以马克思列宁主义、毛泽东思想、邓小平理论和"三个代表"重要思想为指导,深入贯彻落实科学发展观,坚持社会主义先进文化前进方向,以科学发展为主题,以建设社会主义核心价值体系为根本任务,以满足人民精神文化需求为出发点和落脚点,以改革创新为动力,发展面向现代化、面向世界、面向未来的,民族的科学的大众的社会主义文化,培养高度的文化自觉和文化自信,提高全民族文明素质,增强国家文化软实力,弘扬中华文化,努力建设社会主义文化强国。

建设社会主义文化强国,就是要着力推动社会主义先进文化更加深入人心,推动社会主义精神文明和物质文明全面发展,不断开创全民族文化创造活力持续迸发、社会文化生活更加丰富多彩、人民基本文化权益得到更好保障、人民思想道德素质和科学文化

素质全面提高的新局面，建设中华民族共有精神家园，为人类文明进步做出更大贡献。

按照实现全面建设小康社会奋斗目标新要求，到二〇二〇年，文化改革发展奋斗目标是：社会主义核心价值体系建设深入推进，良好思想道德风尚进一步弘扬，公民素质明显提高；适应人民需要的文化产品更加丰富，精品力作不断涌现；文化事业全面繁荣，覆盖全社会的公共文化服务体系基本建立，努力实现基本公共文化服务均等化；文化产业成为国民经济支柱性产业，整体实力和国际竞争力显著增强，公有制为主体、多种所有制共同发展的文化产业格局全面形成；文化管理体制和文化产品生产经营机制充满活力、富有效率，以民族文化为主体、吸收外来有益文化、推动中华文化走向世界的文化开放格局进一步完善；高素质文化人才队伍发展壮大，文化繁荣发展的人才保障更加有力。全党全国要为实现这些目标共同努力，不断提高文化建设科学化水平，为把我国建设成为社会主义文化强国打下坚实基础。

实现上述奋斗目标，必须遵循以下重要方针。

——坚持以马克思主义为指导，推进马克思主义中国化时代化大众化，用中国特色社会主义理论体系武装头脑、指导实践、推动工作，确保文化改革发展沿着正确道路前进。

——坚持社会主义先进文化前进方向，坚持为人民服务、为社会主义服务，坚持百花齐放、百家争鸣，坚持继承和创新相统一，弘扬主旋律、提倡多样化，以科学的理论武装人，以正确的舆论引导人，以高尚的精神塑造人，以优秀的作品鼓舞人，在全社会形成积极向上的精神追求和健康文明的生活方式。

——坚持以人为本，贴近实际、贴近生活、贴近群众，发挥人民在文化建设中的主体作用，坚持文化发展为了人民、文化发展依靠人民、文化发展成果由人民共享，促进人的全面发展，培育有理想、有道德、有文化、有纪律的社会主义公民。

——坚持把社会效益放在首位，坚持社会效益和经济效益有机统一，遵循文化发展规律，适应社会主义市场经济发展要求，加强文化法制建设，一手抓繁荣、一手抓管理，推动文化事业和文化产业全面协调可持续发展。

——坚持改革开放，着力推进文化体制机制创新，以改革促发展、促繁荣，不断解放和发展文化生产力，提高文化开放水平，推动中华文化走向世界，积极吸收各国优秀文明成果，切实维护国家文化安全。

建设社会主义文化强国，要大力发展文化事业和文化产业。进一步繁荣发展哲学社会科学，推出更多优秀文艺作品，发展健康向上的网络文化，完善文化产品评价体系和激励机制。大力发展公益性文化事业，保障人民基本文化权益。构建公共文化服务体系，发展现代传播体系，建设优秀传统文化传承体系，加快城乡文化一体化发展。同时，加快发展文化产业，推动文化产业成为国民经济支柱性产业。构建现代文化产业体系，形成公有制为主体、多种所有制共同发展的文化产业格局，推进文化科技创新，扩大文化消费。

建设宏大文化人才队伍，为社会主义文化大发展大繁荣提供有力人才支撑。

推动社会主义文化大发展大繁荣，队伍是基础，人才是关键。要坚持尊重劳动、尊重知识、尊重人才、尊重创造，深入实施人才强国战略，牢固树立人才是第一资源思想，全面贯彻党管人才原则，加快培养造就德才兼备、锐意创新、结构合理、规模宏大的文化人才队伍。

造就高层次领军人物和高素质文化人才队伍。加强基层文化人才队伍建设。加强职业道德建设和作风建设。

5. 关于推进我国文化体制改革的理论

进一步深化改革开放，加快构建有利于文化繁荣发展的体制机制。

文化引领时代风气之先，是最需要创新的领域。必须牢牢把握正确方向，加快推进文化体制改革，建立健全党委领导、政府管理、行业自律、社会监督、企事业单位依法运营的文化管理体制和富有活力的文化产品生产经营机制，发挥市场在文化资源配置中的积极作用，创新文化走出去模式，为文化繁荣发展提供强大动力。

第一，深化国有文化单位改革。以建立现代企业制度为重点，加快推进经营性文化单位改革，培育合格市场主体。科学界定文化单位性质和功能，区别对待、分类指导，循序渐进、逐步推开，推进一般国有文艺院团、非时政类报刊社、新闻网站转企改制，拓展出版、发行、影视企业改革成果，加快公司制股份制改造，完善法人治理结构，形成符合现代企业制度要求、体现文化企业特点的资产组织形式和经营管理模式。创新投融资体制，支持国有文化企业面向资本市场融资，支持其吸引社会资本进行股份制改造。着眼于突出公益属性、强化服务功能、增强发展活力，全面推进文化事业单位人事、收入分配、社会保障制度改革，明确服务规范，加强绩效评估考核。创新公共文化服务设施运行机制，吸纳有代表性的社会人士、专业人士、基层群众参与管理。推动党报党刊、电台电视台进一步完善管理和运行机制。推动一般时政类报刊社、公益性出版社、代表民族特色和国家水准的文艺院团等事业单位实行企业化管理，增强面向市场、面向群众提供服务能力。

第二，健全现代文化市场体系。促进文化产品和要素在全国范围内合理流动，必须构建统一开放竞争有序的现代文化市场体系。要重点发展图书报刊、电子音像制品、演出娱乐、影视剧、动漫游戏等产品市场，进一步完善中国国际文化产业博览交易会等综合交易平台。发展连锁经营、物流配送、电子商务等现代流通组织和流通形式，加快建设大型文化流通企业和文化产品物流基地，构建以大城市为中心、中小城市相配套、贯通城乡的文化产品流通网络。加快培育产权、版权、技术、信息等要素市场，办好重点文化产权交易所，规范文化资产和艺术品交易。加强行业组织建设，健全中介机构。

第三，创新文化管理体制。深化文化行政管理体制改革，加快政府职能转变，强化政策调节、市场监管、社会管理、公共服务职能，推动政企分开、政事分开，理顺政府和文化企事业单位关系。完善管人管事管资产管导向相结合的国有文化资产管理体制。健全文化市场综合行政执法机构，推动副省级以下城市完善综合文化行政责任主体。加快文化立法，制定和完善公共文化服务保障、文化产业振兴、文化市场管理等方面法律法规，提高文化建设法制化水平。坚持主管主办制度，落实谁主管谁负责和属地管理原则，严格执行文化资本、文化企业、文化产品市场准入和退出政策，综合运用法律、行政、经济、科技等手段提高管理效能。深入开展“扫黄打非”，完善文化市场管理，坚决扫除毒害人

们心灵的腐朽文化垃圾，切实营造确保国家文化安全的市场秩序。

第四，完善政策保障机制。保证公共财政对文化建设投入的增长幅度高于财政经常性收入增长幅度，提高文化支出占财政支出比例。扩大公共财政覆盖范围，完善投入方式，加强资金管理，提高资金使用效益，保障公共文化服务体系建设和运行。落实和完善文化经济政策，支持社会组织、机构、个人捐赠和兴办公益性文化事业，引导文化非营利机构提供公共文化产品和服务。加大财政、税收、金融、用地等方面对文化产业的政策扶持力度，鼓励文化企业和社会资本对接，对文化内容创意生产、非物质文化遗产项目经营实行税收优惠。设立国家文化发展基金，扩大有关文化基金和专项资金规模，提高各级彩票公益金用于文化事业比重。继续执行文化体制改革配套政策，对转企改制国有文化单位扶持政策执行期限再延长五年。

第五，健全共同推进文化建设工作机制。推动社会主义文化大发展大繁荣是全党全社会的共同责任。加强和改进党对文化工作的领导，是推进文化改革发展的根本保证，也是加强党的执政能力建设和先进性建设的内在要求。必须从战略和全局出发，把握文化发展规律，健全领导体制机制，改进工作方式方法，增强领导文化建设本领。要建立健全党委统一领导、党政齐抓共管、宣传部门组织协调、有关部门分工负责、社会力量积极参与的工作体制和工作格局，形成文化建设强大合力。文化领域各部门各单位要自觉贯彻中央决策部署，落实文化改革发展目标任务，发挥文化建设主力军作用。支持人大、政协履行职能，调动各部门积极性，支持民主党派、无党派人士和人民团体发挥作用，共同推进文化改革发展。推动文联、作协、记协等文化领域人民团体创新管理体制、组织形式、活动方式，履行好联络协调服务职能，加强行业自律，依法维护文化工作者权益。全面贯彻党的宗教工作基本方针，发挥宗教界人士和信教群众在促进文化繁荣发展中的积极作用。

第六，推动中华文化走向世界。开展多渠道多形式多层次对外文化交流，广泛参与世界文明对话，促进文化相互借鉴，增强中华文化在世界上的感召力和影响力，共同维护文化多样性。创新对外宣传方式方法，增强国际话语权，妥善回应外部关切，增进国际社会对我国基本国情、价值观念、发展道路、内外政策的了解和认识，展现我国文明、民主、开放、进步的形象。实施文化走出去工程，完善支持文化产品和服务走出去政策措施，支持重点主流媒体在海外设立分支机构，培育一批具有国际竞争力的外向型文化企业和中介机构，完善译制、推介、咨询等方面扶持机制，开拓国际文化市场。加强海外中国文化中心和孔子学院建设，鼓励代表国家水平的各类学术团体、艺术机构在相应国际组织中发挥建设性作用，组织对外翻译优秀学术成果和文化精品。构建人文交流机制，把政府交流和民间交流结合起来，发挥非公有制文化企业、文化非营利机构在对外文化交流中的作用，支持海外侨胞积极开展中外人文交流。建立面向外国青年的文化交流机制，设立中华文化国际传播贡献奖和国际性文化奖项。

第七，积极吸收借鉴国外优秀文化成果。坚持以我为主、为我所用，学习借鉴一切有利于加强我国社会主义文化建设的有益经验、一切有利于丰富我国人民文化生活的积极成果、一切有利于发展我国文化事业和文化产业的经营管理理念和机制。加强文化领域智力、人才、技术引进工作。吸收外资进入法律法规许可的文化产业领域,保障投资者合法权益。鼓励文化单位同国外有实力的文化机构进行项目合作,学习先进制作技术和管理经验。鼓励外资企业在华进行文化科技研发,发展服务外包。开展知识产权保护国际合作。

6. 关于国家文化软实力的理论

(1)文化软实力的概念内涵

20 世纪 80 年代,西方学者提出了“软实力”(Soft Power)概念。软实力指的是一种能力,它能通过吸引力而非威逼或利诱达到目的,是一国综合实力中除传统的、基于军事和经济实力的硬实力之外的另一组成部分。这一概念的提出,明确了软实力的重要价值,将它提高到了与传统的“硬实力”同等甚至比其更为重要的位置,人们也开始从关注国家军事、经济力量等有形的“硬实力”,转向政治制度的吸引力、价值观的感召力和文化的感染力等无形的“软实力”。

我国关于文化软实力的定义:认为文化软实力主要指在社会文化领域中具有精神感召力、社会凝聚力、价值吸引力、思想影响力等的文化资源。也就是说,文化软实力是基于文化而具有的凝聚力和生命力,以及由此产生的吸引力和影响力,是综合国力和国际竞争力的重要组成部分。中国的文化软实力让世界重新认识中国,赢得别人的理解与尊重,使各方更好地和谐相处。

我国提出的文化软实力,是一个国家基于文化的生命力、创造力、传播力而形成的体系。主要包含三个层面的意思:一是指文化传统、价值观念和制度体系;二是指建立在公共文化服务体系基础上,以人的精神、品格为核心的国民素质,培育、继承和发展一种独特的民众精神和品格;三是包括音乐、表演艺术、电影电视、出版、会展、动漫游戏、新媒体等可以产业化运营的文化产业。

【知识链接 5-1】

约瑟夫·奈关于软实力概念的界定

美国著名政治学家哈佛大学教授约瑟夫·奈在 1990 年 3 月出版的《软实力——国际政治的制胜之道》一书中,阐述了软实力概念。同年在《对外政策》杂志上发表的论文,题为《软实力》。他认为,软实力是指一个国家维护和实现国家利益的决策和行动的能力,其力量源泉是基于该国在国际社会的文化认同感而产生的亲和力、影响力和凝聚力。简言之,软实力指一个国家或地区文化的影响力、凝聚力和感召力。

约瑟夫·奈把软实力界定为三个方面:文化的吸引力;制度的吸引力;掌握国际话语权的能力。后又把硬实力结合起来阐述,形成“巧实力”,从而达到自己的外交目标。他认为在国际舞台上,军事力量和经济力量都是可以强迫他人被迫改变其立场的硬实力,硬实力依赖于特定的动机。与此相对,软实力依赖于诸如价值和制度这类文化因素。他指出,软实力是一种行使权力的“间接方式”,在国际政治中,一个国家可以通过这样的方式来获得它想要的结果:让其他的国家追随它,欣赏它的价值,模仿它的榜样,热衷于它的繁荣与开放程度,从这个意义上讲,在国际政治中设置吸引其他国家的议程,其重要性

并不亚于通过军事或经济力量来迫使别人改变,这样让别人想你之所想的力量,他称之为软实力,这种力量吸引人,而不是压迫人。

首先,软实力是一种文化力。其次,软实力是通过价值观和制度而得到呈现的。其三,军事力量和经济力量是一种剥夺力量、压迫力量,是一种强权征服与被动服从力量;而软实力却是一种主动吸引力量、吸纳力量,一种效仿力量和一种崇拜的榜样力量。军事和经济等硬实力强求人"你必须只能如此",软实力则主动要求"我渴望能够如此"。软实力就是文化影响力、意识形态影响力、制度影响力和外交影响力。

(2)文化软实力与硬实力的关系、与国家兴衰的关系

文化软实力与硬实力的关系:"硬实力"是"软实力"的物质基础和有效载体;"软实力"是"硬实力"的精神和制度支柱,是"硬实力"的延伸。一方面,有强大的"硬实力"做后盾,才有可能迅速提升"软实力";另一方面,长期积累的"软实力"可以弥补"硬实力"的不足,放大"硬实力",并为"硬实力"的发展创造更为有利的发展环境。

文化软实力事关国家兴衰成败。当今世界,国际竞争日益激烈。任何国家要想立于不败之地,必须学会用两条腿走路,一条腿是增强物质硬实力,一条腿是增强文化软实力。回顾近代以来中国所走过的道路。20 世纪过去了,中国不但没有亡国灭族,而且中华民族伟大复兴的曙光已经高高升起在地平线上。这原因是多方面,但其中最重要的原因是中共找到了一个真理——马克思主义。马克思主义是什么?就是一种最先进的文化。中国近现代史说明:文化搞不好可以误国,文化搞得好可以兴邦。

苏联解体是因文化软实力不行而不打自败的最典型的例子,教训非常深刻。尽管苏联当时的军事实力完全可以同美国"叫板",苏联的工业基础、科技基础、经济实力、基础设施等硬实力在当时的世界上都是一流的,都无愧为一个超级大国,但是,所有这些都无法挽救苏联的最终解体。原因就是苏联文化软实力大厦坍塌,意识形态防线彻底崩溃,因而失去了民心,失去了"天下"。

(3)文化软实力的体现

文化软实力体现在文化、价值观念、社会制度等影响自身发展潜力和感召力 。国家的凝聚力、文化影响、文化被普遍认同的程度,以及在发展模式和意识形态等价值观方面对其他国家的吸引力。具体来说高等教育的实力,以及快餐文化、电影、流行歌曲、体育等的影响力都是文化软实力的体现。

当代中国文化软实力体现在以下方面:文化软实力体现在政治层面,就是一个政党倡导的意识形态的感召力和创新力。提升我国文化软实力,从要求上,党的执政理念要有利于维护人民根本利益;从内容上,就是坚持以人为本。

文化软实力体现在国家层面,就是一个国家的发展理念、发展战略和发展模式的竞争力。文化软实力体现在民众层面,就是一个国家的民众的民族精神与人格类型的进步性。要提升文化软实力,就要在民族精神上树立坚定的理想信仰;在共同价值观上强调尊重、平等;在思维方式上确立创新思维。文化软实力也体现在公民个体的素质上,每个人都要提高学习能力,具有不懈追求、开拓进取的钢铁般意志。文化软实力还体现在国

家之间的文化比较优势上,提升我国文化软实力,既要注意汲取和发扬我国优秀传统文化的精华,也要注重提升公民对共同文化的认同,提升其核心竞争力。

(4)提升国家文化软实力的重要性

当今世界正处在大发展大变革大调整时期,世界多极化、经济全球化深入发展,科技日新月异,各种思想文化交流交融交锋更加频繁。文化在综合国力竞争中的地位和作用更加显现,许多国家特别是主要大国都把提高文化软实力作为增强国家核心竞争力的重要战略。

党的十七大报告提出,要从提高国家文化软实力的战略高度,充分认识文化建设的重要性、紧迫性,更加自觉、更加主动地推动社会主义文化大发展大繁荣。

提升国家文化软实力的重要性有以下四点:

第一,增强民族的自信心、自尊心和民族自豪感。提升文化软实力,创造出符合时代发展要求、引领世界潮流的先进文化,能增强以爱国主义为核心的民族精神。

第二,促进经济的发展,提升综合国力。在和平与发展成为时代主题的今天,文化软实力已经成为综合国力的重要组成部分。文化软实力的提升,为经济的发展提供精神动力和智力支持,为经济的发展提供良好和谐的环境。而且文化本身也在源源不断地创造经济价值。

第三,巩固我国社会主义政治制度,提升国际地位。只有通过不断提升文化软实力,提高国民的整体素质,提升整个国民对中华民族文化的了解和认识,才能坚定社会主义的方向,才能巩固社会主义政治制度。也只有通过提升文化软实力,才能增强不同国家、不同民族对我们的了解和认同,赢得他国的尊重。文化软实力关系到我国的国际地位和国际影响力。

第四,提升文化软实力既是现在也是未来中国发展的必然要求。软实力是文化和意识形态吸引力体现出来的力量,是世界各国制定文化战略和国家战略的一个重要参照系。表面上文化确乎很"软",但却是一种不可忽略的伟力。任何一个国家在提升本国政治、经济、军事等硬实力的同时,提升本国文化软实力也是更为特殊和重要的。"提高国家文化软实力",这不仅是我国文化建设的一个战略重点,也是我国建设和谐世界战略思想的重要组成部分,更是实现中华民族伟大复兴的重要前提。

建设文化强国有多重战略意义:第一,建设文化强国,形成民族的强大凝聚力;第二,建设文化强国,为经济发展和社会和谐提供强大的文化支撑;第三,建设文化强国,是要在全世界面前树立一种全新的形象,增强我国的文化软实力;第四,建设文化强国,归根到底是为了造福我们的民族和人民。

要加快发展文化产业,推动文化产业成为国民经济支柱性产业。

7. 关于坚定中国特色社会主义文化自信的理论

党的十八大以来,习近平总书记多次使用"文化自信"一词。2014 年 2 月,在中央政治局第十三次集体学习时,提出要"增强文化自信和价值观自信"。2014 年 10 月,在文艺工作座谈会上,提出要"增强文化自觉和文化自信"。2014 年 12 月 20 日,他在澳门大学考察时再次强调文化自信,指出"五千多年文明史,源远流长。而且我们是没有断流的文化。建立制度自信、理论自信、道路自信,还有文化自信。文化自信是基础”。2016 年 5 月,在哲学社会科学工作座谈会上,他又指出,“我们说要坚定中国特色社会主义道路自信、理论自信、制度自信,说到底是要坚定文化自信”。习近平总书记把文化自信作为道路自信、理论自信、制度自信之后的第四个自信提出来,并把文化自信作为前三个自信的基础提到更高地位,意义极为深远;也表明中国特色社会主义文化更趋成熟,给我们的自信提供坚实基础。

文化自信就是始终不渝地坚持马克思主义指导思想为我们立党立国的根本,继承中华优秀传统文化,大力弘扬社会主义先进文化,坚守中华民族伟大复兴中国梦的精神家园。第一,马克思主义是我们的根本指导思想。背离或放弃马克思主义,我们党就会失去灵魂、迷失方向。马克思主义是人类思想史上最伟大的成果,它以科学的世界观和方法论,揭示了人类社会发展的基本规律,也为先进文化建设指明了正确方向。我们党从一诞生就举起马克思主义这面旗帜,并在同中国实际相结合的过程中不断推进马克思主义中国化,形成了毛泽东思想和包括邓小平理论、“三个代表”重要思想、科学发展观等重大战略思想在内的中国特色社会主义理论体系这两大理论成果,成为指引中国文化前进的根本指针。正是有了马克思主义,中华文化注入了先进的思想内涵,中国人民获得了科学的、锐利的思想武器,在思想上精神上得到极大的解放。第二,中华文化积淀着中华民族最深沉的精神追求,是中华民族生生不息、发展壮大的丰厚滋养。中华优秀传统文化是中华民族的突出优势,是我们最深厚的文化软实力。中国特色社会主义植根于中华文化沃土、反映中国人民意愿、适应中国和时代发展进步要求,有着深厚历史渊源和广泛现实基础。第三,中国特色社会主义文化是当代中国的先进文化。在社会主义革命和建设以及改革开放时期孕育形成的社会主义先进文化,是对中华民族优秀传统文化和红色革命文化的继承和发展,是运用马克思主义为指导所进行的文化创造。社会主义先进文化坚持马克思主义的指导地位,坚持中国特色社会主义的共同理想、以爱国主义为核心的民族精神和以改革创新为核心的时代精神,以及社会主义荣辱观。坚持弘扬富强、民主、文明、和谐,自由、平等、公正、法治,爱国、敬业、诚信、友善的社会主义核心价值观。高扬社会主义先进文化旗帜,不断进行文化创新的同时不断增强精神力量,为实现“两个一百年”奋斗目标,为实现中华民族伟大复兴的中国梦而努力奋斗。我们坚持和倡导文化自信,就是要对悠久的民族传统文化保持自信,对当代中国马克思主义指导思想保持自信,对改革开放以来形成的中国特色社会主义文化保持自信。

文化自信是坚定中国特色社会主义道路自信、理论自信、制度自信的基础。中国有坚定的道路自信、理论自信、制度自信,其本质是建立在 5000 多年文明传承基础上的文化自信。没有“自强不息、厚德载物”品格的世代继承,没有讲仁爱、重民本、守诚信、崇正义、尚和合、求大同理念的长期滋养,没有文化信仰的力量,没有我们党领导人民对中华文化的创造性转化、创新性发展,就不可能形成中国特色的道路、理论、制度。

中华文化蕴涵着实现中国梦的中国精神,是我们推进改革开放和社会主义现代化建设的强大精神力量。要建设中国特色社会主义,实现中华民族伟大复兴的中国梦,就需要我们有民族文化的自信,用共同理想信念凝聚民族意志,用中国精神激发中国力量,让中华文化成为海内外中华儿女最大的思想公约数,成为统领和融通各族人民的文化血脉与精神家园。只有很好地认识和把握中华文化,坚定而自觉地做到文化自信,才能很好地认识和坚持当代中国的发展特色和发展道路,增强道路自信、理论自信和制度自信。文化自信不仅渗透于道路自信、理论自信、制度自信之中,而且在人的一切活动、一切方面都存在,所以文化自信的影响更广泛,文化自信更深厚。文化自信内化于心将影响深远,文化是人各项活动里面的基因,是我们的精神家园,也是我们的传统。文化一旦内化于心,就有稳定性和长期性。一旦文化自信树立起来,这个影响不仅是深厚的,而且是长远的。有了这种文化自信,我们就有信心建设强大的、走向世界的、支撑经济实力的文化软实力。

二、中国特色社会主义文化制度

中国特色社会主义文化制度,是指国家通过宪法和法律规范社会文化生活,调整以社会意识形态为核心的各种文化生活的基本原则和规则的总和。它既包括直接反映和体现中国特色社会主义基本经济制度、基本政治制度和基本文化制度,也包括建立在这些制度基础上的文化体制等各项具体制度,即文化基本制度在文化发展各领域的具体体现,一般包括机构设置、隶属关系、管理权限和工作规则等方面的体系、制度、方法、形式等。

中国特色社会主义文化制度是以马克思主义为指导、多元文化并存的文化制度。涉及的内容十分广泛,主要包括坚持马克思主义在意识形态领域的指导地位、加强思想道德建设、繁荣发展教育事业和哲学社会科学事业、发展科学文化体育卫生事业、加强文化人才培养,以及文化产品创作生产、载体手段、传播流通、评价激励、规划管理、人员机构等方面的制度。

①关于加强社会主义核心价值体系建设制度,包括中国特色社会主义理论体系学习研究宣传、繁荣发展哲学社会科学等方面的制度。

②关于公共文化服务建设制度,包括构建公共文化服务体系、加强公共文化产品和服务供给、加快城乡文化一体化发展、广泛开展群众性文化活动等方面的制度。

③关于加快文化体制机制创新制度,包括培育文化市场主体、深化文化事业单位改革、健全现代文化市场体系、创新文化管理制度等方面的制度。

④关于文化产业发展制度,包括构建现代文化产业体系,形成以公有制为主体、多种所有制共同发展的文化产业格局,推进文化科技创新,扩大文化消费等方面的制度。

⑤关于加强文化产品创作生产的引导制度,包括坚持正确创作方向、推出更多优秀文艺作品、建立健全文化创新机制、完善文化产品评价体系和激励机制等方面的制度。

⑥关于加强传播体系建设制度,包括加强重要新闻媒体建设、加强新兴媒体建设、加强文化传播渠道建设等方面的制度。

⑦关于文化遗产保护传承与利用制度,包括提高物质文化遗产保护水平、加强非物质文化遗产保护传承、拓展文化遗产传承利用途径等方面的制度。

⑧关于加强对外文化交流与合作制度,包括加强对外文化交流、推动文化产品和服

务出口、扩大文化企业对外投资和跨国经营等方面的制度。

⑨关于文化人才队伍建设制度,包括造就高层次文化领军人物和高素质文化人才队伍、加强基层文化队伍建设、建立完善文化人才培训机构等方面的制度。

中国特色社会主义文化制度是在中国特色社会主义文化建设实践中形成,并进一步完善发展。

第二节 中国特色社会主义文化建设概况

中国特色社会主义文化建设具有重要战略地位,改革开放以来,中国共产党努力探索中国特色社会主义文化发展道路,加强社会主义核心价值体系建设,传承和弘扬中华优秀传统文化,不断深化文化体制改革,努力展示中华文化的独特魅力。

一、中国特色社会主义文化发展道路

中国特色社会主义文化发展道路,就是要高举中国特色社会主义伟大旗帜,以马克思列宁主义、毛泽东思想、邓小平理论和“三个代表”重要思想为指导,深入贯彻落实科学发展观,坚持社会主义先进文化前进方向,以科学发展为主题,以建设社会主义核心价值体系为根本任务,以满足人民精神文化需求为出发点和落脚点,以改革创新为动力,发展面向现代化、面向世界、面向未来的,民族的科学的大众的社会主义文化,培养高度的文化自觉和文化自信,提高全民族文明素质,增强国家文化软实力,弘扬中华文化,努力建设社会主义文化强国。

中国特色社会主义文化发展道路的特色主要体现在以下几个方面:

这是一条先进文化的发展道路。坚持以马克思主义为指导,着重发展面向现代化、面向世界、面向未来,民族的科学的大众的社会主义文化。

这是一条科学发展之路。把文化建设纳入中国特色社会主义经济、政治、文化、社会、生态文明建设五位一体的总体格局当中通盘考虑,同时深入贯彻落实科学发展观,把科学发展观的理念融入文化建设发展的各个领域、各个环节。

这是一条强魂健体、强基固本之路。用社会主义核心价值体系凝魂聚气、强基固本,这是中国特色社会主义文化发展道路的根本标识。把建设社会主义核心价值体系作为根本任务,融入国民教育、精神文明建设和党的建设全过程,贯穿改革开放和社会主义现代化建设各领域,体现到精神文化产品创作、生产和传播的各个环节,使其成为广大人民群众的自觉追求,巩固全体人民团结奋斗的共同思想道德基础,推动中国特色社会主义文化大发展大繁荣。

这是一条以人为本之路,就是坚持为人民服务、为社会主义服务的方向,坚持百花齐放、百家争鸣的方针,坚持贴近实际、贴近生活、贴近群众的原则,充分发挥人民群众在文化建设中的主体作用,文化发展的成果由人民共享。

这是一条改革创新之路,就是随着时代的发展,不断地改革创新,与时俱进,解放和发展文化生产力,使我们的文化能够实现又好又快的发展。

这条道路，符合基本国情、顺应时代发展要求，体现文化建设发展规律，同时也引领文化的繁荣和惠民，是中国特色社会主义发展道路的重要组成部分。中国特色社会主义文化发展道路，是中国特色社会主义道路在文化领域的具体运用和展开，是中国特色社会主义文化建设实践经验的集中体现，深入回答了文化建设中带有方向性、根本性、战略性的重大问题，指明了文化建设的前进方向和发展路径。

中国特色社会主义文化发展道路，是马克思主义文化理论与中国改革发展实际相结合的产物，是党在民主革命时期探索新民主主义文化发展道路、新中国成立后探索社会主义文化发展道路的基础上，适应改革开放时代要求的社会主义文化发展道路，是继承民族文化优秀传统，走在时代进步潮流前列，代表广大人民群众文化利益的文化发展道路，是富于改革创新精神、保持与时俱进品格的文化发展道路。

中国特色社会主义文化发展道路，确定了文化的基本属性，这就是中国特色社会主义的文化，它既同封建主义、资本主义腐朽思想文化划清了界限，也同僵化的思想文化划清了界限；确定了文化的根本任务，这就是坚持以人为本，满足人民日益增长的精神文化需求，保障人民基本文化权益；确定了文化的前进方向，这就是面向现代化、面向世界、面向未来的，民族的科学的大众的社会主义文化；确定了文化的发展动力，这就是深化文化体制改革，构建有利于文化科学发展的体制机制，不断解放和发展文化生产力；确定了文化的发展途径，这就是一手抓公益性文化事业、一手抓经营性文化产业，一手抓努力构建覆盖城乡、惠及全民的公共文化服务体系，一手壮大文化产业、繁荣社会主义文化市场；确定了文化的发展格局，这就是以公有制为主体、多种所有制共同发展的文化产业格局，以民族文化为主体、吸收外来有益文化的文化对外开放格局；确定了文化的发展战略，这就是提升国家文化软实力，实施文化“走出去”战略，充分发挥文化在综合国力竞争中的重要作用；确定了文化建设的领导力量和依靠力量，这就是始终坚持党对文化工作的领导，充分发挥人民群众在文化建设中的主体作用，最大限度地发挥广大文化工作者的积极性主动性创造性。

中国特色社会主义文化发展道路，建立在对新时期文化发展规律深刻认识的基础上，经历了改革开放以来文化发展实践的检验，为社会主义文化的繁荣发展提供了宽广的发展空间和良好的发展机制，是当代中国文化发展的正确道路。在这条道路的引领下，改革开放以来特别是党的十六大以来，我国文化建设取得了巨大成就，文化体制改革取得积极进展，文化事业和文化产业步入协调快速发展的良性轨道，文化建设呈现出积极向上、繁荣发展的良好态势。我国文化软实力和国际影响力不断提升，人民群众在文化发展和建设上不断得到实惠，文化工作针对性实效性和吸引力感染力不断增强，党领导文化工作的能力和水平不断提高。正是由于充分发挥了中国特色社会主义文化发展道路的导向功能和激励功能，才使得文化发展不断排除各种错误倾向的干扰，促使了文化发展资源的合理有效运用，正是由于这条正确道路的影响力和约束力是一个逐步拓展的过程，才使得文化建设发展还有种种不尽人意之处。这些都说明坚持和发展这条文化发展道路的迫切性、艰巨性和长期性。

坚持走中国特色社会主义文化发展道路，努力到 2020 年实现文化改革发展奋斗目

标:社会主义核心价值体系建设深入推进,良好思想道德风尚进一步弘扬,公民素质明显提高;适应人民需要的文化产品更加丰富,精品力作不断涌现;文化事业全面繁荣,覆盖全社会的公共文化服务体系基本建立,努力实现基本公共文化服务均等化;文化产业成为国民经济支柱性产业,整体实力和国际竞争力显著增强,公有制为主体、多种所有制共同发展的文化产业格局全面形成;文化管理体制和文化产品生产经营机制充满活力、富有效率,以民族文化为主体、吸收外来有益文化、推动中华文化走向世界的文化开放格局进一步完善;高素质文化人才队伍发展壮大,文化繁荣发展的人才保障更加有力。全党全国要为实现这些目标共同努力,不断提高文化建设科学化水平,为把我国建设成为社会主义文化强国打下坚实基础。

实现上述奋斗目标,必须遵循以下重要方针。

一是坚持以马克思主义为指导,推进马克思主义中国化时代化大众化,用中国特色社会主义理论体系武装头脑、指导实践、推动工作,确保文化改革发展沿着正确道路前进。

二是坚持社会主义先进文化前进方向,坚持为人民服务、为社会主义服务,坚持百花齐放、百家争鸣,坚持继承和创新相统一,弘扬主旋律、提倡多样化,以科学的理论武装人,以正确的舆论引导人,以高尚的精神塑造人,以优秀的作品鼓舞人,在全社会形成积极向上的精神追求和健康文明的生活方式。

三是坚持以人为本,贴近实际、贴近生活、贴近群众,发挥人民在文化建设中的主体作用,坚持文化发展为了人民、文化发展依靠人民、文化发展成果由人民共享,促进人的全面发展,培育有理想、有道德、有文化、有纪律的社会主义公民。

四是坚持把社会效益放在首位,坚持社会效益和经济效益有机统一,遵循文化发展规律,适应社会主义市场经济发展要求,加强文化法制建设,一手抓繁荣、一手抓管理,推动文化事业和文化产业全面协调可持续发展。

五是坚持改革开放,着力推进文化体制机制创新,以改革促发展、促繁荣,不断解放和发展文化生产力,提高文化开放水平,推动中华文化走向世界,积极吸收各国优秀文明成果,切实维护国家文化安全。

二、培育和践行社会主义核心价值观

积极培育和践行社会主义核心价值观,对于全面推进文化强国建设和全面建成小康社会有着十分重要的意义。社会主义核心价值观是社会主义核心价值体系的高度凝练和集中表达,是社会主义核心价值体系的精神内核。

党的十八大报告把社会主义核心价值观从国家、社会和个人三个层面概括为“三倡导”,即倡导富强、民主、和谐、文明,倡导自由、平等、公正、法治,倡导爱国、敬业、诚信、友善,积极培育和践行社会主义核心价值观。在国家层面,“倡导富强、民主、文明、和谐”,这是到21世纪中叶建设社会主义现代化国家的发展目标,已经写入党章和宪法,反映了党、国家和人民的共同意志和中华民族伟大复兴的光明愿景,是国家主导价值观,在核心价值观中居于统领地位;在社会层面,“倡导自由、平等、公正、法治”,这既是引领现代文明走向的人类共同价值准则和理想社会目标，又是我们党和国家始终追求和奉行的核心价值理念，着眼于确立社会发展的价值导向，在核心价值观中发挥着重要支柱作用；在公民个人层面，“倡导爱国、敬业、诚信、友善”，这是着眼于构建民间社会的底线伦理，是作为价值主体的每个公民所应遵循的根本道德规范，在核心价值观中居于基础地位。

积极培育和践行社会主义核心价值观，对于巩固马克思主义在意识形态领域的指导地位、巩固全党全国人民团结奋斗的共同思想基础，对于协调推进“四个全面”战略布局、实现中华民族伟大复兴的中国梦，具有重要的现实意义和深远的历史意义。培育和践行社会主义核心价值观，是推进中国特色社会主义伟大事业、实现中华民族伟大复兴中国梦的战略任务。

培育和践行社会主义核心价值观，要紧紧围绕坚持和发展中国特色社会主义这一主题，紧扣实现中华民族伟大复兴中国梦这一目标，注重宣传教育、示范引领、实践养成相统一，注重政策保障、制度规范、法律约束相衔接，使社会主义核心价值观融入人们的生产生活和精神世界，激励全体人民为建设中国特色社会主义努力奋斗。

培育和践行社会主义核心价值观要坚持以下原则：(1)坚持以人为本，尊重群众主体地位，关注人们利益诉求和价值愿望，促进人的全面发展；(2)坚持以理想信念为核心，抓住世界观、人生观、价值观这个总开关，在全社会牢固树立中国特色社会主义共同理想，着力铸牢人们的精神支柱；(3)坚持联系实际，区分层次和对象，加强分类指导，找准与人们思想的共鸣点、与群众利益的交汇点，做到贴近性、对象化、接地气；(4)坚持改进创新，善于运用群众喜闻乐见的方式，搭建群众便于参与的平台，开辟群众乐于参与的渠道，积极推进理念创新、手段创新和基层工作创新，增强工作的吸引力感染力。

培育和弘扬社会主义核心价值观，教育引导是基础性工作。要在全社会深入开展理想信念教育，开展中国特色社会主义和中国梦宣传教育，积极引导各种社会思潮，坚定人们的道路自信、理论自信、制度自信，把全国各族人民紧紧团结和凝聚在中国特色社会主义旗帜下。社会主义核心价值观宣传教育要区分层次、突出重点。第一，发挥榜样的模范作用。要充分发挥广大党员、干部的带头作用，用他们的模范行为和高尚人格感召群众、带动群众。第二，把社会主义核心价值观的基本内容和要求渗透到学校教育教学之中，体现在学校日常管理之中，做到进教材、进课堂、进头脑，使社会主义核心价值观在青少年中真正培育起来。广大青年要勤学、修德、明辨、笃实，身体力行社会主义核心价值观。第三，发挥精神文化产品潜移默化的作用，运用各类文化形式，生动具体地表现社会主义核心价值观。

使社会主义核心价值观融入社会生活，让人们在实践中感知和领悟它。把社会主义核心价值观与人们日常生活紧密联系起来，在落细、落小、落实上下功夫。按照社会主义核心价值观的基本要求，健全各行各业规章制度、行为准则，使社会主义核心价值观成为人们日常工作生活的基本遵循。加强社会公德、职业道德、家庭美德、个人品德建设，激发人们形成善良的道德意愿、道德情感，培育正确的道德判断和道德责任，提高道德实践能力尤其是自觉践行能力。

用社会主义核心价值观引领社会思潮、凝聚社会共识。尊重差异，包容和整合大多

数社会群体的思想意识，扩大核心价值观的包容度和影响力，在包容多样中形成思想共识。有力抵制和批判各种错误思潮和腐朽文化的影响，维护社会主义核心价值观的主导地位。主流媒体和重点网站应站在国家意识形态战略安全的高度，以社会主义核心价值观为指导和要求，依法加强网络空间治理，加强网络内容建设，做好网上正面宣传，培育积极健康、向上向善的网络文化，用社会主义核心价值观和人类优秀文明成果滋养人心、滋养社会，为广大网民特别是青少年营造一个风清气正的网络空间。

巩固马克思主义在意识形态领域的指导地位。作为社会主义核心价值体系的内核，社会主义核心价值观体现了马克思主义的本质要求、体现了广大人民群众的价值认同。培育和践行社会主义核心价值观关键是解决好对马克思主义和共产主义的信仰、对中国特色社会主义的信念问题。坚持和发展马克思主义，推进马克思主义中国化时代化大众化。使马克思主义信仰和中国特色社会主义共同理想深深地扎根于人民群众的伟大实践中、日常生活中，使马克思主义大众化、中国特色社会主义信念生活化。

三、传承和弘扬中华优秀传统文化

中华优秀传统文化是中华民族的精神命脉，是涵养社会主义核心价值观的重要源泉，也是在世界文化领域展示我国文化独有魅力的坚实基础。建设社会主义文化强国、实现中华民族伟大复兴的中国梦，必须大力传承和弘扬中华优秀传统文化，努力实现优秀传统文化的创造性转化和创新性发展。

1. 中华优秀传统文化就是我们中华民族的“根”和“魂”

中华文明所以源远流长，历经 5000 多年而不衰，是世界几大古代文明中唯一没有中断的文明，就是因为没有抛弃传统，没有割断精神命脉，其“根”其“魂”一直延绵至今。

中华优秀传统文化来源于中华民族的历史实践，是中华民族在几千年历史发展过程中所产生的包含儒家思想在内的思想文化的总和，是多种思想和学说交流融合并同其他文化不断交流借鉴而形成的文化。中华优秀传统文化，尤其是作为其核心的思想文化的形成和发展，大体经历了中国先秦诸子百家争鸣、两汉经学兴盛、魏晋南北朝玄学流行、隋唐儒释道并立、宋明理学发展等几个历史时期。孔子创立的儒家学说以及在此基础上发展起来的儒家思想，对中华文明产生了深刻影响。儒家思想同中华民族形成和发展过程中所产生的其他思想文化一道，记载了中华民族自古以来在建设家园的奋斗中开展的精神活动、进行的理性思维、创造的文化成果。中华优秀传统文化以讲仁爱、重民本、守诚信、崇正义、尚和合、求大同等为基本内核，反映了中华民族的精神追求，包含着中华民族最根本的精神基因，代表着中华民族独特的精神标识，是中华民族生生不息、发展壮大的丰厚滋养。

中国优秀传统文化对中华文明形成及延续发展，对形成和维护中国团结统一的政治局面，对形成和巩固中国多民族和合一体的大家庭，对形成和丰富中华民族精神，对激励中华儿女维护民族独立、反抗外来侵略，对推动中国社会发展进步、促进中国社会利益和社会关系平衡，都发挥了十分重要的作用。

在带领中国人民进行革命、建设、改革的长期历史实践中，中华共产党人始终是中华优秀传统文化的忠实继承者和弘扬者,从孔夫子到孙中山,我们都注意汲取其中积极的养分。只有坚持从历史走向未来,从延续民族文化血脉中开拓前进,我们才能做好今天的事业。这是对党关于传统文化的态度的科学总结。

中华优秀传统文化是国家文化的重要软实力。一个国家的强大,既需要经济总量、军事力量等硬实力的发展,也需要思想文化、民族素质等软实力的提高。传承和弘扬中华优秀传统文化,展示中华文化独特魅力,对于提高国家文化软实力具有巨大影响;内含着中华优秀传统文化的国家文化软实力,对于实现民族复兴的中国梦具有非常重要的意义。

2. 实现中华优秀传统文化的创造性转化和创新性发展

改革开放以来,中国共产党对中华传统文化既继承了老一辈党和国家领导人所制定的方针——去其糟粕、取其精华,古为今用、推陈出新,同时又明确了与时代进步相协调、与世界发展相适应的新要求,即实现中华优秀传统文化的创造性转化和创新性发展,使之与现实文化相融相通,共同服务于以文化人、以文育人的时代任务。创造性转化就是要根据时代发展要求,贴切地改变陈旧的形式,赋予其新的时代内涵和表现形式。创造性转化的基础是批判地继承,创造性转化是创造性发展的基础,只有将其创造性转化,中华优秀传统文化才能得到更好地弘扬。创新性发展,就是要根据时代的新进步新发展,对中华优秀传统文化的内涵加以补充、拓展、完善,增强其影响力和感召力。

以科学的态度对待民族传统文化,不忘本来才能开辟未来,善于继承才能更好创新。坚持马克思主义的方法,把弘扬优秀传统文化和发展现实文化有机统一起来,古为今用,推陈出新,有鉴别地加以对待、有扬弃地予以继承,既不厚古薄今,也不厚今薄古,既不能陷入历史虚无主义,也不能陷入文化虚无主义。

系统梳理中华优秀传统文化资源。深入研究阐释中华优秀传统文化的思想精华和时代价值,讲清楚其历史渊源、发展脉络、基本走向,讲清楚中华文化的独特创造、价值理念、鲜明特色,增强文化自信和价值观自信。加强文化遗产的科学保护和利用,推进文化文物单位各类文化资源的系统梳理、分类整理和数字化进程,推动文化创意产品开发,促进优秀传统文化的传承和传播,充分调动文化文物单位和社会力量两方面积极性,加强文化资源开放和共享,全面提升文化创意产品开发社会化水平。

大力宣传中华民族的优秀文化和光荣历史。通过学校教育、理论研究、历史研究、影视作品、文学作品等多种方式,加强爱国主义、集体主义、社会主义教育,引导人们树立和坚持正确的历史观、民族观、国家观、文化观,增强做中国人的骨气和底气。

传承和弘扬中华传统文化,并不意味着故步自封,闭上眼睛不看世界。中华民族是一个兼容并蓄、海纳百川的民族,在漫长历史进程中,不断学习他人的好东西,把他人的好东西化成我们自己的东西,这才形成我们的民族特色。文明因交流而多彩,文明因相互借鉴而丰富,对各国人民创造的优秀文明成果,我们当然要学习借鉴,而且要认真学习借鉴,在不断汲取各种文明养分中丰富和发展中华文化。坚持从本国本民族实际出发,坚持取长补短、择善而从,讲求兼收并蓄,去粗取精、去伪存真,经过审慎的鉴别和扬弃后使之为我所用。

四、深化文化体制改革

文化体制改革就是适应文化生产力发展水平和要求、体现中国特色社会主义基本制度本质要求、在文化具体制度方面的改革。同经济体制改革、政治体制改革、教育体制改革、科技体制改革等一样，我国文化体制改革与改革开放相伴相生，主要是适应社会主义市场经济的要求，革除制约文化发展的体制性障碍。党的十七届六中全会审议通过了《中共中央关于深化文化体制改革、推动社会主义文化大发展大繁荣若干重大问题的决定》，标志着我国文化体制改革进入一个新阶段。文化体制改革以体制机制创新为重点，增强微观活力，积极推进经营性文化单位转企改制，健全文化市场体系，依法加强管理，促进文化事业全面繁荣和文化产业快速发展，增强我国文化的总体实力。在新的历史起点上深化文化体制改革是推动社会主义文化大发展大繁荣的必由之路，是奠定国家文化软实力根基的重要方面。中国共产党以高度的责任感和紧迫感，顺应时代发展要求，深入推进文化体制改革，推动社会主义文化大发展大繁荣。

1. 完善文化管理体制

按照政企分开、政事分开原则，推动政府部门由办文化向管文化转变，推动党政部门与其所属的文化企事业单位进一步理顺关系。建立党委和政府监管国有文化资产的管理机构，实行管人管事管资产管导向相统一。进一步规范传播秩序，健全坚持正确舆论导向的体制机制，健全基础管理、内容管理、行业管理以及网络违法犯罪防范和打击等工作联动机制，健全网络突发事件处置机制，形成正面引导和依法管理相结合的网络舆论工作格局。整合新闻媒体资源，推动传统媒体和新兴媒体融合发展，推动新闻发布制度化，严格新闻工作者职业资格制度，重视新型媒介运用和管理，规范传播秩序。

2. 构建覆盖城乡的公共文化服务体系，保障人民基本文化权益

构建现代公共文化服务体系，是满足人民群众基本精神文化需求和保障人民群众基本文化权益的主要途径，是中国特色社会主义文化发展道路的重要内容。党的十八大将公共文化服务体系建设作为全面建成小康社会的重要内容，明确提出了到2020年“公共文化服务体系基本建成”的战略目标。党的十八届三中全会将构建现代公共文化服务体系、促进基本公共文化服务标准化均等化作为全面深化改革的重点任务之一。

构建现代公共文化服务体系，建立健全公共文化服务体系建设协调机制，统筹服务设施网络建设，促进基本公共文化服务标准化、均等化。根据城镇化发展趋势和城乡常住人口变化，统筹城乡公共文化设施布局、服务提供、队伍建设、资金保障，均衡配置公共文化资源。整合利用闲置学校等现有城乡公共设施，依托城乡社区综合服务设施，加强城市社区和农村文化设施建设，实现农村、城市社区公共文化服务资源整合和互联互通。建立群众评价和反馈机制，推动惠民项目与群众文化需求有效对接。繁荣发展哲学社会科学，使之更好地发挥认识世界、传承文明、创新理论、资政育人、服务社会的功能。整合基层文化设施，建设综合性文化服务中心。培育和发展多元化的社会服务主体，充分发挥文化非营利组织、文化志愿者等在公共文化服务中的作用。

3. 加快发展文化产业,推动文化产业成为国民经济的支柱产业

文化产业是市场经济条件下繁荣发展社会主义文化的重要载体,是满足人民群众多样化、多层次、多方面精神文化需求的重要途径,是推动经济结构调整、转变经济发展方式、保持经济平稳较快发展的重要着力点,是实现经济、政治、文化、社会全面协调可持续发展的重要内容,是推动中华文化走出去的主导力量。

党的十六大以来,我国文化产业呈现出健康向上、蓬勃发展的良好态势,增势强劲、规模扩大、质量提升,新兴业态迅速崛起,正在成为推动社会主义文化大发展大繁荣的重要引擎和经济发展新的增长点。同时我们也要看到,我国文化产业发展水平还不高,活力还不强。对文化产业发展的思想认识不足,工作力度不够,与文化建设“两大一新”的战略任务要求还不相适应;产业总量和水平偏低,对国民经济贡献和影响偏小,与人民群众日益增长的精神文化需求还不相适应;合格的市场主体和骨干文化企业偏少,产业集中度偏低,与社会主义市场经济体制还不相适应;文化产业领域科技应用和现代传播手段使用较少,与现代科学技术迅猛发展及广泛应用还不相适应;对外文化贸易中缺少具有国际影响力的文化产品,与对外开放不断扩大的新形势不相适应。切实加大力度,加快进度,促进文化产业的大发展,已经成为摆在文化行政部门和文化行业面前一项重要而紧迫的任务。

我国文化产业的发展过程中,坚持把社会效益放在首位,实现社会效益和经济效益的统一,构建现代文化产业体系,形成公有制为主体、多种所有制共同发展的文化产业格局。建立健全现代文化市场体系,完善文化市场准入和退出机制。继续推进国有经营性文化单位转企改制,加快公司制、股份制改造。推动文化企业跨地区、跨行业、跨所有制兼并重组,提高文化产业规模化、集约化、专业化水平。

4. 加强对文化产品创作生产的引导

加强对文化产品创作生产的引导,是实现文化大发展大繁荣的重要基础。要体现社会主义核心价值体系的要求,坚持先进文化前进方向,坚持“二为”方向和“双百”方针,坚持“三贴近”原则,坚持思想性、知识性、艺术性、观赏性相统一,立足发展先进文化、建设和谐文化,坚决抵制低俗庸俗媚俗之风。完善文化产品评价和激励机制,激发文化创作生产活力,提高文化产品质量。努力创作生产出更多体现中华文化精神、反映中国人审美追求,面向群众、面向基层、面向市场,无愧于时代、无愧于历史、无愧于人民的精品力作,培育更多德艺双馨、深受人民群众欢迎的优秀文艺工作者特别是名家大师,最大限度发挥文化引导社会、教育人民、推动发展的功能。

我国文化部从五方面着力加强对艺术创作生产的引导:一是抓创作导向,部署开展以中国梦为主题的艺术创作,组织弘扬中国梦、弘扬社会主义核心价值观的具有导向性、示范性重大艺术活动。举办了以中国梦为主题的优秀剧(节)目展演活动,集中展示优秀作品。二是抓政策措施,为艺术创作生产创造有利条件,提供政策支撑。会同有关部门持续关注治理豪华晚会的政策执行情况,防止负面现象反弹;设立了中直院团改革发展专项资金,制定了新的资金投入方式、补贴标准和考核办法;经过调研,近期将出台一系列扶持地方戏曲艺术传承发展的具体政策措施。三是抓继承创新,推动传统文化传承发

展和优秀作品传播推广。四是抓艺术评论,引导当前艺术创作的价值取向。淡化评奖意识,强化评论工作,进一步突出艺术本体,把抓评论作为举办展演、引导创作的关键环节。五是抓文化惠民,坚持重心下移,不断加大文化惠民的工作力度。完善中直院团公益性演出补贴标准,加大补贴力度。推动深化戏曲院团改革,完善相关扶持政策,加强和规范政府购买服务,积极推动把戏曲演出纳入地方公共文化服务体系。

五、展示中华文化独特魅力,增强国际话语权

要努力传播当代中国价值观念。当代中国价值观念,就是中国特色社会主义价值观念,代表了中国先进文化的前进方向。我国成功走出了一条中国特色社会主义道路,实践证明我们的道路、理论体系、制度是成功的。要加强提炼和阐释,拓展对外传播平台和载体,把当代中国价值观念贯穿于国际交流和传播方方面面。要加强中国梦的宣传和阐释,注重从历史层面、国家层面、个人层面、全球层面等方面说清楚、讲明白,中国梦意味着中国人民和中华民族的价值体认和价值追求,意味着全面建成小康社会、实现中华民族伟大复兴,意味着每一个人都能在为中国梦的奋斗中实现自己的梦想,意味着中华民族团结奋斗的最大公约数,意味着中华民族为人类和平与发展做出更大贡献的真诚意愿。

要努力展示中华文化独特魅力。民族文化是一个民族区别于其他民族的独特标识。要使中华民族最基本的文化基因与当代文化相适应、与现代社会相协调,以人们喜闻乐见、具有广泛参与性的方式推广开来,把跨越时空、超越国度、富有永恒魅力、具有当代价值的文化精神弘扬起来,把继承传统优秀文化又弘扬时代精神、立足本国又面向世界的当代中国文化创新成果传播出去。要以理服人、以文服人、以德服人,提高对外文化交流水平,完善人文交流机制,创新人文交流方式,综合运用大众传播、群体传播、人际传播等多种方式展示中华文化魅力。要注重塑造我国的国家形象,让当代中国形象在世界上不断树立和闪亮起来。

要努力提高国际话语权。国际话语权是国家文化软实力的重要组成部分。现在国际舆论格局总体是西强我弱,我们往往有理说不出,或者说了传不开。要着力推进国际传播能力建设,创新对外宣传方式,精心构建对外话语体系,发挥好新兴媒体作用,增强对外话语的创造力、感召力、公信力,讲好中国故事,传播好中国声音,阐释好中国特色。

第三节　中国文化建设的成就及面临的挑战

从中国特色社会主义文化发展的现状看,我国文化建设已经取得了辉煌的成就,但是也面临一些严峻的挑战。

一、改革开放以来中国文化建设的成就

改革开放特别是党的十六大以来,我们党始终把文化建设放在党和国家全局工作重要战略地位,坚持物质文明和精神文明两手抓,实行依法治国和以德治国相结合,促进文

化事业和文化产业的发展,推动文化建设不断取得新成就,走出了中国特色社会主义文化发展道路,文化建设取得显著成就。

"十二五"以来特别是党的十八大以来,党中央国务院高度重视文化建设,做出了一系列重大决策部署。十七届六中全会通过了《中共中央关于深化文化体制改革推动社会主义文化大发展大繁荣若干重大问题的决定》。十八大从实现"两个一百年"奋斗目标的高度,提出建设社会主义文化强国的战略任务。十八届三中全会将深化文化体制改革作为全面深化改革的一个重要方面作出部署。十八届四中全会将文化法治建设作为全面依法治国的重要方面作出部署。特别是习近平总书记多次就文化建设发表重要讲话,为社会主义文化建设指明了方向,提供了遵循,大大提高了全党全社会对社会主义文化建设的认识,大大增强了全党全社会的文化自觉和文化自信。

改革开放以来,我国文化建设的最重要的成就,就是不断巩固拓展了中国特色社会主义文化发展道路。这条道路的理论指导,就是中国特色社会主义理论,特别是习近平总书记系列重要讲话;这条道路的核心,就是社会主义核心价值观;这条道路的动力,就是不断深化文化体制改革;这条道路的目的,就是促进社会主义文化大发展大繁荣,为人民群众提供更好更多的精神文化产品,不断满足人民群众的精神文化需求。

第一,坚持解放思想、实事求是、与时俱进,不断推进马克思主义中国化时代化大众化,形成和发展了中国特色社会主义理论体系,为开辟和拓展中国特色社会主义道路、确立和完善中国特色社会主义制度提供了科学理论指导。深入贯彻落实科学发展观,解放思想、与时俱进,逐步提出和形成了新的文化发展理念。这些新的文化发展理念,初步回答了社会主义市场经济条件下文化为什么要发展,实现什么样的发展,怎样发展和发展为了谁,发展依靠谁等一系列重大问题。提出区分公益性文化事业和经营性文化产业的思路,明确了在这两种不同类型文化建设中如何发挥市场作用的路径和方针,深刻反映了我们对新的历史条件下文化发展规律的认识和把握,为深化改革加快发展提供了基本遵循。

第二,坚持推进社会主义核心价值体系建设,用马克思主义中国化最新成果武装全党、教育人民,用中国特色社会主义共同理想凝聚力量,用以爱国主义为核心的民族精神和以改革创新为核心的时代精神鼓舞斗志,用社会主义荣辱观引领风尚,巩固了全党全国各族人民团结奋斗的共同思想道德基础。

第三,坚持为人民服务、为社会主义服务的方向和百花齐放、百家争鸣的方针,发扬广大人民群众和文化工作者的创造精神,推动优秀文化产品大量涌现,丰富了人民精神文化生活。

第四,坚持推进文化体制改革,创新文化发展理念,解放和发展文化生产力,推动文化事业全面繁荣、文化产业健康发展,大幅度提高了人民基本文化权益保障水平,大幅度提高了文化在经济社会发展中的地位和作用。通过文化体制改革,打破了长期束缚文化生产力的制度和体制藩篱,全国已注销经营性文化事业单位4000多家,核销事业编制18万个以上;覆盖城乡的公共文化服务体系框架基本建立,公共文化服务渠道和方式进一步拓展;文化产业日益成为新的经济增长点,全国文化产业增加值2004年至2010年年平均增长速度超过23%。

文化产业以创新创意为核心,具有资源消耗低、环境污染少、经济回报高、吸纳就业广、易与新技术对接、易与相关产业融合等特点,因此被称为朝阳产业。中央高度重视文化产业发展,2009 年 9 月,国务院颁布《文化产业振兴规划》,标志着文化产业已经上升成为国家战略性产业。2012 年,以《文化部"十二五"时期文化产业倍增计划》为标志,文化产业发展迈上了新征程。"十二五"时期,是中国文化产业快速发展时期。其间,文化产业增加值年均增速高达 20% 以上。

当前,我国文化产业处在快速增长期。2010 年,我国文化产业增加值为 1.1 万亿元、占 GDP 2.75%,2014 年文化产业增加值实现翻番,达到 2.39 万亿元。2015 年全国文化及相关产业增加值 27 235 亿元,比上年增长 11%(未扣除价格因素),比同期 GDP 名义增速高 4.6 个百分点;占 GDP 的比重为 3.97%,比上年提高 0.16 个百分点。而且电影、数字出版、网络游戏等许多文化行业是以 30% 以上速度增长的,可见文化产业发展之强劲。文化产业在推动经济发展、优化产业结构中发挥着越来越重要的作用。

覆盖全社会的公共文化服务体系基本构架初步形成,公益性文化服务水平明显提高,形成了公共文化服务体系建设的基本思路。概括起来就是"一个目标""四个坚持"。一个目标:到 2020 年基本建成现代公共文化服务体系。四个坚持:一是坚持正确导向。要以社会主义核心价值观为引领,发展先进文化,创新传统文化,扶持通俗文化,引导流行文化,改造落后文化,抵制有害文化。二是坚持政府主导。政府要制定标准、制定政策,加大投入,推进基本公共文化服务标准化、均等化。三是坚持社会参与。要引入市场机制,激发各类社会主体参与公共文化服务的积极性,形成政府、社会、市场三者之间的良性互动,变政府"独唱"为政府与社会"合唱"。四是坚持共建共享。特别是要改变多头投入、重复建设的情况。

初步建成了包括国家、省、地市、县、乡、村和城市社区在内的六级公共文化服务网络。这个网络体系包括三大类:一类是群众走进来享受的公共文化服务,如博物馆、图书馆、美术馆、科技馆、文化宫等,保证群众的读书权、鉴赏权等基本权益;一类是群众坐在家里享受的公共文化服务,主要是通过农村广播电视村村通、户户通工程,让农村群众在家里免费听广播、看电视;一类是活跃群众文化生活的公共文化服务,主要是各级的文化馆和乡镇(街道)文化站、村(社区)文化室。

农村公共文化服务能力大大增强。主要是通过五大工程,迅速提升了农村公共文化服务能力。一是农村广播电视村村通、户户通工程,现在广播电视覆盖率已达 98%。二是乡镇综合文化站工程,在"十二五"期间已实现乡乡设有文化站,全国有 4 万多个乡镇综合文化站。三是农村电影放映工程,保证农民每个月能免费看到一场电影。全国每年为农民放映 800 多万场。四是农家书屋工程,全国有 60 多万个农家书屋。五是农村数字文化工程,通过互联网将文化信息送到村一级。

文化行政管理部门职能进一步转变,逐步实现由办文化为主向管文化为主转变,由管微观向管宏观转变,由主要面向直属单位转为面向全社会。全国多数省区市新闻出版系统和广电部门实现了局社分开、局台分开,部分试点地区整合市县文化广电新闻出版机构,实行“三局合并”。文化市场综合执法改革继续推进,各地通过改革建立了科学的文化市场管理体制,在执法力量、执法保障、执法效率以及市场监管等方面普遍得到加强,理顺了文化市场管理体制,改革成效明显。

第五,坚持发展多层次、宽领域对外文化交流格局,借鉴吸收人类优秀文明成果,实施文化走出去战略,不断增强中华文化国际影响力,向世界展示了我国改革开放的崭新形象和我国人民昂扬向上的精神风貌。我国已与145个国家签订了政府间文化合作协定,海外文化阵地建设不断加强,文化产品和服务进出口逆差逐步减少。

深化文化体制改革的主要任务:一是加快构建有利于文化繁荣发展的体制机制。关键是要建立依法运营的文化管理体制和富有活力的文化产品生产经营机制,深化文化体制改革。二是加快构建覆盖城乡的公共文化服务体系,保障人民基本文化权益。三是加快发展文化产业,推动文化产业成为国民经济支柱性产业。四是加强对文化产品创作生产的引导,文化工作者更应“走转改”,创作出经得起历史和人民检验的优秀精神文化产品。

二、中国文化建设面临的挑战

1. 指导思想多元化思潮的挑战

世界文化的冲突与斗争本质上就是意识形态和价值观的冲突和斗争。有人认为,多元化是现代社会的重要标志,应该放弃所谓的“正统”及一元化观念;有人提出,应该消解、废除“国家意识形态”或“国家哲学”,宣布“马克思主义只是诸多学说中的一种”,马克思主义不应占主导地位;还有人把马克思主义分割为所谓科学的马克思主义和意识形态的马克思主义,认为马克思主义“作为一种文化、思想方法和社会科学有它的地位”,但马克思主义不是意识形态。近来,有人把西方一些国家的民主、宪政观念鼓吹为所谓“普世价值”,主张中国应把这些“普世价值”确立为指导思想,与国际接轨,其实是与西方制度模式接轨。这些思潮的实质都是对马克思主义指导地位的挑战。因此,坚持马克思主义的主导地位,维护国家意识形态安全的任务重大。

按照历史唯物主义的观点,有多少种所有制、有多少个阶级,就有多少种反映这些所有制和阶级利益的意识形态。从这个意义上说,意识形态不可能只有一种,而是多种,不是单数,而是复数。但是,这是就人类历史长河和世界范围而言的,具体到一个国家的一定时期来说,尽管也可能存在多种意识形态,但各意识形态的地位并不是平等的。在任何社会,有占统治地位的物质关系就有占统治地位的思想关系。在阶级社会,一定的物质关系表现为一定的阶级关系,而阶级之间的关系又决定着阶级之间的思想关系。因此,总是统治阶级的意识形态占据主导地位。用意识形态的“复数性存在”来否定马克思主义的指导地位并没有什么理论根据。世界是丰富多彩的,并不是只有一种文明、一种社会制度、一种发展模式、一种价值观念;每一个民族、国家的文化也是多样的。孟子说过:“夫物之不齐,物之性也。”不齐、多样是事物充满活力的表现和动力。从根本意义上说,文化的多样性是由人的文化需要的多样性决定的,不仅人与人的需要不同,而且每一个人的需求也是多样的。满足不同层次、不同方面的文化需求当然就需要多种多样的文

化形态。党中央提出的推动文化大发展大繁荣、兴起社会主义文化建设新高潮的重大任务,也正是为建设一种能够满足广大人民群众多样文化需求的多样文化。但是,各种各样的文化并不是平分秋色的,必然有主有次,必然是主旋律与多样化的统一。中国特色社会主义文化建设的主旋律,就是社会主义核心价值体系建设,就是用马克思主义中国化最新成果武装全党、教育人民,用中国特色社会主义共同理想凝聚力量,用民族精神和时代精神鼓舞斗志,用社会主义荣辱观引领风尚。有了这个主旋律,就能保证我国文化的社会主义性质,保证我国文化始终沿着进步的方向前进;有了这个主旋律,才能保证文化的多样化,满足人民群众多方面的文化需求;有了这个主旋律,即使意识形态领域出现一些杂音和噪音,我们也可以掌握主动权,做到"任凭风浪起,稳坐钓鱼船"。因此,坚持马克思主义在意识形态领域的指导地位与发展丰富多彩的文化、与社会思潮的多样化并不矛盾,不仅不矛盾,而且根本一致。这就要求我们妥善处理好指导思想一元化与社会思想意识多样化的关系,这样不仅可以防止思想僵化,而且可以防止各种腐朽和错误思潮的泛滥,从而在思想文化领域真正形成一种既有统一意志又生动活泼的和谐局面。指导思想多元化论者的一个主要观点,就是认为坚持马克思主义的指导地位会妨碍发展民主,这是极其荒谬的。事实上,马克思主义者从来都是民主的积极倡导者和真诚的实践者。我们党始终把追求人民民主作为革命和建设的一个重要的政治目标。民主从来都是具体的、相对的,而不是抽象的、绝对的,总是与一定阶级的思想、一定国家的制度相联系。抽掉民主的社会内容特别是阶级内容而当作抽象的信条,是剥夺大多数人的民主、实行少数人特权的政治势力惯常玩弄的思想游戏。马克思主义强调的是多数人的民主,而不是少数人的民主。马克思主义关于民主的理论,揭示了民主建设的规律,代表了广大人民的民主愿望,为我国的社会主义民主建设指明了方向。那种不要以马克思主义指导的民主,不要党的领导的民主,并不是广大人民群众真正需要的民主,因为那样的民主,最终必然要导致社会主义制度的解体。而社会主义制度一旦解体,广大人民群众的民主权利及其他一切权利都将付诸东流。

2. 腐朽落后文化的挑战

一是来自封建落后文化的挑战,二是来自资本主义腐朽文化的挑战。落后文化是指各种带有迷信、愚昧、颓废、庸俗等色彩的文化,如看相、算命、测字、看风水等。腐朽文化是指封建主义和资本主义的腐朽思想、殖民文化、"法轮功"邪教、淫秽色情文化等。由于我国曾长期处于封建社会,封建思想的残余和旧的习惯势力根深蒂固,封建文化并没有完全退出历史舞台。经济全球化和信息网络技术的发展,既为文化传播提供了更广阔的空间,也加剧了西方资本主义腐朽思想文化对我国思想文化领域的冲击。外国文化的渗透也引起我国人民对外国文化和生活方式的向往,从而引起对传统文化的淡漠。更重要的是外国大众文化传播的消费主义、享乐主义影响着我国民族文化的特性。社会主义市场经济在带来文化活力的同时,还导致不同社会群体价值取向、文化选择的多样化;市场经济自身的弱点也会反映到人们的精神生活中来,诱发拜金主义、享乐主义、极端个人主义等不良思想,滋生唯利是图、权钱交易、损人利己、欺诈勒索等现象。在网络上,庸俗、低俗、媚俗之风更为猖獗,多种错误思潮泛滥。

落后文化与腐朽文化都是颓废的文化形式，都是与先进文化相对立的，是与社会主义精神文明相对立的，都会导致拜金主义、享乐主义和极端个人主义，造成对理想信念、价值观念、道德规范的冲击，从而腐蚀人们的精神世界，污染文化环境，侵蚀民族精神，阻碍先进生产力，危害社会主义事业。我们必须坚持发展先进文化。先进文化是一个民族发展的精神动力，对人民群众有巨大的吸引力和感召力，发展先进文化可以激发社会的活力，增强中华民族的凝聚力。我们应该大力弘扬和培育民族精神，提高国民素质，促进人的全面发展，努力推进社会的文明进步。

第四节　中国文化软实力的现状及提升途径

中国文化软实力发展已经取得了一定成绩，但与发达国家相比还有很大差距。美国学者约瑟夫·奈认为中国软实力远没有达到美国和欧洲的水平，中国可以打 60 分，而美国可以打 90 分。虽然由于各国对软实力的界定存在差异，中美两国价值观不同、国情不同，约瑟夫·奈的评价显得不够科学、合理，缺少说服力。不过也促使我们认清现状，采取有效对策提升我国文化软实力。

一、正确认识我国文化软实力现状

1. 我国文化软实力发展取得的成绩

第一，文化产业的发展成为“新亮点”。为促进文化事业的发展我国不断推进文化体制改革，努力营造适当宽松的文化产业发展环境，增加财政扶持，实施有效的知识产权保护政策等，这些都为文化产业的迅速发展提供了有利的条件。随着我国社会的进步，人们对于精神生活的不断追求，国民用于娱乐、休闲等方面的文化消费支出也越来越大，这给文化产业的发展提供了前所未有的机遇。在文化市场不断繁荣的前提下，文化产业日益成为重要的新兴产业，在国民经济中所占的比重也越来越大。2004—2010 年，全国文化产业增加值年平均增长速度超过 23%。近几年来我国文化产业保持了 15% 以上增长。“十二五”规划明确提出，将推动文化产业成为国民经济支柱性产业。

第二，文化价值观逐步得到认同。文化价值观是一个国家文化的公共价值观，是国民对国家文化产生的价值认同和心理归属，任何国家和国民都不能离开本国的文化价值观而独立存在，它是国家凝聚力、吸引力和扩展力的核心。中国的文化价值观源于中国的传统文化，仁爱、诚信、善行这些都是其主要内容，并深植于国家文化所外现的各种事物之中。“和谐社会”“和谐家园”成为与人们息息相关的话题。中国提出的“和谐世界”“和平发展”“和平共处”等理念成为中国文化价值观中普世性的最佳体现，它让人们了解到中国的和谐、和平理念，并在世界范围内产生了强烈的价值认同。

第三，“负责任大国”的国际形象深得人心。国际形象是一个国家对外交流的名片，是衡量一个国家影响力的重要指标。改革开放以来，中国继续奉行“和平共处五项原则”，在处理国际事务中坚持和平友好的对外政策，努力促进重大国际和地区问题以及国家之间争端的和平解决，获得了世界各国的普遍赞扬和尊重。我国长期真诚援助第三世

界的不发达国家,在国际维和与应对国际金融危机时的主动担当,都树立了大国榜样。中国作为一个“负责任的大国”的国际形象得到了广泛的认同。

2. 我国文化“软实力”发展存在的问题

近年来,随着社会经济的不断发展与进步,我国的文化软实力提升很快。但在这个过程中,由于我国起步晚、基础弱、经验少,确实存在一些问题值得我们去关注。

第一,文化资源没有得到充分利用。中国文化丰富多彩、博大精深,有很多优秀的文化成果,但却没有把这些文化资源很好地转化为强有力的文化竞争力。首先,人们对文化资源的重视不够。在国家大力主导经济发展的时候,人们对文化发展的注意力明显下降,对文化是一种“软实力”的认识也明显不足。这就导致大量优秀的文化资源被我们主观所忽略,潜在的文化软实力没有被发掘。其次,一些文化产品被注入其他因素,降低了其本身的质量。许多文化产品在运行中被大量注入过多的商业因素,本身的优势资源流失,结果反而在竞争中处于被动。最后,文化市场运行的不规范化。如文化产品盗版较为严重、还存在一些低俗不健康的产品等,要规范好我们的文化市场,才能为文化资源向文化竞争力的转化提供有利条件。

第二,文化产业发展不足。在发达国家,文化产业已经成为国民经济的重点和支柱产业,形成了比较成熟的规模庞大的文化产业链、文化市场和文化消费群体,促进了文化产业规模的扩大和质量的提高。近年来我国文化产业发展较快,但与发达国家相比仍存在较大差距,还有待提高,在世界上的影响力还需加强。我国文化产业生产过程缺乏分工协作,资源配置不协调;缺乏规模性生产,产品质量不高;文化生产的市场化不足。文化产业在国民经济中占比较低。从中外文化产业对比来看,很多发达国家的文化产业已成为其支柱产业,其产值占到 GDP 的约 1/5。例如美国文化产业产值在其国内生产总值中占到了 18% ~25%,在世界文化产业市场中所占份额达43%左右。美国文化产业的收入,早已超过了它最发达的军火工业收入。日本文化产业产值在其国内生产总值中占到了 18% ~20%,位居第二。2016 年,中国文化产业在国内生产总值中所占比例达 5%,在世界文化产业市场中所占份额仅占 3%左右。

第二,文化逆差现象严重。文化逆差,是指中国的文化贸易出口少于进口,中国的对外文化交流和传播存在“赤字”的现象。中国商品出口总量世界第一,但文化产品所占比例微乎其微。多年来,中国图书进出口贸易大约是 10∶1 的逆差,出口的图书主要是销往一些亚洲国家和中国的港、澳、台地区,面对欧美的逆差则达 100∶1 以上。文艺影视也有类似状况,中国出口到国外上映的电影可谓凤毛麟角,而国外利用中国文化元素拍成的电影在中国市场上却赚到盆满钵满,《花木兰》《功夫熊猫》就是最好的例子。相比美国电影产量仅占世界总量的7%,却占据世界电影市场90%以上的份额。总之,中国文化国际影响力与经济、政治国际影响力还不相称,文化产品输出国角色与物质产品输出国地位还不匹配,维护国家文化安全的任务更加艰巨。其实,在中国深厚文化的孕育下,不乏许多优秀的文化艺术产品,然而传统文化的背景不同以及民族文化的差异性给我国对外文化交流和竞争造成了巨大的阻碍,使得我们的文化没有占据有利的条件,没有发挥其所具有的潜能。

第三,文化人才缺失,竞争力不强。在我国文化对外交流的过程中,专业文化人才的缺失是我们面临的一个大问题。现在我国文化软实力还不够强的一个原因,不是我们缺乏形成软实力的文化资源,而是在对外文化交流中我们不了解海外受众的需求,不了解国际文化市场的需求,不善于运用国际经验和惯例来传播中国文化。我们不仅需要一批一流的文化产品,还需要一批了解中华文化,了解世界文化市场,善于市场策划和运作的国际文化经纪人。许多国内较好的文化产品因为缺乏市场化运作,在海外没有引起反响甚至受到冷遇。文化经纪人的匮乏已经成为中国文化走向世界的一个严重制约。因此,大力加强对专业性文化人才的培养是我国文化事业发展的当务之急。

二、提升我国文化“软实力”的对策

对于我国文化“软实力”在发展中存在的问题,如果不加以重视并及时改进,势必会影响我国文化“软实力”的整体发展,进而影响到整个综合国力的提升。因此,采取必要措施提升我国的文化“软实力”。

第一,大力建设社会主义核心价值体系。坚持马克思主义指导思想,坚持中国特色社会主义共同理想,坚持以爱国主义为核心的民族精神和以改革创新为核心的时代精神,坚持社会主义荣辱观,并以之统领文化建设。引导人们树立正确的世界观、人生观和价值观,建立共同的理想信念,熔铸坚强的精神支柱。

弘扬民族精神是提升我国文化“软实力”的内在动力。正是依靠以爱国主义为核心,团结统一、爱好和平、勤劳勇敢、自强不息的民族精神,我国的文化事业才会取得好的发展前景,才能为我国文化“软实力”的提升提供强大的精神动力。坚持以正确舆论引导人,使各种新兴媒体和传统媒体相互协调、相映生辉,报道真理、揭示真相、稳定社会、凝聚人心、弘扬正气。立足发展先进文化、建设和谐文化、激发文化创作生产活力,提高文化产品质量。要教育引导人们树立中国特色社会主义共同理想,营造诚实守信的社会风尚,追求崇高的道德目标。

第二,打造民族品牌是提升我国文化“软实力”的强大武器。中国是一个拥有五千年历史的文明古国,其博大精深的文化是中华民族几千年文明的结晶,具有强大的生命力和创造力。然而,随着各国思想和文化在国际舞台上的交流和竞争,好莱坞电影、韩剧充斥着我们的眼球,肯德基、NIKE、“日韩流”成为年轻一代生活中不可缺少的一部分。面对国外文化的强大攻势,打造属于我们民族、我们国家的品牌显得尤为重要,我们应当大力发掘我国文化当中的优秀因子,利用本国的资源优势,结合自身日益成熟的产业发展模式,强势推出民族品牌,努力减小文化逆差现象,真正实现从“引进来”到“走出去”,从“中国制造”到“中国创造”的转变。积极鼓励文艺精品创作,科学制定重点作品创作生产规划,鼓励文艺创新,努力创作一批具有时代特征、体现中国特色、能够广为流传的艺术精品。

第三,加强文化人才队伍建设是提升我国文化软实力的坚实基础。文化人才在文化强国战略中具有不可替代的基础作用,我们应进一步营造尊重知识、尊重文化、尊重人才的氛围,建设宏大文化人才队伍,为提升文化“软实力”水平提供更多后备军。要建立文化人力资源开发机制与体制，进一步建立和完善文化人才开发战略体系。政府应当重点扶持文化产业人力资源的开发和文化企业家的培养，并通过高等学校和各种培训机构培养更多优秀的各类文化专业人才，尤其是创意文化人才，进一步激发全民族文化创造活力。也要加大力度扶持公益性文化事业、发展文化产业、鼓励文化创新，如重视民间文化，注意文化传承，做到"后继有人、发扬光大"。

第四，积极稳妥地推动文化体制机制改革，做大做强文化产业。进一步提高认识，解放思想，创新文化管理制度；不断深化文化体制改革，深化文化事业单位改革，深化公益性文化单位内部改革和文化管理体制改革；加快文化市场培育，培育文化市场主体，健全现代文化市场体系，发挥市场对文化资源配置的基础性作用；统筹协调，实现文化产业的均衡发展，不断发展壮大文化产业，推进重点文化产业园区、重大文化项目建设，努力打造一批有影响力的龙头骨干企业，研究促进文化与科技、旅游等融合发展，培育新型文化业态；打破西方的文化垄断，积极推动文化产品走向世界。

第五，开展文化外交是提升我国文化"软实力"的重要渠道。中国文化"软实力"要在国际竞争中取得优势，文化外交发挥着重要的作用。继续举办中外文化交流年，进一步传播我国文化、扩大中国文化对世界的影响力。此外，文化外交为我国与世界各国进行友好的文化交流合作构建了平台。中国与世界上 100 多个国家保持着不同形式的文化交往，与数千个国外和国际的文化组织有着各种形式的联系；中国戏剧、民乐在世界各地成功演出，受到热烈追捧；中国的学生到世界各处或者与来自五湖四海的留学生们进行思想文化的交流等，这些都向世界展示了中华优秀文化的丰富内涵和艺术魅力，对于吸收和借鉴世界的优秀文化，繁荣我国的文化事业，产生了深远的作用，成为中国与其他国家增进和巩固友谊的重要手段。

本专题思考题、讨论题

1. 如何理解社会主义先进文化建设的重要意义？
2. 如何理解文化自信与道路自信、制度自信、理论自信之间的关系？
3. 提升国家文化软实力有什么重要性？
4. 我国文化软实力的现状如何？增强我国文化软实力的途径是什么？

专题六　中国特色社会主义社会建设

社会建设是中国特色社会主义的经济建设、政治建设、文化建设、社会建设、生态文明建设五位一体总体布局的重要部分，以改善民生为重点，加快推进社会建设，是我们党对中国特色社会主义建设的新认识、新概括，在理论上和实践上都具有重大意义。

第一节　中国特色社会主义社会建设理论与制度

加强社会建设、构建社会主义和谐社会是建设中国特色社会主义事业一项重大任务。在长期实践中，我们逐步形成和发展了具有中国特色的社会主义社会建设理论和制度。

一、社会与社会建设

1. 社会

社会，在我们过去党和政府的文件中是一个比较大的包罗万象的概念，比如新民主主义的社会、小康社会、和谐社会、中国特色社会主义社会等等。

马克思主义认为，社会是以特定的物质资料生产活动为基础、以一定数量和质量的人口为主体而建立的相互交往和运动发展的社会关系体系，是以人为中心、以文化为纽带、以有目的的生产活动为基础、具有一套自我调节机制和特定地理空间的有组织的系统。

社会系统包括三个层次：第一，"社会"作为一个宏观层次的概念，泛指以人为中心的整个人类社会，是与自然界相对应的一个概念；第二，"社会"作为一个中观层次的概念，指与经济、政治、文化相对的概念；第三，"社会"作为一个微观层次的小概念，对应于社会学中的狭义社会，即作为复合的人的聚集状态，主要指某一区域的社会。本专题所讲的"社会"是中观层次的概念。

2. 社会结构

社会结构是社会体系各组成部分或诸要素之间比较持久、稳定的相互联系模式，有广义与狭义之分。广义的社会结构是指社会各个基本活动领域，包括政治领域、经济领域、文化领域和社会领域之间相互联系的一般状态，是对整体的社会体系的基本特征和

本质属性的静态概括。狭义的社会结构是指由社会分化产生的各主要的社会地位群体之间相互联系的基本状态,这类地位的群体主要有:阶级、阶层、种族、职业群体、宗教团体等。

3. 社会建设

社会建设通常是指与经济、政治、文化建设相适应的社会建设。从正向看,社会建设就是要在社会领域不断建立和完善各种能够合理配置社会资源和社会机会的社会结构和社会机制,并相应地形成各种能够良性调节社会关系的社会组织和社会力量;从逆向说,社会建设就是根据社会矛盾、社会问题和社会风险的新表现、新特点和新趋势,不断创造和完善正确处理社会矛盾、社会问题和社会风险的新机制、新实体和新主体。

中国特色社会主义社会建设,就是以保障和改善民生为重点,通过发展社会事业、完善社会政策、改进社会管理、增强社会创造活力、促进社会公平正义、维护社会秩序等来推动社会的发展和进步。

社会建设突出的是"社会性",即强调社会总体利益;社会建设在于要满足社会成员的基本需求;社会建设是对过去片面强调 GDP、单纯强调经济指标的做法的纠正;社会建设的重要功能在于它强调解决社会问题,缓和社会矛盾,构建和谐社会;社会建设的最终目标是要实现社会公正。

二、中国特色社会主义社会建设的理论基础

马克思主义的社会观认为,矛盾是事物发展的动力和源泉,社会矛盾运动是推动社会发展的基本力量。所以,在我国对社会的基本矛盾的认识决定着社会发展的主线。中国共产党人对于我国社会的主要矛盾到底是什么,经历了极其曲折的认识过程。

党的八大明确提出:"我们国内的主要矛盾,已经是人民对于建立先进的工业国的要求同落后的农业国的现实之间的矛盾,已经是人民对于经济文化迅速发展的需要同当前经济文化不能满足人民需要的状况之间的矛盾。这一矛盾的实质,在我国社会主义制度已经建立的情况下,也就是先进的社会主义制度同落后的社会生产力之间的矛盾。党和全国人民的当前的主要任务,就是要集中力量来解决这个矛盾,把我国尽快地从落后的农业国变为先进的工业国。"八大对新中国社会主义改造完成后的社会基本矛盾的判断是基本正确的,但是由于当时党对于全面建设社会主义思想准备不足,八大提出的正确意见后来没有能够坚持下去。

1957 年 2 月毛泽东发表的《关于正确处理人民内部矛盾的问题》,提出社会主义社会存在两类不同性质的矛盾,这就是敌我矛盾和人民内部矛盾,这两类矛盾性质不同,解决的方式就不同。提出民主的方法是解决人民内部矛盾的总方针,具体原则包括:"团结—批评—团结",说服教育讨论,民主集中制,兼顾国家、集体、个人三者利益关系,"统筹兼顾、全面安排""百花齐放、百家争鸣""长期共存、互相监督",民族平等、团结互助,既反对大汉族主义,又反对地方民族主义等等。

遗憾的是,新中国历史上几次政治斗争扩大化,都与没有坚持正确处理人民内部矛盾的原则有关。其后 20 年里,指导思想不时出现偏差,尤其是"文化大革命"时期错误地

"以阶级斗争为纲",认为阶级矛盾是当时的主要矛盾,阶级斗争扩大化,把人民内部矛盾当作敌我矛盾,出现了严重失误,偏离了经济建设的主攻方向,付出了沉重的代价。"文化大革命"结束后,实现了指导思想上的拨乱反正,1981 年党的《中国共产党中央委员会关于建国以来党的若干历史问题的决议》正确地总结了历史,明确指出在社会主义改造基本完成以后,我国所要解决的主要矛盾,是人民日益增长的物质文化需要同落后的社会生产之间的矛盾。党和国家工作的重点必须由以阶级斗争为纲转移到以经济建设为中心的社会主义现代化建设上来,大力发展社会生产力,并在这个基础上逐步改善人民的物质文化生活。

中共十三大指出:"我国从五十年代生产资料私有制的社会主义改造基本完成,到社会主义现代化的基本实现,至少需要上百年时间,都属于社会主义初级阶段。这个阶段,既不同于社会主义经济基础尚未奠定的过渡时期,又不同于已经实现社会主义现代化的阶段。我们在现阶段所面临的主要矛盾,是人民日益增长的物质文化需要同落后的社会生产之间的矛盾。阶级斗争在一定范围内还会长期存在,但已经不是主要矛盾。"

既然社会主义初级阶段的主要矛盾是人民日益增长的物质文化需要同落后的社会生产之间的矛盾,那么不断解决这一矛盾就构成这个阶段社会发展的主线。中国社会的主要矛盾不是敌我矛盾,而是人民内部矛盾。人民内部矛盾是一个由许多矛盾构成的多层次多领域多类型的纵横交错的复杂系统。人民内部矛盾是在全体人民根本利益一致基础上的矛盾,具体表现在经济、政治和思想文化等各个领域。利益矛盾是其他各类人民内部矛盾产生的根源,是影响和制约其他各类矛盾发展的主导性矛盾。利益关系是指围绕着物质利益的占有所发生的人与人之间的经济关系,其核心是物质利益。说到底,利益矛盾是民生问题。正确处理人民内部矛盾,就是要着眼于最大限度增加和谐因素、减少不和谐因素。

三、中国特色社会主义社会建设理论基本内容

中国特色社会主义社会建设理论的内涵十分丰富,涉及社会建设各个领域,涵盖社会建设各个方面,其基本点主要包括以下六方面内容。

1. 构建和谐社会

社会和谐是中国特色社会主义的本质属性。要按照民主法治、公平正义、诚信友爱、充满活力、安定有序、人与自然和谐相处的总要求,努力构建全体人民共同建设、共同享有的和谐社会。构建社会主义和谐社会必须坚持以人为本,坚持科学发展,坚持改革开放,坚持民主法治,坚持正确处理改革发展稳定的关系,坚持在党的领导下全社会共同建设。着眼于促进经济社会协调发展,把社会主义和谐社会建设同社会主义经济建设、政治建设、文化建设和生态文明建设一起,作为中国特色社会主义事业总体布局的重要组成部分统一部署、整体推进。

2. 保障和改善民生

保障和改善民生是社会建设的重点。提高人民的物质文化生活水平,是改革开放和社会主义现代化建设的根本目的。社会主义民生事业是实现最广大人民群众根本利益

的事业。要始终站在最广大人民的立场上,着力解决好人民最关心最直接最现实的利益问题,最大限度地激发全社会的创造活力,努力使全体人民学有所教、劳有所得、病有所医、老有所养、住有所居,推动建设和谐社会。

3. 实现和维护社会公平正义

在发展基础上,实现和维护社会公平正义,是马克思主义的基本立场和基本观点,是中国特色社会主义的内在要求。社会公平正义,就是社会各方面的利益关系得到妥善协调,人民内部矛盾和其他社会矛盾得到正确处理,人民的合法权益得到切实维护和实现。实现社会公平正义,要在全体人民共同奋斗、经济社会发展的基础上,加紧建设对保障社会公平正义具有重大作用的制度,逐步建立以权利公平、机会公平、规则公平为主要内容的社会法律和制度体系,努力营造公平的社会环境,保证人民平等参与、平等发展的权利。

社会公平正义的核心是权利公平、机会公平和规则公平,其中权利公平是基础,机会公平是前提,规则公平是保障,三者相辅相成,构成一个完整的现代社会公平正义体系。在经济发展的基础上夯实社会公平正义的物质基础,在推进民主政治建设中维护和实现社会公平正义,在公民意识教育中树立公平正义理念,营造公平正义的社会环境。

4. 促进城乡协调发展

城乡协调发展是社会建设的基础。正确认识和妥善处理工业和农业、城市和农村、城镇居民和农民的关系,逐步解决城乡二元结构矛盾,努力实现城乡共同繁荣。加大统筹城乡发展力度,增强农村发展活力,逐步缩小城乡差距,促进城乡协调发展。坚持工业反哺农业、城市支持农村和多予少取放活方针,加大强农惠农富农政策力度,让广大农民平等参与现代化进程、共同分享现代化成果。加快完善城乡发展一体化体制机制,着力在城乡规划、基础设施、公共服务等方面推进一体化,促进城乡要素平等交换和公共资源均衡配置,形成以工促农、以城带乡、工农互惠、城乡一体的新型工农、城乡关系。不断深化对社会主义社会建设规律的认识,在社会主义现代化进程中,促进城乡共同繁荣和共同发展。

5. 兼顾不同阶层利益

兼顾不同阶层利益是社会建设的关键。在中国,包括知识分子在内的工人阶级以及广大农民,始终是推动中国先进生产力和社会全面进步的根本力量。在社会变革中出现的民营科技企业的创业人员和技术人员、受聘于外资企业的管理技术人员、个体户、私营企业主、中介组织的从业人员、自由职业人员等社会阶层,都是中国特色社会主义事业的建设者。在经济社会发展过程中,统筹兼顾社会各阶层群众的利益,构建社会各阶层群众合理流动的社会治理机制,使不同阶层群众之间和谐相处,互利共存,共同发展,充分发挥社会各阶层在推动经济社会发展中的作用。

6. 创新社会治理

社会治理是社会建设的重要内容。创新社会治理,就是要实现从社会管理到社会治理的观念转变,从单一社会管理主体向多元社会治理主体转变,从简单行政命令管理方式向多元、民主、协调治理方式转变。创新社会治理是推动社会建设发展的动力。要加强社会治理的法律法规、体制机制、能力、人才队伍和信息化建设，维护社会秩序、促进社会和谐、保障人民安居乐业，为党和国家事业发展营造良好社会环境。

党的十八大关于社会建设的新论述：改善民生和创新社会管理作为社会建设重点；把社会保障作为保障人民生活、调节社会分配的一项基本制度；更加注重发挥法治在社会管理中的重要作用，建立法治保障、科学有效的社会管理体制；加强和创新社会管理的新思路；积极培育社会主义核心价值观；建立健全重大决策社会稳定风险评估机制；加强网络社会管理，推进网络规范有序运行；生态文明建设纳入总体布局。党的十八大报告提出，关于加强社会建设要坚持三个"必须"："必须"从维护最广大人民根本利益的高度，加快健全基本公共服务体系，加强和创新社会建设，推动社会主义和谐社会建设；"必须"以保障和改善民生为重点；"必须"加快推进社会体制改革。

四、中国特色社会主义社会制度

这里的社会制度是指与国家经济、政治、文化、生态文明等相对应的社会领域的制度。中国特色社会主义社会建设在实践中形成了教育制度、劳动就业制度、基本医疗卫生制度、社会保障制度、社会治理制度等一系列制度，为实现构建社会主义和谐社会总体目标提供了制度保障。

1. 教育制度

教育制度是为规范各类教育机构与组织体系及其运行而制定的各种规则和原则的总和，具有传承文明和传播先进文化、推进社会主义民主政治建设、促进经济科学发展、培养人才、推动自主创新等功能。

2. 劳动就业制度

劳动就业制度是为调整劳动和就业社会关系而制定的各种规则和原则的总和，具有个体自由保护、个体价值实现和社会安全保障等功能，对于维护社会稳定、促进社会和谐具有重要作用。

3. 基本医疗卫生制度

基本医疗卫生制度是为规范医疗卫生行为而制定的规则和原则的总和。我国基本医疗卫生制度的目标是人人享有基本医疗卫生服务。基本医疗卫生制度必须遵循公益性、公平性和可及性原则。

4. 社会保障制度

社会保障制度是为保障全体社会成员的基本生存与生活需要而制定的有关社会福利、社会保险、社会救助、社会优抚和社会安置等一系列规则和原则的总称。社会保障制度对保障公民基本生活需要、增进全体社会成员的物质和文化福利、促进社会和谐稳定具有重要作用。

5. 社会治理制度

社会治理制度是为维护人民群众权益、协调利益矛盾、促进社会公平正义、保持社会良好秩序而制定的关于社会治理的各种规则和原则的总和。要建立健全与中国特色社会主义经济、政治、文化、社会和生态文明要求相适应的新型社会治理制度体系，形成社

会治理和服务的合力。

第二节　中国社会建设实践取得的成就与主要问题

一、我国社会建设的成就

民为邦本,本固邦宁。改革开放以来,党和政府注重以人为本,高度重视保障和改善民生,坚持把保障和改善民生作为根本出发点和落脚点,关注民生、重视民生、保障民生、改善民生。我国经济的持续高速发展,使得政府有能力加快推进以民生为重点的社会建设,在交通、教育、就业、医疗、住房、社会保障等方面出台了一系列惠民政策,投资启动了一个个温暖人心的民生工程。这是党和政府以人为本民生情怀的充分反映,更是贯彻落实科学发展观的充分体现,为实现经济又好又快发展和促进社会和谐进步提供了强大支撑。

1. 人民收入显著提高,消除贫困速度惊人

我国1952年人均GDP是119元,2016年末增加到53 974元。2016年全年全国居民人均可支配收入23 821元,城镇居民人均可支配收入33 616元,农村居民人均可支配收入12 363元。全国居民人均可支配收入中位数20 883元。按全国居民五等份收入分组,低收入组人均可支配收入5529元,中等偏下收入组人均可支配收入12 899元,中等收入组人均可支配收入20 924元,中等偏上收入组人均可支配收入31 990元,高收入组人均可支配收入59 259元。全年全国居民人均消费支出17 111元,全年农民工月均收入水平3275元。

2016年末全部金融机构本外币各项存款余额155.5万亿元,其中人民币各项存款余额150.6万亿元。

我国是13亿人口的大国,占全球人口的五分之一。新中国成立后,尤其是改革开放后,我国在消除贫困取得举世公认的巨大成就。近年来我国的贫困人口数量仍以每年超过了1000万的水平在递减,越来越多的贫困地区、偏远地区人民的生活状况得到改善,人民的吃饭穿衣问题基本解决,使我国城乡居民生活水平实现了从贫困到温饱再到总体小康的历史性跨越,为全球反贫困事业做出了重要贡献,成为世界减贫人口最多和率先完成2000年联合国规定的减贫任务的国家,为联合国实现千年发展目标做出了巨大的贡献。

2. 城乡居民消费结构显著改善

改革开放后,我国居民消费结构明显改善,消费结构不断升级,“吃饭穿暖”已经成为历史,吃讲营养,穿讲品牌,住讲舒适,行讲便捷成为消费时尚,见表6-1。

表6-1　2016年全国居民人均消费支出及其构成

种类	食品与烟酒	衣着	居住	生活用品及服务	交通通讯	教育文化娱乐	医疗保健	其他用品与服务
金额(元)	5151	120.3	3746	1044	2338	1915	1307	406
比重(%)	30.1	7.0	21.9	6.1	13.7	11.2	7.6	2.4

资料来源:中华人民共和国国家统计局.中华人民共和国2016年国民经济和社会发展统计公报[EB/OL].中华人民共和国国家统计局官网.http://www.stats.gov.cn/tjsj/zxfb/201702/t20170228_1467424.html

(1)食品支出总额占个人消费支出总额的比重下降

我国2016年恩格尔系数是30.1%,其中农村居民家庭恩格尔系数是32.2%,城镇居民家庭是29.3%。而1978年这一指标农村为67.7%,城镇为57.5%。

【知识链接6-1】

恩格尔系数

恩格尔系数是食品支出总额占个人消费支出总额的比重。19世纪德国统计学家恩格尔根据统计资料,对消费结构的变化得出一个规律:一个家庭收入越少,家庭收入中用来购买食物的支出所占的比例就越大,随着家庭收入的增加,家庭收入中用来购买食物的支出比例则会下降。推而广之,一个国家越穷,每个国民的平均收入中(或平均支出中)用于购买食物的支出所占比例就越大,随着国家的富裕,这个比例呈下降趋势。

(2)交通通讯类支出大幅增加

食品支出之外的支出比例大幅上升,尤其是交通通讯、教育文化娱乐等方面发展迅速。截止2016年末全国电话用户总数152 856万户,其中移动电话用户132 193万户。互联网上网人数7.31亿人,增加4299万人,其中手机上网人数6.95亿人,增加7550万人。互联网普及率达到53.2%,其中农村地区互联网普及率达到33.1%。2016年全国居民人均交通、通讯费用达到2338元,这一数据包含城镇和农村居民人均数值。前些年单就城镇居民人均交通、通讯费用而言,2004年为843.62元,1996年为199.12元,1985年为14.39元。由此居民生活水平的提高可略见一斑。

(3) 耐用消费品拥有量快速增长

耐用消费品升级换代。传统耐用消费品如电冰箱、洗衣机、彩电等拥有量稳定提高,反映现代生活的耐用消费品如汽车、计算机快速增长,见表6-2。

表6-2 2015年年末每百户主要耐用消费品拥有量

种类	城镇居民	农村居民	种类	城镇居民	农村居民
家用汽车(辆)	30.0	13.3	空调(台)	114.6	38.8
摩托车(辆)	22.7	67.5	热水器(台)	85.6	52.5
电动助力车(辆)	45.8	50.1	排油烟机(台)	69.2	15.3
洗衣机(台)	92.3	78.8	移动电话(部)	23.8	226.1
电冰箱(台)	94	82.6	计算机(台)	78.5	25.7
微波炉(台)	53.8	15	照相机(台)	33.0	4.1
彩色电视机(台)	122.3	116.9			

资料来源:中华人民共和国国家统计局.中国统计年鉴2016[M/OL].中华人民共和国国家统计局官网.http://www.stats.gov.cn

2016年年末全国民用汽车保有量19 440万辆(包括三轮汽车和低速货车881万辆),比上年末增长12.8%,其中私人汽车保有量16 559万辆,增长15.0%。2016年末全国移动电话普及率上升至96.2部/百人。

3. 建立了基本的社会保障制度

党的十六届六中全会通过《中共中央关于构建社会主义和谐社会若干重大问题的决定》，首次提出要建立覆盖城乡居民的社会保障体系，把社会保障作为构建和谐社会的重要因素之一。最近几年，我们进行了各种社会保障体制改革，现在基本上已经形成一个覆盖城乡居民的医疗保障体系，建立了城市和农村最低生活保障制度，在城市陆续建立起了医疗救助制度、法律援助制度、流浪人员乞讨救助制度，在农村建立起新型农村合作医疗制度，完善了农村"五保户"制度，试点建立普遍性的新型农村养老保险制度；加强了对一些特殊困难群体的权利保护和救助；颁布实施了《劳动合同法》《就业促进法》《劳动争议调解仲裁法》，进一步重视对劳动者的权益保护；建立了城市居民廉租房制度，大力推进保障房建设，探索普通居民的住房保障途径；加强了公共卫生服务体系建设，推进了以普及基本医疗卫生服务，保障群众基本医疗为目标的新一轮医疗卫生体制改革；重视保护农民工权益，强化了农民工参加城镇社会保险的要求，将农民工子女受教育纳入城市公共教育体系，并探索将农民工纳入城市社会福利、社会救助和公共服务体系的问题；允许各类社会组织在扶贫、济困、环保等方面发挥积极作用等等。

截至 2016 年末，全国参加城镇职工基本养老保险人数 37 862 万人，参加城乡居民基本养老保险人数 50 847 万人，参加城镇基本医疗保险人数 74 839 万人，其中，参加职工基本医疗保险人数 29 524 万人；参加城镇居民基本医疗保险人数 45 315 万人。参加失业保险人数 18 089 万人。全国领取失业保险金人数 230 万人。参加工伤保险人数 21 887 万人，其中参加工伤保险的农民工 7510 万人，参加生育保险人数 18 443 万人。全国共有 1479.9 万人享受城市居民最低生活保障，4576.5 万人享受农村居民最低生活保障，496.9万人享受农村特困人员救助供养。全年资助 5620.6 万人参加基本医疗保险，医疗救助 3099.8 万人次。国家抚恤、补助各类优抚对象 877.2 万人。按照每人每年 2300 元(2010 年不变价)的农村贫困标准计算，2016 年农村贫困人口 4335 万人，比上年减少 1240 万人。

2016 年末全国养老服务机构 2.8 万个，养老服务床位 680.0 万张。1996 年末全国各类社会福利院床位只有 102 万张，收养 77 万人。

据卫生与计划生育委员会网站消息，2016 年，各级财政对新农合的人均补助标准在 2015 年的基础上提高 40 元，达到 420 元，农民个人缴费标准在 2015 年的基础上提高 30 元，全国平均达到 150 元左右。巩固提高新农合保障水平，将政策范围内门诊和住院费用报销比例分别稳定在50%和75%左右。不少地区出台政策，逐步缩小城乡差距。截至 2016 年 7 月，全国已有河北、湖北、内蒙古、江西、新疆、北京等 17 个省份明确将新型农村合作医疗制度和城镇居民基本医疗保险制度整合，越来越多的农村参保人员能够享受到和城里人一样的待遇。

4. 科技教育事业迅速发展

2016 全年研究生教育招生 66.7 万人，在学研究生 198.1 万人，毕业生 56.4 万人。普通本专科招生 748.6 万人，在校生 2695.8 万人，毕业生 704.2 万人。中等职业教育招生 593.3 万人，在校生 1599.1 万人，毕业生 533.7 万人。普通高中招生 802.9 万人，在校生2366.6万人，毕业生792.4万人。初中招生1487.2万人，在校生4329.4万人，毕业生1423.9万人。普通小学招生1752.5万人，在校生9913.0万人，毕业生1507.4万人。特殊教育招生9.2万人，在校生49.2万人，毕业生5.9万人。学前教育在园幼儿4413.9万人。九年义务教育巩固率为93.4%，高中阶段毛入学率为87.5%。

与20年前相比，可以看到中国教育的发展变化。1996年全国招收研究生5.9万人，在学研究生16.2万人。我国普通高校招生96.6万人，在校生302万人。成人高校招生94.5万人(含电大普通专科班8万人)，比上年增加3.2万人，在校生265.6万人(含电大普通专科班18.7万人)。各类高级中等职业学校在校生1010万人(含技工学校学生192万人)，初中在校生5048万人，初中入学率达82.4%。小学在校生13 615万人，小学学龄儿童入学率达98.8%。

2016全年研究与试验发展(R & D)经费支出15 500亿元(1996年研究与发展经费支出327亿元)，比上年增长9.4%，与国内生产总值之比为2.08%，其中基础研究经费798亿元。全年国家重点研发计划共安排42个重点专项1163个科技项目，国家科技重大专项共安排224个课题，国家自然科学基金共资助41 184个项目。截至年底，累计建设国家重点实验室488个，国家工程研究中心131个，国家工程实验室194个，国家企业技术中心1276家。国家科技成果转化引导基金累计设立9支子基金，资金总规模173.5亿元。全年受理境内外专利申请346.5万件，授予专利权175.4万件。截至年底，有效专利628.5万件(1996年有效专利4.4万件)，其中境内有效发明专利110.3万件，每万人口发明专利拥有量8.0件。全年共签订技术合同32.0万项，技术合同成交金额11 407亿元，比上年增长16.0%。1996年全国共签订技术合同22.6万份，成交金额300亿元。

2016全年完成22次宇航发射。长征五号、长征七号新一代运载火箭成功首飞；天宫二号空间实验室、神舟十一号载人飞船成功发射，航天员在轨驻留30天并安全返回；新一代静止轨道气象卫星风云四号、合成孔径雷达卫星高分三号、3颗北斗导航卫星等成功发射。

5. 医疗事业稳步发展，人口预期寿命提高

2016年末全国共有医疗卫生机构99.3万个，床位747万张；专业公共卫生机构2.9万个，其中疾病预防控制中心3484个，卫生监督所(中心)3138个。年末卫生技术人员844万人，其中执业医师和执业助理医师317万人，注册护士350万人。

与20年前相比，1996年年末全国共有卫生机构18.9万个，床位310万张，卫生技术人员431万人，其中：医院、卫生院医生(含中西结合医生)138万人；护师、护士102万人。年末全国共有卫生防疫、防治机构5887个。

我国人口预期寿命1949年为35岁左右，1957年为57岁，1981年为67.77岁，到2015年增加到76.34岁。

6. 老百姓出行更加便捷迅速

改革开放以来，我国的道路基础设施建设全面提速，而且随着公共交通运输业的发展，人们的出行更加的便利，旅客运输总量和旅客运输周转量都快速增长，见表6-3。2016年全年国内游客44亿人次。国内居民出境13 513万人次，其中因私出境12 850万

人次；赴港澳台出境8395万人次。

表6-3　各种运输方式完成旅客运输周转量对比

指标	单位	1996年绝对数	2016年绝对数
旅客运输周转量	亿人公里	9337	31 305.7
铁路	亿人公里	3357	12 579.3
公路	亿人公里	5060	10 294.8
水运	亿人公里	168	72.0
民航	亿人公里	752	8359.5

资料来源：中华人民共和国国家统计局. 中华人民共和国2016年国民经济和社会发展统计公报，中华人民共和国国家统计局关于1996年国民经济和社会发展的统计公报. 中华人民共和国国家统计局官网 http://www.stats.gov.cn

7. 百姓住房状况得到明显改善

近年来，我国《中国民生发展报告2012》公布数据显示，2011年我国家庭平均住房面积为116.4平方米，人均住房面积为36平方米。2012年底，农村人均住房面积为37.1平方米，城镇人均住房面积32.9平方米。在住房条件明显改善的同时，城乡居民的居住环境也日趋美化。而2007年城乡居民人均居住面积分别为22.6和31.6平方米，1978年城乡居民人均居住面积分别只有4.2和8.1平方米。

总之，新中国68年的社会发展历程，成绩斐然。在中国共产党的领导下，亿万人民团结一心、发奋图强、艰苦奋斗，实现了社会全面进步，让一个积贫积弱的旧中国实现浴火重生，在中国的社会生产力、综合国力实现历史性跨越的同时，人民生活也实现了从贫困到温饱再到总体小康的历史性跨越。人们的收入水平、营养状况、教育水平、健康水平及平均寿命都大大提高，在“学有所教、劳有所得、病有所医、老有所养、住有所居”上取得了新进展，显示中国快速经济增长在促进人文社会进步上具有优越性，同时为人类战胜贫困、为发展中国家寻找发展道路提供了成功的案例。

二、社会利益矛盾的主要表现

虽然我国在社会建设方面取得了重要成就，但是改革开放以来，随着从计划经济体制向社会主义市场经济体制转变，从单一公有制形式向公有制为主体、多种所有制经济共同发展转变，从单一的按劳分配制度向按劳分配为主体、多种分配方式并存的分配制度转变等，我国社会利益关系呈现出一些新矛盾和特点。

1. 利益主体多元化

改革开放后，中国社会阶级、阶层和内部结构不断变化，不但原有的工人、农民和知识分子群体内部发生了变化，而且涌现出一些新的利益阶层，如民营科技企业的创业人员和技术人员、个体户、私营企业主、中介组织的从业人员、自由职业人员等。利益主体的分化，导致利益需求呈现出多样化的特点。

20世纪50年代到70年代，执政的中国共产党领导层选择了超越阶段的发展模式和政策，反映在对社会结构、社会分化、社会矛盾的处理方法上，就是确立了“以阶级斗争为纲”的路线、思想在整个社会生活中的指导地位。事实上人为地扩大了社会对立、抑制了必要的社会分化,国家、政府高度集中的管理,抑制了公民社会的形成和发展。这样的路线和政策及其实践,具体表现为:经过社会主义改造,社会结构"简单化"。当时社会结构中出现"身份圈"按身份高低划分为"干部圈""工人圈""城市居民圈"和"农民圈";社会阶级结构中,在政治上严格区分"敌""我",接连不断的政治运动伤害了很多人;在经济上淡化社会利益差别,回避利益矛盾,突出强调的是"人民"内部的利益"高度一致",对必要的社会分化和正常的阶层矛盾采取抑制的政策和处理方法,形成了多种形式的"大锅饭";实行计划经济体制和封闭式的社会管理模式,逐步引发了严重的"单位人""准身份"现象。

1978 年来中国改革开放的发展,为当代中国社会阶层分化和社会流动提供了历史契机。经济体制改革及其所带来的巨大变化使阶层分化成为可能。改革开放以来中国的社会分化,是在经济不断发展、人民收入处于上升的情况下推进的。政治体制改革的初步成果使阶层分化成为现实。在国家民主化、法制化的进程不断推进的情况下,执政党和政府对"新阶层"的认同,对私营企业主阶层的"社会主义建设者"社会属性的肯定,使阶层分化逐步成为现实。目前社会出现了五大社会等级,十大社会阶层。五大社会等级,上等、中上等、中等、中下等、下等;十大社会阶层:国家与社会管理者阶层,经理人员阶层,专业技术人员阶层,办事人员阶层,个体工商户阶层,商业服务业员工阶层,产业工人阶层,农业劳动者阶层和城乡无业、失业和半失业者阶层。

由于不同利益主体在社会利益格局中的地位不同、占有的社会资源不同,以及获利的方式、收入的水平与对利益的要求等方面的不同,他们之间会产生各种利益矛盾和冲突。从总体上说,我国多元利益主体之间的矛盾属于非对抗性矛盾,具有可调控性;经济利益矛盾处于中心地位,而且异常复杂、触发点多。我们的目标是建立一个公平合理的分配制度,统筹协调社会利益关系。

2. 利益差距扩大化

随着利益主体的不断分化,不同主体之间利益差距也呈现出扩大的趋势,突出表现在不同社会成员收入差距呈逐步拉大的趋势。其中最为典型的是个人收入、城乡收入、行业就业人员平均工资、地区间收入差距明显。

(1)居民收入差距拉大

不同群体居民收入差距急剧扩大,高收入群体与低收入群体的收入差距悬殊。从表 6-4 中可以看到,城镇低收入与高收入群体的收入比不断拉大,收入比已由 2000 年的 0.277降低到近年的 0.18 左右,表 6-5 农村低收入与高收入群体的收入比更是明显,收入比已由世纪初 2000 年的 0.155 降低到近年来的 0.12 以下。

表 6-4 城镇低收入群体与高收入群体的收入比 (单位:元)

	2000	2002	2004	2006	2008	2010	2012	2014	2015
低收入户(20%)	3132	3032	3642	4567	6074	7605	10 354	11 219	11 231
高收入户(20%)	11 299	15 496	20 102	25 411	34 668	41 158	56 390	61 615	65 082
比例	0.277	0.195	0.181	0.180	0.175	0.185	0.184	0.182	0.173

表 6-5 农村低收入群体与高收入群体的收入比 （单位:元）

	2000	2002	2004	2006	2008	2010	2012	2014	2015
低收入户(20%)	802	857	1007	1183	1500	1870	2316	2768	3087
高收入户(20%)	5190	5903	6931	8475	11 290	14 050	19 009	23 947	26 014
比例	0.155	0.145	0.145	0.140	0.133	0.133	0.122	0.116	0.119

(2)城乡收入差距拉大

从表 6-6 可以看出,1978 年城乡居民人均收入之间比例为 2.57,2010 年大幅扩大到 3.23。近年来,随着国家对城乡收入拉大的重视,不断提高乡村居民特别是低收入群体的收入,这一差距有所收窄。

表 6-6 城乡居民收入状况 （单位:元）

	1978	1990	1995	2000	2010	2012	2013	2014	2015
城镇人均可支配收入	343.4	1510	4283	6280	19 109	24 565	26 995	28 844	31 195
农村人均收入	133.6	686.3	1578	2253	5919	7917	9249	10 489	11 422
比例	2.57	2.20	2.71	2.79	3.23	3.10	2.92	2.75	2.73

(3)行业就业人员平均工资差距显著扩大

1978 年,全国工资最高的地质普查和勘探业和工资最低的农林牧渔水利业的就业人员年平均工资分别为 809 元和 486 元,两者年平均工资差距为 1.66 倍。2014 年和 2015 年人均收入最高的金融业年平均工资分别为108 273元和 123 640 元,人均收入最少的行业为农、林、牧、渔业,年平均工资分别为 28 356 元和 38 153 元,两者年平均工资差距分别为 3.82 倍和 3.24 倍,差距显著扩大。而发达国家年最高和最低行业工资差距一般在 3 倍之内,2006—2007 年最高和最低行业工资差距,日本、英国、法国约为 1.6 ~ 2 倍左右,德国、加拿大、美国、韩国是在 2.3 ~ 3 倍之间。

(4)地区间收入差距明显

表 6-7 可以看出中国东部、中部、西部、东北四地区虽然相对收入比例降低,但是绝对差距不断拉大,城镇居民人均可支配收入在 2005 年中部西部和东北三地区比东部少 4500 元左右,到 2015 年西部已比东部少 10 218 元,最低的东北地区也比东部少 9291 元。而表 6-8 农村地区从 2000 年的绝对差距最大的西部少收入 1710 元拉大到 5204 元,差距更为明显。

表 6-7 不同地区城镇居民人均可支配收入 （单位:元）

年份	2005	2006	2010	2012	2014	2015
东部	13 375	14 967	23 273	29 622	33 905	36 691
中部	8809	9902	15 962	20 697	24 733	26 810
西部	8783	9729	15 807	20 600	24 391	26 473
东北	8730	9830	15 941	20 759	25 579	27 400
中部与东部绝对差	-4566	-5065	-7311	-8924	-9172	-9881
西部与东部绝对差	-4592	-5238	-7466	-9022	-9514	-10 218
东北与东部绝对差	-4645	-5137	-7322	-8863	-8326	-9291

表 6-8 不同地区农村居民人均可支配收入 (单位:元)

年份	2000	2005	2006	2010	2012	2014	2015
东部	3371	4720	5188	8143	10 818	13 145	14 297
中部	2078	2957	3283	5510	7435	10 011	10 919
西部	1661	2379	2588	4418	6027	8295	9093
东北	2177	3397	3745	6435	8847	10 802	11 490
中部与东部绝对差	-1293	-1763	-1905	-2633	-3383	-3134	-3378
西部与东部绝对差	-1710	-2341	-2600	-3725	-4791	-4850	-5204
东北与东部绝对差	-1194	-1323	-1443	-1708	-1971	-2343	-2807

《中国民生发展报告 2015》显示,中国目前的收入和财产不平等状况正在日趋严重。近 30 年来,中国居民收入基尼系数从 80 年代初的 0.3 左右上升到现在的 0.45 以上。而据北京大学中国家庭追踪调查 CFPS(China Family Panel Studies)2012 资料估算,2012 年,全国居民收入基尼系数约为 0.49,大大超出 0.4 的警戒线。财产不平等的程度更加严重。估算结果显示,中国家庭财产基尼系数从 1995 年的 0.45 扩大到 2012 年的 0.73。顶端 1% 的家庭占有全国约三分之一的财产,底端 25% 的家庭拥有的财产总量仅在 1% 左右。

【知识链接 6-2】

基尼系数

基尼系数,是根据劳伦茨曲线所定义的判断收入分配公平程度的指标,是在 0 和 1 之间的比例数值,国际上一般用来综合考察居民内部收入分配差异状况的一个重要分析指标。通常把 0.4 作为贫富差距的警戒线,大于这一数值容易出现社会动荡。按照联合国有关组织规定:基尼系数值小于等于 0.2,表明收入绝对平均;介于 0.2~0.3 之间,表明收入比较平均;介于 0.3~0.4 之间,表明收入相对合理;介于 0.4~0.5 之间,表明收入差距较大;大于等于 0.5,表明收入差距悬殊。

改革开放的 30 多年,中国的贫富差距是在拉大。国家统计局资料显示全国的基尼系数 1978 年是 0.317,1979 年为 0.33,1988 年 0.382,1994 年 0.434,2002 年 0.454,2003 年是 0.479,2004 年是 0.473,2005 年 0.485,2006 年 0.487,2007 年 0.484,2008 年0.491。然后逐步回落,2009 年 0.490,2010 年 0.481,2011 年 0.477,2012 年 0.474,2013 年 0.473,2014 年 0.469,2015 年 0.462。我国现已达到国际公认的警戒区,而且也大大高于国际平均水平。接近 0.5 的基尼系数可以说是一个比较高的水平,世界上超过 0.5 的国家只有 10% 左右;主要发达国家的基尼系数一般都在 0.24 到 0.36 之间。

根据世界银行的测算,我国 2009 年的基尼系数是 0.47,在所有公布的 135 个国家中名列第 36 位;贫富差距逐步拉大,统计显示,总人口中 20% 的最低收入人口占收入的份额仅为 4.7%,而总人口中 20% 的最高收入人口占总收入的份额高达 50%。

2006 年,城镇居民中 20% 最高收入组(25 410.8 元)是 20% 最低收入组(4567.1 元)

的5.6倍;农村居民中20%最高收入组(8474.8元)是20%最低收入组(1182.5元)的7.2倍。2014年扩大到10.1倍。

亚洲开发银行发表了《减少不平等,中国需要具有包容性的增长》的新闻稿并公布了《亚洲的分配不均》的研究报告,在22个纳入亚行研究范围的国家中,中国勇夺贫富差距之冠,在衡量分配不平等的两个常见指标中,收入最高的20%人口的平均收入与收入最低的20%人口的平均收入的比率,中国是11倍,高出其他国家一大截;基尼系数,2004年中国的数值是0.4725,仅比尼泊尔的0.4730的微小,远远高于印度、韩国、中国台湾地区。

3.社会矛盾及群体性事件不断增多,对抗程度增强

市场化、工业化、城市化导致大量人口频繁迁移。这些流动人口管理难度很大,社会融合度降低,剥离感增强,还带来了家庭的不稳定,家庭成员生活品质降低。社会成员"现实性的烦躁"和"预期性的焦虑"相叠加,于是关涉群众利益的群体性事件与宣泄社会不满情绪的无直接利益群体性事件时有发生。随着中低收入家庭生活压力不断加大,社会上的仇富情绪进一步蔓延和滋长,群众中淤积已久的不满情绪不断膨胀,作为宣泄途径之一的群体性事件将持续增多。但是,这些矛盾多为人民内部矛盾,当前这些矛盾呈现出了许多新特点:一是利益矛盾日益凸显;二是矛盾的复杂性增强;三是矛盾朝着对抗性演变的可能性有所增强。

【案例导入6-1】

全国典型群体性事件特点

近年来,我国因各种社会矛盾引发的群体性事件增长速度呈显著上升趋势,妥善处理群体性事件已成为当前面临的重要社会问题。

关于群体性事件的定义,目前学术界和实践中没有统一说明。一般情况下,群体性事件是指具有某种共同利益的群体为了达到某种诉求和目的,所进行的没有合法依据的大规模活动,比如通过集会、游行、示威、罢工、罢课、请愿、上访、占领交通路线或公共场所等形式对社会秩序产生负面影响的事件。学界研究认为,群体性事件大致可以分为三个级别:维权、泄愤及骚乱。

法制网舆情监测中心对2012年度全国范围内出现的典型群体性事件进行分析,归纳出以下共同特征:

(1)事件持续时间总体较短。

群体性事件的持续时间一般较短,大部分事件在1天内就能够得到处理和平息(75.6%),而在一周(7天)内得以解决的比例高达95.6%。

(2)南部地区群体性事件高发。

从地域上看,我们监测到的群体性事件共分布于全国17个省、自治区、直辖市。其中南部地区(黄河以南)发生较多。据统计,2012年度发生4起及4起以上群体性事件的省、自治区、直辖市基本上都位于黄河以南地区。我国东南沿海的广东省、西南部的四

川省以及中部的河南省分别为2012年度全国典型群体性事件发生率高的前3名。

(3) 事发诱因主题更加多样化。

首先,因社会纠纷导致的群体性事件数量最多,占到总体的24.4%。随着社会经济的发展,社会利益的复杂性进一步体现,各方利益在自我调控中如果不能达到平衡,就容易引发利益纠葛,并由此爆发群体性事件。

其次,因征地强拆和警民冲突所引发的群体性事件分别占到总体的22.2%,其中征地强拆已成为导致各地社会秩序不稳定,诱发舆情事件的重要因素。另外,值得关注的是警民冲突导致群体性事件的比例也占到了22.2%,发现警察目前很容易成为社会矛盾的引发者。

最后,官民冲突、环境维权和族群冲突所占比例较少,分别为13.3%、8.9%和8.9%。

(4)公共利益受损是事件主因。

群体性事件所涉引发原因主要可以分为公共利益受损和个人利益受损。

其中:公共利益受损(征地强拆、环境维权、官民冲突的诱发因素)为主要原因,占到总体的57.8%;个人利益受损(族群冲突、社会纠纷和警民冲突的诱发因素)引发的群体性事件比例为42.2%。

(5) 社会矛盾由农村向城镇转移。

在2012年群体性事件中,主要参与者是城镇居民和农民。其中城镇居民参与的超过一半(51.1%),农民参与的有46.7%。

(6)流动人口和学生参与度高。

2012年度群体性事件的参与主体中,外来流动人口和学生的参与度较高。

其中,外来流动人口的参与比例为17.8%。特别值得关注的是,2012年的群体性事件中有11.1%的事件有学生参与。

(7)社会化媒体力量不容忽视。

在群体性事件中,参与人群主要的组织方式是人际交流95.6%。同时,随着互联网的发展呈现出新特点,即群体性事件的组织方式多元化,13.3%的群体性事件把微博作为人员组织工具他们把彼此不认识的人组成利益群体,推动群体性事件爆发。

(8)事件结果不理想。

在2012年群体性事件中,73.3%的事件造成财产损失,71.1%的事件中有人员受伤,引起人员死亡的恶性群体性事件占到总体的8.9%,只有11.1%的群体事件可以得到和平解决或者基本不造成损失。

案例思考:

政府解决群体性事件的出发点应是什么?

利益冲突加强化的主要表现是经济利益矛盾突出,围绕土地征收征用、城市建设拆迁、环境保护、企业重组改制和破产等问题,冲突事件不断增多,对抗程度增强,处置难度加大。经济利益冲突引发的矛盾,已成为影响当前社会稳定的重要因素。

4. 社会保障与社会福利覆盖率低且城乡差距明显

社会保障是政府保障人民生活水平的主要手段,影响整个社会的安定和发展。然而,我国的社会保障支出总量一直相对不足,且增长缓慢(见表6-9和6-10)。

同时,我国有限的社会保障支出结构还不合理、地区差异显著。我国的经济发展存在着严重的"二元经济结构",在社会保障支出方面,也同样存在着二元结构问题,我国的社会保障制度,基本上是偏向城市的社会保障制度。

表6-9　我国社会保障支出情况　(单位:亿元)

年份	GDP	财政支出	社会保障支出	财政社会保障支出	占GDP比重	财政性社会保障支出占财政支出比重
1998	84 402	10 798	2225	589	2.6%	5.5
2000	99 215	15 156	3890	1511	3.9	10.0
2003	135 823	23 686	6574	2557	4.6	10.8
2005	183 084	32 894	8939	3638	4.9	10.8
2007	257 305	49 751	13661	5972	5.4	12.0
2009	335 353	76 235	21 960	9566	6.6	12.6

资料来源:中华人民共和国国家统计局. 中国统计年鉴2009[M/OL]. 中华人民共和国国家统计局官网. http://www.stats.gov.cn。由于中国近几年的《中国统计年鉴》中的财政支出项将社会保障与就业列为一项支出,无法确切计算社保支出占GDP的比重。

表6-10　部分国家2005—2006财年社会保障支出水平比较

国家	占GDP比重%	国家	占GDP比重%	国家	占GDP比重%
瑞典	23.9	英国	18.2	日本	12.3
法国	21.2	波兰	17.8	美国①	8.9
德国	20.8	挪威	17.2	俄罗斯	8.75

资料来源:IMF、OECD、欧盟统计局统计数据,其中欧洲国家为2005年资料,其他国家为2006年资料。①美国数据只包含养老金和福利支出,不包含医疗保障支出等。

新中国成立后不久,国家建立的社会保险制度,形成了一套涵盖养老、医疗、失业、生育等方面的保障体系,但是只面向城市企业劳动者。虽然近些年我们不断地建立和完善社会保障制度,但仍存在城乡社会保障两种模式。城市社会保障模式中养老保险采用社会统筹和个人账户相结合的方式,其资金来源是国家、企业、个人共同承担,医疗保险采用社会统筹和个人账户相结合的方式,失业保险的保险费由企业按职工工资总额一定比例筹交,普遍建立了工伤保险和生育保险。农村社会保障模式则采用以家庭保障为主,与社区扶持相结合的保障方式,目前有条件的地区实行养老保险,资金来源采用个人缴纳为主、集体补助为辅、国家予以政策扶持,医疗保险采用合作健康保险或合作医疗的方式,生育保险和工伤保险覆盖率较低。城乡地区社会福利也有差异。城镇社会福利包含福利设施、福利补贴、休假与补贴等职工福利和社区服务、福利院、敬老院、干休所等公办福利;农村社会福利只有五保户供养、养老院、农村社区服务等公办福利。由于我国社会福利的支出主要取决于地方政府的财政财力，因此各省市居民之间的社会福利水平存在较大的差异。东部地区支出普遍高，而中、西部地区相对比较低，人均福利支出最高的省份与最低的省份之间差距达到过10倍。

2014年12月，全国城市居民最低生活保障人数1880.2万人。农村居民最低生活保障人数5209万人。2014年1—12月城市最低生活保障支出694.6亿元，农村最低生活保障支出844亿元。

养老问题主要是基于少子高龄化时代的来临而产生的“养老难、养老贵”问题。在老龄群体越来越庞大的同时，作为劳动力主要来源的青少年群体却在迅速萎缩。可以断言，未来我们国家的养老，资金是不成问题的，肯定不差钱，缺的主要是服务。毕竟，金钱并不代表物质财富，也代替不了服务。金钱再多，最终的落脚点仍然是劳动力，是人。与此同时，养老保障的水平体现在行业之间、地区之间、城乡之间差距过大，也引起了一系列社会矛盾。这需要通过收入分配制度改革等措施尽快加以改变。对于养老服务体系后继乏人问题，要尽快调整生育政策，普遍放开二胎生育。而且，随着城镇化进程的加快，原来基于制度成本、便于管理、城乡分治而设立的社会保障体系早已不能适应当前城乡融合的迅猛发展之势。进城的农村人口享受同城待遇的诉求日益强烈，加快建立城乡一体化的社会保障体系，尽量缩小彼此之间的保障水平差异已经成为时代要求。对此，政府应将工作重心放在养老服务体系的建立与完善、养老金双轨制的破除、养老基金的投资监管等方面，真正解除人们的养老之忧。

医疗关乎人民群众的生命健康安全。通过几十年的改革，人民群众的“看病难、看病贵”问题没有得到较好解决。医疗资源配置不公的问题仍然普遍存在，许多优质的医疗卫生资源仍然过度集中于大城市、大医院，在一些边远山区、乡村，医疗资源仍然相当匮乏。调查显示，人民群众对当前医疗卫生制度的满意度是不高的。尤其是新农合，受基本药物目录所限，许多在报销范围内的药物疗效一般，而疗效相对较好的新特药又不在报销范围。而且，药房药品加成、大处方、滥检查、过度治疗等问题仍然存在。凡此种种，都影响着普通居民健康梦的实现。

最近几年调查当中，“看病难、看病贵”是被老百姓排在第一位的社会问题。在我们整个消费当中，现在的医疗消费支出在城乡居民家庭消费支出结构中排在第三，除了食品和教育以外，大概占11%。但是医疗消费和其他消费不一样的，就是平均的，不是每个人都有病了，平均11%，有病人的家庭支出就要高得多。而且现在这个比例比发达国家高很多，英国医疗在消费中大概占7%左右。

最近几年，我们在各种社会保障体制改革，医疗是发展最快的，现在我们基本上已经形成一个覆盖全民的医疗保障体系。当然这个体系是由四种制度构成的，是一个差别化的，公务员是公费医疗，包括一部分事业单位也是这样，企业职工是城镇职工的医疗保险，然后是城镇居民的，最后是新型农村合作医疗。这四种制度覆盖了几乎全国每一个人，但层次是不一样的，存在城乡差距和地区差异。一方面我们看到，情况已经迅速地改善，2016年与2008年相比，完全自己花钱的人数在大大下降，能报销的在快速的增加，报销一半在增加，报销70%也在增加。但是就全国来讲，还是有相当大的一部分家庭，看病

是需要自己花钱的。但是医疗价格现在又在不断的攀升，医疗价格的攀升速度比食品等其他的价格要快得多。

在医疗保障上，本应起到减小收入差距作用的社保体系反而起到逆向调节的作用。《中国民生发展报告2015》主要负责人、北京大学教授李建新的研究表明，健康状况更差的个体往往更加缺乏医疗保障资源，面临更大的就医压力。

5. 教育投入不足，且资源分布不平衡

首先，我国教育投入不足，与世界水平相比差距较大。教育为经济发展和转变经济发展方式提供必要的人才基础和智力支持。一个国家经济要实现又好又快地发展，必须依赖于高素质的劳动者，他们是提高劳动生产率和推动经济发展方式转变的主体力量。教育投资是人力资本形成和积累的主要途径。联合国教育、科学及文化组织的研究结果表明，生产率与劳动者的受教育程度呈现高度的正相关关系。与文盲相比，小学毕业生可以提高生产率43%，初中生可以提高108%，大学生可以提高300%。目前，我国对教育和科技人才培养的投入偏低，严重影响了科技水平及劳动力素质的提高，从而制约了经济增长方式的转变和国际竞争力的提高。到2014年，我国的公共教育经费支出占GDP的比重仍达不到2003年世界平均水平，与发达国家的人才竞争中势必处于劣势（见表6-11）。

表6-11　世界及部分国家公共教育经费支出占GDP的比重(%)

国家	1991	2000	2003
世界	4.01	4.04	4.7
中国	2.03	2.28①	3.64②
印度	3.65	4.12	3.26
以色列	6.48	7.01	7.31
日本	–	3.6	3.65
韩国	3.78	3.44	4.62
加拿大	6.49	5.65	5.24③
美国	5.09	5.75	5.86
巴西	–	4.3	4.15③
法国	5.63	5.75	6.02
德国	–	4.53	4.77③
俄罗斯	3.57	2.94	3.68
英国	4.79	4.64	5.48
澳大利亚	4.87	4.80	4.80

资料来源：世界银行统计数据、中华人民共和国国家统计局．中国统计年鉴[M/OL]．中华人民共和国国家统计局官网．http://www.stats.gov.cn（①为1999年数据。②为2014年数据，根据《中国统计年鉴》数据计算所得。③为2002年数据。）

其次，教育机会不均等。教育存在巨大的城乡差距、东中西区域差距和性别差距，城乡差距尤其显著。《中国民生发展报告2015》显示,20世纪60年代出生的人群教育不平等程度最低,此后不平等程度不断上升,20世纪80年代出生的人群教育不平等程度达到历史最高。户口、父母的教育水平、党员身份、出生所在省份等一系列并非通过个体努力可以改变的因素对教育资源获得的影响份额在过去三十年有所上升。这表明未来相关公共政策应该着力于减少劣势境况对人力资本发展的负面影响,使社会成员获得平等的教育机会。城乡教育发展差距大。我国长期以来城乡教育事业发展投入经费存在差异,在教育方面生均经费、生均事业费、生均公共用经费和生均基建经费城乡之间都有明显的差异。就全国范围而言,城市小学、初中生的人均经费为农村小学、初中生的人均经费的3倍左右;个别省市,城乡小学、初中生的人均经费差距能达到10倍以上。

前几年中央党校吴忠民教授的一项研究表明,我国社会保障、公共教育、公共卫生三项基本民生指标支出占国内生产总值比重约分别为3%、2.9%、2%。除了柬埔寨、津巴布韦等国比我国低之外,绝大部分国家都高于我国。

6.就业结构性矛盾突出

就业是人的最基本权力,它不仅是一个人谋生的手段,同时也是借以融入社会大家庭的基本方式。古人云:有恒业者有恒产,有恒产者有恒心,也即是说当一个人有了稳定的职业才会有稳定的收入,有了稳定的收入才会有平和的心态。就业的结构性矛盾是指求职者能力和意愿与就业岗位需求不一致,表现为短缺与过剩并存。一方面有的工作单位招不到特定的高技术人才或熟练技术工人,另一方面有的岗位大家趋之若鹜,但岗位数量寥寥。在我国比较突出地反映在大学毕业生就业压力较大、部分企业"招工难"、熟练技术工人严重短缺、公务员招录比例失调等多方面(见表6-12)。

表6-12　2003—2015年国家公务员招录情况表

年份	职位数	招录人数	审核通过	参考人数	最终比例
2003	5400	5475	12.5万	8.8万	16:1
2004	4036	7572	18.2万	12.0万	15:1
2005	5456	8271	31.0万	29.0万	35:1
2006	6053	10 282	54.0万	50.0万	48.6:1
2007	6361	12 724	74.0万	53.5万	42:1
2008	6691	13 787	80.0万	64.0万	46:1
2009	7556	13 566	105.2万	77.5万	58:1
2010	9275	15 526	144.3万	92.7万	59:1
2011	9763	15 290	141.5万	90.2万	59:1
2012	10 486	17 941	130.0万	96.0万	53:1
2013	12 927	20 879	150.0万	111.7万	53:1
2014	11 729	19 538	152.0万	111.9万	57:1
2015	13 474	22 248	140.9万	90.2万	40.5:1

资料来源:相关资料整理

除了上面提及的问题以外,其他诸如环境、食品安全等问题也都是群众反映强烈、需要认真解决的民生问题。

三、产生社会矛盾和民生问题的原因

1. 二元经济结构造成的城乡差距

中国城乡二元经济结构主要表现为:城市经济以现代化的大工业生产为主,而农村经济以典型的小农经济为主;城市的道路、通信、卫生和教育等基础设施发达,而农村的基础设施落后;城市的人均消费水平远远高于农村;相对于城市,农村人口众多等。这种状态导致经济结构存在的突出矛盾,城乡差距突出,特别是城乡教育、医疗卫生、就业、社会保障等差距,是当前社会矛盾和民生问题存在的重要因素。

2. 传统理念的制约

长期以来,中国传统理念在经济建设与社会发展的关系上,往往注重经济建设,忽视社会建设,使社会建设相对滞后,这突出地表现在民生问题没有得到应有的改善。改革开放以来,中国民众越来越重视现实的生活问题,以人为本的理念迅速被各个阶层广泛接受、认同。习近平指出:"我们的人民热爱生活,期盼有更好的教育、更稳定的工作、更满意的收入、更可靠的社会保障、更高水平的医疗卫生服务、更舒适的居住条件、更优美的环境,期盼孩子们能成长得更好、工作得更好、生活得更好。"中国民众对于现实生活的这种重视,其程度恐怕是中国几千年以来前所未有的,而且中国民众对于生活的期望值往往要高于已有的生活水准,已不限于温饱型的生活。正如胡锦涛在党的十八大报告中所指出的那样:"教育、就业、社会保障、医疗、住房、生态环境、食品药品安全、安全生产、社会治安、执法司法等关系群众切身利益的问题较多,部分群众生活比较困难。"现在,"买不起房、看不起病、上不起学"等重要民生问题困扰着不少的社会成员。正因为如此,民生问题成为中国现阶段社会矛盾的基本根源。

3. 政策机制不完善

社会建设的政策机制与市场经济的要求不相符合,难以适应经济社会发展的需要等等。如民众的诉求表达机制不健全、利益协调机制不完备、矛盾调处机制衔接沟通不够、权益保障机制城乡和地区差异化较大等等。

4. 几种心态的影响

一是世俗化的影响。世俗化的含义,指随着现代化进程的推进,人们的生活态度越来越现实化和理性化,人们对现实生活的看重程度越来越高,越来越希望在当下就能过上好的生活,这是现代生活一个很重要的特征。

二是平等独立意识的增强。人们普遍认为,过上好生活不是哪一个特定群体的特权,每个人都有权利通过自己的努力过上比较好的生活。中国改革开放以后,出现了对以往贫困生活的一种强烈的反弹,人们对于美好生活的追求产生了比较强烈的情绪和渴望的心理。

三是社会焦虑的情绪。中国社会正处在急剧转型时期,社会的变化幅度特别大,社会的整体利益结构在迅速地大洗牌,这就形成了种种反差很大的示范效应。一夜暴富和一夜之间失业下岗现象同时存在，这就容易使人们产生一种急切的心理，唯恐一步赶不上就步步赶不上，这样一来，对未来生活的预期就更加强烈了。普遍的焦虑状态，助长了人们对现实民生生活状态的一种渴望。

以上几种心态加剧了社会矛盾的产生和扩大。

第三节　协调利益关系，保障改善民生

一、协调利益关系

利益矛盾、利益冲突、利益博弈是利益时代中的正常现象；在现代社会生活中，社会矛盾和冲突将成为我们日常生活的一部分。当前社会利益关系出现的新特点，既反映了改革开放以来，广大人民群众在生活水平不断提高的基础上对自身利益的进一步追求，也使得协调兼顾各方面利益的难度增大。

基于利益的冲突是理性的冲突，是可以用谈判、妥协、讨价还价的方式解决的，演变成足以造成大规模社会动荡的因素是很少的（与由政治、意识形态、宗教、民族等问题引起的社会矛盾的差别）。因而要防止将一般的社会矛盾与威胁稳定的政治社会危机混为一谈。同时，本着正确处理人民内部矛盾的基础出发，要着眼于最大限度增加和谐因素、减少不和谐因素。维护社会公平正义，使社会各方面的利益关系得到妥善协调，人民内部矛盾和其他社会矛盾得到正确处理。

因此，需要高度重视统筹协调各种利益关系，妥善处理各种利益矛盾。

1. 健全诉求表达机制

拓宽社情民意表达渠道，完善党政领导干部和党代会代表、人大代表、政协委员联系群众制度，建立全国信访信息系统，搭建各种形式的沟通平台，积极发挥各类媒体的作用，重视各种社会组织在反映诉求、规范行为等方面的作用，使群众表达利益诉求逐步走上制度化、规范化、法制化的轨道。

2. 健全利益协调机制

健全利益引导机制，教育和引导人们正确看待当前社会利益分化的现象；健全利益约束机制，通过法律和道德对人们获取利益的行为进行约束；健全利益调节机制，通过税收政策等调控措施，调整利益分配格局，减少不同利益群体之间的不公平感；健全利益补偿机制，着力解决群众反映强烈的利益问题，坚决纠正损害群众利益的行为。

3. 完善矛盾调处机制

健全社会舆情汇集和分析机制，完善矛盾纠纷排查调处工作制度，实现人民调解、行政调解、司法调解有机结合和相互衔接，最大限度地缓解社会冲突，减少社会对立，把矛盾化解在基层、解决在萌芽状态。通过完善收入分配制度、规范收入分配秩序，科学有效地调整各种利益关系，努力缩小不同阶层、不同群体的利益差距，减少由此产生的利益矛盾。

4. 加强权益保障机制建设

研究制定更多有利于保障公民权益的法律法规和政策制度，建立健全社会保障体

系，形成基本覆盖城乡居民的社会保障体系。解决利益冲突、正确处理人民内部矛盾要着眼于最大限度增加和谐因素、最大限度减少不和谐因素，创造良好社会环境。解决群体事件的关键在于准确判断和定位社会矛盾和冲突。因为征地、拆迁、农民工工资拖欠、劳工权益等导致利益矛盾属于人民内部矛盾，而不是敌我矛盾。做到注重从源头上减少矛盾，主动为群众排忧解难；注重维护群众权益，注重维护社会公平正义；注重做好群众工作，及时了解群众心声和需求；注重加强和创新社会管理，提高基层群众自治组织自我管理、自我服务、自我教育、自我监督能力。

二、保障和改善民生

保障和改善民生是社会建设的重点。提高人民物质文化生活水平，是改革开放和社会主义现代化建设的根本目的，也是社会建设的基本着力点。

1. 改善民生是发展的根本目的

所谓民生，就是人民的基本生存和生活状态，以及人民的基本发展机会、基本发展能力和基本权益保护的状况等，具体涉及劳动就业、社会福利、义务教育、基本住房、最低生活保障、社会救助等方面的内容。就业是民生之本，教育是民生之基，分配是民生之源，社保是民生之依，稳定是民生之盾。当前要重点解决就业难、上学难、看病难、购房难以及物价上涨、食品安全等群众反映突出的问题。

改善民生是坚持立党为公、执政为民的本质要求。民生是人民幸福之基、社会和谐之本。中国共产党是全心全意为人民服务的政党，党的建立、发展都是为了维护和实现好人民的根本利益，都是为了让人民过上幸福美好的生活。因此，人民对美好生活的向往，就是党的奋斗目标，让人民群众过上幸福美好的生活是党的一切工作的出发点和落脚点。检验党工作成效的最终标准，就是看广大人民群众是否得到真实惠，社会民生是否得到真改善。

改善民生是推动发展的根本目的。我们的发展是以人为本的发展，我们一切的奋斗和工作归根到底就是要顺应各族人民过上更好生活的新期待，着力解决人民群众最关心、最直接、最现实的利益问题，不断满足人民群众日益增长的物质文化需要，提高人民群众的生活质量和水平。如果我们的发展只是为发展而发展，只是为了追求 GDP 的增长，而忽视民生问题的改善，忽视人民群众的期盼，不能真正实现好、维护好、发展好人民群众的根本利益，这样的发展是没有意义的，也是难以持续的。

正确处理好经济发展与改善民生的关系。经济发展是改善民生的前提和基础，只有经济发展了，“蛋糕”做大了，改善民生才有物质基础。改善民生既是经济发展的目的，又是经济发展的推动力，只有在发展经济中改善民生，才能更好地发挥人民群众的积极性和创造性，更好地促进经济发展，把“蛋糕”做大，为民生改善奠定厚实基础。

2. 保障和改善民生的主要内容

在全面建成小康社会的历史条件下，保障和改善民生的主要内容包括：

(1)努力办好人民满意的教育

教育是民族振兴和社会进步的基石。坚持教育优先发展，明确教育在国家战略中的优先发展地位；全面贯彻党的教育方针，坚持教育为社会主义现代化建设服务、为人民服务，把立德树人作为教育的根本任务，加强社会主义核心价值观教育，完善中华优秀传统文化教育，形成爱学习、爱劳动、爱祖国的有效形式和长效机制，增强学生社会责任感、创新精神、实践能力，培养德智体美全面发展的社会主义建设者和接班人；大力促进教育公平，合理配置教育资源，统筹城乡义务教育资源均衡配置，实行公办学校标准化建设和校长教师交流轮岗，打破重点和非重点学校壁垒，破解择校难题，标本兼治减轻学生课业负担；加快现代职业教育体系建设，培养高素质劳动者和技能型人才；推进考试招生制度改革，探索招生和考试相对分离机制，从根本上解决一考定终身的弊端；深入推进管办评分离，扩大省级政府教育统筹权和学校办学自主权；强化国家教育督导，委托社会组织开展教育评估监测；鼓励引导社会力量兴办教育；加强教师队伍建设，努力提高教师的师德水平和业务能力，增强教师教书育人的荣誉感和责任感。

(2)推动实现更高质量的就业

就业是民生之本。实施就业优先战略和更加积极的就业政策，贯彻劳动者自主就业、市场调节就业、政府促进就业和鼓励创业的方针，建立经济发展和扩大就业的联动机制，健全政府促进就业责任制度；完善扶持就业的优惠政策，形成政府激励创业、社会支持创业、劳动者勇于创业新机制，鼓励大众创业、万众创新；完善城乡均等的公共就业创业服务体系，创新劳动关系协调机制，加强劳动保障监察和争议调解仲裁，构建和谐劳动关系；促进以高校毕业生为重点的青年就业和农村转移劳动力、城镇困难人员、退役军人就业；加强职业技能培训，提升劳动者就业创业能力，增强就业稳定性；健全人力资源市场，完善就业服务体系。

(3)千方百计增加居民收入

深化收入分配制度改革，着重保护劳动所得，努力实现居民收入增长与经济发展同步、劳动报酬增长和劳动生产率提高同步，提高劳动报酬在初次分配中的比重，实现发展成果由人民共享；健全工资决定和正常增长机制，完善最低工资和工资支付保障制度，完善企业工资集体协商制度；改革机关事业单位工资津贴补贴制度，完善艰苦边远地区津贴增长机制；健全资本、知识、技术、管理等由要素市场决定的报酬机制，多渠道增加居民财产性收入；完善以税收、社会保障、转移支付为主要手段的再分配调节机制，加大税收调节力度；规范收入分配秩序，完善收入分配调控机制和政策体系，逐步形成合理的分配格局。

(4)加大收入分配调节力度

合理的收入分配制度是社会公平的重要体现，涉及最广大人民群众的根本利益。加大收入分配调节力度，合理调整收入分配关系，优化收入分配结构，缩小收入分配差距，关系经济发展、政治稳定、社会和谐，是社会建设的紧迫任务。

加大收入分配调节力度，促进社会公平的措施主要有：一是坚持和完善按劳分配为主体、多种分配方式并存的分配制度；二是初次分配和再分配都要处理好效率和公平的关系，再分配更加注重公平；三是努力提高居民收入在国民收入分配中的比重；四是逐步提高最低工资标准，保障职工工资正常增长和支付；五是规范分配秩序，加强税收对收入

分配的调节作用，有效调节过高收入，努力扭转城乡、区域、行业和社会成员之间收入差距扩大的趋势。

（5）统筹推进城乡社会保障体系建设

社会保障制度是保障人民生活、调节社会分配的一项基本制度。全面建成覆盖城乡居民的社会保障体系，贯彻全覆盖、保基本、多层次、可持续方针，以增强公平性、适应流动性、保持可持续性为重点；坚持社会统筹和个人账户相结合的基本养老保险制度，确保参保人员权益，实现基础养老金全国统筹；推进机关事业单位养老保险制度改革，推进城乡最低生活保障制度统筹发展；建立健全合理兼顾各类人员的社会保障待遇确定和正常调整机制；研究制定渐进式延迟退休年龄政策；加快健全社会保障管理体制和经办服务体系；健全符合国情的住房保障和供应体系，改进住房公积金提取、使用、监管机制；健全社会保障财政投入制度，完善社会保障预算制度；积极应对人口老龄化，加快建立社会养老服务体系和发展老年服务产业。

（6）提高人民健康水平

健康是促进人的全面发展的必然要求。坚持为人民健康服务的方向，完善国民健康政策，为群众提供安全有效、方便、价廉的公共卫生和基本医疗服务；统筹推进医疗保障、医疗服务、公共卫生、药品供应、监管体制综合改革；完善合理分级诊疗模式，建立社区医生和居民契约服务关系；充分利用信息化手段，促进优质医疗资源纵向流动；改革医保支付方式，健全全民医保体系；加快健全重特大疾病医疗保险和救助机制；完善中医药事业发展政策和机制；鼓励社会办医，优先支持举办非营利医疗机构；允许医师多点执业，允许民办医疗机构纳入医保定点范围；坚持计划生育的基本国策，促进人口长期均衡发展。

（7）促进基本公共服务均等化

基本公共服务均等化，就是要确保国家和社会制定的基本公共服务政策、确立的基本公共服务制度、提供的基本公共服务机会，对全体公民是均等的。促进基本公共服务均等化，就是要缩小民生差距、发展差距和贫富差距，减少社会矛盾而增进社会和谐，根治复杂的经济社会复合问题，为改革发展创造良好的政策环境。

基本公共服务均等化涉及优化政府职能结构、公共财政体制改革、建立健全考核体系等方面，主要内容包括：义务教育和基本医疗卫生均等化，劳动就业服务和基本社会保障服务均等化，公共性基础设施和生态环境保护服务均等化，生产、消费以及安全服务均等化等。主要途径包括以下方面：

一是转变政府职能，创新基本公共服务体制机制。必须转变政府职能，切实履行经济调节、市场监管、社会治理和公共服务四项基本职能，加快推进政企分开、政资分开、政事分开、政府与市场中介组织分开，坚决纠正和防止政府越位、错位和缺位。建立健全规范的基本公共服务需求表达、信息反馈和民主决策机制，建立以政府为主导、市场主体和社会主体有序参与供给的“一主多元”的公共服务供给模式。

二是加大财政投入。实现基本公共服务均等化，资金保障是关键。必须调整和优化公共财政支出结构，把更多财政资金投向公共服务领域，加大财政在教育、卫生、文化、就业再就业服务、社会保障、生态环境、公共基础设施建设、社会治安等方面的投入，不断增强公共产品和公共服务供给能力,逐步缩小城乡间、区域间的基本公共服务差距,真正实现人人享有基本公共服务的目标。

三是建立基本公共服务监测评价体系。制定科学的基本公共服务综合评价指标体系,加强政府基本公共服务监测评价,把基本公共服务数量和质量指标纳入政府绩效考核体系;建立与之相应的技术支持体系、统计指标体系、数据采集和监测体系,便于监督检查基本公共服务均等化的进展情况;积极引入外部评估机制,建立多元化的绩效评估体系。

3. 保障改善民生的社会政策要托底

党的十八大以来,党就更好保障和改善民生,提出“守住底线、突出重点、完善制度、引导舆论”的工作思路,强调社会政策要托底,要从现有国力财力出发,形成以保障基本生活为主的社会公平保障体系,织牢民生安全网的“网底”,发挥好保基本、兜底线作用。

立足社会主义初级阶段的基本国情,制定关系民生问题的教育、医疗、就业、养老、社会保障等政策,既尽力而为,又量力而行,做那些现实条件下可以做到的事情,让群众得到看得见、摸得着的实惠,反对盲目追求西方发达国家所谓的“高福利、高消费”政策。

着力解决实际困难,抓住人民最关心最直接最现实的利益问题,多做雪中送炭、急人之困的工作,少做锦上添花、花上垒花的虚功,切切实实为人民群众办实事、解难事。

对各类困难群众,要格外关注、格外关爱、格外关心,时刻把他们的安危冷暖放在心上,千方百计帮助他们排忧解难,对他们实施特殊扶持和救助,守住他们的生活底线。

倡导勤劳致富,营造良好的生存环境。在切实保障人民群众的根本利益,努力让人民过上更好生活的同时,要引导人民群众树立勤劳致富的生活理念,把追求更好生活作为自身的奋斗目标,积极创造公平、公正的社会环境,使每一个人通过自身努力都有成功的机会。

第四节　推进社会管理创新

社会管理指国家通过制定一系列的社会政策和法律规范,对社会组织和社会事务进行规范和引导,包括培育和健全社会结构,调整各类社会利益关系;回应社会诉求,化解社会矛盾;维护社会公正、社会秩序和社会稳定,维护和健全社会内外部环境;以及促进政治、经济、社会、文化和自然协调发展的一系列活动以及这些活动的过程。社会管理虽然是政府职能的重要组成部分,但是广义的社会管理还包括其他主体以及社会自身的管理。

社会管理是社会建设的重要内容,是维护社会和谐稳定的必要条件。加强和创新社会管理,对于实现全面建设小康社会宏伟目标、实现党和国家长治久安具有重大战略意义。

一、提高社会管理科学化水平

第一,进一步加强和完善党和政府主导的维护群众权益机制,形成科学有效的利益

协调机制、诉求表达机制、矛盾调处机制、权益保障机制，统筹协调各方面利益关系，加强社会矛盾源头治理，妥善处理人民内部矛盾，坚决纠正损害群众利益的不正之风，切实维护群众合法权益。

第二，进一步加强和完善流动人口和特殊人群管理和服务，建立覆盖全国人口的人口基础信息库，建立健全人口动态管理机制，完善特殊人群的管理和服务政策。

第三，进一步加强和完善基层社会管理和服务体系，把人力、财力、物力更多投到基层，努力夯实基层组织、壮大基层力量、整合基层资源、强化基础工作，强化城乡社区自治和服务功能，健全新型社区管理和服务体制。

第四，进一步加强和完善公共安全体系，健全食品药品安全监管机制，建立健全安全生产监管体制，完善社会治安防控体系，完善应急管理体制。

第五，进一步加强和完善非公有制经济组织、社会组织管理，明确非公有制经济组织管理和服务员工的社会责任，推动社会组织健康有序发展。

第六，进一步加强和完善信息网络管理，提高对虚拟社会的管理水平，健全网上舆论引导机制。

第七，进一步加强和完善思想道德建设，持之以恒推进社会主义精神文明，建设社会主义核心价值体系，增强全社会的法制意识，深入开展精神文明创建活动，增强社会诚信。

提高社会管理水平还应重点抓好“六个结合”：一是治标管理与治本管理相结合；二是刚性管理与柔性管理相结合；三是社会服务与社会管理相结合；四是社区管理与社会管理相结合；五是政府主导与多方参与相结合；六是科学精神与人文关怀相结合。

二、创新社会管理

2004 年 6 月，党的十六届四中全会提出要“加强社会建设和管理，推进社会管理体制创新”，2007 年党的十七大报告又提出要“建立健全党委领导、政府负责、社会协同、公众参与的社会管理格局”。

社会管理创新是指在现有社会管理条件下，运用现有的资源和经验，依据政治、经济和社会的发展态势，尤其是依据社会自身运行规律乃至社会管理的相关理念和规范，研究并运用新的社会管理理念、知识、技术、方法和机制等，对传统管理模式及相应的管理方式和方法进行改造、改进和改革，建构新的社会管理机制和制度，以实现社会管理新目标的活动或者这些活动的过程。

【案例导入 6-2】

铜陵市撤销街道办事处

街道办是我国特色的一级行政机构，真正登上政治体制舞台缘于 1954 年。在当年 12 月 31 日，全国人大常委会审议通过《城市街道办事处组织条例》，规定十万人以上的市辖区和不设区的市，应当设立街道办事处。

2010 年 7 月底，铜陵市铜官山区率先启动社区综合体制改革，将 6 个街道全部撤销，

49 个社区合并成 18 个大社区,原有街道干部派到各个社区任职。对这场改革的意义,部分官员或学者拿来和当年小岗村发起的家庭联产承包责任制相提并论。作为城市基层管理体制改革的一个样本,"铜陵模式"被民政部官员称为:"这是城市管理中革命性的一种变革。"

改革后,街道原有的经济发展、城管执法等主体职能收归区级职能部门,而社会管理、服务事务等职能全部下放到了社区,居民在社区就可直接办理民政社保、计划生育、综合治理等事务。整合后的新社区,设置社区党工委、社区居委会、社区服务中心,前者主要承担社区范围内总揽全局、协调各方的职责,社区服务中心负责对居民的事项实行"一厅式"审批和"一站式"集中办理。居委会则还原自治功能,组织居民开展各类活动。更重要的是,街道取消后,经费也得以向社区倾斜。在改革前,铜官山区每个小社区工作经费只有 3 万元左右,改革后每个社区工作经费在 30 万~65 万元不等。"居委会有了为民服务的手段和措施,有资金、有人员可以直接支配,而这在过去仅靠居委会是很难执行的。"

2011 年 1 月,铜陵市在总结铜官山区的经验后,开始推广铜官山区经验,在全市大规模撤销街道办,至 8 月底,改革工作已基本完成,街道办彻底退出了铜陵市民的生活。

按照民政部基层政权和社区建设司司长詹成付的说法,"铜陵模式"除了要进一步深化居民自治外,还有待进一步理顺市与城区之间的权责,避免因压力型体制使社区承受重负。

案例思考:

"铜陵模式"的创新体现在哪些方面?

进行社会管理创新,应重点解决"阶段性特征",我国社会出现的"阶段性特征"有哪些呢?例如:社会结构发生变化,阶层群体冲突增加;社会状态活跃,开放性、流动性问题增多;社会诉求不断提升,维权意识更加强烈;转型社会价值真空,社会失范引发风险。

进行社会管理创新,应重点解决"阶段性特征",其措施主要包含以下六项。

一是推进流动人口服务管理创新。要公平对待和保护流动人口的合法权益,从就业、居住、就医、子女教育等方面入手,创新管理机制,结合城镇化建设,稳妥推进户籍管理制度的改革,实现城乡一体化和服务全覆盖的人口管理模式,疏堵有机结合,使流动人口能够全面参与并真正融入当地社会生活,从根本上解决流动人口不稳定与不和谐的问题。

二是推进特殊人群帮教管理创新。要健全对服刑在教人员、刑满释放解教人员、社会闲散人员、吸毒人员及青少年的常态化帮教管控机制,充分发挥基层组织和社会组织的作用。对特殊人群的帮教管理,应在有利于解决实际困难、促进他们进步上下功夫,应致力于建构帮助其更好地融入社会的机制。

三是推进社会治安重点地区综合治理的创新。要将城中村、城乡接合部等地区的治理和城乡规划、地区改造相结合,在完善基础设施、改善生活环境的基础上,健全基层组织、延伸公共服务,切实处理好整治、服务、管理和发展的关系;要对小旅馆、娱乐、洗浴场

所实行耐心指导、重点防控、过程监管,完善长效机制,突出指导服务理念。

四是推进虚拟社会建设管理创新。要注重研究互联网的内在规律和规则,充分运用法律、行政、经济等手段,加强管理,特别要依法保证互联网健康有序发展。既要把网络舆情作为听民声、察民意的渠道,又要重视和评估舆情影响,主动回应社会关切,有效制定互联网管理政策,正确引导网上舆论,维护网上秩序,营造有利于社会稳定的舆论环境。

五是推进社会组织管理服务创新。社会组织是创新社会治理的重要载体和中坚力量。要致力于对社会组织的研究,承认社会组织在国家发展与建设中的功能,尤其是在社会管理创新中的重要地位和积极作用,并按照社会组织发展规律进行有效监管,健全和完善相关法律规范。政府要勇于放权,将社会服务、帮残助弱、环境保护、公民教育等事项,交由社会组织承担,为其发展提供广阔的空间;有效监督社会组织规范运行,强化民政等部门的日常监管,加强新闻媒体和社会公众的有效监管,引导社会组织依法开展活动。

六是健全公共安全体系,创造有效预防和化解社会矛盾机制。完善统一权威的食品药品安全监管机构,保障食品药品安全;深化安全生产管理体制改革,遏制重特大安全事故;健全防灾减灾救灾体制;加强社会治安综合治理,创新立体化社会治安防控体系;加大依法管理网络力度,加快完善互联网管理领导体制,确保国家网络和信息安全;设立国家安全委员会,确保国家安全。健全重大决策社会稳定风险评估机制;改革行政复议体制,健全行政复议案件审理机制,纠正违法或不当行政行为;改革信访工作制度,实行网上受理信访制度,健全及时就地解决群众合理诉求机制。

本专题思考题、讨论题

1. 怎样理解和把握中国特色社会主义社会建设理论?
2. 如何在全面推进社会建设中维护社会公平正义?
3. 如何在全面推进社会建设中统筹协调社会利益关系?
4. 保障和改善民生的主要内容有哪些?
5. 创新社会治理的原则和措施有哪些?
6. 怎样认识我国社会建设中面临的主要问题?

专题七　中国特色社会主义生态文明建设

生态文明建设是中国特色社会主义事业的重要内容。生态文明建设理论是中国特色社会主义理论体系的重要成果，指导我们充分认识中国生态脆弱的严峻现实，深刻理解重视生态文明建设的重要意义，不断完善相关制度，探寻生态文明建设的有效途径。

第一节　中国特色社会主义生态文明建设理论和制度

生态环境问题是中国特色社会主义建设的重要问题。党和国家高度重视生态文明建设，先后出台了一系列重大决策部署，推动生态文明建设取得了重大进展和积极成效。在这个过程中，逐步形成了中国特色社会主义生态文明建设理论和制度。这些理论和制度将随着社会主义现代化建设的深入推进不断丰富和发展。从学理上讲，生态文明建设是从属于社会建设的，由于随着我国经济建设的发展，环境问题日渐突出，党和国家把生态文明建设从社会建设中分离出来，与经济、政治、文化和社会并行，成为五位一体的社会主义现代化建设总布局的重要组成部分，具有重要意义。

一、生态文明与可持续发展

1. 生态文明

生态是指生物之间以及生物与非生物环境之间的相互关系和存在状态，生态文明是人与自然和谐共生、全面协调、持续发展的社会和自然状态，是人类社会即将步入的新的文明阶段。

【知识链接 7-1】

人类社会文明阶段

人类至今已经历了原始文明、农业文明、工业文明三个阶段，在对自身发展与自然关系深刻反思的基础上，人类即将迈入生态文明阶段。

第一阶段是原始文明。约在石器时代，人们必须依赖集体的力量才能生存，物质生产活动主要靠简单的采集渔猎，为时上百万年。

第二阶段是农业文明。铁器的出现使人改变自然的能力产生了质的飞跃，历时一万年。农业文明是“黄色文明”。

第三阶段是工业文明。18 世纪英国工业革命开启了人类现代化生活，为时三百年。工业文明是“黑色文明”。

第四个阶段就应该是生态文明。三百年的工业文明以人类征服自然为主要特征。世界工业化的发展使征服自然的文化达到极致，一系列全球性生态危机说明地球再没能力支持工业文明的继续发展，需要开创一个新的文明形态来延续人类的生存，这就是生态文明。生态文明就是“绿色文明”。

生态文明是社会主义的本质属性，生态问题实质是社会公平问题，受环境灾害影响的群体是更大的社会问题，社会主义国家必须自觉承担起改善与保护全球生态环境的责任。

工业的发展，产生了众多的环境问题，诸如资源短缺、耕地减少、生物多样性丧失、臭氧层损耗、全球气候变化、持久性有机物污染、水污染、大气污染、土地污染、固体废弃物污染、酸雨、荒漠化、森林锐减等等。

日益恶化的环境问题，促使人类重新思考人与自然的关系，思考人们行为的准则。

【知识链接 7–2】

人类对环境的思考与国际社会的努力

(1)《寂静的春天》。美国学者蕾切尔·卡逊所著，开创了绿色环保运动之先声。该书于 1962 年出版，主要介绍了化学药物、农药、特别是杀虫剂和除草剂对环境的污染，对潜伏在人类周围的危险发出警告。作者认为在人对环境的所有袭击中，最令人震惊的是空气、土地、河流以及大海受到各种致命化学物质的污染。这种污染是难以恢复的，因为它们不仅进入了生命赖以生存的世界，而且进入生物组织内。书中描写了这样一种场景：一个奇怪的阴影遮盖了某个地区，一种神秘莫测的疾病袭击了这个地区，成群的小鸟、牛羊病倒和死亡；成人和孩子们也突然的病倒、继而不可解释的死亡；最后，一种奇怪的寂静笼罩了这个地方，这儿的清晨曾经荡漾着鸟鸣的声浪，而现在只有一片寂静覆盖着田野、树木和沼泽。作者想告诉我们长期以来行驶的道路，容易被人误认为是一条可以高速前进的平坦、舒适的超级公路，但实际上，这条路的终点却潜伏着灾难，而另外的道路则为我们提供了保护地球的最后唯一的机会。

(2)《增长的极限》。1972 年，罗马俱乐部发表的第一份研究报告。罗马俱乐部成立于 1968 年，由 10 个国家 30 位科学家、教育家、经济学家和实业家参加，关注、探讨与研究人类面临的共同问题，成立了以美国麻省理工学院(MIT)D. L. Meadows 教授为首的研究小组。该报告认为地球的支撑力将会由于人口增长、粮食短缺、资源消耗和环境污染等因素在某个时期达到极限，使经济发生不可控制的衰退；为了避免超越地球资源极限而导致的世界崩溃，最好的方法是限制增长。报告对人类前途的忧虑促使人们密切关注人口、资源和环境问题;为孕育可持续发展的观点提供了土壤,做好了准备。

(3)《人类环境宣言》。1972 年,联合国人类环境大会在瑞典斯德哥尔摩召开,113 个国家或地区参加,中国也出席了大会。大会发表了该宣言认为:人类已经到了这样的历史时刻,在决定世界各地的行动时,必须更加审慎地考虑它们对环境产生的后果。

(4)《我们共同的未来》。1987 年,世界环境与资源委员会发表,报告认为环境危机、能源危机和发展危机不能分割,地球的资源和能源远不能满足人类发展的需要,必须为当代人和下代人的利益改变发展模式。我们需要有一条新的发展道路,这条道路不是仅能在若干年内、在若干地方支持人类进步的道路,而是一直到遥远的未来都能支持全球人类进步的道路。报告最早提出了可持续发展的概念,是人类对环境与发展认识的重大飞跃。

(5)《环境与发展宣言》和《 21 世纪议程》。1992 年,联合国环境与发展大会在巴西里约热内卢召开,183 个国家和 70 个国际组织参加、102 位国家元首出席了大会。大会通过了这两个文件,向各国政府和全球人类发出了总动员 ,是人类迈出了跨向新的文明时代的关键性一步,是人类发展史上的一座重要的里程碑。

(6)《约翰内斯堡可持续发展承诺》。2002 年,联合国可持续发展高峰会议在南非约翰内斯堡举行,通过了该政治宣言,宣言承认 1992 年里约会议所确定的目标没有实现;全球环境继续恶化,生物多样性不断丧失,鱼类资源不断减少,荒漠化在吞噬越来越多的良田,气候变化的不利影响已显而易见,自然灾害日趋频繁,其危害日趋严重,发展中国家越来越脆弱,空气污染、水污染和海洋污染继续夺去数百万的无辜生命。通过的《执行计划》强调人类应将计划转化为行动。

(7)《我们憧憬的未来》。2012 年,联合国可持续发展大会在巴西里约热内卢召开,共 188 个国家参加、近 130 位国家元首和政府首脑出席了大会,大会通过了该宣言,世界各国“再次承诺实现可持续发展,确保为我们的地球及今世后代,促进创造经济、社会、环境可持续的未来。”

2. 可持续发展

可持续发展是既符合当代人类的需求,又不致损害后代人满足其需求能力的发展。其基本思想是在鼓励经济增长时,不仅要重视经济增长的数量,更要追求经济增长的质量。可持续发展的标志是资源的永续利用和良好的生态环境。可持续发展谋求的是社会的全面进步。

可持续发展理论与传统发展理论的区别,是从单纯以经济增长为目标转向经济、社会、资源和环境的综合发展;是将以物为本的发展转向以人为本的发展;从注重眼前利益和局部利益的发展转向注重长远利益和整体利益的发展;从资源推动型的发展转向知识推动型的发展。

二、生态文明理论和制度建设

我国继物质文明、精神文明、政治文明之后,又提出生态文明,并且把它写入党的十

七大政治报告之中,将人与自然的关系纳入到社会发展目标中统筹考虑,成为中国共产党对子孙后代和世界负责的庄重承诺,体现了马克思主义生态文明思想的当代意蕴。

1. 马克思、恩格斯的生态文明思想

马克思、恩格斯早在一百多年前就深入思考和揭露了资本主义生产方式的弊端,并指出生态问题的核心是人与自然的关系问题,即人与自然和谐共生、良性循环、辩证统一。

(1)人是自然界长期进化的产物,是自然界的一部分

马克思、恩格斯阐明了人与自然的关系,明确指出:"人直接是自然存在物","人本身是自然界的产物,是在自己所处的环境中并和这个环境一起发展起来的"。

马克思还把自然界比作人类的无机身体,"自然界就它本身不是人的身体而言,是人的无机的身体。人靠自然界来生活。这就是说,自然界是人为了不致死亡而必须与之不断交往的人的身体"。

(2)必须尊重自然规律

作为自然界长期发展结果的人类,在自身由低级到高级、由简单到复杂的长期发展过程中,人类自身的体力和智力都在不断地增强和发展,并在处理与自然界的关系中表现出越来越大的自主能力。然而,不论人类的自主能力有多么强大,也不管人类自身的理性有多么深邃,精神境界有多高,置身于自然中的人却始终不能摆脱受其他自然物的制约。马克思主义认为,物质资料的生产和再生产以及人类自身的生产和再生产,都要以自然界的存在与发展为前提条件。

恩格斯反对将自然界看作敌人的态度,认为"我们统治自然界,决不像征服者统治异民族一样,决不像站在自然界以外的人一样,相反地,我们连同我们的肉、血和头脑都是属于自然界,存在于自然界的;我们对自然界的整个统治,是在于我们比其他一切动物强,能够认识和正确运用自然规律"。因此,要树立人与自然休戚相关、生死相依的生态意识,与自然和谐相处。

(3)人与自然的相互协调是人类生存与发展的重要保证

恩格斯在《自然辩证法》中指出:"美索不达米亚、希腊、小亚细亚以及其他各地的居民,为了得到耕地,毁灭了森林,但是他们做梦也想不到,这些地方今天竟因此而成为不毛之地,因为他们使这些地方失去了森林,也失去了水分的积聚中心和贮藏库。阿尔卑斯山的意大利人,在山南坡砍光了在北坡被十分细心地保护的松林,他们没有料到,这样一来,他们把他们区域里的高山畜牧业的基础给毁了;他们更没有料到他们这样做,竟使山泉在一年中的大部分时期内枯竭了,而在雨季又使更加迅猛的洪水倾泻到平原上。"

鉴于人与自然交往中的众多历史教训,恩格斯告诫人们:"我们不要过分陶醉于我们对自然界的胜利。对于每一次这样的胜利,自然界都对我们进行报复。每一次胜利,起初确实取得了我们预期的结果,但是往后和再往后却发生完全不同的、出乎意料的影响,常常把最初的结果又消除了。"

破坏自然招致人自身毁灭的历史事实,说明人对自然的不恰当干预行为会引起自然界的强大反作用,从而招致严重后果。尊重自然,顺应自然,保护自然,学会与自然和谐

相处,才能实现“人类同自然的和解”。

(4)资本主义生产方式必然导致生态危机

资本主义的生产方式是以物的依赖性为基础的生产形式,以追求剩余价值为最终目的,而不是以人的需要为目的,异化了人生产的最终目的,造成了人对自然资源的无节制开发与利用。

由于生产关系的物化,人的生产与物的生产之间的关系就完全被倒置过来了:不是物的生产服从于人的生产,而是人的生产受物的生产的支配。这种以物的生产为目的的生产方式,创造了巨大的物质财富,但也导致了自然生态环境承载力的超载,以致陷入了环境恶化和不可持续发展的困境。所以生态危机是资本主义生产方式的必然结果。

马克思根据西欧和北美资本主义农业发展的现状和趋势,指出:“资本主义农业的任何进步都不仅是掠夺劳动者的技巧和进步,而且是掠夺土地的技巧和进步, 在一定时期内提高土地肥力的任何进步, 同时也是破坏土地肥力持久源泉的进步。一个国家,例如北美合众国,越是以大工业作为自己发展的起点,这个破坏程度就越迅速。”

恩格斯在 1845 年《英国工人阶级状况》报告中,不仅揭露了工人的住所、工作场地的环境卫生的恶劣,而且揭露了由于高速经济发展所引起的产品公害,如河流、大气污染问题。恩格斯指出,环境的恶化使工人阶级陷入“非人的状况”,造成“人的精神和肉体在逐渐无休止地受到摧残”。这应在资产阶级“为了发财致富”去办工业这一事实中寻找其原因。

在揭示生态危机成因的基础上,马克思恩格斯指出共产主义制度是人类解决生态危机的最终出路。只有彻底变革资本主义制度,用社会主义生产方式取代资本主义生产方式,才能根除人与自然的紧张关系,消灭产生生态危机的根源,真正实现生态文明。

【案例导入 7-1】

20 世纪 30—60 年代“八大环境公害事件”

马斯河谷烟雾事件。1930 年 12 月,比利时马斯河谷重工业排放的二氧化硫使数千人中毒,60 余人死亡。

多诺拉烟雾事件。1948 年 10 月 26—31 日,美国宾夕法尼亚州多诺拉镇冶炼厂排放的二氧化硫和烟尘,使 5911 人发病,17 人丧生。

美国洛杉矶化学烟雾事件。1943 年 5—10 月,由于汽车漏油、排气,汽油挥发、不完全燃烧,每天向城市上空排放大量石油烃废气、一氧化碳、氮氧化物和铅烟。这些排放物,经太阳光能的作用发生光化学反应,生成过氧乙酰基硝酸酯等组成的一种浅蓝色的光化学烟雾,加之洛杉矶三面环山的地形,光化学烟雾扩散不开,停滞在城市上空,形成污染。造成 400 余人死亡。

伦敦烟雾事件。1952 年 12 月 5—8 日,直接原因是燃煤产生的二氧化硫和粉尘污染,间接原因是开始于 12 月 4 日的逆温层所造成的大气污染物蓄积。几天内中毒死亡 4000 多人。

日本四日市哮喘事件。1955 年以来日本四日市石油提炼和工业燃油产生的废气严重污染城市大气,哮喘病患者达 817 人,死亡 36 人。

日本水俣病事件。1953—1956 年,日本熊本县水俣市,居民食用含有甲基汞的鱼,导致水俣湾和新县阿贺野川下游有机汞中毒者 283 人,其中 66 人死亡。

骨痛病事件。1955—1972 年,日本富山县内的锌、铅冶炼厂等排放的含镉废水污染神通水体,两岸居民利用河水灌溉农田,使稻米含镉,居民食用含镉米和饮用含镉水而中毒,患者超过 258 人,死亡数 207 人。

米糠油事件。1968 年 3 月,日本北九州市,爱知县一带生产米糠油时,混入多氯联苯,造成 13 000 人中毒,死亡 16 人。

案例思考:

环境公害可引起我们哪些反思?

2. 中国特色社会主义生态文明建设理论的发展历程

新中国伊始,以毛泽东为核心的党的第一代领导集体,针对由于长期战争造成的严重生态破坏,高瞻远瞩,纵观全局,注重调查上提出“绿化祖国”的环境保护任务和目标,使生态环境保护成为生产建设中一项综合性的日常工作。

1955 年,毛泽东向全国发出了 12 年内绿化祖国的号召。1958 年 8 月毛泽东在北戴河会议上提出“要使我们祖国的河山全都绿起来,要达到园林化,到处都很美丽,自然面貌要改变过来”。同年 11 月毛泽东在郑州会议上再次强调,“要发展林业,林业是个很了不起的事业”。

改革开放以来,以邓小平为核心的党的第二代领导集体,确立了自然环境保护和建设的长远规划,积极推动自然环境保护的法制化和生态环境建设的健康发展。1983 年,邓小平在第二次环境保护会议上提出:“环境保护是我国的一项基本国策。”1989 年,第三次环境保护会议通过了八项管理制度,提出“努力开拓有中国特色的环境保护道路”。

世纪之交,以江泽民为核心的党的第三代领导集体,站在中华民族生存与发展的高度,深刻揭示了保护环境的本质:“保护环境的实质就是保护生产力”,“环境意识和环境质量如何,是衡量一个国家和民族的文明程度 一个重要标志”,给中国社会主义现代化建设提出了科学合理的指标和要求,力图使中国避免走西方国家先污染后治理的老路。

胡锦涛在十七大报告中提出,要“建设生态文明,基本形成节约能源资源和保护生态环境的产业结构、增长方式、消费模式”“生态文明观念在全社会牢固树立”。十七大报告首次提出“生态文明”的新理念,不仅创新和发展了中国特色社会主义理论体系,而且显示出中国共产党人对历史负责和对子孙后代繁衍生息着想的态度,为中国特色社会主义生态文明建设指明了方向。

习近平提出“我们既要绿水青山,也要金山银山。宁要绿水青山,不要金山银山,而且绿水青山就是金山银山。”“生态就是生产力”。“要正确处理好经济发展同生态环境保护的关系,牢固树立保护生态环境就是保护生产力、改善生态环境就是发展生产力的理念。”我们要按照尊重自然、顺应自然、保护自然的理念，贯彻节约资源和保护环境的基本国策，走向生态文明新时代，建设美丽中国，实现中华民族伟大复兴中国梦。

3. 中国特色社会主义生态文明建设理论的主要内容

中国特色社会主义生态文明建设理论，是对马克思主义关于生态文明思想的继承和发展，是中国特色社会主义理论体系的重要组成部分。其主要内容有以下几方面：

（1）关于建设生态文明的理论

生态文明是人类社会进步的重大成果，也是人类文明发展的必然趋势。历史地看，生态兴则文明兴，生态衰则文明衰。生态文明建设关系人民福祉，关乎民族未来，事关“两个一百年”奋斗目标和中华民族伟大复兴的中国梦的实现。建设中国特色社会主义，要把生态文明建设放在突出的战略位置，融入经济建设、政治建设、文化建设、社会建设各方面和全过程，实现生产发展、生活富裕、生态良好。

（2）关于以系统工程思路抓生态文明建设的理论

生态文明建设涉及方方面面，是一项复杂而庞大的系统工程，需要政府、社会、公众共同参与。要通过全面推动国土空间开发格局优化、加快技术创新和结构调整、促进资源节约循环高效利用、加大自然生态系统和环境保护力度、健全生态文明制度体系、加强生态文明建设统计监测和执法监督、加快形成推进生态文明建设的良好社会风尚、切实加强组织领导等多措并举，统筹发力，加快建设美丽中国，使蓝天常在、青山常在、绿水常在，实现中华民族永续发展。

（3）关于推进绿色化的理论

协同推进绿色化与新型工业化、城镇化、信息化、农业现代化，是在总结国内外经验教训基础上，探寻中国发展道路的新认识。绿色化，既代表着构建科技含量高、资源消耗低、环境污染少的产业结构和生产方式，也意味着建立勤俭节约、绿色低碳、文明健康的生活方式和消费模式，还体现着一种价值取向，即把生态文明纳入社会主义核心价值体系，形成人人、事事、时时崇尚生态文明的社会新风。

（4）关于统筹人与自然和谐发展的理论

自然界是包括人类在内的一切生物的摇篮，是人类赖以生存和发展的基本条件。保护自然环境就是保护人类，建设生态文明就是造福人类。面对我国资源约束趋紧、环境污染严重、生态系统退化的严峻形势，要重新审视人与自然的关系，牢固树立尊重自然、顺应自然、保护自然的生态文明理念，像保护眼睛一样保护生态环境，像对待生命一样对待生态环境，不断促进人与自然和谐发展。

（5）关于实施可持续发展战略的理论

经济社会发展要有长远的战略眼光，既要考虑当前经济社会发展的需要，又要考虑子孙后代的发展需要；既要遵循经济规律，又要遵循自然规律；既要讲究经济社会效益，又要讲究生态环境效益。要正确处理好经济发展同生态环境保护的关系，牢固树立保护生态环境就是保护生产力、改善生态环境就是发展生产力的理念。绿水青山就是金山银山，良好的生态环境就是 GDP，决不以牺牲环境为代价去换取一时的经济增长。

(6) 关于建设资源节约型、环境友好型社会的理论

必须处理好经济建设、人口增长与资源利用、生态环境保护的关系,坚决禁止掠夺自然、破坏自然的做法,坚决摒弃先污染后治理、先破坏后恢复的做法。要加快转变经济发展方式,把节能减排作为促进科学发展的重要抓手,加快形成节约能源资源和保护生态环境的产业结构、增长方式、消费模式,努力建设环境友好型社会。

(7) 关于走文明发展道路的理论

要把推进生产发展、实现生活富裕、保持生态良好有机统一起来,坚持以生产发展为基础、以生活富裕为目的、以生态良好为条件,走生产发展、生活富裕、生态良好的文明发展道路,努力实现社会经济系统和自然生态系统的良性循环,实现社会进步和人的全面发展。

4. 中国特色社会主义生态文明制度建设

建设生态文明是一场涉及生产方式、生活方式、思维方式和价值观念的革命性变革。推进生态文明建设,不仅要牢固树立保护生态环境的理念,更重要的是把理念落实在行动上,落实到制度上。只有实行最严格的制度、最严密的法治,建立系统完整的制度体系,才能为生态文明建设提供可靠保障。中国共产党第十八次全国代表大会报告突出强调制度建设的极端重要性,十八届三中全会提出加快建立系统完整的生态文明制度体系,十八届四中全会要求用严格的法律制度保护生态环境。通过制度建设形成强有力的约束和保障机制,使生态文明建设成为整个社会的自觉行动。

目前,我国已经建立了不少生态环境保护方面的制度,但仍不系统、不完整。必须深化生态文明体制改革,积极构建源头预防、过程控制、损害赔偿、责任追究的生态文明制度体系。一是健全法律法规,研究制定节能评估审查、节水、应对气候变化等方面的法律法规,修订土地管理法、大气污染防治法、水污染防治法、节约能源法等。二是完善标准体系,加快制定修订一批能耗、水耗等方面的标准,加快标准升级步伐。三是健全自然资源资产产权制度和用途管制制度,对水流、森林、山岭、草原、荒地、滩涂等自然生态空间进行统一确权登记,明确各类国土空间开发、利用、保护边界。四是完善生态环境监管制度,健全污染物排放许可证制度、环境影响评价制度、清洁生产审核制度等。五是树立底线思维,合理设定资源消耗"天花板",严守资源环境生态红线。六是完善经济政策,健全价格、财税、金融等各项政策,深化自然资源及其产品价格改革。七是推行市场化机制,加快推行合同能源管理、节能低碳产品和有机产品认证、能效标识管理等机制。八是健全生态保护补偿机制,加快形成生态损害者赔偿、受益者付费、保护者得到合理补偿等运行机制。九是用好考核的"指挥棒",把资源消耗、环境损害、生态效益等体现生态文明建设状况的指标纳入经济社会发展评价体系,健全政绩考核制度,不唯经济增长论英雄。十是完善责任追究制度,对违背科学发展要求、造成资源环境生态严重破坏的要记录在案,实行终身追责。

5. 我国加强生态文明建设的重大意义

(1)生态文明建设是我国特殊国情的必然抉择

我国是一个拥有13亿人口的发展中国家,在全面建设小康社会的过程中,面临着全面发展经济和保护生态环境的双重任务。从20世纪90年代以来,伴随着我国经济的快速发展,资源浪费和环境污染速度也加快了,自然资源的消耗量和污染物的产生量大幅度上升,这就使我国本来已经短缺的资源和脆弱的生态环境面临更大的压力,因而必须走可持续发展道路,建设生态文明。

(2)生态文明建设是传承中华民族传统思想文化的迫切需要

源远流长的中华民族传统思想文化中不乏保护环境、人与自然和谐统一、建设美好社会的思想。儒家所追求的人与自然统一的"天人合一"思想,在中国传统文化中占主导地位,主张天道与人道、自然与人为的相通、相类和统一,倡导人与自然的和谐。道家极力主张人要节欲知足,要感恩大自然,认为人与人的和谐比不上人与自然的和谐。佛家不但主张万物都是"佛性"的体现,还主张众生平等,万物皆有生存的权利。所以,传承中华民族优秀思想文化要求我们注重生态文明建设。

(3)生态文明建设是健全我国社会主义文明体系的内在要求

生态文明指的是人类在处理与自然的关系时所达到的文明程度。生态文明是社会主义文明体系不可或缺的组成部分,是与物质文明、精神文明、政治文明及社会文明相并列的人类文明形式之一。假如没有生态文明持续地提供资源、能源和良好的生态环境,就没有我国人民丰厚的物质享受、崇高的政治信仰、高尚的精神追求,物质文明、政治文明和精神文明的前提和基础是生态文明。

(4)生态文明建设是构建社会主义和谐社会的基本要求

社会主义和谐社会中的"和谐",包括人与人、人与自然、人与社会的和谐,其中,人与自然的和谐是构建和谐社会的基础。胡锦涛指出,我们所要构建的社会主义和谐社会,应该是民主法治、公平正义、诚信友好、充满活力、安定有序、人与自然和谐相处的社会。他还指出,人与自然和谐相处就是生产发展、生活富裕、生态良好。没有生态和谐,就没有人与自然的和谐,更谈不上社会的和谐。目前,我国生态环境面临的严峻形势是:人与自然不能和谐相处,造成人与自然关系紧张。我国经济的快速发展造成严重的环境污染,环境污染又造成了自然生态的严重破坏。这些环环相扣的矛盾,已开始不断侵蚀着我们国家社会和谐的基础,阻碍了我国构建和谐社会的进程。

(5)生态文明建设是我国树立社会主义国家良好形象的客观需要

生态环境问题成为西方国家争夺选民支持的重要筹码,事实表明生态运动已登上世界政治舞台。当今世界,决定一种社会经济制度发展形式和前途的重要因素之一是生态问题,这也为社会主义国家在世界范围的传播提供了极好的机会。在当前社会主义处于低潮时期,加强我国生态文明建设,既能树立起我国作为社会主义国家的良好形象,也能逐渐改变西方国家对社会主义制度的某些误解,促进社会主义因素在全球范围的传播。

【案例导入7-2】

20世纪七八十年代“新八大公害事件”

20世纪七八十年代,人类又发生了意大利塞维索化学污染事件、美国三里岛核电站泄漏事件、墨西哥液化气爆炸事件、印度博帕尔农药泄漏事件、切尔诺贝利核电站泄漏事件、瑞士巴塞尔赞德兹化学公司莱茵河污染事件、全球大气污染和非洲大灾荒,构成了“新八大公害事件”。

塞维索化学污染事件:1976年7月10日,意大利北部塞维索地区的一家农药厂爆炸,导致剧毒化学药品二噁英的污染,多人中毒,几年内当地畸形儿的出生率大为增加,附近居民被迫迁走。美国三里岛核电站泄漏事件:1979年3月28日,美国三里岛核电站泄漏,直接经济损失达10多亿美元。印度博帕尔农药泄漏事件:墨西哥液化气爆炸事故:1984年11月19日,墨西哥国家石油公司所属的液化气供应中心发生爆炸,死亡1000多人,伤4000人,3万多人无家可归。1984年12月3日,美国联合碳化物公司设在博帕尔市的农药厂的剧毒化学品异氰酸甲酯罐爆裂外泄,受害人数20万,死亡3000人以上。切尔诺贝利核电站泄漏事件:1986年4月26日,位于苏联基辅地区的切尔诺贝利核电站4号反应堆爆炸,造成重大放射性污染,周围十多万居民被疏散,伤数百人,死亡31人。莱茵河污染事故:1986年11月1日,瑞士巴塞尔赞德兹化学公司的仓库起火,使大量有毒化学品随着灭火用水流进莱茵河,造成西欧10年来最大的污染事故。还有全球大气污染和非洲大灾荒,都给人类带来了重大损失。

案例思考:

环境问题给我们带来哪些危害?

第二节　中国生态脆弱的主要表现

一、资源约束强化

1. 我国人均资源拥有量较低

过去,我们提起中国经常强调“地大物博”,但与世界人均值的比较,我国资源的人均占有量相对不足。

我国资源的人均占有量与世界平均水平相比,土地面积只及世界平均数1/3,耕地也为1/3,林地为1/6,草地为1/2,耕地面积已接近18亿亩红线。人均矿产资源居世界第53位,仅为世界平均水平的58%,是俄罗斯的1/5,美国的1/8。中国国务院新闻办2007年12月发表的《中国的能源状况与政策》白皮书指出,“我国煤炭和水力资源人均拥有量相当于世界平均水平的50%,石油、天然气人均资源量仅为世界平均水平的1/15左右。”2014年,我国石油对外依存度上升到59.5%,天然气对外依存度升至32.2%,铁矿石、铜等重要矿产资源对外依存度也在不断上升。我国人均水资源居世界第109位,被列为世界人均水资源的13个贫水国家之一,中国北方地区共有11个省、市、区的人均水资源拥有量低于缺水紧张线，成为世界上最缺水的地区之一。中国 600 个城市中缺水的近 400 个，严重缺水的为 108 个，我国年均缺水量达 536 亿立方米。严重的资源供需矛盾，已成为制约经济和社会发展的重要因素。

2. 资源结构不理想，质量相差悬殊

中国土地资源中难以利用国土面积占 30.68%，耕地资源中质量好的一等耕地约占 40%。土地资源中难以利用的流动沙丘、戈壁、高山占国土面积的 30.68%；草地资源中干旱、半干旱地区与山区分布面积大，质量较差；矿产资源中贫矿多富矿少，共生伴生矿多，单一矿少，中小型矿多，大型超大型矿少。

3. 中国能源使用效率低下

按汇率计算的单位产值能耗，中国是世界上最高的国家之一，仅次于俄罗斯和东欧国家。2000 年，中国每百万美元 GDP 能耗为日本的 9.7 倍，世界平均值的 3.4 倍。我国目前的能源效率约为 33%，比世界先进水平低 10 个百分点左右。我国能源系统的总效率很低，只有 11.1%，也就是说，能源可采储量变成终端有用能的只有 1/10，约 90% 的能源在开采、加工转换、贮运和终端利用过程中损失和浪费掉了。

4. 森林生态系统破坏严重

据《中国环境状况公报(2009)》介绍，我国森林覆盖率为 16.55%，相当于世界平均水平的 61%，比世界平均水平低 10.48 个百分点；全国人均占有森林面积为 0.13 公顷，相当于世界人均面积的 1/5；人均储积量为 9.05 立方米，只有世界人均储积量 72 立方米的 1/8。

由于病虫害、干旱、洪涝、地震等自然灾害，尤其是人为的破坏因素，我国大片的森林遭到破坏，现有森林大都呈片状或孤岛状分布。我国除在西南、东北及天山山脉等地还保存有少数的原始森林外，其他地区的森林几乎都受到人类活动的严重破坏。

由于过度砍伐、放牧、挖甘草、搂发菜、开矿发财等原因，年均消失天然林 40 万公顷，导致土地大面积的沙化，我国荒漠化土地面积已经达到 262 万公顷，每年还以 2460 平方千米的速度扩展。我国每年因荒漠化造成的直接经济损失约为 642 亿元，平均每天损失 1.76 亿元。我国现已有 24 000 个村庄消失，每年流失土壤 50 亿吨，沙尘暴肆虐。水土流失和土地荒漠化造成耕地减少，每年被输入黄河的泥沙量达 16 亿吨，居世界河流之冠，其下游 400 千米长的河床，每年因大量泥沙的沉积，河底抬高 10 厘米，现在已成为河底高山周围地面的一条“悬河”。长江流域的土壤流失也很严重，长江流域的 1.8 亿公顷土地中的 20%，即 3600 万公顷土地发生了水土流失，30 年间增加了 1 倍，每年流失表土达 24 亿吨，其中 5 亿吨被带入东海。中国科学院早在 1979 年就发出了“长江会变成第二条黄河”的警告。森林草原生态系统退化，生态安全受到威胁。

5. 生物多样性锐减

新中国成立以来，由于对自然资源的过度开发利用和环境污染，以及疯狂的盗猎走私潮，加上外来物种的入侵，我国宝贵的生物物种资源正在急剧减少，生物多样性受到严重破坏。据《中国环境状况公报(2009)》介绍，2009 年，全国共有濒危或接近濒危的高等

植物4000～5000种，占我国高等植物总数的15%～20%；已经确认有258种野生动物濒临灭绝，在《国际濒危物种贸易公约》列出的640种世界性濒危物种中，我国有156种，约为总数的1/4。

二、生态环境污染严重

1. 大气污染

我国大气污染总体呈现复合性、压缩性、区域性特征。当前，我国大气污染状况十分严重。以煤为主的能源结构长期影响大气环境：中国是世界上的燃煤大国，煤炭消耗量已从1980年的6亿吨增加到目前的25亿吨以上，二氧化硫排放量居世界第一，二氧化碳排放量仅次于美国；城市大气环境中总悬浮颗粒物浓度普遍超标；二氧化硫污染保持在较高水平。交通运输工具污染日趋严重：随着我国机动车等交通运输工具数量的快速增长，石油消耗量和氮氧化物排放量也相应增加，流动空气污染源排放的有害物质不仅对环境造成直接的危害，而且还造成了对大气环境的二次污染和对人体健康的直接危害；机动车尾气污染物排放总量迅速增加；氮氧化物污染呈加重趋势。酸雨长期影响我国南方地区：我国青藏高原以东、长江干流以南已经成为继欧洲、北美之后的世界第三大酸雨区，全国形成华中、西南、华东、华南多个酸雨区，以华中酸雨区为重；有关部门研究结果表明，我国每年因酸雨污染造成的损失超过1100亿元。近几年来，这一损失呈不断加大的趋势。

2. 水体污染

【案例导入7-3】

江苏镇江水污染事件

2012年2月3日中午开始，镇江市自来水出现异味，在其后两天里，镇江发生了抢购饮用水的风波。而有关部门却没有及时公布实情，以种种借口搪塞掩盖。直至2月7日下午，镇江市政府应急办才发布通告：水源水苯酚污染是此次异味的主要原因。

真相：2月2日，从泰国出发的"格洛里亚"号满载苯酚等化学物品，逆长江而上到达镇江市，在将苯酚加温成液态后通过管道加压输送至岸上的储存罐的过程中，但由于货轮其中的2个阀门没有关闭，从而造成苯酚通过向岸上输送的同时，通过没有关闭的阀门向江中泄露。

案例思考：

政府应该如何加强应急防护机制建设？

河流、湖库、地下水和海水都被严重污染。据统计，近十年期间，全国城市生活污水和工业废水排放量已从1980年的315亿吨增加到2008年的817亿吨，其中大部分未经处理直接排入江河湖海。化肥、农药等农业方面污染和大型养殖场的禽畜粪便污染也日益严重，严重的水污染使许多河段、湖泊和水库的水质恶化，失去了饮用水源的功能，加剧缺水危机，对工业、农业、渔业等部门造成重大损失，还严重恶化了城乡人民的居住环境。据统计，在全国78条主要河流中，有54条已受到污染，其中14条受到严重污染，辽河、海河、淮河等污染特别严重。湖库富营养化问题严重，据调查全国75%的湖泊出现了不同程度的富营养化，尤以太湖、巢湖、滇池等为重。不少湖泊出现藻类暴发，如2007年5—6月的爆发“太湖蓝藻”事件。我国地下水污染范围日益扩大，污染程度和深度也在不断增加。全国有25%的地下水体遭到污染，35%的地下水源不合格。我国东海和渤海污染严重，近岸海域劣质海水占30%，80%的入海排污口邻近海域生态环境污染严重，严重超标的污染物氮和磷等导致我国近年赤潮灾害急剧发展。海洋赤潮不仅造成鱼类大量死亡，而且已经出现因赤潮引起的人体中毒及死亡事件。

3. 土壤污染

我国农田遭受工业“三废”污染的土壤已有1亿多亩，因此而引起的粮食减产每年在100亿公斤以上。因使用污水灌溉，被重金属物污染的耕地有20余万亩，涉及11个省25个地区。受污染的土壤很难治理，其危害长期存在，污染严重的耕地已被迫弃耕。

4. 固体废弃物污染

我国工业固体废弃物产生量每年约9.5亿吨，其中危险废物1000万吨。据统计，城市垃圾的年排放量为1.5亿吨，且每年以7%～9%的速度在增长。没有得到处理利用的工业废渣和城市垃圾，大都堆积在城市的郊区和河流荒滩上，成为严重的二次污染源。

5. 生物污染、产品污染、食物污染

近些年来，我国市场上已出现了农药残留过量的蔬菜，用化学药剂催熟的反季节水果，加了甲醛的海鲜和水发食品，含有苏丹红的酱油，残留恩若沙星等禁用药的多宝鱼等。农药已成为我国农产品污染的重要来源之一。我国有农药生产企业2000多家，农药产量按100%有效成分计算达40万吨，各种制剂150万吨，70%的农药为高毒性品种。由于使用不当，就会渗入到粮食、蔬菜、水果、各类动物肉类、奶制品、茶叶、中药材以及被加工的食品中，产生严重的食品安全问题。

6. 环境噪声污染

噪声污染主要来源于交通运输、建筑施工等。2008年，监测的44个城市中，有36个城市的道路交通等效声级平均超过70dB(A)。目前，全国有2/3的城市人口仍在较高的噪声污染环境下生活和工作。

三、生态环境恶化带来的危害

生态环境恶化不但阻碍了我国经济发展，而且严重威胁了人民的健康和生命，还影响了我国的对外关系。

1. 我国生态环境恶化损害了人民的健康和生命

生态恶化、环境污染往往具有使人或哺乳动物致癌、致突变和致畸性的作用，统称“三致作用”，其危害一般需要经过较长的时间才能显露出来，有些危害甚至影响后代。

(1)大气污染引发呼吸道疾病

因烟尘、二氧化硫、氮氧化物、一氧化碳等是我国大气污染的主要污染物。这些污染物通过呼吸道进入人体内,不经过肝脏的解毒作用,直接由血液运输到全身。科学实验证明,我国大气污染是慢性支气管炎、肺气肿和支气管哮喘等疾病的重要诱因。我国的呼吸道疾病发病率很高。慢性障碍性呼吸道疾病,包括肺气肿和慢性气管炎,是最主要的致死原因,其疾病负担是发展中国家平均水平的两倍多。疾病调查已发现暴露于一定浓度污染物(如空气中所含颗粒物和二氧化硫)所导致的健康后果,诸如呼吸道功能衰退、慢性呼吸疾病、早亡以及医院门诊率和收诊率的增加等。

(2)水污染诱发中毒、传染病和癌症

饮用被污染的水和食用污水中的生物,能使人中毒,甚至死亡。近10年来,我国水体污染中毒事件频发。人体粪便和生活垃圾污染了的水体,能够引起病毒性肝炎、细菌性痢疾等传染病,以及血吸虫等寄生虫疾病。一些具有致癌作用的化学物质砷、铬、苯胺等污染水体后容易诱发癌症。水产品重金属污染严重。

(3)固体废弃物和噪声污染导致多种疾病

长期堆放固体废弃物会产生有害气体和有害渗滤液。有害气体成为大气污染的组成部分,有害渗滤液渗入地下水或地表水就成为水污染的组成部分,之后被污染的大气和水还会对人体健康造成各种危害。农田土壤汞、镉通过农作物被人体吸收后,不易排出,产生慢性毒害,引发汞中毒、镉中毒,直接损害人体脏器及视觉、感觉等神经系统。

(4)噪声污染

噪声污染对我国人民的身体健康造成了多方面的危害,首先,人在较强的噪声环境下暴露一定时间会损伤听力。其次,噪声对人的神经系统及心血管系统等方面有明显的影响,比如容易诱发头疼、多梦、嗜睡、心慌、内分泌系统紊乱、记忆力减退和全身乏力等多种疾病。

2.我国生态环境恶化阻碍了经济发展

严重的生态破坏造成我国经济损失巨大,已对经济发展产生一定的阻碍作用。据世界银行统计,仅中国每年空气和水污染造成的经济损失就高达540亿美元,相当于中国国内生产总值的3%~8%。受污染的淮河要恢复到20世纪六七十年代水体环境质量,治理投入至少要150亿至200亿元。显然,污染生态环境获得的经济利益不到经济损失的1/5,实在是得不偿失。

生态恶化和环境污染在很大程度上破坏了自然生态系统的多样性和稳定性,加重甚至直接导致自然灾难的发生。一些重点流域水污染严重,部分城市灰霾现象凸显,环境群体性事件增多;生态系统退化,全国水土流失面积占国土面积37%、沙化土地面积占国土面积18%,90%以上的草原不同程度退化,地面沉陷面积扩大,生态系统破坏带来的自然灾害频发。我国每年用于防灾减灾的财政花费巨大,严重影响了经济社会发展和人民生活水平。

3.我国生态环境恶化危及了社会稳定

我国自然资源的紧缺性和资源分布的差异性,导致了国内流域的上下游之间以及地区之间存在着各种各样复杂的矛盾,由生态环境问题引发的纠纷成为影响我国社会稳定的主要因素之一,“环境不公平”也正在加剧“社会不公平”。

4.“中国环境威胁论”影响了我国产品国际竞争力和对外形象

生态环境污染、气候变暖成为一些不怀好意的国家指责“中国环境威胁论”的新内容。某些发达国家要求我国削减二氧化碳排放量,甚至拒绝从我国进口商品的理由有时竟然是生态环境问题。

我们自身确实也有值得反思的地方:我国许多环境标准与发达国家相比处于较低的水平,许多出口产品在生产、包装、使用等各个环节缺乏环境标准,即使有的产品有环境标准,往往由于环境标准要求偏低,容易受制于发达国家,从而严重影响了我国产品的国际竞争力。

四、我国陷入生态困境的成因分析

我国陷入生态困境的成因是多方面的,有历史形成的,也有现实造成的,既有客观原因,也有主观因素。

1.人民生态环保意识水平低

在西方国家,公众的积极参与是生态环境保护的重要推动力量,而我国的生态环境保护事业主要依赖于政府和一些民间环境保护组织。存在这种差距的原因是由于我国公民文化素质较低,严重限制了我国人民环境意识水平的提高。主要表现为:由于愚昧无知而导致生态环境污染和破坏的事例时有发生,我国人民对生态环境恶化问题的认识还不够,只重视自己周围的生活环境,参与全国生态环境保护的积极性不高,呈现严重的“自我保护型”。

2.人口压力大

在“多子多福,无后为大”,传统生育文化的影响下,全国人口由新中国成立初期的5.4亿人增加到现如今的13.7亿人,净增8亿多人。庞大的人口基数不仅严重制约着我国社会经济的发展,也影响到我国资源能源的有效利用和生态环境的良性循环,我国不得不以9%的世界耕地、6%的可更新水资源、4%的森林资源养活22%的世界人口。

3.大力发展重工业战略带来环境有所恶化

新中国成立后,我国曾一度选择了优先发展重工业的战略,并在短时间内让我国摘掉了贫穷落后的农业国帽子、拥有较完整的工业体系。同时,这一模式使生态环境代价高的传统产业在低水平上发展,能源结构以效率不高、污染严重的煤炭为主,第二产业中的一些企业一味追求高产值,其结果是我国环境污染、生态破坏日趋严重。据世界资源研究所研究结果,改革开放前期,我国国内生产总值仅为日本的22%,但每年排放的废水量是日本的40倍;我国每一千美元GDP应对的二氧化硫排放是日本的60倍,是德国的26倍,是美国的8倍。

4.改革开放后环境污染日趋严重的原因

(1)发展方式粗放是环境污染的根源

经济增长是以粗放程度过高为基数的。从单位产品实物量能耗、物耗的绝对水平来看，与世界先进水平甚至平均水平相比，我国经济增长方式的粗放特征依然十分突出。我国矿产资源总回收率仅为30%，比世界先进水平低20个百分点。2003—2005年，国内生产总值年均增长10%，但全社会固定资产投资年均增长26.8%，能源消费总量年均增长13.6%，二氧化硫、化学需氧量等主要污染物也呈增长之势。

(2)经济利益驱动

在河南新乡污染纠纷事件中，作为污染源的某纸厂年上缴税款300多万元，是镇里的财政支柱。某镇领导说："如果这个企业停产了，镇党委、政府工作人员的工资就没影了。"治理污染企业可能影响GDP的增长，进而可能影响政绩考核，加之和污染企业有着千丝万缕利益关系等原因，一些地方官员宁要经济"畸形繁荣"，不要健康发展，造成环境监管失控，国家相关政策、规定在基层实施严重受阻。

在地方保护主义的作用下，一些地方排污手段更加隐蔽，查处难度加大。河南濮阳市曾经连续三年派调查组调查黄河取水口污染状况，发现排污情况一次比一次严重，排污手段更加隐蔽。封丘县化肥厂以前通过一条明沟排污，现在排污沟被改成地下暗道，出口隐藏在一个农户的猪圈中。而新乡县新亚纸业集团则有一明一暗两个排污口，"明口"排放的废水比较干净，而另一个排污口的污水呈红褐色，流量十分大。

(3)执法问责不严

虽然近年来环境法制建设得到加强，环境监管力度加大，但是环境保护中有法不依、执法不严、违法不究的现象时有发生，对环境违法处罚力度不够，导致企业违法成本低，助长了环境污染行为的发生。

(4)体制机制弊病

目前，环境管理职能分散交叉在多个部门，环境保护的统筹协调、统一监督职能仍需加强。地方环保部门实行双重领导、以地方为主的管理体制，不利于地方环保部门独立执法。地方政府的环保责任只限于本行政区，转嫁污染屡禁不止，跨界跨区域流域污染加剧。

习近平总书记指出现行以地方为主的环境管理体制存在"四个突出问题"：一是难以落实对地方政府及其相关部门的监督责任；二是难以解决地方保护主义对环境监测监察执法的干预；三是难以适应统筹解决跨区域、跨流域环境问题的新要求；四是难以规范和加强地方环保机构队伍建设。

(5)环保技术落后

广东潮阳贵屿镇处理电子垃圾始于1995年，雇用了十几万来自安徽、湖南等地的民工，每年处理逾百万吨来自美国、日本、韩国等地的电子垃圾。处理手段极为原始，只能通过焚烧、破碎、倾倒、浓酸(王水)提取贵重金属、废液直接排放等方法处理，造成了非同寻常的生态恶果。来自中国环境科学研究院的一份调研报告指出，贵屿新乡、联堤、北林、新厝、后望、湄洲、凤新、凤港等村已经成为土壤重污染区；北港河东西向贵屿镇境内河段、北港河靠近贵屿镇边界河段中上游、练江内溪冲沟出口处河段以及练江下游水渠出口处河段，均因为"酸洗"等因素而导致水体和底泥中重金属含量较高，成为重污染河段。

在法国,电信公司是回收主力军,他们在营业厅开设手机回收点,用户出售旧手机时既可收现金,也可以拿抵价券。同时,电信公司也在其官网上开通对应的服务:网站自动提供报价,接下来只需用户将手机寄到指定地点,运费也由电信一方承担。法国还有不少专业的手机回收公司,他们在大型的连锁超市和网上进行回收。在捷克的布拉格,市政府在电子垃圾回收上更是别出心裁:他们将回收站设在动物园,鼓励孩子把父母的旧手机带到回收站。动物园把卖废品换来的钱,一部分投资新设备,一部分拿来资助非洲的野生动物保护事业。

【案例导入 7-4】

优美科(Umicore)的"炼金术"

位于比利时安特卫普霍博肯(Hoboken)的优美科(Umicore)是一家贵金属精炼工厂,这个看起来如废旧电子垃圾仓库般的工厂将运输出去超过 100 吨黄金,它们中的相当部分直接被送往银行交易。中国黄金协会统计数据显示,2011 年中国黄金产量为 361 吨,居世界第一,紧随其后的是澳大利亚 259 吨,美国 233 吨,南非 214 吨。

来自全球各大洲的废旧手机、电子线路板甚至汽车源源不断运到优美科的工厂,经过粉碎、精炼、分解成不同种类的贵重金属,除了传统的金、银、铜之外,优美科还年产铂金 25 吨,钯 25 吨,铑 5 吨,这些比黄金更贵重的金属纯度均在 99.95% 以上。这组数据能说明炼金术的神奇。

2011 年,优美科这家欧洲最大的黄金生产商和全世界最大的贵金属精炼厂的财报显示,其收入超过 100 亿美元。

案例思考:

为什么中国企业难以复制优美科这一环保模式?

总之,这些问题的产生,一方面是因为我国人口众多、资源短缺、环境容量有限、生态脆弱,加之我国发展速度快,发达国家几百年发展进程中逐步显露的问题在我国被压缩到几十年集中显现;另一方面是经济发展方式没有根本转变,生态文明体制不够健全,生态文明理念没有牢固树立,不讲生态文明的做法还很普遍。

第三节 生态文明建设的有效途径

一、优化国土空间开发格局

国土是生态文明建设的空间载体,是我们赖以生存和发展的家园。我国辽阔的陆地国土和海洋国土,是中华民族繁衍生息和永续发展的家园。优化国土空间开发格局,是建设生态文明的重要任务,也是促进区域协调发展的战略措施。

1. 优化国土空间开发格局的意义和目标

我国正处于全面建成小康社会的关键时期，也是工业化、城镇化加快发展的重要时期，对土地、能源资源的需求持续增加，生态和环境的压力也将持续加大。因此，我们必须处理好有限的国土空间与日益扩大的发展需求之间的矛盾，使有限的国土空间发挥更大的承载能力。优化国土空间布局，统筹谋划人口分布、经济布局、国土利用和城镇化格局，引导人口和经济向适宜开发的区域集聚，保护农业和生态发展空间，促进人口、经济与资源环境相协调，是一项关系全局和长远发展的重要战略任务。

优化国土空间开发格局的目标：控制开发强度，调整空间结构，促进生产空间集约高效、生活空间宜居适度、生态空间山清水秀，给生态和环境留下更多修复空间，给农业留下更多良田，给子孙后代留下天蓝、地绿、水净的美好家园。

2. 加快实施主体功能区战略

加快实施主体功能区战略，是解决我国国土空间开发中存在问题的根本途径，也是当前生态文明建设的紧迫任务。要坚定不移地实施主体功能区战略，健全空间规划体系，科学合理布局和整治生产空间、生活空间、生态空间。

实施主体功能区战略，要构建科学合理的城市化格局、农业发展格局、生态安全格局。一是构建以“两横三纵”为主体的城市化格局。以陆桥通道、沿长江通道为两条横轴，以沿海、京哈京广、包昆通道为三条纵轴，以国家优化开发和重点开发的城市化地区为主要支撑，以轴线上其他城市化地区为重要组成的城市化战略格局。二是构建以“七区二十三带”为主体的农业发展格局。形成以东北平原、黄淮海平原、长江流域、汾渭平原、河套灌区、华南和甘肃新疆等农产品主产区为主体，以基本农田为基础，以其他农业地区为重要组成的农业发展战略格局。三是构建以“两屏三带”为主体的生态安全格局。以青藏高原生态屏障、黄土高原-川滇生态屏障、东北森林带、北方防沙带和南方丘陵山地带以及大江大河重要水系为骨架，以及其他国家重点生态功能区为重要支撑，以点状分布的国家禁止开发区域为重要组成的生态安全战略格局。

实施主体功能区战略，要求各地区严格按照主体功能定位发展。全面落实主体功能区规划，健全财政、投资、产业、土地、人口、环境等配套政策和各有侧重的绩效考核评价体系。推进市县落实主体功能定位，推动经济社会发展、城乡、土地利用、生态环境保护等规划“多规合一”。区域规划编制、重大项目布局必须符合主体功能定位。对不同主体功能区的产业项目实行差别化市场准入政策，明确禁止开发区域、限制开发区域准入事项，明确优化开发区域、重点开发区域禁止和限制发展的产业。编制实施全国国土规划纲要，加快推进国土综合整治。构建平衡适宜的城乡建设空间体系，适当增加生活空间、生态用地，保护和扩大绿地、水域、湿地等生态空间。

3. 加强海洋资源科学开发和生态环境保护

海洋是国家安全、经济发展等国家核心利益的重要载体和实现途径。我国是海洋大国，在海洋有着广泛的战略利益。在陆地资源约束趋紧、环境污染严重、生态系统退化的严峻形势下，对海洋资源、空间的依赖程度大幅提高。加强海洋资源开发能力和生态环境保护,是我国海洋事业发展的重大战略,也是推进生态文明建设的重要内容。

要提高海洋资源开发能力,坚持规划用海、集约用海、生态用海、科技用海和依法用海,提高资源利用效率和水平,实现海洋资源的节约、集约和可持续利用。根据海洋资源环境承载力,科学编制海洋功能区划,确定不同海域主体功能。坚持"点上开发、面上保护",控制海洋开发强度,在适宜开发的海洋区域,加快调整经济结构和产业布局,积极发展海洋战略性新兴产业,严格生态环境评价,提高资源集约节约利用和综合开发水平,最大程度减少对海域生态环境的影响。严格控制陆源污染物排海总量,建立并实施重点海域排污总量控制制度,加强海洋环境治理、海域海岛综合整治、生态保护修复,有效保护重要、敏感和脆弱海洋生态系统。开展海洋资源和生态环境综合评估,实施严格的围填海总量控制制度、自然岸线控制制度,建立陆海统筹、区域联动的海洋生态环境保护修复机制。

二、建设资源节约型、环境友好型社会

建设资源节约型、环境友好型社会是我国的基本国策,是解决资源、生态、环境问题,实现文明发展、永续发展的必然选择。中国坚持什么样的发展理念、选择什么样的发展战略,决定中国未来的发展前途。没有发展,就不可能摆脱贫困、实现温饱、迈向小康,但发展代价过于沉重又势必导致发展的不可持续。建设资源节约型、环境友好型社会,是根据中国国情和可持续发展要求做出的正确选择。

资源节约型社会,是指以能源资源高效率利用的方式进行生产、以节约的方式进行消费为特征的社会体系。它不仅体现了经济增长方式的转变,更是一种全新的发展模式。它要求在生产、流通、消费的各个领域,在经济社会发展的各个方面,以节约使用能源资源和提高能源资源利用效率为核心,以节能、节水、节材、节地、资源综合利用为重点,以尽可能少的资源消耗获得尽可能大的经济和社会效益,从而保障经济社会的可持续发展。

环境友好型社会,是人与自然和谐发展的社会,通过人与自然的和谐来促进人与人、人与社会的和谐。具体来说,它是一种以人与自然和谐相处为目标,以环境承载能力为基础,以遵循自然规律为核心,以绿色科技为动力,倡导环境文化和生态文明,追求经济、社会、环境协调发展的社会体系。

建设资源节约型、环境友好型社会必须做好以下几方面的工作。

1. 转变思维方式,提高全民族生态意识

生态环境问题的根源,在于人们对生态环境缺乏正确的认识。从一定意义上说,建设生态文明需要建立与生态文明要求相适应的思维方式。

(1) 持续开展生态教育,提高全民忧患意识

我们应持续开展生态文明教育,把生态文明教育渗透到中小学教育、高等成人教育、职业培训教育以及行政党校教育中。开展持续生态文明教育,能促进公众树立正确的价值观、道德观、发展观、消费观以及人与自然相依的和谐观,增强生态文明意识,自觉参与

保护生态环境的行动。

【知识链接7-3】

环保纪念日

2月2日:国际湿地日

3月12日:中国植树节;21日:世界森林日;22日:世界水日;23日:世界气象日

4月22日:世界地球日

5月22日:国际生物多样性日;31日:世界无烟日

6月5日:世界环境日;8日:世界海洋日;17日:世界防治荒漠化和干旱日;25日:中国土地日

7月11日:世界人口日

9月14日:世界清洁地球日;16日:国际保护臭氧层日;27日:世界旅游日

10月4日:世界动物日;12日:国际减轻自然灾害日;16日:世界粮食日

(2) 鼓励公众积极参与生态保护和监督

一个国家生态文明建设的好坏直接体现在人民群众的参与程度上。如果没有广大民群众的积极参与,只有政府部门和专家学者的努力,生态文明建设就不可能取得成功。我们应该鼓励公众积极参与生态环保义务宣传活动、回收利用废旧资源活动、义务植树造林活动等。

2. 改变生产方式,建设环境友好型社会

努力实现从资源粗放型向资源节约型经济发展方式改变。要彻底改变资源依赖型发展模式,必须依靠科技创新改造传统制造业,推进工业污染防治工程,在不增加或尽量少增加资源与能源投入的情况下,提高资源和能源的利用效率,以最小的成本投入产生最大的经济效益。

(1) 调整产业结构,发展环境友好型生态产业

生态工业的特征是选择可循环利用的材料发展清洁生产,使工业生产过程中的资源、能源消耗和排放的污染物达到最少。生态工业主要生产对人体和环境无害的绿色产品;生态农业则致力于保护生态,防治污染、培植资源、提供清洁食物和优美环境的高效农业,形成经济、生态、社会三大效益的有机统一。

(2) 发展循环经济,促进资源的循环利用

循环经济的优势在于生产和消费最少资源、排放最少的废弃物、无害废弃物作为资源加以合理利用,把经济活动对生态环境的影响和破坏降低到最低限度,以最少的成本,获得最大的经济和生态环境效益。大力发展循环经济既能够缓解我国能源资源紧张的压力,也能减轻污染严重的重工业发展对我国生态环境造成的破坏。

(3)从源头上防治污染

国际社会普遍认为,解决环境问题的治本之策是从源头上减少污染物的排放。从根

本上遏制环境污染,必须坚持以科学发展为主题,以加快转变经济发展方式为主线,促进环境与经济的协调融合,降低经济发展对环境的破坏。首先,要积极调整经济结构;其次,大力推进环境科技进步;再次,实施排放总量控制;最后,要发挥环境影响评价的重要作用,把好"入口关"。

3. 推广健康生活方式,建设节约型社会

健康的生活方式以提高生命价值为宗旨,倡导绿色消费、鼓励节约资源。不健康的生活方式不仅造成我国资源的巨大浪费,还带来一系列的环境污染、生态破坏等问题。要倡导绿色消费的生活方式。绿色消费是一种全新的消费方式,鼓励购买绿色产品。要追求适度消费的生活方式。适度消费提倡一种以提高生活质量为中心的简朴的生活方式,实际上是在追求一种抑制贪婪欲望、避免物质资源浪费的消费方式。要提倡节俭的生活方式。节俭的生活方式要求人们厉行节约的同时,反对铺张浪费的生活习惯和不合理消费方式。每个公民都应牢固树立"节约光荣,浪费可耻"的观念,培养良好的勤俭节约的生活方式,认真做好日常生活中的节能、节材、节水、节地和节约资源等工作。

【知识链接 7-4】

公民环保行为规范

(1)节水为荣——随时关上水龙头,别让水空流。

(2)监护水源——保护水源就是爱护生命。

(3)一水多用——让水重复使用。

(4)慎用清洁剂——尽量用肥皂,减少水污染。

(5)节用电器——省一度电,少一份污染。

(6)做"公交族"——以乘坐公共交通车为荣。

(7)珍惜纸张——就是珍惜森林与河流。

(8)替代贺年卡——减轻地球负担。

(9)维护安宁环境——让我们从自己做起。

(10)认"环境标志"——选购绿色食品。

(11)选绿色包装——减少垃圾灾难。

(12)少用一次性制品——节约地球资源。

(13)自备购物袋——少用塑料袋。

(14)旧物巧利用——让有限的资源延长寿命。

(15)交流捐赠多余物品——闲置浪费,捐赠光荣。

(16)推动垃圾分类回收——举手之劳战胜垃圾公害。

(17)做动物的朋友——善待生命,与万物共存。

(18)植树护林——与荒漠化抗争。

(19)无污染旅游——除了脚印,什么也别留下。

(20)做环保志愿者——拯救地球,匹夫有责。

4. 适度保持人口增长，减轻生态环境资源压力

实行全面二孩政策，缓解老龄化带来的社会问题；增加教育经费投入，大力发展农村教育事业，特别是要增加妇女受教育的机会，加强生态文明教育，提高人口素质，增强民众的生态意识；重视人口老龄化问题，努力解决老龄人口社会保障和精神文化生活问题。

5. 加强法治建设，完善生态文明建设法律环境

在我国生态文明建设的进程中，健全的法律体系和良好的法治氛围，具有道德不可替代的作用。

(1) 加快生态环境立法

当前我国生态环境立法的重点是：加快生态保护立法，尤其是生态环境保护、自然保护区、生物安全管理等方面要尽快立法；尽快制定有关化学物质污染防治、污染物排放总量控制、排污许可证管理、机动车污染防治、畜禽养殖污染防治、电子垃圾污染防治等方面的法律。

(2) 加大社会监督力度

对公众参与生态环境保护、公民生态环境权益保障等制定法律规范；加强行业排放标准的制定，增加清洁生产标准系列，制定资源开发生态环境影响评价工作所需标准。我国各级政府部门要积极动员包括新闻媒介、产业界、科研文化界、非政府组织、社会团体和公民个体等在内的社会力量发挥对生态环保工作和破坏生态环境行为的监督作用，努力提高我国生态环保的公共监督水平。

(3) 提高生态环保执法力度和公共监督水平

我国的国家执法机关要加强资源开发中生态环境破坏和中小企业污染问题的执法监督，依法处罚有关责任者，提高全社会的守法意识。加强生态环保执法人员业务培训和作风建设，提高依法行政水平，改变随意执法和不作为现象。

6. 广泛参与全球生态交流与合作，创造生态文明建设良好的国际环境

(1)积极参与国际生态文明制度构建

我国一直以积极的态度参与全球生态文明构建的合作与交流，广泛参与各类生态环境条约问题制定，认真履行参与制定的各类国际条约。重视并积极推动双边和多边国际合作，同联合国环境规划署合作制定并实施《保护臭氧层维也纳公约》和《关于损耗臭氧层物质的蒙特利尔议定书》，签署和批准了《气候变化框架公约》和《生物多样性公约》等国际公约；向联合国环境与发展大会递交了《中华人民共和国环境与发展报告》，制定维护中国和发展中国家权益的对策。

(2) 加强双边、多边区域合作

尽管我国与周边国家或地区存在一些生态资源环境方面的争端或遗留问题，但是我国一直都是采取主动姿态争取及早妥善解决沙尘暴、界河污染、酸沉降、海洋污染等逐步凸显的矛盾。我国与周边国家在生态资源环境及利用方面存在突出的互补优势，除继续加强信息和人员交流外，还通过合作，吸引外国资金和技术，逐步将合作扩大到科技合作

研究项目或合资项目上,争取以生态合作促进资源贸易合作。

(3)保障国际贸易中我国的生态安全

我国需要建立生态环境安全评价制度,建立国际生态危机预警和应急机制,对国外投资、外来物种和外来废物进行生态安全评估和检查,有效防范生态环境风险。严格禁止进口高物耗能和重污染产品,防止污染严重的企业和产品向我国转移,绝不能以牺牲环境为代价换取暂时的贸易增长。严格废物进口审批制度,不仅要严格防范洋垃圾进口,而且要高度重视外来废物综合利用过程中的生态环境问题。

7. 构建环保长效机制

我国环境保护已经进入一个新的历史阶段,环境保护的很多管理制度和管理模式,不能适应形势需要,必须探索建立有利于保护环境的长效机制,形成党委领导、政府负责、相关部门各负其责、环保部门统一监管、全社会共同参与的工作格局,走出一条"代价小、效益好、排放低、可持续"的环保新道路。

(1)落实政府责任,发挥主导作用

地方政府要对环境质量负总责,把环境保护摆上议事日程。建立环境保护目标管理责任制,制定生态文明建设的目标指标体系,纳入地方经济社会发展评价范围和干部政绩考核,实行环境保护一票否决制。对于因决策失误、监管不力造成重大环境污染事故的,要严肃追究责任。要实行环境保护一票否决制。制定生态文明建设的目标指标体系,纳入地方各级人民政府绩效考核,考核结果作为领导班子和领导干部综合考核评价的重要内容,作为干部选拔任用、管理监督的重要依据,实行环境保护一票否决制。对未完成目标任务考核的地方实施区域限批,暂停审批该地区除民生工程、节能减排、生态环境保护和基础设施建设以外的项目,并追究有关领导责任。

(2)完善政策措施,创造良好条件

各级财政要把环保投入列入年度预算,保持合理增长。完善中央财政转移支付制度,加大对中西部地区、民族自治地方和重点生态功能区环境保护的转移支付力度。要建立健全有利于环境保护的价格、税收、贸易、信贷、土地和政府采购等政策体系。要完善生态补偿政策,建立生态补偿机制。

(3)引入市场机制,用好经济杠杆

污染治理不能单纯依靠法律和行政力量推动,积极发挥市场作用是长久之计。要坚持"污染者负担、治理者受益"的原则,全面实施城市污水、生活垃圾处理收费制度,鼓励社会资本参与污水、垃圾处理等基础设施的建设和运营。要推行排污许可证制度,开展排污权有偿使用和交易试点,建立国家排污权交易中心,发展排污权交易市场。

(4)健全监测体系,织密防控网络

环境监测是环境管理的耳目,是参与环境与发展综合决策的依据。监测数据是环保部门最大的资源。必须集中力量加强先进环境监测预警体系建设,加大风险隐患排查和评估力度,把环境污染事件消灭在萌芽状态。必须完善环境监测网络,强化监测站标准化建设,扩大监测范围,建立快速高效的环境事故应急监控和突发事件预警体系。

三、实施重大生态修复工程

从“盼温饱”到“盼环保”，从“求生存”到“求生态”，生态环境质量已经成为影响人们生活幸福的重要指标。把环境污染治理好、把生态环境建设好，要求坚持节约优先、保护优先、自然恢复为主，实施重大生态修复工程，增强生态产品生产能力。要以解决损害群众健康的突出环境问题为重点，坚持预防为主、综合治理，强化水、大气、土壤等污染防治，着力推进重点流域和区域水污染防治，着力推进重点行业和重点区域大气污染治理。

1. 治理大气污染，改善空气质量

我国大气环境面临的形势非常严峻，大气污染物排放总量居高不下。在传统煤烟型污染尚未得到控制的情况下，以臭氧、细颗粒物（PM 2.5）和酸雨为特征的区域性复合大气污染日益突出。

要实施大气多污染物的协同治理，制定综合防治战略和控制对策，积极推进区域协调治理。目前，靠单个地方进行污染防治难以有效改善空气质量，需要借鉴、固化、推广北京奥运会、上海世博会、广州亚运会、亚太经济合作组织（简称 APEC）会议空气质量保障工作的经验，树立区域视野，建立大气污染的联防联控工作机制和支撑技术体系，推动社会公众参与大气污染防治，同呼吸、共奋斗。

防治大气污染，应当坚持规划先行，转变经济发展方式，优化产业结构和布局，调整能源结构，加强对燃煤、工业、机动车船、扬尘等造成大气污染的综合防治，推行区域大气污染联合防治，对颗粒物、二氧化硫、氮氧化物、挥发性有机物等大气污染物和温室气体实施协同控制；加大对大气污染防治的财政投入，实行以大气环境质量保护和改善为核心的大气环境保护目标责任制和考核评价制度，对大气污染防治实施统一监督管理；鼓励和支持大气污染防治的科学技术研究，推广先进适用的大气污染防治技术和装备，促进科技成果转化，鼓励和支持开发、利用清洁能源；建立环境保护责任制度，明确单位负责人和相关人员的责任，对所造成的损害依法承担责任。

2. 治理水污染，保护水环境

水安全是涉及国家长治久安的大事。中国干旱缺水严重，人均水资源仅为世界平均水平的1/4，时空分布极不平衡。水资源质量不断下降，水环境持续恶化。地表水资源污染严重，地下水污染正在由点状、条带状向面上扩散，由浅层向深层渗透，由城市向周边蔓延。

坚持“节水优先、空间均衡、系统治理、两手发力”原则，加强水资源的利用和保护。全面落实最严格水资源管理制度，强化水资源开发利用控制、用水效率控制、水功能区限制纳污“三条红线”的先导作用和刚性约束。把治水与治山、治林、治田有机结合起来，协调解决水资源问题。按照确有需要、生态安全、可以持续的原则抓好重大水利工程建设，着力完善水利基础设施体系。加大经济手段的运用力度，明晰水权，形成水权交易市场，通过价格杠杆调控用水行为，提高水资源利用效率。

3. 治理水土流失，改善土壤质量

长期以来，我国土地利用强度不断增加，土地资源开发利用引发的生态环境问题突

出。水土流失日益严重,目前总的状况是小片治理,大片加重;上游流失,下游淤积;灾害加剧,恶性循环。土地沙漠化不断扩展,近四亿人的生存遇到沙化的严重威胁。土壤有毒化工和重金属污染较为严重,并且出现了由工业向农业转移、由城区向农村转移、由地表向地下转移、由上游向下游转移、由水土污染向食品链转移的趋势,总体状况不容乐观。

治理水土流失,坚持以水资源承载能力为前提,优化水资源配置,合理开发、节约和保护水资源,强化水资源的统一管理。坚持保护优先,退耕还林,封山禁牧,加强综合治理,做好水土资源的持续利用。向土壤污染宣战,改善土壤质量,要求充分考虑土壤环境承载力,制定实施土壤污染防治行动计划,优先保护耕地土壤环境,强化工业污染场地治理,开展土壤污染治理与修复试点。强化科技支撑,完善土壤环境保护标准体系,研发推广适合我国国情的土壤环境保护和综合治理技术和装备。严格目标考核,建立土壤环境保护和综合治理目标责任制。

本专题思考题、讨论题

1. 为什么必须把生态文明建设融入经济建设、政治建设、文化建设、社会建设各方面和全过程?

2. 为什么生态文明建设必须依靠制度?

3. 在现代化进程中为什么会出现先污染、后治理的现象?你认为这些现象产生的根本原因是什么?

4. 怎样认识实施重大生态修复工程是解决生态难题的必由之路?

5. 怎样认识当前我国面临的重大环境问题挑战?

专题八　中国特色社会主义领导力量

中国共产党是中国特色社会主义事业的领导核心，是社会主义现代化建设的根本保证，必须加强党的建设，全面从严治党，提高党的执政能力。

第一节　中国共产党的执政党建设

中国共产党自成立之日起，就以实现中国人民当家作主和中华民族伟大复兴为己任，坚持把马克思主义基本原理同中国具体实际相结合，在领导中国革命、建设和改革的长期实践中，始终高度重视并不断加强和改进自身建设，使党保持先进性和纯洁性，经受住各种风险和挑战的考验并不断发展壮大，成为中国特色社会主义事业的坚强领导核心。实践证明，没有共产党就没有新中国，就没有中国特色社会主义。继续推进中国特色社会主义伟大事业，必须坚持党的领导，加强党的建设。

一、中国共产党的性质和宗旨

政党是有阶级性的。任何政党都代表一定阶级的利益，都有自己赖以存在和发展的阶级基础。《中国共产党章程》规定：中国共产党是中国工人阶级的先锋队，同时是中国人民和中华民族的先锋队，是中国特色社会事业的领导核心，代表中国先进生产力的发展要求，代表中国先进文化的前进方向，代表中国最广大人民的根本利益。党的最高理想和最终目标是实现共产主义。

中国共产党从成立之日起，就是中国工人阶级的政党，始终坚持工人阶级先锋队的性质。其一，中国共产党是以中国工人阶级为其阶级基础的，是马克思列宁主义与中国工人运动相结合的产物。工人阶级的产生和发展是建党的根本条件。中国工人阶级是近代以来我国社会发展特别是社会化大生产发展的产物，代表先进生力和先进生产关系，具有大公无私、严格的组织纪律性和革命的坚定性、彻底性等优秀品格。党集中体现了中国工人阶级的特点和优秀品质。其二，中国共产党党员是中国工人阶级的有共产主义觉悟的先锋战士。党的阶级基础是工人阶级，但这并不意味着其他阶级出身的人不能入党，更不能说吸收这些人当中符合入党条件的人加入党组织会改变党的工人阶级先锋队性质，因为其他阶级的人只有成为工人阶级先锋战士才能入党。判断一个政党是什么性质的党,主要看它的理论、纲领和行动究竟代表哪个阶级的利益。党的理论、纲领和行动是代表工人阶级利益的,也是代表最广大人民的根本利益的。其三,中国共产党是以马克思主义为理论基础和行动指南的,代表了中国社会发展的正确方向。党高度重视在思想上建党,坚持用马克思主义理论教育和武装全体党员,不仅要求党员在组织上入党,而且要求党员首先在思想上入党,指导他们为实现党的纲领和任务而奋斗。党及其领导的事业之所以能够不断发展壮大,与党始终注意巩固自己的阶级,始终保持工人阶级先锋队的性质是分不开的。

中国共产党是中国工人阶级的先锋队,同时又是中国人民和中华民族的先锋队。中国工人阶级的根本利益同中国人民和中华民族的根本利益是一致的,只有工人阶级才能代表人民和民族的利益;成为中国人民和中华民族的先锋队,是马克思主义执政党的内在要求,是党以实现民族振兴为己任的必然选择。

中国共产党的性质决定了党的宗旨是全心全意为人民服务。以人为本、执政为民是检验党的一切执政活动的最高标准。党在任何时候都要把人利益放在第一位,始终与人民心连心、同呼吸、共命运,始终依靠人民推动历史前进。坚持全心全意为人民服务的宗旨,是坚持马克思主义唯物史观的根本要求。人民群众是历史的创造者,是推动历史进步的动力。只有为人民服务,党才有存在的意义;只有依靠人民群众,党才会有力量。

二、党的领导是中国特色社会主义最本质的特征

中国共产党的领导是中国特色社会主义最本质的特征,这是党的十八届四中全会提出的一个新论断。这一论断,坚持了科学社会主义基本原则,是对中国特色社会主义实践经验的总结,反映了中国社会主义建设的客观规律。

从科学社会主义基本原则来看,坚持无产阶级政党的领导是无产阶级革命和社会主义建设取得胜利的保证。社会主义代替资本主义,必须通过无产阶级的革命运动来实现。无产阶级只有建立代表自己阶级利益的先进政党,才能最终完成其阶级解放和人类解放的重大历史任务。中国特色社会主义是植根于当代中国的科学社会主义。坚持和发展中国特色社会主义,必须坚持中国共产党的领导。离开党的领导,中国特色社会主义就没有了政治保证,就会失去正确方向,必然走向失败。

从中国特色社会主义的形成发展来看,中国共产党是中国特色社会主义事业的开创者、推动者、引领者。改革开放以来,中国共产党坚持解放思想,实事求是,一切从实际出发,认真吸取其他国家社会主义建设的经验教训,科学总结我国社会主义建设的历史经验,既不走封闭僵化的老路,也不走改旗易帜的邪路,积极探索和正确选择了适合中国国情的发展道路。经过 30 多年的努力,中国共产党带领全国各族人民开辟了中国特色社会主义道路,形成了中国特色社会主义理论体系,确立了中国特色社会主义制度,取得了改革开放和社会主义现代化建设的伟大成就。历史和现实证明:没有中国共产党的领导,就没有中国特色社会主义的产生与发展。

从当代中国的历史任务来看,中国共产党的领导是实现“两个一百年”的奋斗目标、实现中华民族伟大复兴的中国梦的根本保证。在现阶段,要把 13 亿多人口凝聚成中国

力量,焕发出中国精神,实现中华民族伟大复兴,国家和民族必须有一个坚强的领导核心,这个领导核心就是中国共产党。当前在协调推进"四个全面"战略布局的进程中,中国共产党处在总揽全局、协调各方的地位。坚持党的领导不动摇,就能为协调推进"四个全面"战略布局提供方向指引,凝聚共识和力量,提供最坚强的政治保证。

三、中国共产党的领导内容和方式

1. 历史和人民选择了中国共产党

【知识链接 8-1】

历史和人民为什么选择中国共产党

——学习习近平总书记"七一"重要讲话精神

习近平总书记在庆祝中国共产党成立95周年大会上的重要讲话中,科学总结了中国共产党为中华民族做出的三个伟大历史贡献及其意义,深刻回答了历史和人民为什么选择中国共产党这一重大问题。

第一,完成新民主主义革命,建立中华人民共和国。

习近平总书记指出:"就是我们党团结带领中国人民进行28年浴血奋战,打败日本帝国主义,推翻国民党反动统治,完成新民主主义革命,建立了中华人民共和国。这一伟大历史贡献的意义在于,彻底结束了旧中国半殖民地半封建社会的历史,彻底结束了旧中国一盘散沙的局面,彻底废除了列强强加给中国的不平等条约和帝国主义在中国的一切特权,实现了中国从几千年封建专制政治向人民民主的伟大飞跃。"

中国共产党成立28年来,坚定地捍卫国家民族利益;真诚地解决人民、特别是农民的民生问题;努力地实现人民的民主权利;党、政府和军队高度廉洁。毛泽东曾经说:陕甘宁边区是全国最进步的地方。这里一没有贪官污吏,二没有土豪劣绅,三没有赌博,四没有娼妓,五没有小老婆,六没有叫花子,七没有结党营私,八没有萎靡不振之气,九没有人吃摩擦饭,十没有人发国难财。这十个方面的"没有",明显是针对国民党统治区讲的。国民政府中央研究院选出的第一届院士81人中,1949年随国民党到台湾者仅有9人,滞留国外者12人,逝世1人,其余59人都选择留在大陆。著名学者季羡林晚年回忆说:"我同当时留下没有出国或到台湾去的中老年知识分子一样,对共产党并不了解;对共产主义也不见得那么向往;但是对国民党我们是了解的。因此,解放军进城我们是欢迎的,我们内心是兴奋的,希望而且也觉得从此换了人间,觉得从此河清有日,幸福来到了人间。"

第二,完成社会主义革命,确立社会主义基本制度。

习近平总书记指出:"就是我们党团结带领中国人民完成社会主义革命,确立社会主义基本制度,消灭一切剥削制度,推进了社会主义建设。这一伟大历史贡献的意义在于,完成了中华民族有史以来最为广泛而深刻的社会变革,为当代中国一切发展进步奠定了根本政治前提和制度基础,为中国发展富强、中国人民生活富裕奠定了坚实基础,实现了中华民族由不断衰落到根本扭转命运、持续走向繁荣富强的伟大飞跃。"

新中国成立之初,中国共产党取得了多方面的执政成就:政治上,建立了各级人民民主政权。经济上,恢复了被多年战乱破坏的国民经济。外交上,荡涤了帝国主义的污泥浊水。国防上,打赢了抗美援朝战争。从1953年到1956年,中国共产党又领导人民实现对个体农业、手工业和资本主义工商业的社会主义改造,建立了社会主义的基本制度,为中国的进步和发展奠定了制度基础。

从新中国成立,到改革开放前,中国共产党还领导人民为建设国家做出巨大努力,建立了独立、比较完整的工业体系和国民经济体系,打下了国家工业化和现代化的基础;实现了"两弹一星"等尖端科技的突破,奠定了中国真正的大国地位;中美关系接近导致整个西方世界同新中国关系改善,为后来的对外开放创造了前提条件;还培养了人才,积累了经验,至今还在发挥重要作用。

第三,进行改革开放新的伟大革命,极大解放和发展社会生产力。

习近平总书记指出:"就是我们党团结带领中国人民进行改革开放新的伟大革命,极大激发广大人民群众的创造性,极大解放和发展社会生产力,极大增强社会发展活力,人民生活显著改善,综合国力显著增强,国际地位显著提高。这一伟大历史贡献的意义在于,开辟了中国特色社会主义道路,形成了中国特色社会主义理论体系,确立了中国特色社会主义制度,使中国赶上了时代,实现了中国人民从站起来到富起来、强起来的伟大飞跃。"

改革开放以来,中国经济得到快速发展;民主法治建设取得长足进步;文化影响力显著扩大;人民生活水平大幅度提高;国家统一大业稳步推进;国防实力得到很大提升。

习近平总书记指出了中国共产党领导中国人民取得的伟大胜利对于中华民族、社会主义和新中国的巨大影响。"使具有5000多年文明历史的中华民族全面迈向现代化,让中华文明在现代化进程中焕发出新的蓬勃生机;使具有500年历史的社会主义主张在世界上人口最多的国家成功开辟出具有高度现实性和可行性的正确道路,让科学社会主义在21世纪焕发出新的蓬勃生机;使具有60多年历史的新中国建设取得举世瞩目的成就,中国这个世界上最大的发展中国家在短短30多年里摆脱贫困并跃升为世界第二大经济体,彻底摆脱被开除球籍的危险,创造了人类社会发展史上惊天动地的发展奇迹,使中华民族焕发出新的蓬勃生机。"

中国共产党的领导地位是历史和人民的选择,是在长期的中国革命、建设和改革实践中逐步形成并巩固起来的。

中国共产党对国家和社会的领导主要有三个方面:一是政治领导。主要体现为党始终发挥总揽全局、协调各方的领导核心作用,按照马克思主义的基本原理,立足中国国情,反映时代要求和人民意志,确定奋斗目标,制定正确的路线、方针、政策,并通过法律程序上升为国家意志,成为全体人民共同遵循的规范。二是思想领导。主要体现为党坚持不懈地用马克思主义及其中国化理论成果特别是中国特色社会主义理论体系武装全党、教育人民,提高党员干部和人民群众的思想觉悟,动员、组织和鼓舞人民为实现共同

的目标而努力奋斗。三是组织领导。主要体现为党充分发挥各级党组织的政治核心作用和战斗堡垒作用,发挥党员的先锋模范作用,培养、选拔、考核和监督干部,推荐德才兼备的干部,保证党的路线、方针、政策的贯彻执行,保证国家的宪法、法律付诸实施,以推进中国特色社会主义事业的发展。

2. 坚持党的领导,必须改善党的领导

坚持党的领导,是改善党的领导的前提,改善党的领导是为了更好地坚持党的领导,更好地发挥党对中国特色社会主义事业的领导核心作用,不断完善党科学执政、民主执政、依法执政的执政方式。

依法治国是党领导人民治理国家的基本方略,依法执政是党治国理政的基本方式。坚持党领导立法、保证执法、支持司法、带头守法,切实做到"三统一""四善于",即把依法治国基本方略同依法执政基本方式统一起来,把党总揽全局、协调各方同人大、政府、政协、审判机关、检察机关依法依章程履行职能、开展工作统一起来,把党领导人民制定和实施宪法法律同党坚持在宪法法律范围内活动统一起来,善于使党的主张通过法定程序成为国家意志,善于使党组织推荐的人选通过法定程序成为国家政权机关的领导人员,善于通过国家政权机关实施党对国家和社会的领导,善于运用民主集中制原则维护中央权威、维护全党全国团结统一。同时,党自身必须在宪法法律范围内活动,党员领导干部要做尊法学法守法用法的模范,带动全党全国共同推进全面依法治国。

四、中国共产党执政党建设理论的形成发展和主要内容

1. 中国共产党执政党建设理论的形成发展

马克思主义政党夺取政权不容易,执掌好政权尤其是长期执掌好政权更不容易。1949 年初,在中共七届二中全会上,毛泽东已经开始探索在执政条件下如何建设党的问题,明确要求全党要坚持"两个务必",务必继续地保持谦虚、谨慎、不骄、不躁的作风,务必继续地保持艰苦奋斗的作风,并向全党提出了加强学习、学会建设本领,以便善于建设一个新世界的任务。

新中国成立后,中国共产党成为在全国执政的党。执政党的地位给中国共产党的建设提出了许多新的要求。中共八大前后,中国共产党明确提出并反复使用了"执政党"这一科学概念,提出了执政党建设的一些重要思想,如要坚持群众路线,要坚持民主集中制和集体领导制度,执政党应该受来自党内和党外的双重监督等。

1978 年中共十一届三中全会之后,随着党的工作重心向社会主义现代化建设的转移和实行改革开放,对加强执政党的建设提出了新要求。以邓小平为核心的党的第二代中央,逐渐形成了包括党的思想路线、历史使命、根本任务、党的领导、制度建设、反腐倡廉和党际等在内的执政党建设理论,初步回答了在改革开放条件下如何加强和改进党的建设的一系列重大问题,构成了中国共产党的执政党建设理论的基本框架和主要内容。

中共十三届四中全会以后,由于党所处的环境和任务有了新的变化,党在思想、组织、作风建设方面出现了一些突出问题。以江泽民为核心的第三代中央领导集体,明确

提出中国共产党要始终成为中国工人阶级的先锋队,同时成为中国人民和中华民族的先锋队,始终代表中国先进生产力的发展要求、中国先进文化的前进方向和中国最广大人民的根本利益;强调在新的历史条件下加强党的建设。

中共十六大以来,国际国内形势发生了广泛而深刻的变化,党领导的改革开放既给党的自身注入了巨大活力,也使党面临许多前所未有的新课题新考验,党的建设任务比过去任何时候都更为艰巨繁重。胡锦涛为总书记的党中央明确提出党的先进性建设是关系到马克思主义政党的根本性建设,保持和发展党的先进性是党的建设的永恒课题,必须把党的执政能力建设和先进性建设作为主线,以改革创新精神全面推进党的建设新的伟大工程。

十八大以来,以习近平同志为核心的党中央坚持治国必先治党、治党务必从严,牢牢把握加强党的执政能力建设和先进性、纯洁性建设这条主线,坚持以思想建党为根本、以从严治吏为重点、以改进作风为突破、以反腐肃贪为要务、以制度治党为保障,坚定推进全面从严治党,在党的建设上取得显著的成效。

2. 中国共产党执政党建设理论的主要内容

新中国成立以来特别是改革开放以来,中国共产党在执政和肩负新的历史任务的情况下,围绕建设什么样的党、怎样建设党这个重大课题,逐渐形成和发展了中国化马克思主义执政党建设理论。这一理论主要包括以下内容:

(1)关于推进伟大事业与伟大工程的理论

坚持把推进党领导的伟大事业同推进党的建设伟大工程紧密结合起来,保证党始终成为中国特色社会主义事业的坚强领导核心。紧紧围绕和服务党领导的伟大事业,密切联系党的政治路线来进行,围绕党的中心任务来展开,朝着党的建设总目标来加强,始终抓住提高党的领导水平和执政能力、增强党拒腐防变和抵御风险这两大历史性课题,为抓好发展这个党执政兴国的第一要务、建设富强民主文明和谐的社会主义现代化国家、坚持和发展中国特色社会主义提供根本保证。

(2)关于把思想理论建设放在首位的理论

坚持党的思想路线,坚持真理、修正错误,不断推进马克思主义中国化时代化大众化,用马克思主义中国化最新成果武装全党、教育人民,建设马克思主义学习型政党,提高全党的马克思主义水平,提高运用科学理论改造主观世界和客观世界的能力,使党的理论和实践始终体现时代性、把握规律性、富于创造性。

(3)关于加强党的执政能力建设和先进性、纯洁性建设的理论

以党的执政能力建设、先进性和纯洁性建设为主线,坚持科学执政、民主执政、依法执政,着力提高党总揽全局、协调各方的能力和水平,建设高素质干部队伍,凝聚各方面人才和力量,充分发挥党委领导核心作用、基层党组织战斗堡垒作用、共产党员先锋模范作用,使党始终代表中国先进生产力发展要求、中国先进文化前进方向、中国最广大人民根本利益。

(4)关于立党为公、执政为民的理论

坚持全心全意为人民服务的根本宗旨,坚持以人为本的核心立场,贯彻马克思主义群众观点和党的群众路线,保持党同人民群众的血肉联系,实现好维护好发展好最广大人民的根本利益,做到权为民所用、情为民所系、利为民所谋,不断增强党的阶级基础、扩大党的群众基础,使党始终得到人民群众的支持和拥护。

(5)关于以改革创新精神加强党的建设的理论

坚持继承和创新相结合,坚持用时代发展要求审视自己,坚持解放思想、改革创新,全面推进党的建设新的伟大工程,全面提高党的建设科学化水平。建立健全以党章为根本、以民主集中制为核心的制度体系,推进党的建设科学化、制度化、规范化。积极发展党内民主,保障党的团结统一,增强党的创造活力。

(6)关于全面从严治党的理论

治国必先治党、治党务必全面从严。要从关系人心向背和党的生死存亡的战略高度,坚持对各级党组织和全体党员干部严格要求、严格教育、严格管理、严格监督,严明党的政治纪律和政治规矩,推进党的思想建设、组织建设、作风建设、反腐倡廉建设和制度建设,增强自我净化、自我完善、自我革新、自我提高能力,建设学习型、服务型、创新型的马克思主义执政党,确保党始终成为中国特色社会主义事业的坚强领导核心。

中国共产党的执政党建设理论,坚持和发展了马克思主义关于无产阶级政党建设的思想,体现和深化了对共产党执政规律和党的自身建设规律的认识,是加强和改进新形势下党的建设的重要指导思想,必须在实践中长期坚持和不断发展。

第二节　党的建设面临的新课题新考验

面对风云变幻的国际形势,面对艰巨繁重的国内改革发展稳定任务,中国共产党要团结带领人民在新的历史起点上坚持、完善和发展中国特色社会主义,必须经受“四个考验”,克服“四个危险”,增强“四种意识”。

【案例导入 8-1】

“人心向背”

习近平总书记用“人心向背”回答了“中国共产党为什么要坚定不移反对腐败”这个大问题。就像70多年前,毛泽东回答如何跳出“历史周期律”的问题一样,答案里核心的道理,同样是“人心向背”四个字。

1945年7月,民主人士黄炎培访问延安,看到的延安街头“无一人游手好闲”,意见箱在大街上随处可见,“人人可上书于主席毛泽东”。他坦言:“延安五日中间所看到的,当然是距离我理想相当近的。”然而饱经世事的黄炎培有一个疑问,那就是:将来会怎么样?一次谈话中,他向毛泽东直接提出了这个问题。

谢春涛(中央党校党史教研部主任)当年在延安,黄炎培先生问过毛泽东历史周期律的问题。一些封建王朝刚建立的时候,励精图治一片新气象,但是时间不长人亡政息,可以说中国古代的很多王朝,基本上都是限于这个所谓历史周期律。黄炎培先生问毛泽东,共产党有没有办法跳出这个历史周期律。毛泽东很自信说能跳出,靠什么呢,靠人民起来监督政府,那就不会发生人亡政息的问题。

这段发生在窑洞里的对话,被后人称为"窑洞对"。70 多年过去了,社会生活发生了巨大的变化。当年"窑洞对"发生的地方,如今已是游客们观光的胜地。延安这座城市,也和整个中国一样,在不断发展变迁之中。然而,这段发生在 70 多年前的对话,在今天并不过时,仍然是对中国共产党有力的鞭策和警示。

2015 年,国家统计局在 22 个省区市开展了全国党风廉政建设民意调查,结果显示,91.5%的群众对党风廉政建设和反腐败工作成效表示满意,而 2012 年这个数字是 75%。三年时间提高了 16.5 个百分点,这个直观而又积极的变化,说明人们对反腐败的信心有了大幅度的提升。

案例思考:

为什么人民群众对中央反腐信心大幅度提高? 试举例说明。

一、党的建设面临的"四个考验"

中国共产党历经革命、建设和改革,已经从领导人民为夺取全国政权而奋斗的党,成为领导人民掌握全国政权并长期执政的党;已经从受到外部封锁和实行计划经济条件下领导国家建设的党,成为对外开放和发展社会主义市场经济条件下领导国家建设的党。在世情国情党情发生深刻变化的情况下,提高党的领导水平和执政水平、提高拒腐防变和抵御风险能力,面临许多前所未有的新情况新问题新挑战,面临一系列长期、复杂和严峻的考验。

1. 执政考验

无产阶级政党夺取政权不易,执掌好政权,尤其是长期执掌好政权更为不易。面对国内外经济形势的深刻变化,如何坚持以经济建设为中心,抓住发展这个执政兴国的第一要务,促进经济持续健康发展;面对社会主义民主政治的深入发展,如何坚持科学执政、民主执政、依法执政,创新执政理念、转变执政方式,为人民掌好权、执好政;面对人们思想活动的独立性、选择性、差异性日益增强,如何巩固马克思主义在意识形态领域的指导地位,以科学理论武装人,在全社会培育和践行社会主义核心价值观;面对社会阶层分化、利益诉求多元、社会矛盾凸显的情况,如何发挥好社会主义的优势,激发全社会的创造活力,把各方面力量凝聚起来,有效维护社会稳定、促进社会和谐;面对资源约束趋紧、环境污染严重、生态系统退化的严峻形势,如何正确处理好经济发展同生态环境保护的关系,实现中华民族永续发展等,所有这些都对中国共产党执政提出了新考验。

2. 改革开放考验

在新的历史时期,中国共产党肩负着领导全国人民进行改革开放和实现社会主义现

代化的伟大任务。这是一场新的革命,党要领导和推进这场革命,自身必须坚强有力。当前,我国改革进入攻坚期和深水区,经济社会领域中各种新旧矛盾、长期性矛盾和阶段性矛盾、可以预料和难以预料的矛盾相互交织的局面更加复杂。能否最大限度集中全党全社会智慧,最大限度调动一切积极因素,冲破思想观念的束缚、突破利益固化的藩篱,推动中国特色社会主义制度自我完善和发展,是党执政面临的重大考验。

3. 市场经济考验

【案例导入 8-2】

刘青山、张子善案

1951 年 11 月,中共河北省第三次代表会议揭露了刘青山、张子善的罪行。同年 12 月 4 日,中共河北省委做出决议,经中央华北局批准,将刘青山、张子善开除出党。随后河北省人民法院报请最高人民法院批准,判处刘青山、张子善死刑。1952 年 2 月 10 日,河北省人民政府举行公审大会,刘、张二人被执行死刑。

刘青山,时任中共石家庄市委副书记。张子善,时任中共天津地委书记。他们过去在党的培养教育下,为党为人民做过很多有益的工作,无论是在抗日战争还是在解放战争中,都曾进行过英勇的斗争,建立过功绩。但在和平环境中,经不起资产阶级的腐朽思想和生活方式的侵蚀,逐渐腐化堕落,成为人民的罪人。据调查,刘青山、张子善分别贪污达 1.84 亿元和 1.94 亿元(旧币与新币人民币比例为 10 000:1)。

据不完全统计,到 1952 年 1 月,全国县以上党政机关参加"三反"运动中的总人数为 383 万多人(未包括军队数字),全国共查出贪污旧币 1000 万元以上的贪污犯 10 万余人,贪污的总金额达 6 万亿元,对有严重贪污行为的罪犯,判处有期徒刑 9942 人,判处无期徒刑的 67 人,判处死刑的 42 人,判处死缓的 9 人。而这其中,影响最大的就是刘青山、张子善的被处决。"三反"运动的胜利,纯洁了国家机关,对广大干部进行了一次廉洁奉公的教育,对防止干部的贪污腐败、保持干部队伍的清正廉洁有着深远的历史意义。同时,它也保证了我们党的干部十几年的清正廉洁,即使在"文化大革命"十年的无政府状态中,虽然缺少监察和监督,领导干部的贪污腐败现象也极为少见。毫不夸张地说,这个案件教育了整整一代共产党人。

案例思考:

开国初期,毛泽东为什么力主将刘、张二人判处极刑?

中国的社会主义市场经济体制是一种新型市场经济体制,没有现成的经验可以借鉴,也必然会遇到各种突出矛盾和问题。如何使市场在资源配置中起决定性作用和更好发挥政府作用,进一步完善社会主义市场经济体制,充分体现社会主义制度的优越性,是党需要不断探索和回答的重大课题。此外,经济领域中的交换原则也会不同程度地反映到政治生活领域乃至党内生活中来,导致拜金主义、享乐主义、极端个人主义侵蚀党的肌体。如何既能领导好社会主义市场经济,又能始终保持党的先进性和纯洁性,也是摆在党面前的一个重大考验。

4. 外部环境考验

中国的前途命运日益紧密地同世界的前途命运联系在一起。党要领导好国内建设，一刻也不能忽视外部环境的影响，一刻也离不开对世界形势发展变化的准确判断。当前，我国发展的外部环境总体上是有利的，但也要看到，随着世界多极化、经济全球化深入发展，国际金融危机影响深远，综合国力竞争和各种力量较量更趋激烈，不稳定、不确定因素增多，也给我国发展带来了新的机遇和挑战。如何以敏锐的眼光洞悉发展先机，始终保持清醒头脑，统筹国内国际两个大局，牢牢掌握发展的战略主动权；如何既积极参与国际经济合作和竞争，又有效抵制西方敌对势力的渗透破坏，维护国家安全，为中国的改革和发展创造良好的外部环境，是党面临的重大考验。

二、党的建设面临的“四个危险”

当前，党的建设状况、党的领导水平和执政水平、党员队伍素质总体上同党肩负的历史使命是适应的。但同时，党内也存在不少不适应新形势新任务新要求和不符合党的性质和宗旨的问题。精神懈怠的危险、能力不足的危险、脱离群众的危险、消极腐败的危险，更加尖锐地摆在全党面前，落实党要管党、从严治党的任务比以往任何时候都更为繁重、更为紧迫。

1. 精神懈怠的危险

革命精神是非常宝贵的，没有革命精神就没有革命行动。中国共产党之所以能从成立时的几十个人发展成为拥有8800多万名党员的大党，之所以能领导中国革命、建设和改革取得伟大胜利和巨大成就，团结带领人民在中华民族伟大复兴的道路上奋勇前进，靠的就是革命理想和信念的支撑。在长期执政和改革发展取得巨大成就的情况下，如何避免精神懈怠、坚定理想信念、始终保持积极进取的精神状态，是一个重大而紧迫的问题。

2. 能力不足的危险

在国际国内复杂形势下，中国特色社会主义事业发展呈现出许多前所未有的新趋势新特点，面临着许多前所未有的新情况新问题，做好工作的艰巨性、复杂性、挑战性更加突出，对领导者素质、能力的要求越来越高。克服一些党员干部素质不高、能力不强、本领恐慌、工作主动性和创造性不够等问题，不断提高领导改革开放和现代化建设的能力和本领，更加突出地摆在全党的面前。

3. 脱离群众的危险

【案例导入 8-3】

省部级官员腐败案的特点分析

省部级官员腐败案共收录了曝光于2002年11月至2014年4月间的104个案例（见表8-1），案例均源于人民网等权威媒体，最高人民法院、最高人民检察院的年度工作报告及中纪委的纪检通报。在这104个案例中，从罪名来看，受贿罪居多，共55例，涉及原

中央政治局委员2名,分别是上海市原市委书记陈良宇和重庆市原市委书记薄熙来。

表8-1 腐败官员级别

	政治局委员	正部级	副部级	中将	少将
人数(人)	2	22	77	2	1
比例(%)	1.92	21.15	74.04	1.92	0.96

省部级官员的腐败影响大、危害大,其腐败特点在很大程度上也反映了我国腐败官员的一个共同的趋势。通过对样本数据的分析,总结归纳出以下七个特点及趋势。能力强、潜伏期长、贪腐金额大;"边腐边升"现象不容忽视;窝案、串案频发;生活作风问题凸显;雅贿(指接受行贿人所送名人字画、珍奇古玩等物品)所占比重增大;家庭关、友情关、秘书关过不去;涉拆迁、涉房产腐败比重较大。

对省部级官员的处罚,无期以上的占40%以上(见表8-2),表明了中国共产党反腐的决心。

表8-2 刑罚种类和处分

	死刑	死缓	无期	有期徒刑	党政处分
人数(人)	4	24	14	17	19
比例(%)	3.85	23.08	13.46	16.35	18.27

案例思考:

应该如何加强对高级领导干部的监督?

党的根基在人民、血脉在人民、力量在人民。密切联系群众是中国共产党的最大政治优势,脱离群众是中国共产党执政后的最大危险。当前,一些党员干部宗旨意识淡薄、官本位思想严重,有些党员干部还存在脱离群众、脱离实际,不讲原则、不负责任,言行不一、弄虚作假,形式主义、官僚主义、享乐主义、奢靡之风等问题。如果对这些问题重视不够、整治不力,党的执政地位就有丧失的危险。

4. 消极腐败的危险

消极腐败是危害党的肌体健康的毒瘤。坚决反对腐败,是中国共产党必须始终抓好的重大政治任务。目前反腐败斗争已经取得明显成效,但反腐败斗争形势依然严峻复杂。如果不加以解决,必将严重削弱党的创造力、凝聚力、战斗力,严重影响党的执政地位巩固和执政使命实现,必须引起警醒,抓紧加以解决。

三、增强"四种意识"

面对新形势新任务,面对考验和危险,全党必须增强"四种意识"。

1. 忧患意识

生于忧患死于安乐,这是任何一个社会、国家、政党兴衰存亡的内在规律。党的先进性和党的执政地位都不是一劳永逸、一成不变的,过去先进不等于现在先进,现在先进不等于永远先进;过去拥有不等于现在拥有,现在拥有不等于永远拥有。唯有始终保持忧患意识，居安思危，谦虚谨慎，戒骄戒躁，始终保持清醒头脑，准确把握形势，直面困难和挑战、矛盾和问题，艰苦奋斗、同心同德，才能将党和国家的事业不断推向前进。

【知识链接 8-2】

“生于忧患，死于安乐”

《孟子·告子下》原文：“舜发于畎亩之中，傅说举于版筑之间，胶鬲举于鱼盐之中，管夷吾举于士，孙叔敖举于海，百里奚举于市。故天将降大任于斯人也，必先苦其心志，劳其筋骨，饿其体肤，空乏其身，行拂乱其所为，所以动心忍性，曾益其所不能。人恒过，然后能改，困于心，衡于虑，而后作；征于色，发于声，而后喻。入则无法家拂士，出则无敌国外患者，国恒亡。然后知生于忧患，而死于安乐也。”

“生于忧患，死于安乐”是指，恶劣的环境可以激起人的忧患意识，使之为改变现状，生存发展而积极奋发，最终能得以发展，强大起来；安逸的环境容易消磨人的意志，易使人堕落，最终在安乐的环境中灭亡，温水煮青蛙就是这个道理。

2. 创新意识

创新是民族进步的灵魂，是国家兴旺发达的不竭动力，也是一个政党永葆生机的源泉。全党必须牢固树立创新意识，着力提升创新素质和创新能力，坚持解放思想、实事求是、改革创新、求真务实，坚持真理，修正错误，始终保持奋发有为的精神状态和创造活力，不断开辟事业发展的新局面。

3. 宗旨意识

党来自人民、植根人民、服务人民，党的根本宗旨是全心全意为人民服务。密切联系群众是党的最大政治优势，脱离群众是党面临的最大危险。增强宗旨意识，就要时刻防止脱离群众，牢记权为民所授，坚持权为民所用、情为民所系、利为民所谋，相信群众，依靠群众，始终把人民放在心中最高位置，深入实际察民情、听民声、知民意、解民忧，把人民群众是否满意作为衡量工作的标准，不断提升人民群众的生活福祉。

4. 使命意识

中国共产党自诞生之日起，就担当起带领中国人民实现中华民族伟大复兴的中国梦的历史使命。经过 90 多年的奋斗，我们比历史上任何时期都更加接近这个目标，但实现这个目标仍然任重道远。我们要继续实现推进现代化建设、完成祖国统一、维护世界和平与促进共同发展这三大历史任务，就必须增强使命意识，时刻牢记党的崇高使命和人民重托，求真务实，勇于担当，艰苦奋斗，不怕困难，始终保持共产党人的政治本色，不断谱写事业发展新篇章。

【案例导入 8-4】

长征是一次理想信念的伟大远征

坚定的理想信念，激励着红军将士不怕流血牺牲，夺取长征的胜利。长征路上，一批批战友倒下了，后面的红军指战员掩埋好战友的尸体，揩干身上的血迹，又义无反顾地冲

上去。是什么力量在激励、推动他们？是理想与信念的神奇力量在激励他们奋斗、前进，他们凭着永远跟共产党走、甘愿把自己的一切献给革命事业的赤胆忠心，英勇奋战，直至长征的胜利。

据统计，长征中牺牲的营以上干部430多名，其中军以上干部就有方志敏、刘畴西、寻淮洲、邓萍、吴焕先、曾中生、钱壮飞、罗南辉等10多名。“在红一方面军二万五千里的征途上，平均每300米就有一名红军牺牲。长征这条红飘带，是无数红军的鲜血染成的。”坚定的理想信念，激励着红军将士不畏艰难困苦，征服无数艰难险阻。在漫漫征途中，广大红军将士不仅要突破国民党重兵的围追堵截，还要克服大自然当中的各种艰难险阻，经受饥寒伤病的种种磨难，跨越近百条江河，攀越40余座高山险峰，其中海拔4000米以上的雪山就有20余座，穿越了被称为“死亡陷阱”的茫茫草地。红军指战员以革命理想高于天的坚定信念和不畏艰难困苦的革命精神，以常人不可想象的勇气和毅力，与大自然进行了一次次较量，凭借顽强意志闯过了人类生存极限的挑战。红军将士上演了世界军事史上威武雄壮的战争活剧，创造了气吞山河的人间奇迹。

案例思考：

为什么长征中红军官兵能够不怕牺牲、克服重重困难去夺取胜利？

第三节　全面从严治党

“打铁还需自身硬。”重视党的建设，坚持党要管党、从严治党，是党的一个优良传统，也是一条重要的历史经验。党的十八大以来，根据新的形势和任务，适应具有新的历史特点的伟大斗争的需要，习近平提出了全面从严治党的重大思想，丰富发展了马克思主义党建理论，对全面加强中国共产党的自身建设具有重大指导意义。

一、坚持思想建党和制度治党紧密结合

从严治党靠教育，也靠制度。前者侧重于培养内在的自觉动力，后者着力于外部的刚性制约。二者一柔一刚，要同向发力、同时发力。思想建党是党的建设的基础和中心环节，决定着党的建设的性质和方向。中国共产党始终把思想建设放在党的建设的首位。在思想建设中理想信念至关重要。理想信念是共产党人精神上的“钙”。理想信念坚定，骨头就硬。没有理想信念，或理想信念不坚定，精神上就会“缺钙”，就会得“软骨病”，就可能导致政治上变质、经济上贪婪、道德上堕落、生活上腐化。对马克思主义的信仰，对社会主义和共产主义的信念，是共产党人的政治灵魂，是共产党人经受住任何考验的精神支柱。全面从严治党，首先就要坚定党员干部的理想信念，坚守共产党人的精神追求。

崇高信仰、坚定信念不会自发产生。要练就“金刚不坏之身”，必须用科学理论武装头脑，不断培植我们的精神家园。党员、干部必须认真学习马克思列宁主义、毛泽东思想

特别是中国特色社会主义理论体系，自觉用贯穿其中的立场、观点、方法武装头脑、指导实践、推动工作，始终不渝为中国特色社会主义共同理想而奋斗。抓好党性教育这个核心，学习党的历史，弘扬党的优良传统和作风，教育引导党员、干部牢固树立正确的世界观、权力观、事业观，坚定政治立场，明辨大是大非。加强警示教育，让广大党员、干部受警醒、明底线、知敬畏，主动在思想上划出红线、在行为上明确界限，真正敬法畏纪、遵规守矩。抓好道德建设这个基础，教育引导党员、干部讲党性、重品行、作表率，以实际行动彰显共产党人的人格力量。

【知识链接 8-3】

抗日战争时期敌后抗日根据地制度建设

制度问题是带有根本性、长期性和全局性的问题。抗战初期，为有效地防止腐败现象的滋生，陕甘宁边区制定和颁布了许多关于提高行政效率、反对贪污腐化的法规规章。如《陕甘宁边区惩治贪污条例》(1939 年 1 月)、《晋西北惩治贪污暂行条例》(1941 年 9 月)、《晋冀鲁豫边区惩治贪污暂行办法》(1942 年 2 月)、《晋察冀边区惩治贪污条例》(1942 年 10 月)等。制定和颁布了一系列文件，如《陕甘宁边区施政纲领》《政纪总原则草案》《政务人员公约》，明确规定各级政府及其工作人员必须遵守的原则、纪律和行动准则。这些法律、法规、规章的颁布，为边区政府及抗日根据地政府的廉政法制建设奠定了基础，及时遏制了陕甘宁边区腐败之风迅速蔓延的态势，腐败案件明显逐年减少。如在陕甘宁边区，1940 年查处贪污案 644 件，1941 年上半年下降为 153 件；在太行区，1943 年查处贪污案 606 件，1945 年下降到 238 件。因此，在极为困难的抗日战争时期，坚决有力地依法惩治腐败，是保证清正廉洁的关键所在。依法反腐不仅要做到有法可依，更重要的是要做到有法必依、执法必严。中国共产党始终坚持法律面前人人平等的原则，坚定地反对一切腐败行为，确保政治廉洁，赢得了人民群众的拥护和信赖。

制度更带有根本性、全局性、稳定性和长期性，制度治党是从严治党的根本。要不断完善党的建设制度。制度的关键在于务实管用，突出针对性和指导性。要严格遵循执政党建设规律进行制度建设，不断增强党内生活和党的建设制度的严密性和科学性，既要有实体性制度，又要有程序性制度，推进党的建设的科学化、制度化、规范化。要编密扎紧制度“笼子”，搞好配套衔接，把科学的制度设计、严格的制度执行、有力的检查惩处结合起来，不留“暗门”，不开“天窗”，使制度成为硬约束而不是“橡皮筋”。要加强制度文化建设，营造人人遵守制度、敬畏制度、按制度办事的氛围，使之成为一种自觉、一种习惯、一种行为方式。

将思想建党和制度治党紧密结合，是中国共产党自身建设的显著特点和特有优势。思想建党打造的是从严治党的思想防线，制度治党打造的是从严治党的制度防线。思想教育要结合落实制度规定来进行。要使加强制度治党的过程成为加强思想建党的过程，也要使加强思想建党的过程成为加强制度治党的过程，二者不可偏废，相得益彰，相互促进。

二、巩固党执政的组织基础

坚持和发展中国特色社会主义,关键在于建设一支政治坚定、能力过硬、作风优良、奋发有为的执政骨干队伍。要大力加强党的组织建设,着力培养选拔党和人民需要的好干部。好干部有五条标准:信念坚定、为民服务、勤政务实、敢于担当、清正廉洁。干部要不断改造主观世界、加强党性修养、加强品格陶冶,老老实实做人,踏踏实实干事,清清白白为官。要强化干部实践锻炼,积极为干部锻炼成长搭建平台。要坚持全面、历史、辩证地看干部,科学合理使用干部。要从严管理干部,坚持从严教育、从严管理、从严监督。

民主集中制是党的根本组织制度和领导制度。要健全和认真落实民主集中制的各项具体制度,促使全党同志按照民主集中制办事,促使各级领导干部特别是主要领导干部带头执行民主集中制。要发扬党内民主,营造民主讨论的良好氛围,鼓励讲真话、讲实话、讲心里话,允许不同意见碰撞和争论,同时善于进行正确集中,防止议而不决、决而不行。

【案例导入 8-5】

罗马尼亚的家族式统治

罗马尼亚齐奥塞斯库 1965 年当选罗共总书记,在其执政期间,除担任罗共总书记职务外,还兼共和国总统、国务委员会主席、武装部队。总司令、爱国卫队总司令、社会主义民主团结阵线主席等,集党、政、军、警最高职务于一身,成为党、政、军、警的最高"法人",以"一把手"一人治体制专制统治几十年。他的夫人埃列娜,1972 年由一名化学研究所的化学工程师跃升为中央委员,1973 年跃升为中央政治执委会常设局委员,掌管党内干部大权,1980 年兼任政府第一副总理,1986 年兼任全国科学和教育委员会主席,成为罗共党内仅次于齐奥塞斯库的第二把手;齐奥塞斯库的儿子尼古,大学毕业后并没有去从事所学的物理专业工作,而是很快被任命为共青团中央第一书记,随后实现两连跳,成为中央委员、中央政治局候补委员。为加强"全面锻炼",便于以后接班,1987 年他被派往地方担任县委第一书记。齐奥塞斯库曾对外国记者说,如果大家拥护,儿子尼古"也可以接班"。他的儿媳、尼古的夫人也被擢升为中央委员、共青团中央书记、全国少先队组织主席、全国妇联主席。齐奥塞斯库还将其三个弟弟分别提拔为国防部副部长兼军队最高政治委员会书记、国家计委副主席、内务部高级警官学校校长。他的妹夫原来是齐奥塞斯库家乡的农民,长期担任该乡农业合作社主任,后也被提升为中央委员、中央主管农业的书记。由此,不仅党政军大权掌握在齐奥塞斯库手里,全国三代人(党员、团员、少先队员)的命运也全掌握在他一人手里。

1989 年 12 月 25 日苏东剧变时期,齐奥塞斯库夫妇被罗马尼亚救国阵线组建的特别军事法庭判处死刑,26 日被执行枪决。中国共产党吸取了东欧剧变的经验教训,建立起了一整套党内权力制衡的权利运行机制,保证了中国共产党的执政地位。

案例思考：

中国共产党是如何吸取苏东各国共产党亡国亡党教训的？

基层党组织是党全部工作和战斗力的基础，要扎实做好抓基层、打基础的工作。建立严密的基层党组织工作制度，推动服务群众、做群众工作制度化、常态化、长效化，使基层党组织领导方式、工作方式、活动方式更加符合服务群众的需要。要重视基层、关心基层、支持基层，加大投入力度，加强带头人队伍建设，充分理解、充分信任，格外关心和爱护广大基层干部，多为他们办一些雪中送炭的事情，确保基层党组织有资源、有能力为群众服务，使每个基层党组织都成为坚强战斗堡垒。

三、坚定不移推进党风廉政建设和反腐败斗争

党的优良作风是马克思主义执政党的强大人格力量的集中体现，党的作风建设始终是摆在我们面前的一项重大而紧迫的任务。如果不坚决纠正不良风气，任其发展下去，就会像一座无形的墙把党和人民群众隔开，党就会失去根基、失去血脉、失去力量。作风问题的核心是保持党同人民群众的血肉联系，人心向背关系党的生死存亡。在任何时候任何情况下，与人民同呼吸共命运的立场不能变，全心全意为人民服务的宗旨不能忘，群众是真正英雄的历史唯物主义观点不能丢，始终坚持立党为公、执政为民。

坚持和发扬艰苦奋斗精神，大力弘扬中华民族勤俭节约的优良传统，坚决反对讲排场比阔气，努力使厉行节约、反对浪费在全社会蔚然成风。严格党内生活，开展积极的批评和自我批评，增强党内生活的政治性、原则性、战斗性，坚决反对党内生活中的自由主义、好人主义。坚持从领导干部抓起，抓住领导干部这个关键少数。建立健全长效管用的作风建设体制机制，以踏石留印、抓铁有痕的劲头抓党风政风、带动社风民风，营造风清气正的社会环境。

作风建设永远在路上。中国共产党开展群众路线教育实践活动，以为民务实清廉为主要内容，聚焦作风建设，着力解决形式主义、官僚主义、享乐主义和奢靡之风等“四风”问题，达到了预期目的，取得了重大成果。为进一步巩固和拓展群众路线教育实践活动成果，党又提出开展“三严三实”专题教育，强调各级领导干部要做到严以修身、严以用权、严以律己，谋事要实、创业要实、做人要实。这是加强作风建设的再启程、再出发。

【案例导入 8-6】

“四有书记”谷文昌

福建东山县的原县委书记谷文昌之所以一直受到广大干部群众的敬仰，是因为他在任时不追求轰轰烈烈的“显绩”，而是默默无闻地奉献，带领当地干部群众通过十几年的努力，在沿海建成了一道惠及子孙后代的防护林，在老百姓心中树起了一座不朽的丰碑。这种“潜绩”，是最大的“显绩”。我们常讲的金杯银杯不如老百姓的口碑，金奖银奖不如

老百姓的夸奖,说的就是这个道理。

他已经去世34年,却仍为当地民众深深怀念;他带领群众植下的满岛木麻黄,如今已长成防风固沙的茂密森林;习近平总书记撰文称赞他"在老百姓心中树起了一座不朽的丰碑";老百姓尊他为"谷公","先祭谷公,后祭祖宗",成为当地多年的习俗;他就是谷文昌,福建省东山县原县委书记,"心中有党、心中有民、心中有责、心中有戒"的"四有"干部的楷模。

案例思考:

"四有书记"给了我们的什么启示?

2016年2月,党中央决定,在全体党员中开展"学党章党规、学系列讲话,做合格党员"学习教育(以下简称"两学一做"学习教育),进一步解决党员队伍在思想、组织、作风、纪律等方面存在的问题,保持发展党的先进性和纯洁性。

腐败是社会毒瘤,是影响经济社会发展、国家长治久安的致命风险。反对腐败、建设廉洁政治,保持党的肌体健康,始终是中国共产党一贯坚持的鲜明政治立场。党的十八大以来,中国共产党以强烈的历史责任感、深沉的使命忧患感、顽强的意志品质推进党风廉政建设和反腐败斗争,坚持无禁区、全覆盖、零容忍,以坚决的态度重拳反腐败,着力营造不敢腐败、不能腐败、不想腐败的政治氛围,取得了反腐败斗争的明显成效。但是反腐败斗争形势依然严峻复杂,减少腐败存量、遏制腐败增量、重构政治生态的工作艰巨繁重。因此,必须以猛药去疴、重典治乱的决心,以刮骨疗毒、壮士断腕的勇气,坚决把党风廉政建设和反腐败斗争进行到底。

要坚持惩治这一手不放松,保持惩治腐败的高压态势。必须坚持零容忍的态度不变,严厉惩处的尺度不松,做到有案必查、有腐必惩,既坚决查处发生在领导机关和领导干部中的滥用职权、贪污贿赂、腐化堕落、失职渎职案件,又着力解决发生在群众身边的腐败问题,严肃查处损害群众利益的各类案件。坚持党纪国法面前没有例外,不管涉及谁,都要一查到底,决不姑息。

要建立健全惩治和预防腐败体系,推进反腐败体制机制创新。坚持标本兼治、综合治理、惩防并举、注重预防,以改革精神加强反腐败体制机制创新和制度保障。改革党的纪律检查体制,完善纪委派驻机构统一管理,改进中央和省区市巡视制度。健全和完善党内监督、民主监督、法律监督和舆论监督体系,强化对权力运行的制约和监督。落实党委的主体责任和纪委的监督责任,强化责任追究,不让制度成为纸老虎、稻草人。

要加强反腐倡廉教育和廉政文化建设。思想纯洁是马克思主义政党保持纯洁性的根本,道德高尚是领导干部做到清正廉洁的基础。要围绕社会主义核心价值体系建设,深入开展理想信念教育、宗旨教育和廉政法规教育,重点抓好政治品质、道德品行、岗位廉政教育,不断夯实廉洁从政的思想道德基础,筑牢拒腐防变的思想道德防线。

四、严明党的政治纪律和政治规矩

【知识链接 8 -4】

“七个有之”与“五个必须”

“七个有之”是习近平总书记在十八届四中全会上指出的无视政治纪律和政治规矩的一些突出问题，是从无数案例中抽象和总结出来的，具有很强的现实针对性。“一些人无视党的政治纪律和政治规矩，为了自己的所谓仕途，为了自己的所谓影响力，搞任人唯亲、排斥异己的有之，搞团团伙伙、拉帮结派的有之，搞匿名诬告、制造谣言的有之，搞收买人心、拉动选票的有之，搞封官许愿、弹冠相庆的有之，搞自行其是、阳奉阴违的有之，搞尾大不掉、妄议中央的也有之，如此等等。有的人已经到了肆无忌惮、胆大妄为的地步！而这些问题往往没有引起一些地方和部门党组织的注意，发现了问题也没有上升到党纪国法高度来认识和处理。这是不对的，必须加以纠正。”

2015 年 1 月 13 日，在十八届中央纪委第五次全会上，中共中央总书记习近平要求严守政治纪律和政治规矩，提出“五个必须”的思想。一是必须维护党中央权威，决不允许背离党中央要求另搞一套，必须在思想上政治上行动上同党中央保持高度一致，听从党中央指挥，不得阳奉阴违、自行其是，不得对党中央的大政方针说三道四，不得公开发表同中央精神相违背的言论。二是必须维护党的团结，决不允许在党内培植私人势力，要坚持五湖四海，团结一切忠实于党的同志，团结大多数，不得以人划线，不得搞任何形式的派别活动。三是必须遵循组织程序，决不允许擅作主张、我行我素，重大问题该请示的请示，该汇报的汇报，不允许超越权限办事，不能先斩后奏。四是必须服从组织决定，决不允许搞非组织活动，不得跟组织讨价还价，不得违背组织决定，遇到问题要找组织、依靠组织，不得欺骗组织、对抗组织。五是必须管好亲属和身边工作人员，决不允许他们擅权干政、谋取私利，不得纵容他们影响政策制定和人事安排、干预日常工作运行，不得默许他们利用特殊身份谋取非法利益。

党的纪律和党内规矩是党的各级组织和全体党员必须遵守的行为规范和规则，是党的生命线。在党的所有纪律和规矩中，第一位的是政治纪律和政治规矩，它是全党在政治方向、政治立场、政治言论、政治行动方面必须遵守的刚性约束，也是最重要、最根本、最关键的纪律和规矩。遵守党的纪律和规矩，首要的就是严守党的政治纪律和政治规矩，它是遵守党的全部纪律和规矩的重要基础。全党都要充分认识遵守党的政治纪律和政治规矩的极端重要性，切实加强党的政治纪律和政治规矩建设。

五、加强党内监督

党内监督是坚持党的领导、加强党的建设、全面从严治党、保持党的先进性和纯洁性的重要手段和方法。党的十八届六中全会审议通过了《中国共产党党内监督条例》，体现了制度治党、依规治党的要求,使新形势下加强党内监督进入制度化、组织化的轨道,为一党长期执政条件下实现有效的自我监督提供了制度利器。

1. 新形势下加强党内监督的重要意义

作为长期执政的马克思主义政党,中国共产党能否实现有效的自我监督、正确行使人民赋予的权力,是一个关系社会主义事业前途命运的重大课题。对我们党来说,外部监督是必要的,但从根本上讲,还在于强化自身监督,有效激发和保持党内监督的威力,对于确保我们党始终成为中国特色社会主义事业的坚强领导核心具有重大而深远的意义。

第一,加强党内监督是中国共产党的优良传统;第二,加强党内监督是实施全面从严治党战略的重要举措;第三,加强党内监督是顺利完成党所肩负的历史使命的有力保证。

2. 加强对权力运行的制约和监督

监督是权力正确运行的根本保证,是加强和规范党内政治生活的重要举措。各级党组织和党员干部要严格按照《关于新形势下党内政治生活的若干准则》和《中国共产党党内监督条例》的要求,着力加强权力运行制约和监督机制建设,健全不当用权问责机制,把权力关进制度笼子,让权力在阳光下运行,形成有权必有责、用权必担责、滥权必追责的制度安排,确保党内不允许有不受制约的权力,也不允许有不受监督的特殊党员。

3. 党内监督必须突出党的领导机关和"关键少数"

《中国共产党党内监督条例》明确提出,党内监督的重点对象是党的领导机关和领导干部,特别是主要领导干部。要把主要领导干部尤其是高级干部这个"关键少数"置于强化党内监督的关键位置上。抓住监督"关键少数"的重点,也就抓住了破解监督难题的主要矛盾和矛盾的主要方面,彰显了党中央全面从严治党、以上率下的坚定决心与鲜明态度。

【知识链接 8-5】

党内监督的发展历程

早在马克思、恩格斯创立世界上第一个共产党组织共产主义者同盟时,实行党内监督的思想便被提出来了。随着俄国十月革命胜利和社会主义国家建立,党内监督成为一项重要的制度设计并得到广泛、有效的贯彻执行。

中国共产党夺取政权在全国执政后,也加大了党内监督的制度建设。1949 年 11 月,中共中央做出《关于成立中央及各级党的纪律检查委员会的决定》,在全国范围内建立了党的纪律检查机构和制度。1955 年 3 月,党的全国代表会议通过了《中国共产党全国代表会议关于成立党的中央和地方监察委员会的决议》,决定将纪律检查委员会改为监察委员会,并选举产生了中央监察委员会。不幸的是,"文化大革命"使中国共产党的党内监督制度遭到严重破坏。

进入改革开放新时期后,党内监督制度得以逐步建立和不断改革完善。1977 年 8 月,党的十一大通过的党章决定恢复建立党的各级纪委。1978 年 12 月,党的十一届三中全会选举产生了中央纪律检查委员会,为党内监督工作奠定了重要的理论和组织基础。1982年,党的十二大党章重新恢复了关于“党的纪律检查机关”的规定,对各级纪律检查委员会的产生办法、设置、职权、任务等都做出了新的规定。2003年12月,党中央制定和颁布了《中国共产党党内监督条例(试行)》。2016年10月,党的十八届六中全会通过了《中国共产党党内监督条例》,为一党长期执政条件下实现有效的自我监督提供了制度利器。

抓住监督“关键少数”的重点,是因为:第一,抓住“关键少数”是由领导干部所处的地位和所肩负的责任决定的;第二,抓住“关键少数”是解决党内突出问题的需要;第三,抓住“关键少数”必须确保党内监督落到实处、见到实效。

本专题思考题、讨论题

1. 在“中国模式”“中国道路”“中国经验”等成为热门词汇的同时,世界上一些有识之士也在思考,为什么中国共产党能取得如此辉煌的执政成就,为什么中国共产党在成立90多年、执政60多年的今天依然能够充满生机和活力?请谈谈你的看法。

2. 请结合党的建设面临的新课题新考验,谈谈加强党的执政能力建设、先进性和纯洁性建设的重要性和紧迫性的认识。

3. 为什么要全面从严治党?如何全面从严治党?

4. “七个有之”和“五个必须”的思想,是习近平总书记在十八届四中全会、十八届五中全会上指出的无视政治纪律和政治规矩的一些突出问题,请结合现实谈谈你的认识。

5. 2016年10月,党的十八届六中全会通过了《中国共产党党内监督条例》,为什么说是为中国共产党在长期执政条件下实现有效的自我监督提供了制度利器?

专题九　当代中国与世界

中国特色社会主义理论与实践的发展与世界的发展关系密切，了解当今世界发展的新特点和新趋势，把握当代中国与世界关系的历史性变化，以及我国对外方针政策，正确看待我国面临国际方面的主要机遇和挑战，才能更好地维护国家安全，扩大当代中国的国际影响力。

第一节　当代中国与世界关系的历史性变化

环顾全球，大发展大变革大调整是当今世界形势深刻变化的突出特点，国际力量对比深刻变化并朝着有利于和平与发展方向变化。改革开放以来，特别是进入 21 世纪以来，中国综合国力显著增强，国际地位和影响力大幅度提升，中国与世界的关系也发生了历史性变化。

一、当今世界正处在大发展大变革大调整时期

进入新世纪，国际形势发生了自冷战结束以来最为深刻的、最为复杂的变化。2007 年，党的十七大作出了“当今世界正处在大变革大调整之中”的重要判断。2009 年，党的十七届四中全会明确提出：“当今世界正处在大发展大变革大调整时期。”

当今世界的新特点概括为：

一是经济全球化深入发展。随着中国、印度等新兴市场经济体逐渐融入全球经济体系，经济全球化的规模正在空前扩大；多边贸易谈判取得进展，越来越多的国家采取支持经济全球化的政策；全球范围配置生产要素以空前的速度和规模持续发展，各经济体相互依赖、相互联系的程度日益加深。同时，世界经济格局发生新变化，国际金融危机影响深远，系统性和结构性风险仍然比较突出。美国受到国际金融危机冲击，国债和财政赤字屡创新高，引发世界经济结构的调整。欧盟经济增长衰退，主权债务危机日趋严重，面临失业居高不下、通货紧缩等多重挑战。新兴大国虽然保持较快增长势头，但未来发展过程中面临的挑战仍然十分严峻。

二是世界多极化趋势进一步加强。超级大国的霸权主义图谋与世界范围主张多极化的力量继续激烈碰撞。国际力量对比发生新的此消彼长，多极化趋势有了新的发展。新兴大国继续保持崛起势头，联合自强的意识增强，“金砖国家”等合作机制进入新的发展阶段，日益成为全球需求和消费增长的重要引擎、解决全球性问题的利益攸关方。新

兴大国崛起作为当今世界最重要的发展趋势之一，有利于推动国际力量对比朝着相对均衡的方向发展。但从总体上看，西方发达国家在经济科技上占优势，在国际体系中仍处主导地位，这一格局短期内还难以根本改变。

三是科学技术酝酿新突破。科学技术的新突破不仅给世界生产力的发展带来了巨大推动，而且也对人类的生产方式和生活方式产生了深刻影响。当前，信息科学、生命科学、物质科学、地球与环境科学、数学与系统科学以及自然科学与社会科学的交叉领域中形成了新的科学前沿，一场新的科技革命和产业革命正在孕育之中。

四是思想文化交流交融交锋呈现新特点。文化与经济、政治的联系日益紧密，越来越多的国家把提高国家文化软实力作为重要发展战略。世界范围内各种思想文化交流交融交锋更加频繁，国际思想文化领域斗争依然深刻而复杂。

五是人类共同安全问题日益突出。攸关人类生存和经济社会可持续发展的全球性问题日益增多，恐怖主义、大规模杀伤性武器扩散、金融危机、严重自然灾害、气候变化、能源资源安全、粮食安全等问题凸显，任何一国都无力单独解决这些问题，客观上要求各国加强合作、协调行动。

世界经济、政治、科技、文化、安全等方面的新变化，必将推动世界范围内生产方式以及人们生活方式进一步发生深刻变革，进而引发全球经济政治格局的深刻变化和利益格局的重大调整。随着国际力量对比出现新态势，西方发达国家越来越难以垄断国际事务，在解决全球性问题上越来越离不开新兴大国的参与，推动形成更加公正合理的国际经济政治秩序成为不可阻挡的时代潮流。

二、和平、发展、合作、共赢成为时代潮流

进入20世纪90年代以来，尤其是进入新世纪以来，世界形势正在发生广泛而深刻的变化，国际局势呈现出总体和平、局部战争，总体缓和、局部紧张，总体稳定、局部动荡的基本态势，和平与发展仍是时代主题。

当今世界，和平、发展、合作、共赢的时代潮流更加强劲，任何国家或国家集团都再也无法单独主宰世界事务。一大批新兴市场国家和发展中国家走上发展的快车道，十几亿、几十亿人口正在加速走向现代化，多个发展中心在世界各地区逐渐形成，国际力量对比继续朝着有利于世界和平与发展的方向发展。各国相互联系、相互依存的程度空前加深，越来越成为你中有我、我中有你的命运共同体。保持国际形势总体稳定、促进各国共同发展具备更多有利条件。

同时，世界仍很不安宁，人类依然面临诸多难题和挑战。国际金融危机影响深远，形形色色的保护主义明显升温，各国经济结构调整面临不少困难，世界经济增长不稳定不确定因素增多，全球发展不平衡加剧。地缘政治因素更加突出，局部动荡此起彼伏，霸权主义、强权政治和新干涉主义有所上升。军备竞争、恐怖主义、网络安全等传统安全威胁和非传统安全威胁相互交织。维护世界和平、促进共同发展依然任重道远。

习近平总书记指出："要跟上时代前进步伐，就不能身体已进入21世纪，而脑袋还停留在过去，停留在殖民扩张的旧时代里，停留在冷战思维、零和博弈老框框内。"面对世界

多极化、经济全球化深入发展和文化多样化、社会信息化持续推进，今天的人类比以往任何时候都更有条件向和平与发展的目标迈进，而合作共赢就是实现这一目标的现实途径。

各国应该共同推动建立以合作共赢为核心的新型国际关系，各国人民应该一起来维护世界和平、促进共同发展。各国和各国人民应该共同享受尊严、共同享受发展成果、共同享受安全保障。要坚持国家不分大小、强弱、贫富一律平等，尊重各国人民自主选择的社会制度和发展道路的权利尊重彼此核心利益和重大关切，客观理性看待别国发展壮大和政策理念，努力求同存异、聚同化异。反对干涉别国内政，维护国际公平正义。各国要共同维护世界和平，以和平促发展，以发展巩固和平。每个国家在谋求自身发展的同时，要积极促进其他各国共同发展。不能把世界长期发展建立在一批国家越来越富裕而另一批国家却长期贫穷落后的基础之上。各国要同心协力，妥善应对各种问题和挑战，共同变压力为动力、化危机为生机，谋求合作安全、集体安全、共同安全，以合作取代对抗，以共赢取代独占，努力走出一条共建、共享、共赢的安全之路。

中国是维护世界和平、促进共同发展的重要力量，是国际社会可以信赖的伙伴和朋友。中国将高举和平、发展、合作、共赢的旗帜，牢牢把握坚持和平发展、促进民族复兴这条主线，维护国家主权、安全、发展利益，为和平发展营造良好的国际环境。中国将加强同各国人民友好往来，扩大同世界各国利益交汇点，为促进人类和平与发展的崇高事业做出积极贡献。

三、中国与世界的联系日益紧密

经过 30 多年的改革开放，当代中国同世界的关系发生了历史性变化。

现在的世界是开放的世界，中国的发展离不开世界。截至 2011 年 7 月，中国已同 163 个国家和地区建立了双边经贸合作机制，签署 10 个自由贸易区协定，同 129 个国家签署双边投资保护协定，同 96 个国家签署避免双重征税协定，已成为贸易和投资自由化、便利化的积极实践者。中国积极构建总体稳定、均衡发展、互利共赢的大国关系框架，促进形成机遇共享、共同发展的周边合作局面，巩固并加强了同发展中国家的传统友谊和团结合作，与世界各国交流合作更加广泛。

世界的繁荣与稳定也离不开中国。经过改革开放，中国已经成为新兴市场国家中的重要一员，成为世界发展的重要力量。2001 年加入世界贸易组织以来，中国年均进口近 7500 亿美元商品，相当于为相关国家和地区创造了 1400 多万个就业岗位。中国近年来对世界经济增长的贡献率均达到 10% 以上。中国倡导的“一带一路”影响越来越大，不仅能给中国带来实实在在的好处，更能惠及沿线各国及世界。中国方案给世界发展注入了新动力，重塑全球经济秩序，推动各国携手构建人类命运共同体。

中国越发展，给世界带来的机遇和所做的贡献就越大。中国巨大的市场容量、不断完善的基础设施、日臻完备的产业配套格局、公平竞争的市场环境，正在吸引越来越多的跨国企业到中国投资兴业。中国坚持的科学发展之路，不仅对中国自身的长远发展意义重大，而且对世界的发展也将产生重大影响。

中国的发展对世界文明的发展做出了重要贡献。新中国成立后特别是改革开放以来,中国的建设和发展取得了举世瞩目的成就。中国综合国力显著增强,经济总量已跃居世界第二位,成为全球具有重要影响的最大新兴经济体。在制造业行业分类的30多个大类中,中国有半数以上行业生产规模位居世界第一,其他行业也都在国际同行业中占有重要位置。中国主要依靠自己的努力,实现了人民生活从温饱不足到总体小康的历史性跨越,这是人类发展史上壮丽的光辉篇章,是中国为世界发展做出的重大贡献。

在中国经济实力进一步增强的背景下,中国日益在国际舞台上发出自己的声音。作为安理会常任理事国,中国大力倡导并积极推动通过和平方式解决争端,在解决朝核危机、伊朗核危机、中东问题、北非问题、苏丹问题等一系列地区热点问题上发挥了重要作用。中国积极参与联合国维和行动,全面、深入参与多边军控和裁军事务。中国坚持奉行"与邻为善、以邻为伴"的周边外交方针,不断加强同周边国家的睦邻友好和务实合作,主张通过对话协商和平解决分歧。

中国在应对国际金融危机冲击中发挥了重要作用。中国采取的一系列应对国际金融危机冲击的措施,不仅对中国的经济,而且对区域经济乃至世界经济都产生了积极影响。中国坚持保持国民经济平稳较快发展,及时调整宏观经济政策,果断实施积极的财政政策和适度宽松的货币政策,形成了进一步扩大内需、促进经济增长的一揽子计划。这些措施对缓解经济运行中的突出矛盾、增强信心、稳定预期,发挥了重要作用,经济运行中的积极因素不断增多,国民经济企稳回升。国际社会公认,中国在应对国际金融危机冲击上发挥了重要的建设性作用。

中国在维护世界和平、应对全球性挑战中发挥了重要作用。中国是唯一公开承诺不首先使用核武器、不对无核武器国家和无核武器区使用或威胁使用核武器的核国家。中国积极参与反恐、防扩散领域国际合作,维护国际核不扩散体系。中国参加了100多个政府间国际组织,签署300多个国际公约,成为国际体系的参与者、建设者和贡献者。中国是最早制定并实施《应对气候变化国家方案》的发展中国家,也是近年节能减排力度最大、新能源和可再生能源研发速度最快的国家之一。

第二节 当代中国的国际战略

国际战略是一个国家为了争取有利于自己生存和发展的国际环境,在对外关系中制定的带全局性的策略谋略。国际战略的制定,受制于该国的性质和一定时期的国内形势,同时也必须适应当时的国际形势和世界格局的发展趋势。

改革开放以来,中国始终坚持走和平发展道路,坚持互利共赢的开放战略,秉持正确义利观,积极推动建立以合作共赢为核心的新型国际关系,始终做维护世界和平、促进共同发展的坚定力量。

一、坚持走和平发展道路

20世纪90年代以来,由于美苏两极格局的瓦解和其他经济体的崛起,世界战略格局开始呈现出一超多强的局面,美国一霸独霸,欧盟、中国、日本、俄罗斯多极并存的局面形成。美国作为当今世界唯一的超级大国,其军事力量尤为无人能及,依靠其在本土之外500余个军事基地和强大的海空军力量,在各种形式的国家利益的驱使下,正在对亚洲和拉丁美洲的一些战略位置十分重要的国家和地区进行直接军事打击、试探性进攻和军事制裁。苏联解体后,俄罗斯继承了其70%的军力,仍然拥有仅次于美国的强大的军事力量,并在洲际导弹、主战坦克的数量上存在着对美国的相对优势,且同美国一样掌握了第四代战机的核心技术,因此其在世界军事舞台上的作用举足轻重。中国的军力迅速发展,但在海军和空军上依然远远落后于美国和俄罗斯。印度近年来军力突飞猛进,在其先进的信息技术的助推下极度膨胀。日本在二战之后军力极度萎缩,但进入二十一世纪以来,其实力重新获得了极大发展,且得到了美国的巨大支援,时刻威胁着亚太的安全。英、法、德、加、意、澳等国是老牌军事强国,至今仍拥有着较为强大的军事力量。

在和平与发展仍然是时代主题、世界多极化曲折发展和全球化加深的背景下,中国综合国力的稳步增强,导致国际地位的持续上升和外部环境的逐渐变化,从而呼唤着中国更新对外战略思维。面对新的世界战略格局,中国政府制订了新的国际战略——和平发展的国际战略。

中国的和平发展道路归结起来就是:既通过维护世界和平发展自己,又通过自身发展维护世界和平;在强调依靠自身力量和改革创新实现发展的同时,坚持对外开放,学习借鉴别国长处;顺应经济全球化发展潮流,与各国互利共赢和共同发展;同国际社会一道努力,推动建设持久和平、共同繁荣的和谐世界。

中国的和平发展道路最鲜明的特征,就是坚持科学发展、自主发展、开放发展、和平发展、合作发展、共同发展。中国的和平发展的不懈追求是,对内求发展、求和谐,对外求合作、求和平。具体而言,就是通过中国人民的艰苦奋斗和改革创新,通过同世界各国长期友好相处、平等互利合作,让中国人民过上美好生活,并为全人类发展进步做出应有贡献。

和平发展是中国特色社会主义的必然选择,和平、发展、合作、共赢是中国高高举起的旗帜。相对于发展而言,和平有两种含义。一是中国以积极防御的和平方式发展。二是中国发展的同时维护世界的和平。作为一个负责任的大国,中国除了要追求自身发展,也应促进世界的共同繁荣,维护世界的和平与稳定。要稳定就必须使力量平衡,要使世界各地区和平与稳定,中国就应当设法使世界各地区的力量达到平衡。而由于霸权主义的存在,许多地区的力量出现严重失衡,对此中国应该扩大自己在这些地区的影响力,使力量达到平衡,维护这些地区的稳定。因此,中国的和平发展战略最终目标就是发展,而发展也不仅是经济的发展,它还将包括政治与军事上的,中国不仅要发展成为经济强国,更将发展为政治与军事强国,这是为了民族生存与发展的需要,也是为了维护世界的和平与稳定。让中国有实力应对和处理好与世界各地区及国家的关系,平衡各地区的力量,更好地促进各地区的和平与稳定。对于发展中国家和落后国家中国主要采取援助与树立地位的方式,获得更多的政治支持,同时促进共同发展。对于发达国家采取加深经济联系和促进交流与理解的方式。

中国走和平发展道路，不是权宜之计，更不是外交辞令，而是从历史、现实和未来的客观判断中得出的结论，是思想自信和实践自觉的有机统一。中国走和平发展道路的自信和自觉，来源于中华文明的深厚渊源，来源于对实现中国发展目标条件的认知，来源于对世界大势的把握。中华文明崇尚和平，和平、和睦、和谐的追求根植于中华民族的精神世界之中，深深融化在中国人民的血脉里。实现中华民族伟大复兴的中国梦，需要相对和平安宁的国际环境，中国坚持走和平发展道路，同世界各国共同维护世界和平，才能实现我国的发展目标，并且为世界的发展做出更大贡献。

和平发展道路是我国探索出的一条新型发展道路，已经并将继续对世界的和平发展产生深远影响。中国的和平发展，打破了“国强必霸”的大国崛起传统模式，为国际社会提供了一个全新的发展模式，具有巨大的启迪意义。

在21世纪中国走向富强民族复兴之路上，注定是面临诸多困难和曲折、挑战和机遇，但中国崛起是任何力量都阻挡不住的。实现和平发展是我们真诚的愿望，国际战略的选择走向直接决定中国能否创造出我国和平崛起和谐发展的时间和空间，成功构筑我国发展的周边政治生态环境。相信在中国新一代领导集体领导下，中国外交在推动世界和平、发展、合作、共赢方面将继续做出自己的努力，为全面建成小康社会和实现民族复兴营造更加有利的外部环境，为推进人类和平与发展事业做出更大贡献。

二、推动建设持久和平、共同繁荣的和谐世界

中国作为世界上最大的发展中国家，最需要和谐稳定的国内环境与和平安宁的国际环境，任何动荡和战争都不符合中国人民根本利益。改革开放以来，中国共产党紧扣和平与发展的时代主题，顺应历史潮流，提出同世界各国一道推动建设持久和平、共同繁荣的和谐世界的国际战略构想，并阐发了实施这一战略构想的基本原则。

政治上相互尊重、平等协商，共同推进国际关系民主化。建设和谐世界，各国应该遵循联合国宪章宗旨和原则，恪守国际法和公认的国际关系准则，弘扬民主、和睦、协作、共赢精神。在国际关系中，必须尊重和完善现有的各种机制和制度，遵守联合国宪章、国际法和公认的国际关系准则，维护联合国的权威，有效发挥联合国及其他国际组织的重要协调作用，平等相待，和睦相处，包容多样，谋求共赢。世界各国风俗各异、制度不同，发展程度千差万别，无论大小、强弱、贫富，都有其平等的尊严和权利。各国人民都有自主选择社会制度和发展道路的权利；各国都有平等参与国际事务、共同解决人类面临的各种问题的权利。各国内部的事务应该由本国人民自己决定，世界上的事情应该由各国平等协商。国与国之间应该遵循和平共处五项原则，在国际事务上倡导多边主义，推进国际关系民主化，携手把世界上的各种问题处理好。

经济上相互合作、优势互补，共同推动经济全球化朝着均衡、普惠、共赢方向发展。努力建立公正、公开、合理、非歧视的多边贸易体制，使经济全球化成果惠及世界各国。携手落实联合国千年发展目标，使21世纪成为人人享有发展成果的世纪。经济全球化是一把双刃剑，既有可能带来世界的共同繁荣，也有可能加剧各国的贫富分化。当今世界威胁人类共同安全的许多问题，都同全球经济失衡、南北分化加剧密切相关。没有共

同发展就不可能有世界的持久和平与共同繁荣,没有广大发展中国家的稳定繁荣就不可能消除恐怖主义等多种威胁产生的根源。各国尤其是发达国家应该本着互惠、共赢精神,在谋求自身繁荣发展的同时兼顾其他国家尤其是发展中国家的发展要求和权益,为发展中国家发挥自身优势、跟上时代前进步伐创造更好条件,在促进全人类共同发展中实现自身的更好发展。

文化上相互借鉴、求同存异,尊重世界多样性,共同促进人类文明繁荣进步。大力倡导不同文明间对话和交流,消除意识形态偏见和隔阂,使人类社会更加和谐和睦,让世界更加丰富多彩。文明多样性是人类社会的客观现实,是当今世界的基本特征,也是人类文明进步的重要动力。各种文明尽管经历不同、价值观和发展程度存在差异,但都有其同等的价值和尊严。差别不应该成为人类文明交流的障碍和对抗的理由,一个由一种文明主宰的单调世界不可能持续繁荣进步。人类文明唯有相互包容、相互借鉴、求同存异、取长补短,才能不断迸发创新智慧的火花,永远保持繁荣灿烂的景象。各国人民应该摒弃偏见和误解,携手维护人类文明的多姿多彩,共同促进人类文明繁荣发展。

安全上相互信任、加强合作,坚持用和平方式而不是战争手段解决国际争端,共同维护世界和平稳定。通过协商对话增进信任、减少分歧、化解纠纷,避免使用武力或以武力相威胁。20 世纪的两次世界大战及延续近半个世纪的冷战告诉我们,战争和对抗无法根本解决人类面临的各种难题;通过加大军事投入、强化军事同盟谋求单方面绝对安全和军事优势无法带来世界的和平稳定。在这相互依存日益紧密的世界,各国应该摒弃冷战思维,树立互信、互利、平等、协作的新安全观,加强相互交流、理解、合作,和平解决分歧和国际争端,共同维护地区和世界的和平稳定。

环保上相互帮助、协力推进,共同呵护人类赖以生存的地球家园。提倡创新发展模式,走可持续发展道路,促进人与自然和谐发展。坚持共同但有区别的责任原则,加强环境保护和应对气候变化的国际合作。人类只有一个地球,维护地球生态环境关系全人类的利益,关乎子孙后代的生存发展,任何国家和个人都责无旁贷。环境问题比其他问题更需要全球协作。发达国家是地球温室效应及其他环境问题形成的主要原因,理应对保护地球环境承担更大责任、做出更大贡献。应该站在全人类根本利益的高度,在《联合国气候变化框架公约》及其《京都议定书》框架内,按照共同但有区别的责任原则,加强国际协作,充分发挥有利于保护生态环境的各种技术的社会效益和生态效益,加大对发展中国家技术转让力度,努力形成世界各国在协力保护环境中共同发展、在优化环境中持续繁荣的良好局面。

推动建设持久和平、共同繁荣的和谐世界,有力回击形形色色的"中国威胁论",是坚持走和平发展道路的必然要求。

【案例导入 9-1】

"中国威胁论"用意何在

从现实分析看,西方舆论极力鼓噪"中国威胁论",实质上是要给我们套上"紧箍",不让我们继续发展壮大。改革开放 30 多年来,我们创造了社会经济发展的"中国速度"

"中国奇迹",综合国力大大增强,国际影响力显著提升。我们前所未有地靠近世界舞台中心,前所未有地接近实现中华民族伟大复兴的目标,前所未有地具有实现这个目标的能力和信心,世界从来没有像今天这样关注中国、重视中国。努力建设与我国国际地位相称、与国家安全和发展利益相适应的巩固国防和强大军队,为在中国特色社会主义道路上实现中国梦提供重要力量支撑和坚强安全保证,是作为有重要国际影响力的发展中大国的必然选择,是我国现代化建设的战略任务,也是实现中华民族伟大复兴中国梦的内在要求。然而,从世界格局看,中国的发展必会使还想保持称霸优势的美国感到不自在;从社会属性看,社会主义中国的风景之好又必将使西方资本主义感到不舒服。于是,他们千方百计遏制、阻挠中国继续发展壮大。"兵马未动,舆论先行","中国威胁论"就这样成了他们的思想武器。我们不能因为怕别人说"威胁",而放缓国防和军队建设的步伐,更不能因此放弃强军梦。

对"中国威胁论"的现实分析,还可以作具体深入的解读。一些国家鼓噪"中国威胁论",实际上并不是遇到了实际的威胁,而是别有用心。美国鼓噪"中国威胁论"由来已久。其实要说中国军队对美国构成威胁,实在有点太牵强,因为美国军力远在中国之上。它之所以那么不遗余力地宣扬"中国威胁论",除了想遏制中国外,还有一个重要原因是想借此进一步发展其军工产业,这可是美国的支柱产业;也想以此为由动员有关国家和地区特别是与中国相邻的国家和地区购买美制武器装备。揭开美国鼓噪"中国威胁论"的面纱,露出了遏制中国、发展军火的真容。日本是近年来鼓噪"中国威胁论"最凶的国家,那是安倍政府为了推行其右翼政策,妄想改变二战以后建立的国际秩序,通过扩充军备、扩大军队使用权限、取消发展军国主义限制,而蓄意找借口、造舆论。日本甚至不惜制造事端,上演"国家收购钓鱼岛"的闹剧来刺激中国,当中国做出正当反应和回击时,又借此作为"中国威胁论"的佐证,真是用心不良、居心险恶。有些国家由于存在与中国的海洋权益争端,为了争取自身利益和国际同情,近来也频发"中国威胁论"。看看美国的侦察机频频到中国家门口抵近侦察,却说中国军机做出的正常反应构成了"威胁"。

从历史上考察,其实"中国威胁论"并不是今天才有。新中国刚成立不久,西方舆论声称"没有哪一个中国政府能解决中国人的吃饭问题"——此话倒有一些根据,近代以来军阀混战、民不聊生,国民党统治期间也天灾人祸不断,电影《一九四二》生动反映了这一点,但接着后面一句话让我们听了很难接受:"当一个国家有这么多人没有饭吃的时候,他们什么事都干得出来。"由于中国人是黄种人,西方舆论经常出现两个字"黄祸",也就是说中国太穷对世界构成了威胁。随着改革开放和现代化建设的全面展开和深入发展,中国的经济实力快速增长,这头曾经昏睡的雄狮开始苏醒,西方舆论声称"没有哪一个大国的崛起不改变政治格局的",用"国强必霸"的逻辑推导宣扬"中国威胁论",也就是说中国富强了对世界构成了威胁。如此看来,无论中国怎么样,或贫弱或富强,或生乱或安定,都对世界构成威胁,除非你不走自己的路,跟着西方设计的道路走,按照西方提出的要求做。应当说,中国正在崛起是一个不争的事实,而中国在历史上曾占据世界中心舞台的时间比任何一个国家都长,在中华文化的基因里没有"国强必霸"的逻辑,历来倡导"和而不同"和"己所不欲,勿施于人",中国是维护世界和平的重要力量也是不争的事

实。想当年郑和下西洋，所率船队堪称"巨无霸"，发现了不少新大陆，将带去的丝绸、茶叶、陶瓷等华夏特产送给当地土著民，以示我"泱泱中华，富庶一方"，未占一寸土地就返航了。如果考察一下西方列强称霸的历史，从荷兰、葡萄牙、西班牙等海上争雄、殖民扩张，到大英"日不落"帝国的崛起；从第一次世界大战、第二次世界大战，到战后一些大国强国力量的此消彼长，美国成为当今世界唯一的超级大国，倒是无一没有例证"国强必霸"的逻辑。历史是最好的教科书，我们从中不难看出，"中国威胁论"是西方按照自己的发展史实和逻辑推理做出的判断，这真是有点儿以小人之心度君子之腹的味道。

再往深层次上分析，也不能说中国的发展对西方资本主义世界没有构成一点儿威胁。这个"威胁"当然主要不是在军事领域，而是在政治层面和意识形态领域。因为中国的发展证明，社会主义并不像西方舆论所攻击的那样，尽管在它的发展进程中出现过严重错误和挫折；中国特色社会主义在改革开放的驱动下创造了举世公认的经济社会发展奇迹，具有强大的生机和活力。这给世界其他发展中国家提供了一条可以借鉴的发展道路和路径选择，即独立自主地选择和坚持符合本国实际的发展道路，不按照西方的政治、经济制度和价值观念搞建设，照样可以使国家富强、民族振兴、人民幸福。

"中国威胁论"的由来、用意及其实质又一次表明中华民族伟大复兴绝不是轻轻松松、顺顺当当就能实现的，我们越发展壮大，遇到的阻力和压力就会越大，面临的外部风险就会越多。这是我国由大向强发展进程中无法回避的挑战，是实现中国梦强军梦绕不过去的门槛。我们坚持走和平发展道路，决不干称王称霸的事，决不会搞侵略扩张，但也不会在别人的挑衅、挑战面前逆来顺受、忍气吞声。面对所谓"中国威胁论"的鼓噪，我们不能因为怕鬼叫而不敢上夜路，还是按照一句话所说的："走自己的路，让人家去说吧。"

案例思考：

西方国家宣扬"中国威胁论"的原因和目的是什么？我国应该如何应对？

三、坚决维护国家核心利益

中国坚定不移走和平发展道路，始终不渝倡导合作共赢理念。但是，中国走和平发展道路、倡导合作共赢是有底线的，这就是坚决维护国家核心利益。

我们要坚持走和平发展道路，但坚决维护国家的核心利益是中国外交的神圣使命。新中国成立60多年来，中国在维护国家独立和主权、捍卫民族尊严上的立场是一贯的。任何外国不要指望我们会拿自己的核心利益做交易，不要指望我们会吞下损害我国主权、安全、发展利益的苦果。一些人把中国维护合理合法的国家权益说成是"咄咄逼人""傲慢""强硬"，鼓吹"中国威胁"等论调，都是站不住脚的。

要始终把坚决维护国家主权、安全、发展利益作为外交工作的基本出发点和落脚点。坚持独立自主的和平外交方针，坚持把国家和民族发展放在自己力量的基点上，决不能放弃我们的正当权益，决不能牺牲国家核心利益。稳妥应对涉及我国领土主权和海洋权益的争端，坚决维护国家的领土主权。坚决在国际上遏制"台独""藏独""东突"等分裂势力的破坏活动，防范国际暴力恐怖活动向境内渗透，维护国家主权和安全。不回避矛盾和问题，妥善处理同有关国家的分歧和摩擦，同时推动各领域交流合作，通过合作扩大共同利益的汇合点，努力维护同周边国家关系及地区和平稳定大局。

我国的和平发展不会一帆风顺。我们不惹事，但也不怕事。在涉及我国核心利益的问题上，我们要敢于划出红线，亮明底线。随着我国和平发展进程的不断深入，我们维护国家利益的资源和手段将会越来越多，维护国家利益也会越来越主动。

第三节 当代中国的对外方针政策

新中国成立以来，中国提出和坚持和平共处五项原则，确立和奉行了独立自主的和平外交政策，强调中国始终是维护世界和平的坚定力量，倡导并致力于同世界各国一道推动建设持久和平、共同繁荣的和谐世界。

一、推动构建新型大国关系

大国是影响世界和平的决定性力量，保持与大国关系的总体稳定，对于我国深化全方位对外合作，维护良好的外部环境至关重要。党的十八大以来，以习近平为总书记的党中央通过主动战略谋划，积极调动大国关系。一个重要思想是主动出牌、布局。另一个重要思想是积极进取和开拓创新，主动提出要跟美国建立新型大国关系，力争摆脱新兴大国与守成大国走向冲突对抗的老路。通过积极运筹中俄、中美、中欧关系，取得了明显成效。

1. 以中俄关系为新型大国关系的典范

俄罗斯是我国周边最大邻国和世界大国。高水平、强有力的中俄关系，不仅符合中俄双方利益，也是维护国际战略平衡和世界稳定的重要保障。当前，中俄都处在民族复兴的重要时期，两国关系已进入互相提供重要发展机遇、互为主要优先合作伙伴的新阶段。发展新形势下的中俄关系，必须坚定不移地发展面向未来、合作共赢、人民友好的关系。

中俄互为最主要、最重要的战略协作伙伴，深化中俄全面战略协作伙伴关系，在两国外交全局和对外关系中都占据优先的战略地位。两国重点加大相互政治支持，坚定支持对方维护国家主权、安全、发展利益的努力，走符合本国国情的发展道路；全面扩大务实合作，把两国高水平的政治关系优势转化为实际成果；密切在国际和地区事务中协调配合，维护联合国宪章宗旨和原则及国际关系基本准则，维护二战成果和战后国际秩序，维护国际公平正义，促进世界和平、稳定、繁荣。

中俄关系已达到前所未有的高水平，为大国间和谐共处树立了典范，在当今国际关系中为促进地区乃至世界和平与安全发挥着重要的稳定作用。

2. 推动中美建立新型大国关系

中美关系是当今世界最重要的双边关系之一。中美在维护世界和平稳定、促进人类共同发展进步方面肩负共同责任，加强对话是两国唯一正确选择。中美要建立不对抗不冲突、相互尊重、合作共赢的新型大国关系，这是双方在总结历史经验基础上，从两国国

情和世界形势出发,共同做出的重大战略抉择,符合两国人民和各国人民根本利益,也体现了双方决心打破大国冲突对抗的传统规律、开创大国关系发展新模式的政治担当。

构建中美新型大国关系是一种使命和责任,须有积土成山的精神。双方要努力做到:增进互信,把握两国关系的正确方向;相互尊重,尊重彼此核心利益和重大关切,妥善处理敏感问题和分歧;平等互利,积极拓展务实合作。

3. 推动中欧建立四个伙伴关系

欧洲是多极化世界的重要一极,同我国经济的互补性很强,是中国的全面战略伙伴。充分挖掘中欧合作潜力,有利于中国和平发展和世界的繁荣稳定。因此,加强与发展中欧关系是中国推动建立长期稳定健康发展的新型大国关系的重要组成部分,是中国外交政策的优先方向之一。

中国与欧盟要做和平伙伴,带头走和平发展道路。中国与欧盟要做增长伙伴,相互提供发展机遇。中国与欧盟要做改革的伙伴,相互借鉴、相互支持。中国与欧盟要做文明伙伴,为彼此进步提供更多营养。

中国与欧盟及其许多成员国建立了全面战略伙伴关系,各领域合作不断发展。中欧经贸合作不断发展,高层交往频繁,机制性对话卓有成效。2013 年 11 月,中欧共同发表《中欧合作战略规划》,涵盖近百个合作领域。2014 年 4 月,中国政府发表《深化互利共赢的中欧全面战略伙伴关系——中国对欧盟政策文件》,进一步规划了今后 5 年至 10 年合作蓝图,推动中欧关系实现更大发展。

二、按照“亲、诚、惠、容”理念推进周边外交

无论从地理方位、自然环境,还是相互关系看,周边对我国都具有极为重要的战略意义。中国把发展与周边关系放在对外关系的首要位置,积极营造更加和平稳定、发展繁荣的周边环境。

中国同 14 个陆地邻国接壤,与 8 个国家海上相邻或相向,是世界上邻国最多的国家之一。中国周边环境总体上是稳定的,睦邻友好、互利合作是周边国家对华关系的主流。这些周边国家差异性和多样性较为突出,一些国家经济发展水平不平衡,历史文化、民族和宗教信仰各异,存在历史遗留问题。周边的一些热点问题长期存在。

我国周边外交的战略目标,就是服从和服务于实现“两个一百年”奋斗目标,实现中华民族伟大复兴,全面发展同周边国家的关系,巩固睦邻友好,深化互利合作,维护和用好我国发展的重要战略机遇期,维护国家主权、安全、发展利益,努力使周边同我国政治关系更加友好、经济纽带更加牢固、安全合作更加深化、人文联系更加密切。

中国周边外交的基本方针是,坚持与邻为善、以邻为伴,坚持睦邻、安邻、富邻,突出体现亲、诚、惠、容的理念。“亲”是指巩固地缘相近、人缘相亲的友好情谊,要坚持睦邻友好、守望相助,讲平等、重感情,常见面、多走动,多做得人心、暖人心的事,使周边国家对我们更友善、更亲近、更认同、更支持,增强亲和力、感召力、影响力。“诚”是指坚持以诚待人、以信取人的相处之道,要诚心诚意对待周边国家,争取更多朋友和伙伴。“惠”是指履行惠及周边、互利共赢的合作理念,要本着互惠互利的原则同周边国家开展合作,编织

更加紧密的共同利益网络，把双方利益融合提升到更高水平，让周边国家得益于我国发展，使我国也从周边国家共同发展中获得裨益和助力。“容”是指展示开放包容、求同存异的大国胸怀，要倡导包容的思想，强调亚太之大容得下大家共同发展，以更加开放的胸襟和更加积极的态度促进地区合作。

“亲、诚、惠、容”周边外交新理念具有丰富的传统文化内涵。“亲”强调的是亲缘纽带关系，体现了中国与周边国家在地缘、人缘、文缘方面的相通和亲近感；“诚”既有真诚无妄的一面，也包含诚实守信、不欺侮的意味，体现了中国对待周边国家真诚有信之态度；“惠”强调的是互惠互利，坚持正确的义利观；“容”在承认周边国家和地区文化的差异性同时，追求实现差异中的和谐共存。这四字箴言反映了中国传统文化的关联性思维和交互性伦理，体现了中华民族追求实现和谐共存、和平发展的梦想。

我们要坚持睦邻友好，守望相助；讲平等、重感情；常见面，多走动；多做得人心、暖人心的事，使周边国家对我们更友善、更亲近、更认同、更支持，增强亲和力、感召力、影响力。要诚心诚意对待周边国家，争取更多朋友和伙伴。要本着互惠互利的原则同周边国家开展合作，编织更加紧密的共同利益网络，把双方利益融合提升到更高水平，让周边国家得益于我国发展，使我国也从周边国家共同发展中获得裨益和助力。要倡导包容的思想，强调亚太之大容得下大家共同发展，以更加开放的胸襟和更加积极的态度促进地区合作，更积极主动回应周边国家的期待，共享机遇，共迎挑战，共创繁荣。这些理念，首先我们要身体力行，使之成为地区国家遵循和秉持的共同理念和行为准则。

做好新形势下周边外交工作，要从战略高度分析和处理问题，提高驾驭全局、统筹谋划、操作实施能力，全面推进周边外交。要着力维护周边和平稳定大局，走和平发展道路，是我们党根据时代发展潮流和我国根本利益做出的战略抉择，维护周边和平稳定是周边外交的重要目标。

要着力推进区域安全合作。我国同周边国家毗邻而居，开展安全合作是共同需要。要坚持互信、互利、平等、协作的新安全观，倡导全面安全、共同安全、合作安全理念，推进同周边国家的安全合作，主动参与区域和次区域安全合作，深化有关合作机制，增进战略互信。

对周边和发展中国家，要找到利益的共同点和交汇点，坚持正确义利观，有原则、讲信义、重情谊、扬正义、树道义，多向发展中国家提供力所能及的帮助。对那些长期对中国友好而自身发展任务艰巨的周边和发展中国家，要多考虑对方利益，不损人利己、以邻为壑。

要着力深化互利共赢格局。统筹经济、贸易、科技、金融等方面资源，利用好比较优势，找准深化同周边国家互利合作的战略契合点，积极参与区域经济合作。要同有关国家共同努力，加快基础设施互联互通，建设好丝绸之路经济带、21 世纪海上丝绸之路。建设“一带一路”有利于深化中国同周边国家经贸、人文等领域的交流与合作。“一带一路”建设秉持的是共商、共建、共享原则。共商，就是集思广益，好事大家商量着办，使“一带一路”建设兼顾各方利益和关切，体现各方智慧和创意。共建，就是各施所长，各尽所能，把各方优势和潜能充分发挥出来，聚沙成塔，积水成渊，持之以恒加以推进。共享，就

是让建设成果更多更公平惠及中国及沿线各国人民，打造利益共同体和命运共同体。“一带一路”是互利共赢之路，将带动各国经济更加紧密结合起来，推动各国基础设施建设和体制机制创新，创造新的经济和就业增长点，增强各国经济内生动力和抗风险能力。要以周边为基础加快实施自由贸易区战略，扩大贸易、投资合作空间，构建区域经济一体化新格局。要不断深化区域金融合作。要加快沿边地区开放，深化沿边省区同周边国家的互利合作。在各方共同努力下，“一带一路”建设的愿景与行动文件已经制定，亚洲基础设施投资银行（AIIB）2016 年 1 月正式成立，丝路基金已经顺利启动，一批基础设施互联互通项目已经在稳步推进。今后将进一步完善区域金融安全网络，加快协商和推进合作项目，争取成熟一项实现一项。“一带一路”建设越早取得实实在在的成果，就越能调动各方面积极性，发挥引领和示范效应。

要着力加强对周边国家的宣传工作、公共外交、民间外交、人文交流，巩固和扩大我国同周边国家关系长远发展的社会和民意基础。关系亲不亲，关键在民心。要全方位推进人文交流，深入开展旅游、科教、地方合作等友好交往，广交朋友，广结善缘。要对外介绍好我国的内外方针政策，讲好中国故事，传播好中国声音，把中国梦同周边各国人民过上美好生活的愿望、同地区发展前景对接起来，让命运共同体意识在周边国家落地生根。

中国提出通过五个坚持和“2 +7”合作框架发展与东盟的关系，打造更加紧密的中国-东盟命运共同体。五个坚持：坚持讲信修睦，坚持合作共赢，坚持守望相助，坚持心心相印，坚持开放包容。“2 +7 合作框架”中，“2”为两点政治共识，即推进合作的根本在深化战略互信，拓展睦邻友好；深化合作的关键是聚焦经济发展，扩大互利共赢。“7”为七个领域的合作：积极探讨签署中国-东盟国家睦邻友好合作条约；启动中国-东盟自贸区升级版谈判；加快互联互通基础设施建设；加强本地区金融合作和风险防范；稳步推进海上合作；加强安全领域交流与合作；密切人文、科技、环保等交流。

在朝鲜半岛，以处理推进半岛无核化、维持半岛稳定和维护中朝友好关系三个目标之间的关系为关键，将半岛无核化置于首位，推动中朝睦邻友好合作关系向前发展。顺势加强中韩关系，提出中韩成为实现共同发展的伙伴、致力地区和平的伙伴、携手振兴亚洲的伙伴、促进世界繁荣的伙伴。

中国坚决反对日本背信弃义、损害中国领土主权的行为。中方强烈敦促日本正视当前中日关系的严峻局面，承认钓鱼岛主权争议，纠正侵犯中国主权的错误做法，回到谈判解决钓鱼岛问题的轨道上来。

中国坚决反对日本歪曲历史和破坏战后国际秩序的图谋。中国将坚定不移捍卫用鲜血和生命写下的历史。国际社会应共同维护二战胜利成果和战后国际秩序。

处理南海问题，中方赞成并倡导“双轨思路”，即有关争议由直接当事国通过友好协商谈判寻求和平解决，而南海的和平与稳定则由中国与东盟国家共同维护。

三、加强与发展中国家的团结合作

加强与发展中国家的团结合作是中国外交政策的基石。发展中国家是反对霸权主义、维护世界和平、推动建立国际政治经济新秩序的中坚力量，始终是中国在国际政治舞台上可以依靠的战略力量，是我国走和平发展道路的同路人。中国努力同广大发展中国家加强合作，深化传统友谊，扩大务实合作，提供力所能及的援助，维护发展中国家的正当要求和共同利益。政治上坚持正义、秉持公道、道义为先，经济上要坚持互利共赢、共同发展。

1. 以“真、实、亲、诚”和“461”框架打造中非合作升级版

“真”字是指中国要做非洲国家的真朋友。“实”指中国要把对非承诺落到实处。“亲”是指中国人民对非洲人民保持友好亲近。“诚”是指坦诚相待，妥善解决中非关系中出现的问题与挑战。

中方提出“461”合作框架，打造中非合作升级版。“4”是要牢牢把握四项原则：真诚平等相待、增进团结互信、共谋包容发展、创新务实合作。“6”是积极推进六大工程：产业合作工程、金融合作工程、减贫合作工程、生态环保合作工程、人文交流合作工程、和平安全合作工程。“1”是用好中非合作论坛这一个重要平台。

2. 以“1 +2 +3”合作格局深化中阿天然合作伙伴关系

中国同阿拉伯国家因为丝绸之路相知相交，是共建“一带一路”的天然合作伙伴。

要做好顶层设计，规划好方向和目标，构建中阿“1 +2 +3”合作格局。“1”是以能源合作为主轴。“2”是以基础设施建设、贸易和投资便利化为两翼。“3”是以核能、航天卫星、新能源三大高新领域为突破口，努力提升中阿务实合作层次。

3. 以“1 +3 +6”合作新框架构建中拉关系五位一体新格局

构建中拉关系新格局要做到“五个坚持”。一是坚持平等相待，始终真诚相助。二是坚持互利合作，促进共同发展。三是坚持交流互鉴，巩固世代友好。四是坚持国际协作，维护共同权益。五是坚持整体合作，促进双边关系。中方倡议双方共同构建“1 +3 +6”合作新框架。“1”是“一个规划”，即以实现包容性增长和可持续发展为目标，制定《中国与拉美和加勒比国家合作规划(2015—2019)》，实现各自发展战略对接。“3”是“三大引擎”，即以贸易、投资、金融合作为动力，推动中拉务实合作全面发展。“6”为“六大领域”，即以能源资源、基础设施建设、农业、制造业、科技创新、信息技术为合作重点。

4. 推动金砖国家形成更紧密、更全面、更牢固的伙伴关系

中国对金砖国家合作尤为珍视，将其列为外交优先领域，坚持同金砖国家做好朋友、好兄弟、好伙伴。

发扬金砖国家独特的合作伙伴精神。坚持开放、包容、合作、共赢。协调经济发展、社会发展、环境保护，拓展更大经济发展空间，开展全方位经济合作。扎实推动务实合作，确保金砖国家开发银行尽快启动，推动应急储备安排尽早投入运作，更多发挥工商理事会、智库理事会作用。塑造有利外部发展环境，推动金砖国家在经济总量、对外贸易、国际投资等方面占全球比重继续上升，完善全球经济治理，把增加发展中国家代表性和发言权的有关共识和决定落到实处，加强全球宏观经济政策协调，防范主要经济体经济政策变动给金砖国家带来负面外溢效应。

金砖国家既要做世界经济稳定之锚，也要做国际和平之盾，把自身发展同世界和平稳定结合起来，做世界和平的维护者、全球安全的促进者、国际安全秩序的建设者，将共

同打击恐怖主义和维护网络安全作为重点合作领域，倡导新的安全观，共同维护以联合国为核心的国际安全合作体系。

四、积极参与多边事务

中国是亚太经合组织和二十国集团的重要成员，积极参与多边事务，承担相应国际义务，推动重大热点问题和全球性问题的妥善解决，推动国际秩序和国际体系朝着更加公正合理的方向发展，积极树立负责任的大国形象。

中国与亚太经合组织合作由来已久。早在1991年11月，中国以主权国家身份，中国台北和香港（1997年7月1日起改为“中国香港”）以地区经济名义正式加入亚太经合组织。

自加入亚太经合组织以来，中国始终本着积极参与，求同存异，推动合作的精神，全面参与该组织各项活动。与此同时，亚太经合组织成为中国与亚太地区其他经济体开展互利合作、开展多边外交、展示中国国家形象的重要舞台。中国借此促进了自身发展，也为本地区乃至世界经济发展做出了重要贡献。

作为亚太大家庭的一员，中国一贯重视并积极参与亚太经合组织各领域合作，中国国家主席出席了历次亚太经合组织领导人非正式会议，提出了许多积极、平衡、合理的政策主张和倡议。中国致力于推动亚太经济实现平衡、包容、创新、安全增长，推进贸易和投资自由化便利化，加强经济技术合作，加快区域经济一体化。面向未来，中国力主亚太经济合作组织共同构建互信、包容、合作、共赢的亚太伙伴关系，共同规划发展愿景，共同应对全球性挑战，共同打造合作平台，共同谋求联动发展。

长期以来，中国在亚太经合组织内发挥着极具建设性的作用。中国通过参加亚太经合组织的一系列活动，推动国际秩序朝着更加公正合理的方向发展。

2001年10月，亚太经合组织第九次领导人非正式会议在中国上海成功举行。会议通过了《亚太经合组织经济领导人宣言》《上海共识》等重要文件，有力推动了亚太经合组织的合作进程。2014年11月，中国再度在北京成功举办亚太经合组织第二十二次领导人非正式会议。会议通过的宣言绘制了面向未来的亚太一体化发展蓝图，开创了互联互通的发展路径，为携手推进亚太命运共同体建设迈出历史性的关键一步。

亚太地区是中国对外经济贸易的重要依托。中国对外贸易总额和吸引外资的大部分均来自亚太经合组织成员，中国的发展很大程度上受益于区域经济，是区域合作的受益者。与此同时，中国的发展也为亚太经合组织注入了独有的活力和动力。

近年来，为应对国际金融危机，中国政府除及时调整宏观经济政策，果断实施扩大内需、促进经济增长等一揽子计划外，还积极与包括亚太经合组织在内的国际社会携手合作。中国通过双边、多边和地区性合作等各种渠道，为助推世界经济的复苏贡献了力量。中国已成为区域合作的积极倡导者和推进者。

在2013年的巴厘岛APEC会议上，中国提出构建“亚太命运共同体”的路线图，主张亚太地区应谋求共同发展、坚持开放发展、推动创新发展、寻求联动发展。在2014年的北京APEC会议上，中国主张打造发展创新、增长联动、利益融合的开放型亚太经济格局，并首次提出实现共同发展、繁荣、进步的亚太梦想。北京 APEC 会议还历史性地启动了亚太自贸区进程。

中国的一系列倡议和举措真正履行了大国责任,展现了大国担当,为推动实现地区共赢发展发挥重要作用。据国际货币基金组织测算,中国对亚洲经济增长的贡献率已超过 50%,中国经济每增长 1 个百分点,就将拉动亚洲经济增长 0.3 个百分点。中国与亚太,已经成了一荣俱荣、一损俱损的命运共同体。

作为二十国集团重要成员,长期以来,中国本着积极和建设性态度参与二十国集团机制建设,致力于推动二十国集团建立更加密切的伙伴关系,加强宏观经济政策协调,共同开创世界经济更加美好的未来。中国主张二十国集团共同采取负责任的宏观经济政策,共同应对当前世界经济金融领域重大风险和挑战;主张维护和发展更加开放的世界经济,推动各国经济加深融合,实现互利共赢;主张完善全球经济治理,一贯支持二十国集团在全球经济治理中发挥更大作用,并致力于提高新兴市场国家和发展中国家代表性和发言权;主张二十国集团做发展中国家的发展伙伴,建设更加有效的全球发展伙伴关系,调动更多经济资源,破解更多发展难题。同时积极提供建设性方案,为二十国集团建设与发展发挥了重要作用。

中国是二十国集团创始成员。中国参加了历次二十国集团财长和央行行长会议和峰会。2005 年,中国成为二十国集团主席国,成功举办了第七届二十国集团财长和央行行长会议、两次副手级会议以及研讨会等活动。

2008 年金融危机爆发后,二十国集团升格为领导人会议。在 2008 年华盛顿首次二十国集团峰会上,中国首次以塑造者、创始国和核心参与方身份参与全球经济治理机制。

此后,中国国家主席不仅出席了历次峰会,而且在会上发表了一系列重要讲话,宣介中国政府采取的相关举措,阐明中国对全球经济治理的立场,并提出一系列应对金融危机的重要主张。

在华盛顿、伦敦、匹兹堡、多伦多和首尔二十国集团峰会,围绕国际金融体系改革等问题,中国提出了一系列建议与措施。

在戛纳、洛斯卡沃斯二十国集团峰会,中国为促增长和保稳定献计献策,先后提出 10 点建议。

在圣彼得堡二十国集团峰会,中国提出发展创新、增长联动、利益融合等一系列新理念,坚定维护和发展开放型世界经济。

在布里斯班二十国集团峰会,中国提出了“创新发展方式”“建设开放型世界经济”“完善全球经济治理”三点建议。峰会通过的“全面增长战略”中,“中国智慧”占据 15%。根据国际组织测算,中国已成为二十国集团全面增长战略的最大贡献者。

中国是二十国集团的建设者和贡献者。早在 1997 年亚洲金融危机中,中国就已承担起“负责任地区大国”的责任,以自身负责任的行动使得那场危机没有演变为全球性危机。

2008 年金融危机过后,中国成为全球经济增长的领航者。中国以自身增长为全球经济做出了重要贡献。数据显示,从 2008 年至 2013 年的五年间,中国一国贡献了全球总

GDP 增长量的 37.6%。2014 年,中国对全球经济增长的贡献是 27.8%。2015 年以来,中国经济增长有所放缓,但中国对世界经济增长贡献率依然达到 30%。

中国的贡献,不仅首先源自中国自身稳增长、调结构、促改革、惠民生的政策措施,更是来自于增长路径的设计和互利共赢的实际行动。

2014 年 11 月,布里斯班峰会宣布,中国主办 2016 年二十国集团领导人会议。作为 2016 年二十国集团峰会主席国,中国从 2014 年 12 月起与土耳其、澳大利亚组成二十国集团"三驾马车"(前任、现任和候任主席国)新机制,参加二十国集团整个政策的协调,肩负着推进全球经济强劲、可持续、平衡增长的重任。

2015 年 11 月,中国积极参与了安塔利亚峰会筹备工作。中国已提交了 10 项重点承诺,涉及经济增长方式转变、金融体制改革、市场活力提升等诸多方面。中国从发展理念、发展速度和高水平对外开放等方面,为确保安塔利亚峰会取得成功做出了最大努力和积极贡献。

作为 2016 年二十国集团领导人峰会主办国,中国为会议圆满召开并取得丰硕成果进行了精心筹备。二十国集团领导人第十一次峰会于 2016 年 9 月 4 日至 5 日在浙江省杭州市举行。杭州峰会以"构建创新、活力、联动、包容的世界经济"为主题,二十国集团成员、8 个嘉宾国领导人以及 7 个国际组织负责人与会。习近平主席主持二十国集团领导人杭州峰会,开展了 53 场活动,包括峰会期间举行了 33 场双边会谈会见并同其他来宾进行接触交流。峰会发表了《二十国集团领导人杭州峰会公报》和 28 份具体成果文件。这些成果主要体现在以下几方面:

一是体现了共迎挑战的伙伴关系精神。面对日益纷繁复杂的挑战,全球主要经济体迫切需要建立起相互协作的伙伴关系。我们今年积极推动二十国集团成员加强政策协调,聚焦共识,妥善处理分歧,加强彼此正向联动。峰会就推动世界经济增长达成杭州共识,公报强调,"二十国集团建立更紧密伙伴关系,携手行动,将为世界经济增长传递信心",展现出同舟共济、共渡难关的信心。

二是明确了世界经济的前进方向。关于全球经济增长乏力问题,杭州峰会的答案是必须走创新和改革之路。在我们倡导和推动下,二十国集团成员聚焦创新增长议题,共同制定了创新增长蓝图,以及创新、新工业革命、数字经济三大行动计划。各方还制定了结构性改革共同文件,强调要通过结构性改革提高世界经济中长期增长潜力。这些成果在二十国集团历史上都是首创之举,有望使全球经济增长重现活力。

三是制定了一系列务实的行动计划。杭州峰会特别重视将共识转化为行动,将成果落到实处。在发展领域,峰会制定了《二十国集团落实 2030 年可持续发展议程行动计划》,在推进全球发展合作方面迈出了新步伐。在贸易投资领域,峰会制定了两份具有历史意义的文件,一份是《二十国集团全球贸易增长战略》,致力于扭转当前全球贸易疲软的态势;另一份是《二十国集团全球投资指导原则》,这是世界范围内首个多边投资规则框架,填补了全球投资治理领域的空白。此外,在就业、金融、能源等多个领域,峰会也制订了多个行动计划。正如习近平主席所说,二十国集团不是清谈馆,而是真正的行动队。

四是展现了谋求共同发展的决心。发展是杭州峰会的一面旗帜。习近平主席总结峰会在发展领域的成果讲了三个"第一次":第一次把发展问题置于全球宏观政策框架的突出位置,第一次制定落实联合国2030年可持续发展议程行动计划,第一次采取集体行动支持非洲和最不发达国家工业化,这同我们全面落实好中非合作论坛约翰内斯堡峰会成果也是相契合的。这三个"第一次"释放了一个重要信号:二十国集团不仅属于二十国,也属于全世界,特别是广大发展中国家和人民。这体现了中国办会的独特视角,也反映了广大发展中国家的普遍愿望。此外,峰会还就气候变化、难民、反恐、反腐败等全球性问题进行了讨论,目的是为世界经济的稳定复苏营造有利的环境。

总之,杭州峰会成果数量多,分量重,在深度和广度上都取得了重大突破,在国际上树立起新的"全球标杆",给世界交了一份很好的答卷。

第四节　中国面临国际方面的机遇

一、和平、发展、合作仍是当今时代的潮流

从邓小平提出和平与发展是当代世界两大问题以后,世界经历了许多深刻变化,发生了许多重大事件。但是,时代的主题没有变,世界要和平,人民要合作,国家要发展,社会要进步,已成为不可抗拒的时代潮流或世界主流。

第一,世界形势总体趋缓。冷战结束后,虽然世界上地区性冲突和局部战争不断,但新的世界大战在可预见的时期内是可以避免的。越来越多的国家愿意坐下来进行谈判协商,以解决纠纷。政治多极化虽然步履艰难,但仍然为各国所追求。绝大多数国家包括美国的一些盟国,对霸权主义和强权政治越来越不满。包括中国在内的广大发展中国家已经成为反对霸权主义、维护世界和平的主要力量。这些说明,世界范围内和平因素的增长,超过了战争因素的增长。

第二,世界各国的共同利益明显增多。在经济全球化背景下,整个世界越来越紧密地联系在一起,世界各国利益的相互关联和相互依赖日益加深。

第三,重视发展战略已成为各国的主要政策取向。经济优先已成为世界潮流,这是时代进步和历史发展的必然。发展不但关乎各国国计民生,国家长治久安,也关系到世界的和平与安全。

第四,和平与发展是世界各国人民的普遍愿望。冷战结束以后,各国人民都不愿看到任何国家或国家集团再推行新的霸权和强权,都不愿看到南北之间发展的差距、贫富的悬殊再扩大下去,都渴望世界持久和平,渴望过上稳定安宁的生活,渴望建立公正合理的国际新秩序,渴望实现国际关系的民主化,渴望促进共同发展和共同繁荣,共创人类美好的未来。此外,当今世界面临许多突出的需要解决的问题,如人口增长过快,资源开发盲目无序,生态环境日趋恶化等,这些问题的解决,归根到底都要取决于和平与发展这两大问题的解决。

维护世界和平、促进共同发展是世界人民共同的心愿,但这并不意味着世界已实现了和平与共同发展。和平与发展仍然是人类不懈追求的目标,解决这两大问题的进程仍

然坎坷曲折。首先,威胁世界和平的因素依然存在,天下并不太平。近几十年来,世界范围的大战没有打起来,但小规模的地区性冲突乃至局部战争时起时伏。近十多年来,就先后发生了海湾战争、科索沃战争、阿富汗反恐战争、伊拉克战争、叙利亚战争等局部战争。其次,霸权主义和强权政治有了新的表现。某些国家大肆鼓吹“新干涉主义”,企图建立由西方价值观主导的世界,竭力推行单边主义,干涉别国内政,导致了一些国家和地区矛盾激化,局势紧张,对世界和平与发展构成严重威胁。最后,世界的发展很不平衡,不公正、不合理的国际政治经济旧秩序还没有根本改变,南北差距仍在扩大,世界各国远未实现共同繁荣;而且,贫困、环境恶化、毒品、恐怖主义等非传统安全问题也在增多。这些问题特别是发展中国家与发达国家之间的贫富悬殊,既表明旧的国际经济秩序成为各国共同发展的障碍,同时也构成危害世界和平的潜在因素。上述问题表明,世界和平与发展仍然面临严峻挑战。和平与发展仍是人类需要不懈追求的目标。

和平与发展仍然是时代主题,为我国加快发展提供了良好机遇和稳定的外部环境。当前,国际安全形势总体上继续趋向缓和。多极化趋势和经济全球化的持续发展,使国与国之间的相互依存和制约进一步加深,世界主要国家政府间合作更加密切,也有助于世界的和平、稳定与繁荣。维护世界和平的因素正在不断增长。在新的国际安全环境中,世界多数国家在注重运用政治、经济和外交等手段解决争端,经济安全在国家安全中的地位日益重要。各国在经济领域加强互利合作,相互开放,谋求共同繁荣,并进一步加强地区和世界的经济联系与合作,共同创造稳定、安全的外部经济环境。不仅南北各大国之间,尤其是第三世界国家合作的增强,这有可能成为今后世界发展的主流。这必将继续为我国在新世纪加快发展提供相对稳定的外部环境。

二、世界多极化和经济全球化趋势继续发展

多极化趋势的出现主要包括美、苏两个超级大国实力的相对衰落趋势,欧洲、日本的迅速崛起态势和中国、第三世界国家兴起的上升趋势,具体表现为西欧、日本随着经济实力与美国的差距逐步缩小,在政治上对美国的离心倾向也在不断加强;中国的国际地位不断提高和第三世界国家的发展壮大并走向联合。就当今世界实际情况来看,国际政治关系中存在美国、日本、西欧、中国、俄罗斯五个力量中心。五个力量中心的存在,在很大程度上影响着世界各个地区和许多国家。五个力量中心之间存在的相互竞争、相互制约的关系,使军事霸权主义受到更多的制约和限制,有利于世界的安全与稳定。但是多极化趋势与美国单极霸权企图之间的斗争远未结束,反而愈演愈烈。因此,世界多极化是在曲折中发展的。

多极化格局的形成将是一个长期的过程。这是因为:第一,美国的霸权主义和构建单极世界的图谋,是多极化趋势发展的最大障碍。第二,世界上冷战思维的继续、南北贫富差距的扩大,以及民族分裂和宗教纠纷等,也会对多极化趋势产生各种干扰和冲击。第三,多极化格局的形成是世界各种力量重新组合和利益重新分配的过程,由此将产生多种不确定因素,世界多极化进程将充满矛盾和斗争。国际格局走向多极化,是时代进步的要求,符合各国人民的利益,是不可阻挡的时代潮流,任何旨在建立“单极”世界的图

谋都是注定要失败的。多极化格局使世界各种力量逐渐形成既相互借重又相互制约与制衡的关系,有利于避免新的世界大战的爆发,有利于遏制霸权主义和强权政治,有利于推动建立公正合理的国际政治经济新秩序,有利于实现各国人民对和平、稳定、繁荣的新世界的美好追求,也有利于中国抓住机遇、发展自己。

改革开放以来,我国从全球化市场中获得资金、技术和管理经验,从而促进了我国的经济和社会发展。新一轮经济全球化也为我国发展带来难得机遇。第一,区域主义的兴起会促进贸易和投资壁垒削减以及边境内新规则确立,从而拉动区域经济增长,带动世界经济增长,为我国提供更多贸易和投资机会。第二,区域经济一体化的发展为我国推进与世界更多国家谈判签署自由贸易协定、建立双边或区域自由贸易区提供了良好环境,有利于我国加快实施自由贸易区战略,促进亚太自由贸易区谈判进程,落实"一带一路"战略,升级中国-东盟自由贸易区和其他自由贸易区,形成面向全球的高标准自由贸易区网络,改善我国对外经贸环境。第三,广大发展中国家和新兴市场国家由于自身产业竞争力低、经济金融监管制度存在缺陷、经济调试能力弱,对美欧主导的国际经济规则追求高标准的经济自由化难以普遍认同。而我国坚持以包容、渐进、公正、互惠的理念推动国际经贸规则制定和完善,受到普遍欢迎。第四,许多国际经济新规则有利于强化市场在资源配置中的决定性作用,与我国经济体制改革的取向一致。贸易便利化可以降低市场交易成本;准入前国民待遇加负面清单模式可以简化投资行政审批手续,改善我国吸引外资和对外投资环境;TISA 的服务贸易高标准有利于扩大服务业市场准入,拓展服务贸易发展空间;提高政府透明度的要求能够促进政府职能转变,规范政府部门行为方式;趋严的知识产权保护规则和环境标准,符合我国实施创新驱动发展战略、实现可持续发展的要求。因此,顺应国际经济变迁趋势,完善开放型经济新体制,以开放倒逼改革,有利于进一步释放改革开放的红利。

中国经济与世界经济的联系和相互影响正在加深,可利用的外部机遇更多,发展空间更大。各国普遍看好中国的发展前景,发展对华关系、加强对华经济合作的意愿日益强烈,各国和国际组织期望我国在促进区域经济合作和多边贸易体系中发挥积极作用。"一带一路"的提出,亚洲基础设施投资银行(简称亚投行)的设立,人民币国际化步伐正在加快,网上汇率交易逐步放开,我国对外经济合作领域将继续扩大和深化,国际话语权在增强,中国进一步提高在经济全球化中的竞争能力和影响力。

三、科技革命迅猛发展

科技对世界经济增长的平均贡献率已由 20 世纪初的 5% ~20%,上升到 21 世纪初的 80%左右。当前,新科技革命和产业变革正在兴起,信息技术、新能源技术、新材料技术、生物技术、空间技术和海洋技术等诸多领域的信息控制技术革命,通过科技的创新与融合,极大地推动了人类社会经济、政治、文化领域的变革,而且也影响了人类生活方式和思维方式。从互联网到大数据、云计算、物联网,新技术革命本身在不断演进。生产方式也随之改变——从手动到自动化,再到智能化、网络化、平台化。技术进步带来的变化,远远不限于技术领域、生产领域。

全球范围内的科技进步浪潮,为我国在技术跨越的基础上实现生产力的跨越式发展和经济转型提供了现实的可能性。

以制造业为例,新科技革命为我国发展智能制造及相关产业带来重大机遇,我们应积极总结和借鉴国外先进经验,以智能制造为突破口,推动我国产业技术升级,实现制造业竞争优势由传统要素优势向技术优势的转型。发达国家纷纷出台以先进制造业为核心的"再工业化"国家战略:美国大力推动以"工业互联网"和"新一代机器人"为特征的智能制造战略布局;德国"工业4.0"计划的提出旨在通过智能制造提振制造业竞争力;欧盟在"2020增长战略"中提出重点发展以智能制造技术为核心的先进制造;日本、韩国等制造强国也提出相应的发展智能制造的战略措施,可见,智能制造已经成为发达国家制造业发展的重要方向,成为各国发展先进制造业的制高点。我国在2015年推出的"中国制造2025"战略中也强调了智能制造的重要性。发展智能制造不仅是我国产业转型升级的突破口,也是重塑制造业竞争优势的新引擎,是制造业的未来方向。中国拥有4200多万人的工程科技人才队伍,这是中国开创未来最可宝贵的资源。

我国已紧紧抓住新技术革命和产业变革带来的机遇,把创新驱动发展战略作为国家重大战略,着力推动科技创新和经济转型,实施可持续发展战略,大力发展绿色经济。

四、国际战略力量的变化,左翼和社会主义思潮有所复兴

2008年以来的全球金融危机改变了国际战略力量的对比,新兴市场国家和发展中国家整体实力增强,传统发达国家深陷债务危机泥沼,中国在国际上的地位和话语权有了大幅提高。在人们探寻国际金融危机的根源,以及将资本主义与社会主义制度进行对比研究中,扩大了左翼思潮和社会主义思潮的影响力。

随着经济全球化深入发展,以美国为首的西方强国利用其在全球的经济、政治、文化以及军事、科技等强权特别是其中的金融霸权,掠夺广大发展中国家。2008年国际金融危机的根本原因:正如马克思在《资本论》中所说:"一切真正的危机的最根本的原因,总不外乎群众的贫困和他们的有限消费,资本主义生产却不顾这种情况而力图发展生产力,好像只有社会的绝对消费力才是生产力发展的界限。"也正如列宁所说:"不是生产食物更加困难,而是工人群众取得食物更为困难。"这也就是说,这场国际金融危机的根本原因是生产社会化甚至生产全球化与生产资料私人占有之间的矛盾、生产无限扩张与社会有限需求之间的矛盾在经济全球化条件下深入发展的必然结果。

国际金融危机爆发后,世界各资本主义大国都在急剧降息、恶性增发货币,试图增加新的产能;而世界范围内的穷人包括所谓的中产阶级愈来愈穷、而极少数富人愈来愈富、几乎所有国家愈来愈穷的局面非但没有缩小,相反仍呈日趋加大之势;穷国穷人的绝对需求仍在急剧下降。因此,生产社会化与生产资料私人占有之间的矛盾、生产无限扩张与社会有限需求之间的矛盾非但没有缓解,反而仍在加剧。当前世界性的金融危机仍未见底,世界经济看似走出低谷,但新一轮更大的金融乃至经济危机极有可能就在这看似走出低谷中酝酿与集聚。历史的经验反复证明,经济危机发展的结果必然是政治危机。必要之时,所谓的"国际社会"必然寻求战争之道来摆脱危机。这是它们企图摆脱危机的

最后也可能是最有效的途径。

正因为由"发达国家的主导"经济全球化的灾难还没有"终结"甚至是刚刚开始,所以,更多的有识之士在分析资本主义经济社会危机的根源,以及对比中国这样的社会主义国家欣欣向荣发展的现实中,看到了科学社会主义(其中包括中国特色社会主义)指导下社会主义发展的光明前景。世界左翼和社会主义思潮、理论、运动和制度在全球范围内开始走出低谷。

地处欧洲金融中心法兰克福的卡尔·马克思书店的顾客和销量大增,2009 年《资本论》第 1 册的销量比 2008 年多 5 倍以上。据德国柏林专门出版马克思著作的卡尔迪次出版社总经理介绍,2004 年以前该社每年平均售出马克思全集 100 余套,但 2009 年的 1 天就销售马克思全集 89 套,而且征订数量直线上升。这位总经理谈到,马克思的《资本论》等著作重新热起来,反映了德国社会当前所面临的状况,"社会遇到的问题越多,就会有更多的人试图从马克思的著作中寻找答案"。

一些主要由发展中国家参加的会议和论坛上有越来越多的人批评西方发达国家主导的霸权主义的世界秩序,质疑和批判"新自由主义"发展理论。例如有 100 多个国家和地区的代表参加的第七届世界社会论坛深刻揭露了"新自由主义"在广大发展中国家尤其是非洲国家所导致的灾难、不平等和不公正现象,并就反对发达资本主义国家主导下不公正的全球化体系达成共识。2009 年 1 月 27 至 2 月 1 日在巴西北部城市贝伦召开了第九届世界社会论坛。来自 150 个国家和地区的近 14 万名代表参加会议。大多数参加者在 30 岁以下。这次论坛其中一个重要议题是资本主义危机,涉及金融、经济、环境、能源、粮食、移民和统治危机,还有八国集团、国际货币基金组织、世界银行和世贸组织的明显的合法性危机,20 国集团的替代解决方案的合法性,与达沃斯世界经济论坛形成了鲜明的对比。

特别是在国际金融危机发生后,中国发挥了独特的稳定作用,已被公认为世界经济增长的火车头之一。2009 年,中国经济在世界上率先出现了回升向好的趋势,GDP 增长率达到了 8.7%,这对世界经济复苏至关重要。中国继续扩大对外贸易,有助于稳定周边经济。在 20 国集团金融峰会上,中国不仅提出了多项合理务实的改革建议,还在发达国家与新兴市场国家之间扮演协调角色,在国际金融体系改革中发挥了建设性的作用,受到国际社会的普遍好评。目前,国际媒体对我国的正面报道增多,对我国的发展模式和倡导建立和谐世界的理念兴趣增加,国际舆论正向对我国有利的方向转变。在当今世界正处在大变革大调整之中,中国对世界的重要贡献和正能量的影响力得到了广泛的肯定,这对我国推动建立更加公正合理的国际新秩序和构建和谐世界是极为有利的。

第五节　中国面临国际方面的主要挑战

国际环境不稳定不确定因素增多,我国发展的外部环境复杂多变。政治上西方敌对势力加紧对我国实施西化、分化战略;经济上世界经济增长放缓,金融市场出现动荡,能源价格上涨,粮食安全问题突出;文化上,西方国家四处推销自己的意识形态,千方百计对我国进行思想文化渗透;安全上,军备竞赛加剧,周边一些国家政局动荡。这一切,决

定了我国发展面对的挑战是严峻的、长期的。

一、西方国家试图将我国西化、分化的威胁

习近平总书记指出:“当今世界,意识形态领域看不见硝烟的战争无所不在,政治领域没有枪炮的较量一直未停。”长期以来,国内外敌对势力对社会主义国家实行“和平演变”战略,并采用各种手段对中国进行“西化”和“分化”。西方资本主义国家曾经使用“武装侵略”“军事遏制”“经济封锁”等手段企图把社会主义政权扼杀在摇篮之中。在这些手段未能达到其预期目的时,便开始凭借其综合国力的优势,不断地强化“和平演变”的战略。中国作为世界上社会主义大国的迅速崛起,是西方国家的一些人从内心所不愿意看到的,在苏联和东欧国家剧变后就将“和平演变”的重点转移到中国,图谋运用各种手段对中国进行“西化分化”。所谓西化,就是企图在政治上用西方的多党制和议会制取代中国共产党的领导地位和人民民主专政的国家制度,在经济上用资本主义私有制取代社会主义公有制,在思想文化上用资本主义意识形态取代社会主义意识形态。所谓分化,就是利用一切手段和各种机会,企图分裂我们的党、我们的民族和我们的国家,使我国重新陷入旧中国那种四分五裂、一盘散沙的状态。总之,他们的目的,就像邓小平同志指出的,是要把社会主义的中国变成“完全西方附庸化的资产阶级共和国”。

为了通过和平演变达到“西化”“分化”中国的目的,西方国家所采取的手段主要包括以下几个方面。

一是利用各种传播媒介制造“舆论攻势”。长期以来,美国等西方国家为了向社会主义国家输出其价值观念,利用广播、电视、电影、报纸、杂志、书籍、互联网等各种传播媒介,掀起了一轮又一轮的所谓“舆论攻势”,大搞文化殖民主义。尤其是在网络化时代,国外敌对势力利用互联网向社会主义国家全天候、全方位地宣传其意识形态和生活方式。互联网还成为西方国家攻击诋毁中国和兜售其价值观的重要渠道。通过互联网等各种媒体在社会主义国家散布谣言、蛊惑人心,并兜售其反共产主义意识形态的所谓“全球民主论”“文明冲突化”“意识形态终结论”“普世价值论”“消费至上论”“个人中心论”“中国威胁论”“中国崩溃论”等等。西方资助敌对势力在境外建立了大量反华网站,这些网站充斥着攻击我国党和政府的政治谣言、负面新闻和虚假信息。针对我国的封堵措施,一些西方国家和组织支持“法轮功”等敌对势力研发“自由门”“无界浏览”等破网软件,并将这些软件传播到境内。精心炮制谷歌事件,挑战中国的政治底线。网络上广泛运用的电子邮件、网络论坛、即时通讯工具、BT 软件等,也成为敌对势力向我国民众传播反动信息的重要手段。

二是利用经济贸易往来以实现“商政互动”。随着中国改革开放的推进,中国经济与世界经济之间建立和保持着日益密切的交往和联系,形成了你中有我、我中有你和谁也离不开谁的关系。为了达到利用经济交往进行西化分化和平演变的目的,西方敌对势力往往以经济活动为掩护,进行意识形态渗透,宣扬“私有化”和资产阶级经济学说,攻击公有制和国有企业制度,主张全盘私有化。甚至通过收买企业界及党政界干部进行政权颠覆等非法活动,以实现其所谓“以商养政”和“政商互动”。2010 年 5 月 28 日奥巴马政府

首份《国家安全战略报告》中说："美国价值观和利益的最佳代表就是……我们的企业、非政府组织等"。

三是支持和帮助中国的所谓"反对派""民主进步势力"，进行颠覆中国社会主义制度的宣传活动，并物色和培养崇拜西方民主政治的所谓精英，作为"和平演变"的后备力量。西方国家不仅大力培植刘晓波等异见分子，发表攻击我们党和国家的言论，丑化党的领袖，还扶持一些学者、记者和律师扮演"意见领袖"，经常就时政话题和热点问题在网上发表言论，煽动社会情绪，对政府决策和公共事务施加压力。而且通过扩大学术交往、设立基金会、提供奖学金、开展合作研究、进行培训等途径，想方设法拉拢"现在的一代"，物色、收买、培植"亲西方势力"，并鼓励和支持这些人不断走向各级领导岗位，以掌握越来越重要的权力，从而使他们成为中国共产主义的"掘墓人"，并把为此而进行的大量资金投入看作"给共产主义提供一笔合乎礼仪的安葬费"。

四是利用民族宗教问题制造"分化""分裂"。长期以来，西方敌对势力利用中国的民族宗教问题大做文章，以达到其"分化""分裂"中国的目的。比如，在西藏问题上，对"藏独"分裂势力，不仅政治上庇护，而且经济上援助；不仅在国际上为其提供活动空间，而且在舆论上为其助威造势。美国国会两院每年都要举行所谓"西藏问题听证会"，一些人还公然宣称"西藏是一个被占领的国家"。奥马巴执政后不顾中国的强烈反对多次会见达赖。又比如，在台湾问题上，美国始终把台湾作为遏制中国的"不沉的航空母舰"，以"两面手法"牵制我国。一方面在国际上承认"一个中国原则"，另一方面又阻挠和反对中国的真正统一，不断向台出售各类先进武器。其目的就是要通过台湾这个"民主的橱窗""民主的灯塔"和"民主的经验"，引领中国大陆政治制度的转型。再比如，在"法轮功"问题上，对中国取缔法轮功这一邪教组织的行为横加指责，认为是所谓侵犯了公民的宗教信仰自由等等。

五是利用"人权"问题推行双重标准的"人权外交"。尊重和保障人权是社会文明进步的重要标志，但不同的国家以及不同的经济、政治、文化背景，又使人们对人权有着不同的理解和态度。以美国为首的西方国家以自己的价值观为基础形成了一个由他们自己说了算的至高无上的和谁也不允许违背和怀疑的人权观，为了捍卫和维护西方的人权观，肆无忌惮地干涉别国内政，制造了"人权高于主权"的理论，强调"人权无国界""主权有限论"和"主权过时论"等，并肆意以"人权问题"为借口干涉别国内政，从而形成了一系列的人道主义灾难。从 20 世纪 70 年代开始，美国国务院每年都向国会提交一份世界人权的国别报告，年复一年地对世界上近 200 个国家和地区的人权状况妄加评论，其中中国的人权状况是其攻击的重点对象。在实施"人权外交"的过程中奉行典型的双重标准，对自己、对西方的"文明集团"以及亲近西方的国家是一套标准，而对其他国家尤其是社会主义国家就是完全不同的另外一套标准。

【知识链接 9-1】

美国和平演变战略的形成

在"和平演变"战略的形成过程中，美国前总统艾森豪威尔当政时期的国务卿杜勒斯具有举足轻重的作用。1952 年 8 月,他就曾预言“共产主义将从内部解体”。1953 年 1 月,他又提出了颇具影响的所谓对社会主义制度下人民的“解放政策”。“不过,解放并不就是解放战争。解放可以用战争以外的方法得到”,“必须是而且可能是和平的方法”。1954 年 1 月,他明确提出要把“遏制政策”改为“解放政策”,以加速对社会主义国家的“和平演变”。1956 年 5 月,针对苏共二十大出现的问题,杜勒斯认为,“在苏联内部有较大的自由主义力量”,“如果这种力量在苏联内部继续发展,而且声势日大的话,那么,我们就可以认为,也有理由希望,像我曾经说的,在十年或者一代人的期间里,我们可以达到我们政策的伟大目标”。1957 年 4 月,他系统地提出和平演变的六项政策:一是“提供范例,证明享受自由的幸福”,并通过情报和文化交流计划,“使全世界都知道这种情况”;二是借助类似在联合国通过决议谴责苏联的做法,“使分裂或被奴役的国家知道他们并未被遗忘”;三是“决不牺牲他们的利益来解决任何政治问题”;四是“推崇和赞誉那些为自由而流血的烈士”,但不鼓励暴力起义;五是“让苏联的统治者看清,我们要解放的真正目的”是和平和自由;六是“鼓励走向自由的演变”。1957 年 7 月,他预言说:社会主义国家“将要发生一种演进性的变化”,这种变化不是一两代人能实现的,需要一个较长的过程。1958 年 10 月,杜勒斯明确提出要用“和平方法”改变中国的社会主义制度,“用和平方法使中国得到自由的精神”。由此可见,杜勒斯的“和平演变”主张已相当系统和完备。

杜勒斯关于采取“和平演变”的方法从内部颠覆社会主义国家的设想,逐渐成为美国对社会主义国家政策的核心理念。真正把和平演变付诸实施的是从美国总统肯尼迪开始的。他赞成杜勒斯的和平演变战略,但认为其太过空洞,没有具体的实际措施去落实。因此,他提出要在社会主义国家的任何“裂缝中”逐步地、慎重地、和平地促进更密切的关系,培养自由的种子。在肯尼迪任总统期间,美国加强了同第三世界的联系,通过各种经济援助以扩大对社会主义国家的影响力。1960 年 1 月,美国参议院外交委员会发表了《意织形态与外交事务》研究报告,强调美国应采取坚持不懈的积极行动来摧毁社会主义的思想体系,并用西方的生活方式加以渗透,认为这是和平演变的基本手段;强调为了促进“共产主义集团内部的演变,我们应当提倡与共产主义社会进行最广泛的接触”,应该“竭力发展同共产党阵营的知识分子,特别是同上层和中层政界人物的广泛接触,以便逐渐影响他们的思想信仰”。至此,美国的“和平演变”战略更加完善。

根据美国对社会主义国家以和平接触促进演变的总体构想,约翰逊总统在 1966 年就宣称要改变孤立中国的政策,谋求同中国改善关系。20 世纪 70 年代后,随着国际局势的逐渐缓和,尼克松将肯尼迪和约翰逊政府时期推行的灵活反映战略和逐步收缩战略改为现实威慑与谈判缓和战略,逐渐以缓和代替冷战,企图在缓和的气氛中推进和平演变。这就是所谓的尼克松主义。由此,美苏关系和中美关系在尼克松时期有了明显改善。尼克松的主张集中体现在他的那本《1999 不战而胜》的著作之中。卡特总统上台后,进一步提出要实行“人权外交”,并以“人权总统”自居。里根上台后,对社会主义国家实行了更为强硬的政策，指责苏联是剥夺公民自由与尊严的集权主义国家，叫嚷要把马克思主义抛进历史的垃圾堆。提出在当前两种不同社会制度的斗争中，起决定性作用的不再是导弹和火箭，而是意志和思想的较量。里根执政时期对中国的政策也有所调整，那就是利用中国的改革开放，加紧对中国的经济、文化交往和渗透，以影响中国的改革走向。20世纪80年代后，随着美苏关系、美中关系的缓和，乔治·布什总统提出了“超越遏制”的战略构想。“超越遏制”战略的实质就是突出意识形态的斗争，打着“民主”“自由”“人权”的旗号向社会主义国家进行政治、思想和文化渗透，以加快对社会主义国家的和平演变。奥巴马上台后提出了“巧实力外交”的政策设想，运用软、硬实力来实现美国的战略目标，千方百计地遏制中国的崛起和繁荣。

历史和现实表明，第二次世界大战以来，特别是中华人民共和国成立以来，美国的历届政府都毫无例外地把对社会主义国家的和平演变作为其重要的战略使命。虽然随着客观形势的发展变化，“西化分化”“和平演变”的提法有所不同，但不论是杜勒斯的“解放政策”、尼克松的“不战而胜”、卡特的“人权外交”，还是布什的“超越战略”等等，其实质都是一致的。正是在西方国家“西化分化”“和平演变”的影响下，东欧和苏联纷纷“改旗易帜”，共产党的领导被取消，社会主义制度被改变。虽然东欧剧变、苏联解体的根本原因是自己内部出了问题，但是内部发生的变化是与外部的长期影响密切联系在一起的。可以说，没有西方国家长期坚持不懈地渗透和颠覆活动，苏联和东欧的社会主义制度不可能在那么短的时间里那么快地垮台。

二、新科技革命的挑战

国家创新指数是反映国家综合创新能力的重要指标，由中国科学技术发展战略研究院研究发布的《国家创新指数报告 2015》显示，世界创新格局基本稳定，中国国家创新指数排名第 18 位，比上年提升 1 位，与创新型国家的差距进一步缩小。近年来，中国创新资源投入持续增加，知识产出能力显著增强，企业创新能力不断提高，科技创新的经济贡献日益突出。世界知识产权组织、美国康奈尔大学、法国英士国际商学院共同发布的《2016年全球创新指数报告》中，中国位列世界最具创新力经济体第 25 位，首次成为“全球创新指数报告”发布以来第一个跻身 25 强的中等收入经济体国家。报告肯定了中国在创新方面取得的巨大进步，对中国创新能力进行了客观评价。但总体而言，美日欧依然保持领先地位。中国国家创新竞争力与经济实力不匹配，而且创新强度普遍偏低。

面对正在孕育兴起的新一轮科技革命和产业变革，世界主要国家都在寻找科技创新的突破口，抢占未来发展的战略制高点。目前，美国依然是无可争议的世界头号强国，科技实力领先全球，是创新能力最强的国家。美国在基础科学和应用科学两方面均占世界主导地位。在 20 个科技领域中，美国在 10 个领域内领先世界各国。近年来，美国在物

理学、地震预测、太阳与行星的起源和进化、医学和医药(包括抗癌、抗心脏病、器官移植和人造器官)、遗传研究和新能源等方面都有所突破。美国的宇航业更是处于世界领先地位。以德、英、法、意等为代表的欧洲也是世界上实力雄厚的创新高地,近年提出建设创新型新欧洲,力图掌握未来发展的主动权。日本长期实施技术立国、科技立国、知识产权立国战略,产业技术水平高,在高端制造、汽车、电子、机器人、材料等诸多领域领先世界,近年又进一步提出科技创新立国目标。

以制造业为例,美国制造业研发强度为 3.35%。2013 年中国制造业研发强度为 0.88%,差距较大。数据显示,中国作为全球规模最大的制造业基地,2013 年的制造业研发强度只有 0.88%,而日本 2009 年已经达到 4%,2008 年美国已经达到 3.3%,而德国为 2.4%,中国制造业研发强度远低于发达国家在 2008—2009 年的研发强度。

全球各国展开战略创新竞赛。金融危机之后,主要经济体围绕新一代互联网、生物技术、新能源、高端制造等七大战略新兴产业展开了新一轮增长竞赛,纷纷推出各自的创新增长战略。

全球制造业升级而不是回归。不论欧美发达经济体还是印度等新兴经济体,全球制造业正在向高端、高科技的更高层级迈进。特别是随着全球智能网络将继续快速发展,超级计算、虚拟现实、网络制造、网络增值服务等产业快速兴起,中国战略新兴产业也出现了类似于传统产业那样的技术差距和技术鸿沟。

从成功实现技术追赶的国家经验来看,技术引进与消化吸收的经费比例均达到 1:3 左右,而中国在 2009 年为 1:0.43,2011 年为 1:0.45,2012 年反而下降为 1:0.397。关键行业的技术消化吸收力度均严重不足,通用设备制造业这一比例为 1:0.39,专用设备制造业为 1:0.33,计算机产业仅为 1:0.05,仪器仪表产业为 1:0.26。这是以往注重投资于物化技术、忽视技术能力的必然结果。

世界各国几乎都制定面向未来的创新性人才引进和培养计划,人才特别是高端技术人才争夺十分激烈,很多国家把目光放在下一代尖端人才培养争夺上。而中国创新人才流失现象十分严重。相关权威数据显示,我国流失的顶尖人才数量居世界首位,其中科学和工程领域滞留率平均达 87%。

网络创新是我国与全球创新最大的差距所在,“网络创意”排名仅为 92。

大数据也对中国非传统安全形成了新挑战。随着云计算、云存储、物联网等新技术的应用,人们通过社交网络、电子商务平台及移动智能终端、传感器等途径搜集、处理的各种数据呈爆炸性增长,数据跨境流动和储存更加日常化和便捷化。在大数据时代,数据安全面临更为严峻的挑战。数据主权将成为各国对数据及相关技术、基础设施等进行治理和管辖的基础。

当前,借助大数据革命,美国等发达国家全球数据监控能力升级,从而造成我国数据安全和数据防御风险上升。以美国为例,过去,美国一直借助互联网手段和信息技术对全球数据情报进行监控,先后推出《网络空间国际战略》《网络空间国际行动》等重要战略规划,确保自身在网络空间和数据空间的主导地位。大数据革命对于美国实现这一战略目标来说,是一把“利器”,可以大幅提升自身的全球数据采集能力、监控能力、分析能力,从而对我国大数据安全、大数据资产流失造成更大风险。

此外,在进出口商品和服务中的经济安全风险日益加大。中国经济持续高速发展,在很大程度上得益于积极利用了国外的先进设备和技术,以及发达国家成熟的管理和服务。例如美国企业 IBM 服务器、英特尔电脑设备、思科的通讯设备产品、微软的操作系统等等,这些外国产品都几乎垄断了中国的相关市场。《中国经济和信息化》研究称,中国的信息安全在以思科为代表的美国“八大金刚”(思科、IBM、Google、高通、英特尔、苹果、Oracle、微软)面前形同虚设。这些企业直接或者间接与美国安全部门有联系和合作,必要时,可以利用他们的产品与服务获取中国政府和企业的包括敏感经济信息在内的各种信息,甚至可以直接对中国的相关设备进行攻击。

因此,面对新一轮产业变革和新科技革命带来的前所未有的新挑战,中国要加快实施创新驱动战略以提升国家竞争力和安全风险的防控能力,在新的国际格局中,占据有利位置。

【案例导入 9-2】

美国保持技术优势的措施

从技术对美国综合国力的影响上看,三次科技革命将美国送上了全球霸主的宝座从技术对美国全球战略的影响上看,技术优势是美国军事霸权战略的安全屏障,是美国经济霸权战略的财富源泉,也是美国软实力霸权战略的核心环节。

由于全球化的发展加速了技术的国际流动和传播,有利于技术落后的国家获得发达国家的技术成果。对于以技术优势为霸权核心的美国而言,全球化无疑沉重挑战着它的优势地位,从而使其赖以维系的基础受到极大动摇。尽管全球化将不可避免地拉近美国与其他追赶者的距离,但美国采取了一些积极有效的措施延缓着这种赶超。

例如,美国拥有较为完备的知识产权保护制度,对保障美国技术的不断创新和领先起着重要作用。美国从立法、司法和行政三个层次共同确保知识产权保护的实施,并不断调整和修改相关的政策规范以适应知识产权保护的新问题和新要求,使技术创新和国家发展的良性结合始终在法制的轨道上运行。这种保护先进技术的战略思想甚至在美国宪法中都得到体现:“国会有权通过向发明人授予在一定期限内使用其作品或发明的排他权,来鼓励科学和技术的进步”(第 1 条第 8 款)。

再例如,二战以来美国制定了严格的措施,试图控制和限制高新技术的外流。美国早在 1949 年即编纂完成《出口管制法》,意在对战略物资和先进武器的出口实行管制。尽管这部法律到 1994 年已届满终止,但美国政府还是能够动用《国际紧急经济权力法》

来执行原有的管制政策。除此之外,美国还通过一系列多边国际组织来推行其出口管制政策,其中最突出的是1949年成立的“多边出口控制统筹委员会”(即著名的“巴黎统筹委员会”),以及1995年美国与32个国家签署的《关于常规武器与两用产品和技术出口控制的瓦瑟纳协定》(即“瓦瑟纳协定”)。客观来说,这些管制政策对于美国保持技术领先地位、维护霸权基础还是起到了一定的积极影响。虽然不能从根本上扭转技术差距逐渐缩小的事实,但美国有效的科技相关政策和措施,还是为美国延续其全球霸主的状态赢得了时间。

另一方面,尽管近年来美国学者和精英人士都极力强调和担忧美国技术优势的衰落,但这些言辞更接近于美国人对技术领先地位的警觉,而非对现状的精准描述。实际上,美国的高新技术在决定新世纪国家竞争力的关键领域仍然处于世界领先水平。例如,在信息技术领域,美国牢牢控制了世界信息市场中的核心技术CPU(中央处理器)和软件开发,全世界90%的中央处理器芯片被美国两大巨头英特尔和AMD掌握,同时,全世界90%的计算机软件操作系统也被美国的微软公司控制,而日本、韩国等国都只能望其项背。为了突破信息传输速度的瓶颈,美国已率先朝着光纤技术与激光技术相结合的新道路快速前进,并在无线通信技术上也取得较大突破。在数字化信息技术向人工智能化信息技术发展,电子商务、政务向纵深推进的新趋势下,美国很有可能仍是引领世界的先行者。

在新材料技术领域,纳米技术(即在纳米尺度上制造材料和器件的工艺)无疑具备“主导下一次产业革命”的潜在实力。2000年2月,白宫正式发布“国家纳米技术计划”(National Nanotechnology Initiative,NNI),提出了美国政府发展纳米科技的战略目标和具体战略部署,标志着美国进入全面推进纳米科技发展的新阶段。而美国利用纳米技术确实取得了许多突破性的成果:利用纳米技术制成的高灵敏度传感器可望使包括各种癌症在内的疾病的早期诊断成为现实;在微机械系统方面,出现可控纳米马达、纳米电动机、纳米弹簧、纳米激光器、成果,为未来研制系统化的纳米机械打下了坚实基础;而将纳米技术用于存储器,甚至可使整个国会图书馆的信息放入一个只有糖块大小的装置中。美国在纳米技术的发展上已具有显著的优势,据美国总统科技顾问委员会的报告显示,在世界核心的科技期刊上发表的有关纳米技术的研究论文中,有50%的文章来源于美国实验室。与美国相比,其他国家在纳米技术领域还主要处于基础研究阶段。

除此之外,美国在生物工程、宇航空间技术、新能源和环境领域也具有难以企及的优势和首屈一指的地位。上述技术全都是引导21世纪人类社会高速发展的关键技术,可以说,这些技术的每一步前进,都可能直接塑造和改变着国际社会从微观到宏观的每一个层面,掌握这些技术的国家无疑将在新世纪的国际竞争中抢占先机。人们也不难发现,普遍被认为正在“衰落的”美国在对这些关键技术主导权的争夺中并未表现出丝毫的松懈或迟滞。

更为重要的是，美国科技优势的重要支点是教育，对此，美国还在不断加强。具体而言，为了奠定坚实的科教体系，在历史上，美国是花了血本的。如在二战结束后，美国重点加强了公共教育优先权，特别是《退伍军人法案》使数以百万计的归国士兵能够进入高校学习。1930 年时接受中学教育的人口所占比例还仅为 30%，到 1950 年就已上升到 50%，1970 年更几乎达到了 80%。

案例思考：

美国保持技术优势的措施中有哪些值得我们借鉴？

三、捍卫国家主权和领土领海完整问题

我国领土领海完整和国防安全面临的威胁首先来自于美日等西方强国。美国独霸全球的野心膨胀，忌惮中国的快速发展，把我国列为其战略竞争对手，实施亚太再平衡战略，试图围堵和遏制中国。在小布什执政时期就开始实施“海外驻军重新部署计划”，增加在亚洲的驻军。而近年来更加强了在我国周边地区的军事存在，将先进的战机部署在驻日军事基地，经常派战舰和军机对我国进行抵近骚扰，插手钓鱼岛和南海争端，并利用台湾问题对我国进行战略牵制。另外，日本对我国安全存在的威胁也不容忽视。日本与我国战略利益矛盾日益突出，将我国列为潜在对手；日本的国防战略由防御性向进攻性转变；日本右翼倾向严重，军国主义根基雄厚；不断加强对与我有争议的岛屿和海域的控制。其次是周边与中国有领土领海争端的国家对我国的威胁。由于害怕中国越来越强大无法与之抗衡，再加上势力的介入和挑动，这些国家加紧侵占中国的领土和岛礁，盗采我国的油气等资源。因此，21 世纪前二三十年甚至前半个世纪，我国周边安全形势有可能面临着较为严峻的局面。

1. 钓鱼岛问题

(1)中国政府坚持钓鱼岛主权的基本依据

①地理依据(形成联系、同一地质构造)

通常说的钓鱼岛其实是钓鱼岛列岛中最大的岛屿，也称钓鱼台；列岛由钓鱼岛、黄尾屿、赤尾屿、南小岛、北小岛、北屿、南屿、飞屿等 71 个无人岛礁组成，分散于北纬 25°40′～26°、东经 123°～124°34′之间的 17 万平方公里的海域，陆地总面积 6.344 平方公里 。钓鱼岛距离台湾基隆约 100 海里，距日本冲绳首府那霸约 230 海里，距最近的中、日领土(包含无人岛)则各为 90 海里。这些岛屿在地质上和花瓶屿、棉花屿、彭佳屿一起，都是台湾北部近海的观音山、大屯山等海岸山脉延伸入海后的突出部分，为台湾岛的附属岛屿。

从 1964 年生效的《大陆架公约》和 1982 年通过的《海洋法公约》的有关条款看，钓鱼岛等岛屿与中国台湾省属于同一地质构造。钓鱼岛与台湾岛、澎湖列岛、舟山群岛同在一个大陆架的自然延伸面上，而与日本辖下的琉球群岛相隔着 2000 米深的海沟。按照

国际公认的《大陆架公约》:"同在一个大陆架上之岛屿归该国所有"的原则,中国对全部东海大陆架享有主权,自然也对坐落在大陆架上的钓鱼岛等岛屿享有领土主权。

钓鱼岛隶属于中国台湾省宜兰县头城镇大溪里管辖。

②历史依据(发现、命名、管理、开发)

中国最先发现并登临钓鱼岛:从史料来看,钓鱼群岛自春秋战国以来得以命名,在隋朝时被命名为高华屿,宋代命名为钓鱼屿,1372 年奉命出使琉球的明大臣杨载曾驻足钓鱼岛。

中国最早明确记录钓鱼岛:钓鱼岛最早出现于明永乐元年(1403)吴氏辑《顺风相送》一书,时称"钓鱼屿"。

中国政府长期对钓鱼岛进行管辖:明代抗倭将钓鱼岛作为防线;明清海疆图,均将钓鱼岛划归中国;1893 年慈禧太后赏赐给盛宣怀作为采药之地。

中国老百姓长期在此地采药、捕鱼、避风。

③法理依据(时际法原则、战后国际法)

A. 时际法原则

时际法原则是在 1928 年的帕尔马斯岛仲裁案中由仲裁员休伯所首创,它指"一项法律事实必须根据与其同时存在的法律,而不是根据有关一该事实的争端发生或解决时的有效法律来予以判断"。因此,根据时际法原则和史实,足以说明钓鱼岛自古以来就属于中国,它并不是日本所宣称的无主地。同时根据时际法的规定,15 世纪发现即占有的原则,也表明钓鱼岛自此就是中国领土。

B. 国际法原则

根据二战后签订的国际条约,钓鱼岛也属于中国:

中、美、英 1945 年 7 月 26 日发表《波茨坦宣言》,第 8 条规定日本国的主权必将仅限于本州、北海道、九州、四国及吾等所决定的诸小岛之内。自然不包括钓鱼岛。

1972 年中国政府和日本政府发表的《中日联合声明》,其中第三条规定"中华人民共和国政府重申:台湾是中华人民共和国领土不可分割的一部分。日本国政府充分理解和尊重中国政府的这一立场,并坚持遵循波茨坦公告第八条的立场。"

《旧金山对日和约》是日本方面坚持钓鱼岛主权的主要法理依据,它将钓鱼岛的施政权转让日本有缺陷归属的处置是有缺陷的:中华人民共和国政府未参加,苏联等三国拒绝签字,不符合二战后有关重大国际问题"大国一致"原则。

(2)钓鱼岛的重要价值

钓鱼岛问题首先是主权归属问题。钓鱼岛的归属直接关系到中日东海边界线的走向。根据《联合国海洋公约》确立的 200 海里专属经济区制度,庞大的海洋国土面积与钓鱼岛相关联。

钓鱼岛海域有大量的海底矿产和渔业资源。钓鱼岛周围海域海底石油储量达 30 亿 ~ 70

亿吨,还有大量天然气储藏。

在战略和军事上,钓鱼岛价值重大。如果钓鱼岛归属日本,按国际法的国界划分原则,中日东海区段国界将从赤尾屿一线大幅西移300多公里至彭佳屿一线,日领海及专属经济区则将大幅向西扩张,我战略空间将被大大压缩。在战略上,钓鱼岛群岛可以作为日本军事扩张的桥梁或前进基地,也可以成为我保卫国家东海方向安全、遏制日本扩张势力南下的前哨。钓鱼岛群岛在地理上处于中国大陆与日本冲绳之中,其前沿位置对我国东南沿海方向的安全有重要影响。

(3)钓鱼岛争端升级:日本试图将钓鱼岛国有化

1971年美将中国领土琉球群岛、钓鱼岛随同冲绳一起“归还”日本。我国的钓鱼群岛共有8个大小岛屿,其海域至少有215亿吨石油,价值4.5万亿美元。依照相关国际法,一是“时效取得”,二是实际控制。如果一个国家对一块土地连续50年不受干扰地行使主权,就能获得即使起初是非法获得的土地。日本占有钓鱼岛已39年,再过11年则可自动获得对其主权。2009年2月26日,日本首相麻生太郎称:“钓鱼岛是日本的固有领土,若钓鱼岛受到第三国‘侵犯’,日本将启动日美安保条约”。2009年7月15日,曾任美国海军部长的参议员韦柏在参议院听证会指出:“美国已承认日本对钓鱼岛拥有领土主权。”2010年12月美国和日本在中国钓鱼岛进行军演。

(4)中国方面解决钓鱼岛问题的基本主张和努力

对于中国政府来说,要争取和平收复钓鱼岛主权,并保证有能力维持现状或者武力收复,避免军事行动失败的尴尬局面。因此,中国政府应该采取以下措施来趋利避害。

A. 利用当前国内国际的有利时机,加快经济发展,提升综合国力。国际斗争实际上是综合国力的斗争,综合国力是国家安全的物质基础。提升我国的综合国力就增加了在钓鱼岛主权问题上的谈判筹码,增大了和平解决钓鱼岛问题的机会。这是最好最根本的途径。

B. 加快国防现代化建设,建立一支强大的海军。国防建设是维护国家安全、维持本地区和平稳定的重要条件。拥有一支强大的军队,尤其是海军,将在和平时期保持足够的威慑力,在战争时期保证国家利益受到最小的损害。

C. 在改善中日双边关系的基础上,建立一定的互信机制。加强民间经济文化交流。坚持通过谈判方式解决钓鱼岛争端。

D. 联合台湾相关机构共同解决钓鱼岛问题。钓鱼岛问题是中华民族的共同问题,海峡两岸应该抛除偏见,携手合作。

E. 加强中国海监力量建设,使钓鱼岛海域巡逻常规化、制度化。

F. 鼓励民间组织、团体进行各种保钓行动,充分发挥民间力量。

G. 加强舆论宣传,在民间大力开展国家安全教育,将钓鱼岛主权问题列入中小学教科书,增强全民,尤其是青少年的爱国精神和对钓鱼岛主权问题的认识,为进行长期斗争打下坚实的基础。

收复钓鱼岛主权,中国还有很多工作要做。但是我们中华民族拥有一个日渐强大的祖国和永不屈服的坚毅决心,我们终将会收复钓鱼岛的主权,完成祖国的统一大业,实现中华民族的伟大复兴。

2. 南海问题

南海又称南中国海,位于北纬 23°37′以南的低纬度地区,北抵北回归线,南跨赤道进入南半球,南北跨纬度 26°47′,位于印尼的南苏门答腊和加里曼丹之间,北边至中国广东、广西、福建,香港和澳门,东北至台湾岛,东至菲律群岛,且包含吕宋海峡西半侧,西南至越南与马来半岛,通过巴士海峡、苏禄海和马六甲海峡连接太平洋和印度洋。自然海域总面积约 350 万平方千米,濒临中国大陆和中国台湾、菲律宾、马来西亚、文莱、印度尼西亚、新加坡、越南、泰国和柬埔寨。南海诸岛分布在我国海南岛以南和以东的南中国海上,按其分布形势,分为四大群岛,即东沙群岛、中沙群岛、西沙群岛和南沙群岛。目前西沙、中沙群岛被中国大陆实际控制,东沙群岛被中国台湾实际控制。南沙群岛是我国南海四大群岛中分布最广,位置最南的群岛,南沙西邻越南,东濒菲律宾,南临马来西亚、文莱、印度尼西亚,向北是西沙、中沙群岛与海南岛相望,是中国传统海疆的最南端。

我国南海主权的历史形成：最早发现与最早命名，最早连续不断的管辖。

南海问题的由来与现状：

①南海有多条海上航线,是我海上战略通道。

②有"第二个波斯湾"之称的南海石油地质储量大致在 230 亿 ~300 亿吨之间。

③作为东亚第一大国,对南海态度不明朗,长期任由外部势力插手,任由周边蚕食南海,必然搅得区域内四分五裂,为外人所乘。

我大陆沿线全长 1.8 万千米,海洋石油资源 240 亿吨,天然气 14 万立方米,还有 7.5 万平方千米多金属结核矿区,但我们的开采能力弱。

南海油气资源丰富,素有"第二个波斯湾"之称。每年其他国家 100 多个公司在那里开采 5000 多万吨石油,相当我国大陆年产量的三分之一,而我国还未开采一滴。

岛礁与海域态势现状:南海自然海区面积为 350 万平方千米,"断续线"内我国主张管辖的海域面积约 200 万平方千米,各国主张进入我国"断续线"内面积总计 150 万平方千米,南海诸岛的岛、礁、沙洲、沙滩总计 282 个,被外国实际瓜分和控制的岛礁达 50 余个。

南海争议的三个阶段：

①20 世纪 60—70 年代,以军事占领为主要特征。

②20 世纪 80—90 年代,以"宣示"主权、攫取资源为主要特征。

③进入 21 世纪以来,以固化主权,趋向国际化、地区化、司法化、军事化为主要特征。

目前，中国大陆、越南、菲律宾、马来西亚和中国台湾都主张南沙的全部或部分主权。越南则认为包括西沙、中沙的整个南海归其所有。菲律宾占领8个岛屿，越南抢占29个。为鼓励外国投资者参与越南海上石油资源的开采，越南政府制定了一系列优惠政策。目前在南海开采油气的有俄罗斯、美国、英国、荷兰等十余国，一百多家公司，其中包括英国石油、埃克森美孚等石油巨头，而油气勘探则主要集中在南沙群岛附近。大国资本的注入使区域外势力涉足南海。仅2006年上半年，越南开采油气就达1237万吨，出口额达41.4亿美元。马来西亚则于1983年和1986年占领了弹丸礁、南海礁和星仔礁，至今总共占有5个岛礁（另一说为10个）。文莱占1个。印度尼西亚宣布8万多平方千米的中国传统海疆为其“主权”所有，而这些国家在20世纪60年代以前，在其地图上还多把这一区域标注为中国所有。

菲律宾、越南、马来西亚等国力促加强东盟内部的协调，以整体的立场同中国谈南沙群岛问题。东盟不但加强南沙群岛军事化并积极为南海问题做军事准备。东盟还力图使得南海问题国际化，1994年东盟公开宣布“今后东盟成员对外将以集体名义而不以双边名义接受谈判”。同年底又强调“美军在亚洲的存在是必要的”，充分表明了东盟在南沙群岛问题上行动趋向一致，并使南沙问题国际化。

南海问题不仅牵扯到周边国家，而且还引来了美国和日本的关注。由于南海地区丰富的资源尤其是石油资源，以及南海重要的战略地位，使其成为全球最重要的石油运输线的必经之地。冷战后，美国出于遏制中国崛起的需要，以及继续保持在亚太地区的影响，积极插手南海问题，挑拨东盟和中国关系以达到影响南海地区安全局势的目的。与此同时，日本为了取得亚洲的领导地位，把发展同东盟的关系放在重要的位置，力图以东盟为突破口，把投资和外交重心向亚太地区作战略转移，以此提升在东南亚地区的影响力和发言权。所以，美日都利用东盟来牵制和制约中国，而南海问题就成为美日插手的最好突破口和切入点。东盟也正好实行“以大制大”的大国平衡政策，必然在安全和南海问题上打“美国牌”和“日本牌”。所以形成东盟和美日在南海问题上的默契与配合。

2010年3月戴秉国向访华的美国副国务卿斯坦伯格转达南海是关系到中国领土完整的“核心利益”。在这之前，我国曾将台湾、西藏和新疆维吾尔自治区等定位为“核心利益”。强调南海是关系到中国领土完整的“核心利益”非常重要。

面对复杂的南海局势，中国坚持通过和平友好的协商解决争端，反对单方面地开发南海。中国希望能够和有关国家根据国际法和现代海洋法的原则和精神，通过和平谈判妥善解决南海争议。1997年中国-东盟非正式首脑会晤发表的《联合声明》中。中国政府还提出“搁置争议、共同开发”的主张，愿意在争议解决前，同有关国家暂时搁置争议，开展合作。2002年中国与东盟签署了《南海各方行为宣言》，更是表现了中国希望和平解决南海问题的决心。然而，令人非常遗憾的是，《联合声明》和《南海各方行为宣言》成了中国一家的条约，近几年南海有关国家撇开中国单独或联合侵犯我南海主权，大肆开发我国资源。“搁置争议,共同开发”成了“中国搁置,别人开发”的窘境。必须采取强有力的措施,以促成对我有利的态势。

①增强军事实力,掌握制海制空权。建立扩展南海军事基地,建造航空母舰。目前已经有了很大的进展,我国已在海南岛建设了大规模的地下核潜艇基地,同时充实了在西沙群岛的军力。近年来,我国扩建了西沙永兴岛的机场,加长了跑道,建设了雷达及大型油罐,使该岛成为战机补充燃料的前沿基地。航母和远洋海军也是保卫我国领海主权安全的需要。

②加强对南海的管控力量。加强南海渔政管理,渔政船主要担负起在我国南沙群岛和西沙群岛护渔护航的任务,并宣示中国对南海诸岛的主权。通过渔政船巡航护渔强化对南海的控制。为配合渔政船的巡航,中国海军应密切关注南海周边国家的动态,一旦渔政船遭遇非法侵害,立即采取军事行动。

③积极开展外交活动,增强政治互信,阻止域外大国参与。南海诸国都是些小国,难以单独与中国抗衡,便以东盟的声音同中国讨价还价。以同一个声音同我国较量,确实增加了解决南海问题的难度,但东盟积极的一面我们也应当看到。东盟作为东南亚十国的政治经济联合体,有它自身的行为准则,同东盟达成有关南海的协议,对南海诸国都有一定的约束力,这样会减少个别国家单独采取行动的机会。在争议解决之前,各方承诺保持克制,不采取使争议复杂化和扩大化的行动,并本着合作与谅解的精神,寻求建立相互信任的途径,包括开展海洋环保、搜寻与求助、打击跨国犯罪等合作。

近年来南海争端出现了新的情况,美国积极涉入南海问题。美国不仅支持个别国家侵占我国岛礁,而且通过派遣调查船的方式侦测我国海军在南海的合法活动,否认我国对南海的主权。面对美国的涉入,我国应加强与东盟的沟通与协商,争取在南海问题上达成一个新的协议,劝阻东盟不要将南海问题国际化,并声明拒绝域外大国涉入。

④加快开发南海资源。南海的油气资源丰富,南海各国每年都要从南海至少窃取数十亿美元的资源。在相当长的一段时间内,南海问题很有可能解决不了。南海油气资源虽然丰富,但也有一个开采年限,我国应加快开发南海油气资源,这样既可以帮助解决我国的能源问题,又能够宣誓我国的主权。

四、近年来我国面临着输入型恐怖势力的威胁

恐怖主义(terrorism)的定义一直是有争议的,各种法律体制和政府机构在他们的国家法规当中对恐怖主义采用不同的定义。甚至不同国家对于恐怖主义的定义也不尽相同。

广义的恐怖主义应该包括所有具有政治目的的暴力行为,其中应该有国家暴力行为、团体暴力行为和个人暴力行为。但是,随着历史的发展,国家在人类社会生活中占据了主导地位,关于恐怖主义一般定义为团体或个人的反政府、反社会的暴力行为。

一般来说,恐怖主义是实施者对非武装人员有组织地使用暴力或以暴力相威胁,通过将一定的对象置于恐怖之中,来达到某种政治目的的行为。国际社会中某些组织或个人采取绑架、暗杀、爆炸、空中劫持、扣押人质等恐怖手段,企求实现其政治目标或某项具体要求的主张和行动。恐怖主义事件主要是由极左翼和极右翼的恐怖主义团体,以及极端的民族主义、种族主义的组织和派别所组织策划的。

虽然从事恐怖主义活动的人数不多,但由于恐怖活动所具有的特性,使它所造成的危害远远大于普通的刑事暴力犯罪,并影响到政治、经济、军事、外交、国际关系等各个领域。常规恐怖活动具有强大的杀伤性与破坏力,造成巨大的人员伤亡。引发大范围的心理恐慌,人人自危,社会动荡不安,阻碍经济发展,对经济造成直接冲击。对政权的稳定有所影响,有时甚至造成政府的更迭,影响国家安全和统一。特别是随着"互联网+"时代的到来,我国的恐怖活动也在经历升级转型,以互联网和信息技术为支撑的新型恐怖活动正在成为新趋势,犯罪手段的智能化和隐蔽性特征更加明显,对于我国反恐事业提出了更大的挑战。网络技术不再是恐怖活动人员之间单纯的联络工具,而是成为其跨区域调动、整合恐怖活动犯罪资源,在更大范围内实施恐怖活动犯罪、制造恐怖主义威胁的新手段。

根据《全球恐怖主义指数(2014)》显示,我国 2014 年的恐怖主义指数(GTI)已经上升到 5.21,比 2013 年增长了 0.38,在纳入统计的 162 个国家中排名第 25,已经超过了英国和美国。我国首部国家安全蓝皮书《中国国家安全研究报告(2014)》也指出,在国际恐怖活动呈反弹之势的背景下,我国境内恐怖活动再次呈高发态势,并呈现新特点,给国家的经济发展和社会稳定造成了极大的冲击。

在我国,国家认同与民族认同之间的冲突是产生恐怖主义的主要根源。

中国目前面临的恐怖主义威胁主要来自三个部分:一是国际恐怖组织和成员的活动。二是境内外民族分离主义型组织从事的反政府暴力活动。三是邪教和其他带有明显恐怖主义特征的严重刑事犯罪活动。

改革开放后,我国政府在少数民族地区实行更加自由、民主和多元的民族政策,这在保障少数民族在政治和经济生活中的权利的同时,也为一些民族分裂分子和宗教极端分子提供了政治冒险空间。

进入 20 世纪 90 年代后,我国面临的恐怖主义威胁日益严重。特别是"东突"各组织,已成为威胁中国安全,特别是西北少数民族地区安全的主要力量;"藏独"分子特别是达赖集团;以及以"法轮功"为代表的邪教组织和一些反社会极端分子所从事的活动,也越来越具有恐怖主义性质。

2003 年以来全球发生的严重恐怖事件,有近 70% 发生在我国周边及邻近国家和地区。以"藏独""东突"为首的"三股势力"加紧实施新的恐怖活动,向我国内地发展和蔓延的情况依然存在。一些境外敌对势力勾结恐怖组织,招募人员进行恐怖训练,企图策

划恐怖破坏活动。2008 年拉萨、青海、四川和甘肃发生的"3·14"事件便是如此。

乌鲁木齐"7·5"事件值得高度关注。新疆分裂势力头目热比娅 2005 年到美国，美国国家民主基金会即提供资金支持，每年向其支付 20 万美元。仅 2007 年，热比娅领导的"世界维吾尔代表大会"(简称"世维会")等"东突"组织一共得到美国国家民主基金会 52 万美元资助，而该基金会的背后就是美国中央情报局。2009 年 5 月"世维会"第三次大会召开地点竟然是美国国会的会议厅，并且有近 10 名美国议员参加。他们共同筹划制定了针对中国 60 周年大庆为重点的渗透破坏活动，并炮制所谓"新疆独立 50 年三步走"的计划。

境内恐怖分子与境外恐怖势力相勾结。在地域上，我国的恐怖活动犯罪还出现了与境外恐怖势力相勾结趋势。近年来，随着网络通信技术的快速发展，我国恐怖组织及个人与中亚、西亚、南亚等地区的民族分裂势力联系更加密切，与境外恐怖活动犯罪组织的勾结也更加频繁，甚至有部分恐怖活动组织成员直接偷渡出境，在境外接受"军事化"的恐怖技能训练，并在境外参加恐怖活动犯罪进行"练胆"，然后再潜回国内，打着宗教的"幌子"拉拢、发展、训练组织成员，宣扬极端宗教思想和暴力恐怖犯罪思想，组织、领导、指示组织成员实施一系列恐怖活动犯罪，发动所谓的"圣战"。我国恐怖活动犯罪在地域上呈现出的这种扩散化特征，说明我国恐怖活动犯罪的流动性在增强，打击和预防的难度将会进一步加大。

近几年我国境内发生的一些恐怖袭击事件：

2008 年 3 月 14 日，不法分子在西藏拉萨市区主要路段实施打砸抢烧，焚烧过往车辆，追打过路群众，冲进商场、电信营业网点和政府机关，造成 13 人被烧死或砍死，手段残忍。

2009 年 7 月 5 日，新疆乌鲁木齐打砸抢烧事件造成 197 人死亡，1700 人受伤。

2011 年 7 月 30 日，新疆喀什美食街劫持卡车事件，造成 6 人死亡，28 人受伤。

2012 年 2 月 28 日，阿布都克热木·马木提等恐怖组织在新疆叶城幸福路步行街砍杀无辜群众，致 15 人死亡，14 人受伤。在事件处理过程中，另有一名联防队员牺牲，4 名公安民警受伤。

2013 年 4 月 23 日，暴力恐怖团伙在新疆巴楚县色力布亚镇砍杀社区干部和民警，造成 15 人死亡，2 人受伤。

2013 年 10 月 28 日，北京金水桥事件。乌斯曼·艾山与母亲、妻子驾吉普车闯入北京长安街便道冲撞人群并点燃车内汽油，造成 2 人死亡，40 人受伤。

2014 年 3 月 1 日，云南昆明火车站砍人事件。以阿布都热依木·库尔班为首的新疆分裂势力在火车站砍杀无辜群众，造成 31 人死亡，141 人受伤，其中 40 人重伤。

2014 年 5 月 22 日，新疆维吾尔自治区乌鲁木齐市沙依巴克区公园北街早市发生一起爆炸案，暴徒驾驶的 2 辆车冲破防护隔离铁栏，冲撞碾压人群，引爆爆炸装置。造成

39 人死亡,94 人受伤。死伤者大多数是买早餐的老年人。

2017 年 2 月 14 日,3 名暴徒在皮山县城某小区内持刀砍杀群众,造成 5 名群众死亡,5 人受伤。

除此之外,国际恐怖主义也造成中国境外公民的伤亡:

2001 年美国 911 事件中确认有 35 位中国公民遇难,其中五角大楼袭击中遇难者为 2 人,世贸中心袭击中遇难者 33 人。

2003 年 3 月 27 日,一辆载有中国人的大巴在吉尔吉斯斯坦境内遭到恐怖分子袭击,车上 19 人遇难。

2004 年 6 月 10 日,塔利班袭击了阿富汗昆都士省一个中国工人营地,杀死 11 名中国工人,4 名中国工人重伤,1 名中国工人轻伤。

2005 年 11 月 9 日夜,伊拉克基地组织对约旦首都安曼三座饭店发起自杀性袭击,3 名中国国防大学代表团成员在戴斯因大饭店遇袭事件中遇难,1 人重伤。

2007 年 7 月 8 日晚,4 名中国工人在白沙瓦遇到塔利班袭击,3 名工人赵一吏、范律志和李志飞身亡,赵建国受伤。

2015 年 11 月 21 日,马里首都巴马科丽笙酒店遇袭,10 名枪手劫持 100 余名人质,其中包括 10 名中国公民。中国铁建派到马里交通部洽谈合作项目的三名员工不幸遇难。

因此,必须标本兼治全面防范打击恐怖主义。党的十六大报告指出:“我们主张反对一切形式的恐怖主义。要加强国际合作,标本兼治,防范和打击恐怖活动,努力消除产生恐怖主义的根源。”中国的反恐怖措施应涉及立法,反恐怖力量建设等方面。

首先,完善反恐怖法律体系。第十二届全国人大常委会第十八次会议表决通过了反恐怖主义法。该法对恐怖活动组织和人员认定、安全防范、情报信息、调查、应对处置、国际合作、保障措施、法律责任等进行了规定。其次,加强反恐怖机构建设。再次,加强反恐怖特种部队建设。改善反恐怖特种部队的技术装备。同时,为应对恐怖活动地域上的扩散化趋势,我国未来恐怖活动犯罪的防控需要实现“全国联动 + 境外合作”的新模式。恐怖主义作为一个国际性问题,也应该以国际的视角来解决,加强国际合作,共同打击恐怖主义是应对恐怖主义的时代要求。

特别重要的是各国应在恐怖主义“定义”问题上达成共识。此外,需要加强国际合作,发挥联合国在全球反恐体系中的核心作用。联合国是当代世界最重要的普遍性国际组织,是国际政治活动合法性的主要来源。也是现有反恐公约、条约和组织产生和发展的基础,在打击恐怖主义及推动国际反恐合作中发挥了非常重要的作用。联合国可以通过各种立法性决议、行动性决议及谴责性决议抑制和打击恐怖主义活动;成立反恐专门部门;完善国际公约和国内立法,倡导制定反恐措施;与其他地区性组织密切合作。以联合国为框架,建立和完善全球性的反恐斗争,是彻底解决恐怖主义问题的根本出路。发挥一些跨区域、跨次区域组织和国际论坛在国际反恐合作中的作用。比如亚欧会议、上海合作组织、亚非会议等。建立全球应急反应机制。现代信息网络的建立，为建立一种全球反恐怖应急反应机制提供可能。全球性反应机制不是单边主义的，需要有关各国真诚、有效性的技术合作，对恐怖主义活动进行军事制裁和打击，加强弱势国家的国家能力建设。此外，应实现国际关系民主化，促进南北国家间关系平等。实现资本全球化与福利全球化的统一等。

我国于2016年1月1日起施行反恐怖主义法。该法律的出台为我国依法打击暴力恐怖活动、维护国家安全、公共安全和人民生命财产安全，以及加强国际反恐合作提供了更加坚实的法律支撑和保证。

在恐怖主义活动愈演愈烈的今天，"恐怖主义"对我们来说似乎并没有那么遥远，我们要防患于未然，认清恐怖主义的本质，了解恐怖主义产生的根源，并依法打击恐怖主义活动，为我国的社会主义现代化建设创造更加和平稳定的国内环境。

同时呼吁各国加强国际交流与合作，制定共同应对机制，全面打击任何形式的恐怖主义，维护世界的和平稳定，促进各国共同发展，构建更加和谐美好的世界，为我国社会主义现代化建设创造良好的外部环境。

本专题思考题、讨论题

1. 当今世界发展有哪些新特点新趋势？
2. 试述当代中国的对外方针政策。如何理解"亲、诚、惠、容"的周边外交新理念？
3. 目前我国面临国际方面的主要机遇与挑战有哪些？
4. 试析钓鱼岛问题的由来及我国的对策。
5. 试析南海问题的影响因素及我国的对策。

参考文献

[1] 中共中央马克思恩格斯列宁斯大林著作编译局. 马克思恩格斯文集[M]. 北京:人民出版社,2009.

[2]中共中央马克思恩格斯列宁斯大林著作编译局. 列宁选集:第2卷[M].3版. 北京:人民出版社,1995.

[3]毛泽东. 毛泽东选集:第4卷[M].2版. 北京:人民出版社,1991.

[4]毛泽东. 毛泽东文集:第7卷[M]. 北京:人民出版社,1999.

[5]邓小平. 邓小平文选:第2卷[M].2版. 北京:人民出版社,1994.

[6]邓小平. 邓小平文选:第3卷[M]. 北京:人民出版社,1993.

[7]江泽民. 江泽民文选:第3卷[M]. 北京:人民出版社,2006.

[8]中共中央文献研究室. 十六大以来重要文献选编(上)[M]. 北京:中央文献出版社,2005.

[9] 胡锦涛. 在纪念十一届三中全会召开30周年大会上的讲话[M]. 北京:人民出版社,2008.

[10]胡锦涛. 在庆祝中国共产党成立90周年大会上的讲话[M]. 北京:人民出版社,2011.

[11]胡锦涛. 高举中国特色社会主义伟大旗帜 为夺取全面建设小康社会新胜利而奋斗:在中国共产党第十七次全国代表大会上的报告[M]. 北京:人民出版社,2007.

[12]胡锦涛. 坚定不移沿着中国特色社会主义道路前进 为全面建成小康社会而奋斗:在中国共产党第十八次全国代表大会上的报告[M]. 北京:人民出版社,2012.

[13]本书编写组. 十八大报告辅导读本[M]. 北京:人民出版社,2012.

[14]中共中央宣传部. 中国特色社会主义学习读本[M]. 北京:学习出版社,2013.

[15]中共中央文献研究室. 习近平关于实现中华民族伟大复兴的中国梦论述摘编[M]. 北京:中央文献出版社,2013.

[16]中共中央文献研究室. 习近平关于全面深化改革论述摘编[M]. 北京:中央文献出版社,2014.

[17]中共中央文献研究室. 十七大以来重要文献选编(上)[M]. 北京:中央文献出版

社,2009.

[18]中共中央文献研究室.十七大以来重要文献选编(下)[M].北京:中央文献出版社,2013.

[19]中共中央文献研究室.十八大以来重要文献选编(上)[M].中央文献出版社,2014.

[20]中共中央文献研究室.十八大以来重要文献选编(中)[M].中央文献出版社,2016.

[21]中国共产党第十八届中央委员会第五次全体会议文件汇编[M].北京:人民出版社,2015.

[22]习近平.习近平谈治国理政[M].北京:外文出版社,2014.

[23]中华人民共和国国民经济和社会发展第十三个五年规划纲要[M].北京:人民出版社,2016.

[24]中共中央关于全面深化改革若干重大问题的决定[M].北京:人民出版社,2013.

[25]《党的十八届三中全会〈决定〉学习辅导百问》编写组.党的十八届三中全会《决定》学习辅导百问[M].北京:党建读物出版社,2013.

[26]中共中央关于完善社会主义市场经济体制若干问题的决定[M].北京:人民出版社,2003.

[27]中华人民共和国国务院新闻办公室.中国的民主政治建设[M].北京:新星出版社,2005.

[28]中共中央关于全面推进依法治国若干重大问题的决定[M].北京:人民出版社,2014.

[29]中国共产党第十八届中央委员会第六次全体会议文件汇编[M].北京:人民出版社,2016.

[30]本书编写组.党的十八届六中全会文件学习辅导百问[M].北京:党建读物出版社,2016.

[31]习近平.习近平:奉法者强则国强,奉法者弱则国弱[N].新华每日电讯,2014-09-06(2).

[32]本书编写组.《中共中央关于深化文化体制改革推动社会主义文化大发展大繁荣若干重大问题的决定》辅导读本[M].北京:人民出版社,2011.

[33]本书编写组.《中共中央关于构建社会主义和谐社会若干重大问题的决定》辅导读本[M].北京:人民出版社,2006.

[34]中华人民共和国国务院新闻办公室.发展权:中国的理念、实践与贡献白皮书[M].北京:人民出版社,2016.

[35]中华人民共和国国务院新闻办公室.中国的能源状况与政策白皮书[EB/OL].(2007-12-27).http://www.scio.gov.cn/zfbps/ndhf/2007/Document/307873/307873.

[36]中华人民共和国国务院新闻办公室. 中国的和平发展[M]. 北京:人民出版社,2011.

[37]中共中央宣传部. 习近平总书记系列重要讲话读本(2016 年版)[M]. 学习出版社,2016.

[38]中华人民共和国国家统计局. 中国统计年鉴[M/OL]. http://www. stats. gov. cn.

[39]世界银行数据库:http://www. worldbank. org. cn/chinese.

[40]陕西省统计局.2013 年陕西省国民经济和社会发展统计公报[EB /OL]. (2014-03-13). http://www. sei. gov. cn/ShowArticle2008. asp? ArticleID = 238610.

[41] 陕西省统计局.2015 年陕西省国民经济和社会发展统计公报[EB/OL]. (2015-03-21). http://www. sei. gov. cn/ShowArticle. asp? ArticleID = 262054.

[42] 陕西省统计局.2016 年陕西省国民经济和社会发展统计公报[EB /OL]. (2017-03-02). http://www. shaanxi. gov. cn/jbyw/ggjg/tjgb/sxsgb/71565. htm? from = singlemessage.

[43]陕西省教育厅网站资料. http://www. snedu. gov. cn/company/putonggaodengxuexiao/.

[44]李扬,张晓晶,常欣. 中国国家资产负债表 2015:杠杆调整与风险管理[M]. 北京:中国社会科学出版社,2015.

[45][英]琳达 · 岳. 中国的增长:中国经济的前 30 年与后 30 年[M]. 北京:中信出版社,2015.

[46]《中国特色社会主义理论与实践研究》编写组. 中国特色社会主义理论与实践研究:2015 年修订版 [M]. 3 版. 北京:高等教育出版社,2015.

[47] 顾海良. 中国特色社会主义理论与实践研究[M]. 北京:高等教育出版社,2014.

[48]顾海良. "中国特色社会主义理论与实践研究"专题讲义[M]. 北京:高等教育出版社,2012.

[49]逄锦聚. 经济发展新常态中的主要矛盾和供给侧结构性改革[J]. 政治经济学评论,2016,07(02):49 -59.

[50]祝宝良. 2016 年我国宏观经济形势和政策取向[J]. 前线,2016,248(03):35 -38.

[51]汪红驹. "十三五"时期宏观调控思路的转变[J]. 财贸经济,2015,37(12):19 -21.

[52]王怀超. 中国改革开放的历史进程与基本经验[J]. 科学社会主义, 2009,132(06):32 -37.

[53]孙玉梅. 改革开放以来党对转变经济增长方式的认识与实践[J]. 经济研究导刊,2009,45(07):5 -6.

[54]刘世锦,杨建龙. 我国所有制结构的变化、特点和发展趋势[J]. 管理世界,1998,

10(04):29-36.
[55]杨志平.中国市场经济体制变革的理论与实践[D].大连:东北财经大学,2012.
[56]刘世华.中国民主政治模式研究[M].北京:人民出版社,2014.
[57]陈胜云.中国特色社会主义文化实践论[M].上海:上海三联书店,2009.
[58]李慎明.居安思危:苏共亡党二十年的思考[M],北京:社会科学文献出版社,2011.
[59](美)约瑟夫·奈.软实力[M].马娟娟,译.北京:中信出版社,2013.
[60]史云贵.中国现代国家构建进程中的社会治理研究:一种基础于公共理性的研究路径[M].上海:上海人民出版社,2010.
[61]李永忠,陈杰.中共十六大以后的社会建设成就与困境[J].社科纵横,2012,193(03):15-16.
[62]洪大用.中国社会建设三十年:成就与问题[J].学习与实践,2008,294(08):5-15.
[63]本书编写组.学党章党规 学系列讲话 做合格党员[M].北京:人民出版社,2016.
[64]中共中央宣传部理论局.理论热点面对面·2009[M].北京:学习出版社,2009.
[65]周青梅.理论热点问题党员干部学习辅导2016[M].北京:东方出版社,2016.
[66]高委.利剑高悬:建党以来十大腐败案件剖析[M].北京:中国方正出版社,2013.
[67]李永忠,董瑛.苏共亡党之谜:从权力结构之伤到用人体制之亡[M].北京:商务印书馆,2012.